走過民國初年的新聞史

老報人王新命回憶錄

王新命——原著
蔡登山——主編

編輯說明：

本書原在一九五七年出版，當時原書名為《新聞圈裡四十年》。今重新出版後，將書名改為《走過民國初年的新聞史：老報人王新命回憶錄》，惟書中原文提及舊書名處仍予以維持，特此說明。

代序

馬星野

新聞圈裡四十年，新命先生得名早。文章憎命信有之，尊前且慢憂心擣。

萬里鐵幕鎖神州，千丈風濤擁寶島：願君珍重千鈞筆，滿眼妖氛待君掃。

舊夢重溫幾悱惻，新愁萬斛滿懷抱，試拂筆鋒晶如雪，可化神劍鋤蔓草。

君文何悲意何壯，如江如海波浩浩。松柏之志老彌堅，薑桂之味辛愈好。

人生在世鮮稱意，鄭虔李白皆潦倒。但願文章泣鬼神，那管雙鬢催人老！

中華民國三十九年十一月　馬星野未是草

＊馬星野（一九〇九－一九九一）：原名允偉，後改名偉，筆名星野，浙江平陽人。曾任《中央日報》社長、第一屆國大代表、總統府資政等。

代序

龔德柏

老友王新命兄，最近將發表他的記者自敘《新聞圈裡四十年》。其實他做記者已滿四十七年。即他的記者生活，開始於宣統三年。我的年齡比他大一歲，但在宣統三年，我還是中學生，根本不夠當記者。所以現在活著的記者們，我的年齡似乎最大；（較陳博生兄大兩個月）但資格最老，當推新命兄為第一吧！

我在民國九年在東京始認識新命兄。他已是十年老報人，我才開始為上海《商報》寫日本通信。這時候，我對他並無深刻認識。十一年我在北平（那時候還是京城）中美通訊社任編輯。不知何故為英人辛博遜聘為《東方時報》漢文版總編輯。我在這時，還無編輯報紙的經驗，實在不夠當總編輯。但別人自動的聘我，每月大洋三百元，還有房租津貼，辭謝實在可惜。所以我接受了。我之敢於接受，係希望新命兄能當事實上的總編輯。於是我打電報到哈爾濱《國際協報》，請新命兄來北京。他接電後，覆一電，說不能來。但巧得很，這張電報二十多天後方到。我正在莫明其妙的當口，新命兄卻來了。我非常歡喜，認為我這次不會失敗。假使那張電報早到，我另請別人幫忙，則新命兄之來，當使我非常困難。可見天下事真有這等湊巧。

我們的工作開始雖順利，但我們的飯碗，出第一張報，就被我打碎了。因為辛博遜這張報是有後台的，不是他自己出錢辦的。他答應我完全言論自由，他絕對不干涉，所以我在發刊詞，就大大開砲，弄得當時第一權勢者大發雷霆。於是辛博遜辭退了我；新命兄也隨我去職。後來辛博遜找別人辦，始終弄不好，所以又找我說話，希望我再幹，但不能照從前那樣罵人。我不願幹，所以我推薦新命兄代替我。他也接受了。新命兄幹一個月，因薪水比我少，他也不幹了。於是我們兩人都失了業。不久新命兄回上海去了，我則仍留北京，另想辦法。我們第一次的合作，就此告一段落。

大概是十三年吧，他結了婚，又來北京，在中美通訊社任總編輯。我則辦《大同晚報》。那時共黨在北京非常活動，我則向共黨開火。第一篇最激烈的文章標題為〈本報歡迎放火〉。因為共黨放火燒了《晨報》（陳博生兄主持的報紙），次日沒有一家報敢登載此事；我所以加倍的罵他們。由此與共黨結下了不解的仇恨。新命兄對我的大膽作風，頗為贊成。所以他脫離《中美社》專為《大同晚報》任編輯。我們兩人合作得非常好，他寫的文章我完全照登，一字不改。以我的記憶，他十餘年間（連後來的《救國日報》）為我寫文章，我從未改過一個字。但我的頭幾乎被他弄掉。即十五年八月五日，張宗昌槍斃林白水。六日我們在報上大罵張宗昌，這是新命兄的大作。張宗昌大怒，即下令憲兵司令王琦捕我，捕到就槍斃。但那晚我以特別原因，回家很遲，特務人員待至七日晨三點鐘，見我尚未回，以為我知道消息逃跑了，所以他回去了。但他回去後，我隨即回家，所以他們不知道。到七點鐘，管翼賢打電話給我，只說；「你出去好了」，我就穿上長衣，由大門出，轉入小胡同，以免與特務碰面。我由此即離開北京，在天津租界小住。因國民革命軍已佔領武漢，我就到漢口去了。自我去後，由一位姓羅的為我管業務，他有了野心，想侵佔《大同晚報》，新命兄不願同他衝突，又回上海，《大同晚報》即告壽終。我也永久不回北平了！

十六年四月，我任《革命軍日報》總編輯，又把新命兄請來為我幫忙。後來我到河南去弄紅槍會，拆軍閥們的後台，把《革命軍日報》交給新命兄。他維持多少時候，我現在記不清了。

二十一年，我在南京辦《救國日報》，新命兄雖住上海，卻常常為我寫社論，由快郵寄京，尤其我離社時社論完全由他一人負責。這種關係，直到抗戰時南京被日本佔領前，《救國日報》停刊才終止。這是我們合作的四個時期。

同新命兄合作，完全志同道合，絕無一語之衝突，我尤其欽佩他辦事負責。我把編輯部交給他，由他自由處理一切，我無絲毫顧慮。這樣的人，我一世只遇他一個，別人就沒有他那樣可靠。至於觸怒張宗昌，那是報人應採取的態度。假使我自己執筆，也一樣惹禍。所以我對他絕無怨尤。我平日待同事，素來如此，對新命兄更加諒解。

新命兄今年六十有六，把他四十七年的記者經驗，寫給我們看，實在可以給我們許多教訓。所以我特把我們的關係，敘述一番，以附驥尾，不勝幸運之至。

龔德柏

四十六年六月廿六日，新竹

＊龔德柏（一八九一－一九八〇）：字次筠，湖南人。曾任《國民外交雜志》、《東方日報》、《中美通訊社》總編輯等職。與成舍我合辦《世界晚報》，後兼《世界日報》總編輯，創辦《大同晚報》。

代序

成舍我

由於時代的演進，一向不為人重視的新聞學，最近幾年，忽然變成了熱門。台灣有好幾所大學，設了新聞系，而且更有了新聞研究所，十幾位研究所畢業生，已獲得碩士學位。而有關新聞學的書刊，也逐漸增多，青年們似乎對新聞學已引起無限興趣。

新聞事業越發達的國家，民主政治，一定貨真價實，光輝燦爛。蒲徠士說：報紙在廣大地區，普遍流行，人民討論政治的機會，就自然加多。拉斯基說：得不到正確消息的人們，亦即得不到基本的自由，因為事實都弄不清楚，如何能行使民權，控制政府。新聞事業與民主政治，關係如此密切，如果自由中國的青年，對新聞學感到莫大興趣，這一現象，是反映年來自由中國新聞事業的發達，也是反映自由中國民主政治的進步，則無論如何，這現象是可喜的！

在新聞學一切書刊中，我願意奉勸對新聞學極感興趣的青年，最好多多研讀報人傳記，尤其他們的自傳。因為在這些傳記中，我們可以發現任何一位卓有成就的報人，其偉業崇望，均決非來自僥倖，特別當民主政治尚待爭取的時期，報人奮鬥艱苦更屬難以言喻。報紙欲造成領導地位，樹立言論權威，無論做老闆、當夥計、敲算盤、搖筆桿，披荊斬棘，履危蹈險，當事人的酸甜苦辣，最值得我們敬仰。而研讀報人傳記，就等於全部學習他們偉大寶貴的經驗，比研讀一些漫無邊際空泛浮濫的新聞理論深信要切實有益。

我們所唯一認為遺憾的，西方報人，傳記和自傳，眼前值得研讀的，最少在五十種以上，關於中國報人，則似乎直至現在還沒有一本這類的書籍出版。因此，我聽到王新命先生《新聞圈裡四十年》即將發刊，感到非常興奮，這將是對新聞學發生興趣的青年們，可能讀到的第一本中國報人傳記。新命先生雖然不是新聞企業家，自己沒有創辦或主辦一份報紙，換一句話說，他不是老闆階級。但他是一位百分之百的職業報人。他在新聞圈裡四十年奮鬥，所最足以啟發新一代報人，為新聞圈永垂楷模的，則是他公正不阿的獨立精神。青年們常問我，報人最偉大而崇高的精神是什麼，我總這樣地答覆；「富貴不能淫，貧賤不能移，威武不能屈」，這三句話，可以包括無遺，而在孟子這三句話後面，並可改「此之謂大丈夫」，為「此之謂標準報人」。新命先生奮鬥四十年，冒險犯難，飽經艱苦，就我所知，他確已做到「不淫」、「不移」、「不屈」的地步。這種精神，為報人所需要，尤其在今天的中國報業，其需要更為迫切。如果這一本書，能給新一代報人注入了這種精神，則這一本書對於新聞事業和新聞學的貢獻，實將無可比擬。

新命先生從清末就進入新聞圈，到今年實已工作了四十七年，但因為這本書原是幾年前為報紙副刊所寫，當時估計是四十年，現在精查細算，則就字面說，新命先生業已瞞小了七歲。回憶我與新命先生相識，遠在民國四年，那時我由安慶到奉天，為奉天《健報》任校對，編副刊，新命先生是《健報》總編輯，我以十七歲青年，做新命先生部下，屈指迄今，也已四十多年。就眼前在自由中國的朋友說，我或許是新命先生最老的朋友，同時，新命先生也或許是我在報業中，唯一僅存的上司。新命先生從未做過報館老闆，在業務方面，不需要他提供任何奇謀妙計，《新聞圈裡四十年》一書，只是寫出他一生做「夥計」的經驗。通常在報館做夥計的，固然與一般營利機關，老闆與夥計關係，夥計必須承望顏色，順從意旨，不盡相同，但報館老闆因金錢名位的誘買、迫使主筆、總編輯、歪曲批評，揑造消息，實乃事所常有，而新命先生總是為了這些問題，不肯違背良心，或力持不屈，或擲筆竟去。至於他自動自發，為了正誼與人道，和當時權要，黑暗勢力，誓死搏鬥的英勇事蹟，更屬指不勝屈。照他書內所說，我們可能感覺，新命先生太不通人情，不懂世故，甚至或竟近乎鬧彆扭，發神經，但這些地方，正是新命先生令人敬愛之處，而新命先生足為青年楷模的報人精神也正在此。

新命先生實際上已在新聞圈裡工作了四十七年，直至現在，他還是新聞圈裡的一位英勇善鬥的戰士。美國名報人石墨偉（Melville Stone）寫過一本《記者五十年》（*Fifty Years of a Journalist*），我希望不久將來，新命先生也會將這本《新聞圈裡四十年》，改正為「新聞圈裡五十年」，甚且「六十年」，「七十年」，作為我們中國報業空前的「報瑞」，青年報人的永久導師。

成舍我

民國四十六年七月六日，台北

*成舍我（一八九八—一九九一）：著名報人與教育家，原名成勛，後名成平，筆名舍我。湖南人，隨國府遷台後，與陶百川、徐復觀等人創辦《自由人》三日刊，並辦「世界新聞職業學校」（今世新大學前身），晚年則創辦《台灣立報》。

代序

張文伯

王新命先生是一位道地的老報人，所寫《新聞圈裡四十年》一書，便是他在新聞界奮鬥四十餘年來有血有淚的實錄。我與新命先生相識較晚，時當三十一年秋季，同在重慶任《中央日報》主筆，可以說是抗戰朋友；而他那「新聞圈……」的寫作，卻與我有約在先。因為其後我兼主《中央周刊》，屢屢向他徵稿，他便答應我寫「新聞圈裡三十年」，準備連續發表；但由於他文債過多，一再拖延，直拖到勝利之日，還沒有繳卷。而今他畢竟寫了出來，由「三十年」而「四十年」，又蘊蓄了十餘年之久，有如陳年老酒，其韻味之越發醇甘芬芳，是不待言的了。

新命先生雖老而心實不老，他始終懷著一顆童心，談笑別饒風趣。你如果故意挑逗一下，與他彆扭幾句，他便會滔滔不絕地爭辯個不休，猴急得豎眉蹬足，直叫一聲：「你這個人……」但此中別無惡意，他的口角眼梢不時掛著微笑。因此與他爭辯，倒反可以安享幾分樂趣。

他為文以雄健勝，無脂粉氣，不忸怩作態，義之所在，率直以赴，字字作金石聲。他的文字是以真性情寫出，甚至以生命寫出，讀之令人有痛快淋漓之感。由此，也許帶給他若干困擾，他卻無所顧忌。孟子曰：吾知言，吾善養吾浩然之氣；新命先生平生學養，殆得力於此。

三十四年八月抗戰勝利，《中央日報》即於是年九月九日受降之日在南京復刊，宣傳特派員陳訓悆先生實主其事。我也就在那天搭冷容庵先生賫呈受降書的專機飛回南京。《中央日報》復刊後第一篇社論，由成舍我先生執筆，我到了後，當晚一場歡宴，便由我接寫社論。如是每日一篇，累月不以為苦，勝利的光輝使筆致文思也活潑了許多。記得第一篇社論題便是〈勝利的自覺〉。後來新命先生等來了，社論遂由數人分寫，我與新命先生的交誼也就更深一層。月前我手裡這枝「五一」型鋼筆，便是他當時給介紹買的。十餘年來相守無恙，但所寫文字不多，不免愧對這位老友。

一般說來新聞界是代表輿論的，而輿論之與民主政治，有如水之與魚，那源頭活水，有賴新聞界去引發鼓盪；而報人的氣骨風格，卻是輿論的生命所寄。言念及此，不能不對這位老當益壯的報人新命先生，肅然起敬，油然而興愛慕之情。來臺以後，彼此很少會晤，但相交原不在形跡。我在這裡默祝他健康勝常，對於不義、對於邪惡，打個更大更大的勝仗！

＊張文伯（一九〇七－？）：前《中央日報》主筆。

代序

伍平一

閒嘗論之，學問之道，不務乎其廣，而務乎其精，事業之成，不取其近，而取乎恒。苟有人焉，以若是盡其生而經年孜孜於一事功，則未有不大造於國家社會，而著不朽於千秋也。予友王新命先生，近以朋儕之促，將其《新聞圈裡四十年》之作問世，予以是竊見其所歷四十餘年之孜孜於是不舍，而深佩其純貞有道，為舉世不多覯者。夫人生事功之成也難，而置身報業以求成則尤難，置身報業求其恆而不舍為難，若置身報業，而於我國在此四十餘年以求恆而不舍則難乎其難。吾人試一回溯此民國四十餘年，喪亂相尋，政潮起伏，波譎雲翻，為報人者，遭此坎坷時代，苟非堅忍其志，純潔其行，鮮有不為威武富貴而異其趨者哉。而先生則四十年如一日，毋改其志行，毋惑於勢利，以三民主義為鵠的、以國家民族生存為號召，其載筆也，自南而北，復又由北而南，所為主張，言行一貫，學之精與業之恆，其輝煌又豈待予言哉。歲辛卯，予見先生論辯平均地權文，驟憶舊游，迴縈腦際，彷彿民六之日，予在滬辦民國大《新聞報》時，與葉小鳳先生游、因而獲交。爰貽書而試述舊雨，尋得先生覆書，果爾，先生昔年與葉先生共事於上海徐庶華女士主辦之競雄女校，且尚憶其出生後予四年云。噫，先生記憶力之強，可佩如此，若非報刊其文，予幾交臂失之。旋見所為《新聞圈裡四十年》之作，予屢函相勗，刊而示世，予所以若是者，非私於所交，而有意義存焉。蓋予於報業過來人而未忘情者，去國十年，為革命運動，自美洲而南洋，幾盡瘁力於是，歸國後，在滬在粵，復操此而時作時輟，視先生而能四十餘年至今不斷，予則大遜色矣。今人第知華僑為革命之母、而不知華僑所以成為華僑之母，造端於報人之啟發至深且大。然海外言論自由，較易百倍，今先生在國內，而以正言讜論，代表輿情，與惡勢力戰，亙至四十餘年，其難能可貴為何如乎。吾意在此數十年之歷程，其遇豈無達官貴人、有以位先生者，然先生非此志也，足覘其敝屣榮利，浮雲富貴，本其純志篤行，克奏事功，先生德之可風，足著不朽而矜來茲，當為後之報人模楷，又豈為予之私語。此予所以促其刊而樂為序以昭於世焉。

民國四十六年八月六日　伍平一拜撰

＊伍平一（一八八八－一九六二）：原名澄宇，號平一，廣東人。曾任孫中山秘書、參與國民黨籌建。中日抗戰時出任汪精衛政權官員，戰後被捕，獲釋後病逝於台灣。

自序／四十七年舊夢的重溫

一個人如果感覺往事值得回溯，那他就已經進到了老境。而今我發表四十幾年來在報界做馬前卒的回溯錄，當然就是說明我已進到了日薄崦嵫的時期。

辛亥那年新秋，我就做了報界的馬前卒，但在今天之前，我不曾寫過回溯往事的文章，也不曾寫過自傳，儘管還在十幾年前，便有幾位朋友慫恿寫自傳，我卻不肯寫。我總覺得：一個自強不息的鬥士，最光榮的日子，永遠不在過去，在將來。你如果自信能在將來發出生命的奇光，替國家社會消滅黑暗的勢力，那你便不會因為過去的生命也曾發出微光，有過和黑暗鬥爭的事蹟，而沾沾自喜，我和許多倔強的老人一樣，儘管兩鬢漸白，然而還是不知老之將至，從不曾作回溯過往的打算。

三十八年十二月九日，為了割治十二指腸潰瘍，進了台大的附屬醫院。除夕的正午，由醫院回到宿舍，攬鏡自照，照出了滿頭白髮，一臉縐紋。哦——我的確老了。但如果我是薑桂，愈老愈能發揮辣性，而且時代用得著薑桂的辣味，老就毫無關係，我實不必為老的來臨而驚心。可惜的是，我不是愈老愈辣的薑桂，時代也不允許薑桂充分發揮其天賦辣性。在這情形之下，我便只有自承衰老無用的一法，既然自承衰老無用，未來的日子，縱令不全是生命無光的日子，也必然失去人龍人虎的活力，縱令無人指為活屍，但也不能再以鬥士自居，人生到此，豈不是遇到真正無可奈何的厄運？

那麼，怎麼辦才對呢？

自殺？這是我所最反對的愚舉，我決不自殺。高蹈？蹈到這孤島也夠高了，還有什麼地方可蹈？不肯自殺，又別無可高蹈的地方，而衣食住行，在在要錢，試問錢從何來？是絞腦汁寫報國的文章換來的？不是！是每日在辦公室坐八小時的板凳換來的？不是！說來奇怪，是賣老換來的！賣老為生，豈有此理！然而卻是不折不扣的事實。這一事實的不合理，在我的生活史中，縱未絕後，亦已空前，我心匪石，天然是不安之至。

為了減少不安的情緒，決計從今天起，來做一件無益的事；寫一本回溯錄，回溯新聞圈裡四十年恍如一夢的往事。莊周說：「不為無益之事；何以遺有涯之生？」我想把它改為：「不為無益之事，何以安不安之心？」

當然，我應該讓自己沸騰的血和辛酸的淚，透過癡人說夢的回溯錄，使這回溯錄成為有生命的著述，免得浪費紙張油墨；但這一點究竟是不是奢望。依然有待事實的證明。這不是說，我自己或許會在中途改變用血淚寫夢影的初衷，因而回溯錄會變成無生命的死物，而是說，新聞圈裡的四十幾年，雖恍如一夢，夢裡許多活潑潑血淋淋的事實，我有沒有完全自由把它搬到紙上展覽，真是一個嚴重的問題，萬一如夢的往事，也沒有搬到紙上展覽的自由，我就不能保證回溯錄中的隻字片言這都有我的血淚。

現在我開始寫恍如一夢的四十餘年的往事，同時我將重溫過去那種不論在什麼地方都能以龍虎人姿態出現的舊夢。

目次

找到了一塊新大陸

辛亥那一年，我正二十歲，在瀋陽小南門「奉天工程局」測量科做學生，學畫圖，學沖晒藍圖，學測量。一位姓張的測量員，就是我們的先生，張先生除了常帶我們到野外測量，或是拿一兩張舊圖要我們照描外，別的都不管，我們實在太閒了。

我們一班只有四個學生，兩個甲級生，月領津貼瀋平銀十六兩，兩個乙級生，月領十二兩，甲、乙級膳貼，同是五兩。我是乙級生，入局三個月才有津貼領，因為我是補一個姓楊學生的缺，他告病假之際，已預支了三個月津貼。

四個學生中間，兩個甲種生是當時布政司張元奇的外甥。兩個乙種生中間，一個是局長翁罿的親戚，一個是我。局中原曾規定：學生每日都應按時到局，不得遲到早退。但後來這規定竟失去效力，四個學生中間，每日按時報到、按時出局的，只有一個像傻子的我。

當時，我宿的地方，是「奉天省地方自治籌辦處」。這機關在金銀庫胡同，其前身是地方自治研究所。處裡長官叫做參事，當時的參事是羅宜陸，還有兩個科長：楊性恂、方樞。他們全是日本早稻田大學畢業生。就中楊性恂是蹈海而死的楊守仁字篤生的胞兄。辛亥武昌起義之前，中國曾發生兩件轟動全國的大事：黃花崗七十二烈士的取義成仁和楊篤生的蹈海。兩件大事在處裡格外受人注意，幾乎變成了講不完的一部歷史。為什麼呢？因為楊篤生的血書，寄到楊性恂手裡之後，楊性恂曾將這血書放在參事室供閱覽，加之處中人員，全知道羅宜陸，楊性恂是同盟會人物，一旦時機到來，便會出來叱吒風雲，所以大家就把這兩件事和上海報上所載有關革命消息，當做飯後茶餘談資。我既寄宿處中，就當然也會談到同一的事情。

當時我最愛看上海報紙，上海報紙給我的印象是：副刊罵人的文字，罵得痛快。描寫京畿官場現形的文字，也盡到了繪影繪聲的能事，各報幾乎每日都有歌頌四麟的文字。所謂四麟：江春霖、米春霖、章炳麟、張一麐。江春霖以奏劾攝政王奕劻被逐出御史台，當他由北平回到福建莆田的時節，沿途商民莫不熱烈迎送。章炳麟是《蘇報》案中一個重要角色，報紙的〈雜俎〉欄或文苑欄，常常把他作為一種題材，好像不用他做題材就寫不成一篇文章。

康有為、梁啟超，雖也是經常出現於報上的人物，但我所受他們的影響卻極微薄。因為我早就知道：康梁都是君主立憲的嚮往者。要也和其他的南方青年一樣，衷心熱望革掉滿清專制政府的命。我曾突然和一個長沙青年李造真同到理髮室，剪下一條辮子，表示我們都是洛邑的頑民。

李造真比我大七八歲，也有革命的傾嚮，在志同道合之下，彼此無話不說，無事不相商，當我開始向瀋陽各報投新聞稿的時候，只有他知道，有時他還供給一點處中的消息，他供給地方自治進行的消息，像各縣地方自治研究所的開辦，縣董事會總董事的選舉，以及選舉糾紛的處理等，這就成了我所投新聞稿的主要來源。

瀋陽報館有四：《盛京時報》、《東三省公報》、《大眾日報》、《微言報》。《盛京時報》是日本人的報紙，《東三省公報》是半官報，《大眾日報》和《微言報》是私人辦的。各報一律日出兩大張，除評論、副刊外，國內外新聞，十之七、八完全相同，主要的來源是北平和上海。北平和上海新聞是來從剪刀。本埠新聞，也有一半雷同，是因為投稿者一稿數投的緣故。那些寫本埠新聞稿的人，和報館的關係，只在於計稿論酬的一點。普通一條新聞稿，字數是從五、六十到二百。超出三百字的稿，少而又少。一條新聞稿的酬金，大抵從三角到五角，是奉票，奉票對大洋的比價是一元二角對一元。多數投稿人都自稱某報訪員，報館所持的態度，則為既不否認，也不承認。

我第一次帶著比中頭彩更歡欣的情緒，把稿費請幾位朋友到萬泉河畔一家館子飲酒的時節，已有三、四個熟人。知道我做了訪員，並且知道曾經好幾次在報上諷刺過他的人就是我。楊性恂和方樞，曾將我在《大眾日報》〈三千毛瑟〉欄諷刺他們的幾篇文字，剪貼在簿上，準備和我算賬。我之所以諷刺他們，是因為他們每月領薪水二百兩，其唯一任務是在許多公文稿上蓋圖章，所需時間，多則幾分，少則幾秒，別的職員，薪水最多不過八十兩，最少只有十二兩，然而卻要夙興夜寐，忙個不停。這可以說是不平已甚。他們既以維新人物自命，為什麼還要製造這種不平！

新聞能夠賣錢的發現，等於哥倫布的發現新大陸。我在進工程局做學生的初期，對於局裡不經考試，毫無理由而分學生為甲乙兩種的做法，心裡已經有了不平之氣，再一細察自治籌辦處的勞逸苦樂絕對不均的情形，就更痛恨官場的黑暗。為了痛恨官場的黑暗，很想離開工程局，但我的七叔卻不允許。七叔是我唯一的長輩，這時也在籌辦處做一個小職員，我之能插入工程局做一名乙種生，還是七叔再三請托朋友的結果。為了七叔，我不得不再做一名掛名的學生，然而在新聞稿能夠賣錢之後，我總把新聞界當做我的新大陸。

上帝魔鬼之間

有一個時期，我為了新聞記者究竟是上帝還是魔鬼，發生異常惶惑不安的情緒。把新聞記者當做上帝的人，認為一個新聞記者，一定有一副擔得起道義的鐵肩，一雙鑒往知來見微知著的明眼，一支董狐那樣不屈不撓的直筆，能做政府的諍友，也能做社會的導師。把新聞記者當做魔鬼的人，則認新聞記者是潦倒無賴文人的化裝，他們的筆下，無一字不是獵取金錢的獵槍，給他一點金錢，他會恭維你是比上帝更神聖的偉人；拒絕他的求索，他會痛罵你是比魔鬼更猙獰的人妖，他是最能顛倒是非混淆黑白的一種人。

在新聞記者究竟是上帝還是魔鬼一問題解決之前，我極懊惱。正在懊惱，新聞界發生一件敲詐不遂誣人窩藏盜匪的事；一件向妓女求賄挨了一頓打的事。那些本來厭惡新聞記者的人，藉著這題目大加發揮，幾乎把報館描繪成了罪惡的淵藪，把新聞記者形容成萬惡不赦的罪人。於是我在領到第二次的訪稿稿費之後，就擱下寫新聞的筆。

不久武昌起義的消息，來到瀋陽，工程局因局長翁鞏回福州去，參加革命，一時無人接替，宣布停辦，我的七叔也已去杭州，於是我就遇到了職業的問題。恰好自治籌辦處有一名一等司書的缺額，幾個朋友都勸我去爭取這一位置，但我為了兩、三月以前在報上諷刺了楊性恂和方樞，就不肯去爭取這一位置，後來還是表兄林文奎替我做好一個可以半推半就的滑稽圈套，我才去就這個毫無意義的一等司書。

那年年底，自治籌辦處歸併到布政司，布政司後又改為民政司，我也跟著進了民政司，在疆理科做一個司書。疆理科科長陳樵琴，曾在福州廈門兩地做過報館編輯，在司裡有文豪詩聖煙霞客之稱。這是形容他的文章好、詩好、鴉片癮大，他對於我的曾經投稿各報，早已微有所聞，故另眼相看，時常對我談過去辦報的經驗。他有兩句話，至今還留在我的腦海裡。他說：一個報人，倘能跳出金錢這一關，那這人就會被譽為萬家生佛；倘不能跳出金錢這一關，那這人就將被目為無恥的東西。他又說：我贊成你學做報人；但希望你能夠替無告的人說話。他本人後來雖竟因在興城縣長任內以貪墨罪入獄而死，但這兩句話，卻是至理名言。

我在和陳科長作幾次長談之後，解決了新聞記者究竟是上帝還是魔鬼的問題。我恍然大悟：一樣是人，但有上帝和魔鬼之分，新聞記者亦然，要做上帝，自然就成為上帝，要做魔鬼，自然就成為魔鬼。

疑團既已冰釋，我就又開始投稿的生涯。這時我除卻普通的韓僑歸化及各縣劃界事宜以外，還有極關重要的疆域糾紛案件。因此，我的投稿，漸受重視，幾乎做到了有稿必登的境界。

天堂之上地獄之下

疆理科的司書計共十四人，六個一等，八個二等。只有我是南人，其餘全是本地人。那些本地人早已隱然結成一個團體，以翟某為領袖，在關帝廟發過「有福同享，有禍同當」的誓，然而我懵然毫無所知。

民國二年六月底的一天，我發現兩卷很重要的公文，都是關於安東日人強奪民田民地的糾紛。我立刻把它的要點摘下，叫聽差李福送到《東三省公報》。

我打發了新聞稿之後，突然發現司書室裡只剩下我一個人，其餘都離開了崗位。大約經過二十分鐘光景，李福從外面走進來。我問：信送到了沒有？他答道：送去了。我又問：翟老爺，劉老爺，在那裡？是不是在房子裡？他說：不！他們都在飯廳喝茶。

那幾天，他們常常把飯廳當做會議室，似乎正在討論什麼大問題。討論的時間，居多在午飯和晚飯後，午飯之前，總是先辦公事，這天忽然在午飯之前開會，那就當然是科裡發生什麼事情了。

我斷定科裡必然有事之後，正想去問翟某，翟某卻堆著滿面的笑容來到辦公室，口裡連說：恭喜！恭喜！接著其餘的同事，也一一向我道喜，並且說已經定了酒席，當天中午將陪我飲酒。

這才奇怪！恭喜，恭喜！喜從何來？難道你我都在白日做夢？

翟某說：小王！你不要瞞我們！陳科長改組司書室的簽呈上去了，你是書記室的書記長，月薪四十兩。

真的麼？為什麼陳科長直到昨晚為止都不曾說過這件事。我顯然是在半信半疑之間。

一位年紀差不多五十歲綽號「劉老老」的同事插嘴說道：這事陳科長是在和我們商談後決定的，也許陳科長知道你不會不願意，所以事先沒有對你提起這件事。

我知道「劉老老」是最誠實的人，聽到他的話，不得不相信眼前的一切現象，都不是白日的夢，全是真實的事。於是我告訴同事們：今天應讓我請一次客，表示感謝大家平時給我指教的微忱。

但是，他們無論如何都不肯由我請客，並且個個謙恭到了不可以言語形容的地步，好像都是最愛我的人。

距離午飯只有十分鐘光景，陳科長陳樵琴叫人請我，把簽呈給我看，並且說：這簽呈今天就送上去，以後你要替我留心一下，如果科裡有積壓的公文，你應隨時通知我一聲，最好是每日列表給我看。

當天午餐桌上的光景好極了，最好的高粱酒，配上最可口的菜，並且恭維我有才幹的聲音洋洋盈耳、幾乎使我懷疑這是金榜題名的另一形式。

下午二時許，我和同事正在閒談如何整理卷宗的問題，司長熊希齡的聽差奉命請我到司長室。

什麼事呢？大概是陳科長簽呈上去之後，他要看看我是怎樣一個人吧！

走到司長室，一鞠躬之後熊希齡從抽屜裡取出一封信，那信就是我當天早晨叫李福送到《東三省公報》的新聞稿。他說：

「你知道洩漏祕密有罪麼？」

「我不知道。」

「你是應該知道的，這一個關於官吏不得洩漏職務上祕密，早已見諸報載了。……」

「事實上做新聞記者的人不能兼做官吏，做官吏的人也不能兼做新聞記者的，你還是去做你的新聞記者吧！」說到這裡，他又取出一張呈文看了一下，問我：

「你知否十三同事意見都和你相左？」

我不回答，鞠了一個躬，回到辦公室，把未了的公事拿到一個姓黃的科員那裡，請他收下，算是辦了移交。我這才知道：凡是說話比蜜更甜的人，其心術之壞，必無以復加。

當我將乘一輛馬車離開民政司宿舍時，科長陳樵琴趕到送別。他說：「這是我的錯。我如果讓翟某去做正書記長，你做副書記長，今天的事便不會發生。」最後又安慰道：「塞翁失馬，安知非福，你不必灰心！」

我上了車，還在想：那些人真是人妖！真是口蜜腹劍的傢伙！他們像戲台上的小丑，脅肩諂笑乞人憐的是他們，做圈套，設陷阱來害人的也是他們，只怪我自己不小心，會叫聽差送新聞稿，這才給了他們可以排擠我的機會，假如我不叫聽差送稿，他們豈不是無所用其傾軋排擠的手段？我正愈想愈有氣，忽然看見車的前後左右圍了很多人，好像是在看我演戲，我怒斥車夫：你還等什麼？為什麼不走，車夫因我盛氣逼人，陪著笑臉說：老爺！往東呢，還是往西？我聽了這句話，才恍然明白；我不曾把要去的地方告訴車夫，於是強笑道：往東也好，往西也好，你把我車到旅館就是。

這時車夫笑了，圍觀的人也笑了；但真正得意而笑的，當然是做圈套害我的那些人。他們上刻把我捧到天堂，下刻把我擲入地獄，目的本在快意，而今又安得不呵呵大笑？

永不回頭的浪子

癸丑那一年，瀋陽又有了三家新報館：《實事白話報》，《亞洲日報》、《關外民報》。《實事白話報》由一個回教女青年主編，是所謂不偏不黨的報。《亞洲日報》創辦人張復生，山東掖縣人，武昌起義之前，為了叛逆的嫌疑，被捕入獄，到壬子才隨著大赦出獄。他辦《亞洲日報》，曾得王秉鉞不少的助力，王是張作霖結拜弟兄之一，做過奉天省東邊道的道尹。也是張作霖一個智囊，王既協助張復生創刊《亞洲日報》，自然是有交換條件。條件是什麼？當然是：不鼓吹革命。《關外民報》，是本黨的機關報，主持人鄭爽夷，後來改名鄭重字千里，當時十八歲，是陳英士先生派到關外主持宣傳的第一人。

當我被民政司司書室同事排擠而遷入旅館之際，曾先後和張復生、鄭爽夷接洽，他們都欣然允諾我的加入。但一女不能兩嫁，去進《亞洲日報》呢，還是進《關外民報》？這又是一個問題。

我正欲解決何去何從的問題，表兄林文奎和幾位平日熟悉的同鄉，對我實行嚴密而又有持續力的包圍。他們包圍所用的武器，是婚姻和職業。

遠在我七叔南歸的前一年，就有二、三好事者，要我七叔拿出主意替我決定婚姻大事。這時表兄和幾位同鄉重提了舊事。

舊事中間有三個女子。一個姓郭，二十歲，小學教師，中等身材，和我是同鄉，能說最流利的國語，皮膚相當黑，經常靠敷粉掩飾其黝黑的皮膚。一個姓黃，才十七歲，很美，家頗富有，也是同鄉。另一位姓郝，十八歲，父親是張作霖的馬弁，母親是洗衣婦，家裡常無隔日糧，同院都呼以三姑娘，其實卻是長女，膚色特美，不施脂粉也像塗脂敷粉。

表兄的意思，是在郭、黃中選擇一個，不要選馬弁的女兒，別的同鄉則以為無論選中那一個都好。

表兄和同鄉為什麼要我解決婚姻大事呢？這是他們把我看做一個雖已步入墮落毀滅之途但仍有救的人，救的方法就是讓我成家。

他們除了要我成家之外，還要我立業。

表兄和若干同鄉發覺我是為了做新聞記者而遭熊希齡革除職務之後，異口同聲說：「可惜！可惜！為什好好的事不做，卻去做什麼新聞記者？這一下，他真是跌到了火坑，落入了地獄，倘不速救，只有死路一條了。」

他們為了要從火坑地獄中把我拖出來，更費了九牛二虎之力，替我找到另一個衙門的司書職，薪水也是十六兩，他們也知道我不會滿意這十六兩的薪水，於是找陳科長向我提供保證：在三個月裡面再設法找個多一點薪水的位置。他們中間有一個經驗最多的鄭姓老人，叫做鄭二伯，更對大家說明他所知道的報人的情形。照他的說法，報人的特色是：「穿著綢緞紗羅，居然濁世翩翩佳公子，白嫖窰子，白玩女戲子，做青紅幫頭的乾兒子，誰給他錢花，就是他的老子。」他料定我也已經和那些歌女、女伶，青紅幫頭們有了纏夾不清的關係，並料定我如再不脫離報界，就遲早會有鴉片癮，會生楊梅瘡。他以為如果要我出險，第一是禁止我再吃報館飯，第二是勸我結婚。

這位鄭二伯的卓見，立刻壓倒了一切不同的意見，於是大家的結論完全一致：要我去就某機關司書的職，要我在郭、黃、郝三個人中間選定一個作老婆。

他們規勸我的措辭，千篇一律，幾乎是同一版本印就的文字。他們說：某某！像你這樣聰明的人，應能開拓自己的前途。你的前途無限光明，無限廣遠，但中間總有一、二絕險的處所，當你身臨最最險處的時節，必須慎之又慎，不可錯走半步，如果錯走半步，必然誤了終身，這就叫做「一失足成千古恨」。現在你正身臨險處，是成敗生死的關頭，你應該用更清醒的頭腦，來決定你的出發點，我們勸你不要吃報館飯，是怕你走了錯路，斷送自己的一生，你應該虛心採納我們的意見。

措辭更妙的是表嫂。表嫂說：一個人不怕有一時的沉迷，只怕執迷不悟。如果迷途知返，那是再好沒有的事。俗語說：浪子回頭金不換，我和表兄都希望你就是能夠回頭的浪子。表嫂心裡有數：報人就是浪子，所以有這種說法。

在他們善意的輪流包圍之下，我頗有啼笑皆非的感覺。我曾兩次不通知他們而遷移住所，但每次遷移後的一二日便又為他們所覓得。

最後一次，他們找到我的地方，是小西邊門外的一個旅館。這時他們已發現我的生死關頭，還不在於吃不吃報館飯，實在於做不做「亂黨」。

加入「亂黨」，是我從未告人的祕密，他們為什麼會知道？難道他們真有千里眼順風耳？這在我當然是一個謎，後來才知道：他們是在我住過的旅館找到的線索。我用好些張信紙寫上「匈奴未滅，何以家為」八字，擇其中自己認為寫得好的一張貼在壁上，遷出時忘卻撕下，這是他們猜想我做了「亂黨」的一個線索。旅館夥計，告訴他們：夜間我的來客相當多，但說話的聲音比別人小，有時簡直無聲，這是他們猜想我做了「亂黨」的又一線索。

做「亂黨」，簡直是把自己的生命當兒戲！這還了得！因此，他們決定對我採取進一步的監護辦法。無論如何，要我搬到表兄的家裡住下，不要再和一般亡命之徒往還，同時，他們還要強迫我去就某機關司書的職。

他們不等我答應，就叫茶房捲我的舖蓋，並且僱好人力車車到大南門表兄的家裡。他們說：這是看在我七叔的面上，是助我死裡逃生，我將來如果能夠成家立業，衣錦還鄉，那就應該感激他們此日仁至義盡的護持。

這天晚上，表兄表嫂，鄭二伯，陳樵琴，和我談了幾小時，勸我不要再和一些亡命之徒攪在一起。

他們離開房子之後，我正想就寢，忽然記起還有一把戴蘭君托寫的摺扇尚未曾寫，便想把他寫好，明晚交還。戴蘭君，是《亞洲日報》編輯章佩萱的情人，張復生夫人的姊姊，托我寫扇面，一個多月了，而今夜涼似水，扇已無用，再不寫，究竟要等到幾時才寫呢？

寫已決定了，問題是：寫什麼？少陵的〈秋興〉？漁洋的〈秋柳〉？不！我不寫這些，我寫文天祥的〈正氣歌〉。

在一個待字閨中的小姐扇上寫上文天祥的〈正氣歌〉，實在有點不倫不類，但在當時卻沒有這「不倫不類」的感覺。

寫完扇，再看桌上還放著一把扇，扇上有七八個人的墨蹟，第一段是史可法的絕命詞：「孔曰成仁，孟曰取義，惟其義盡，斯乃仁至。讀聖賢書，所學何事？而今而後，庶幾無愧。」第二段是孟子的名言：「富貴不能淫，貧賤不能移，威武不能屈，此之謂大丈夫。」第三段是易水歌，以下還有四五段，也都是足以廉頑立懦的詩歌。看到這扇子，就記起扇主陳運闓先生。陳運闓是關外討袁軍這一團體中心人物之一，後於民國三年二月壯烈就義於遼寧省的遼陽城郊。我之參加關外討袁軍，他是介紹人。記起了陳運闓，就記起了我自己對他說的話，我說：「我們要光光榮榮的生，就要轟轟烈烈的死，我們不能糊糊塗塗的生，寂寂寞寞的死。」他為了我這話流了好些眼淚，他恨自己過去都是糊糊塗塗的生，辜負了大好的少年時代。他發過願為革命貢獻其餘生的誓言。

這一夜我沒有睡，我決定不問表兄和那些同鄉前輩的意見如何，我決不再吃衙門的飯，我應該去參加革命的運動，我應該光光榮榮的生，轟轟烈烈的死！

第二天清早，我從表兄家裡搬到江南春旅社去住，留一封信給表兄，信裡大意是：士各有志，不可相強，我不是籠中的鳥，檻中的獸，我要做自己樂做的事，此後請勿以我的行止為念。

關外討袁軍

癸丑那一年，在東北從事革命運動的團體，不下三十個，除一、二團體係由黃克強先生委派人員主持之外，其餘全由陳英士先生委人主持。陳英士先生是東北革命運動的最高負責人，他在所發的委任狀上署名陳其美，副署人則為戴天仇，戴天仇就是在國八年年底宣布改名的戴季陶先生。

我所參加的團體，是關外討袁軍。介紹人是陳運閩。

關外討袁軍的領袖沈縵雲，浙江人，民國紀元前做過道台，手裡有一點錢，在大連還開一個開元豆食公司，出售豆乳、豆酥餅、豆咖啡，並利用豆渣經營養豬的副業。他奉陳英士之命，籌組關外討袁軍，用關東都督的名義，主持軍民兩政。都督之外還有一個總司令，一個副司令。總司令伍指方，字在望，鄂人，年約三十歲，有一副不怒而威的儀表，不止說話痛快，而且做事也非常爽快，的確像一個司令官。副司令陳運閩，湘人，年約三十五歲，右足生而跛，留著八字鬚，是一個肝膽照人的誠懇人物，伍指方從事革命運動，是受陳英士的委任，而陳運閩則受命於黃克強。

關外討袁軍的柱石有三：（一）張仁（壬子新春遭張錫鑾誘捕殺害的東北最有勢力的同盟會分子）的餘眾；（二）藍天蔚所部已改編而仍嚮往革命的軍官；（三）各地的鬍匪頭目。因此，當時的關外討袁軍，在東北要算是聲勢最浩大的一個革命團體。

不過，這團體的領袖雖是沈縵雲，但沈縵雲是大連的寓公，並不主持團體的大計，實際主持的人是伍指方和陳運閩。

關外討袁軍總部沒有固定地址，臨時辦事處設在小西邊門外滿鐵車站附近的旅社裡，為了恐怕祕密洩漏，不止每日要掉換房間，並且每兩三天要掉換旅館。

這一團體的幹部一共一百零四人，但以機關為逆旅的人，只有四個：伍指方、陳運閩、余少虎、紀德。就中紀德是中途加入的。紀德加入之前，送信的事，是由大家分擔，後因紀德自告奮勇，願負送信的全責，大家才減輕了一個負擔——送信。

總部曾開幾次會議，討論官制和人選，但從無一次能解決全部人選的會議。大家所同意的官制，是都督府設一處六司，總司令部設二室五處。都督府一處六司是：書記處、民政司、交涉司、學政司、財政司、司法司、鹽政司。總司令部的二室五處是：參謀室、書記室、民政處、交涉處、餉械處、交通處、軍法處，倘一室一處需要一個人主持，也要有十四個人才夠分配，但我們卻連十四個人都沒有。我們這團體的基本黨員數是一百零四，但其中師旅長已佔了三分之一，那些師、旅長多係鬍匪頭目，雖加入我們的團體，受了師、旅長的委任，儼然是團體的基幹成員，但事實上他們每一個人所接受的委任狀，最少也有十張，而且他們散居各縣郊外，並無到總部辦事的可能。此外，因為沈縵雲住在大連不肯到瀋陽主持大計，一部分唯沈縵雲馬首是瞻的黨員，也就不太熱心過問總部的事；加以，我們在南到大連、西到山海關、北到長春的鐵道沿線各府縣，都設有祕密機關，每一機關都駐有少數同志，這一來，我們就連十四個的司長、處長，都委派不出了。

在有官無人做的情形下，我和章佩萱在每一次總部的會議中，都要為說明我們不知道如何做官費去不少時間。

我們說：千真萬確，我們除卻識得幾個字，有一片獻給革命的熱心以外，甚麼都沒有。我們不能不度德不量力，貿然擔任甚麼司長、處長的職官。老實說，現在是講革命的年頭，像我們這樣由別人看來還是乳臭未乾的人才有一點用處，革命如果成了功，我們就不會有用處。因為我們加入革命團體的目的，是想對準革命的敵人丟炸彈，放手槍，我們所能做的事也止於此，所以革命如果成了功，我們就沒有用處，而在革命期中，我們也不會做官。

伍指方不贊成我們的說法，他說如果關東都督府只有都督，關外討袁軍總司令部只有正副總司令，還能做甚麼事，能革誰的命？大家倘都不了解眾擎易舉的意義，你也推，他也辭，那我們就不如把關外討袁軍這一團體宣告解散了。

為了從速確定總部的職官，陳運闓奔走疏通好幾天，還剩下書記長、民政處長無人擔任。於是他要我和章佩萱拈鬮去確定誰做書記長，誰做民政處長。

在這種無法擺脫的情形下，我當然只有答應做書記長的一法。不過，我仍堅請暫緩發表。我的用意是：如果日內大連方面有人來，那我就可以把擔任的職務讓給他們。

這時，總部每日都開一次會，討論籌措費用和定期起事的問題，每日也照例發幾封和同志聯絡的信，並送出若干張的委任狀。委任狀所委的官，有各路指揮官、師長、旅長、團長，起碼是營長。委任的標準是：有槍千枝以上且有聯絡其他民軍能力的，委為指揮官，有槍千枝以內的委為師長，五百枝左右的委為旅長，二百枝左右的委團長，百枝左右的委營長。這些委任狀，除少數是由同志帶到開原、鐵嶺、遼陽等處轉發外，其餘大多數全經紀德之手發出。當時這位紀德同志，實是總部中間走路不怕遠，做事不怕多的第一人。

伍指方尤其器重紀德，因為紀德從不曾伸手要錢，並且有時還能替總部墊付一點郵費，當伍指方還他的墊款時，他總是再三辭讓而後接受。

我們的總部經常鬧窮，有時幾乎窮到無法付旅館房租。窮的結果，每日到會的人數逐漸減少，除了住在機關的四人外，能經常出席的只有我和章佩萱。我和章佩萱同住南門裡江南春旅社，每日到總部一次要花一元的車錢，但我們為了要不落人後，就始終不曾缺過一次席。我們也沒有向伍指方或陳運闓要過一文錢，自己賺來的錢不夠用，就繼之以典質。因為這緣故，紀德同志常常恭維我們英雄氣概，並且表示願和我們結為共患難同生死的弟兄。他常到江南春旅社和我們聯絡，他曾力勸我和章佩萱答應就書記長和民政處長的職務。如果不是我最不喜歡天津人那一套肉麻的恭維口吻，那就也許真的和他結為異姓弟兄。

鐵索鋃鐺進監牢

在第一次到小西邊門外日本車站旁共和旅館一間客房參加會議的七月初，我就深知：此後我的一切動作，都是討袁成敗的關鍵，也是個人生死的歧途。我並深知：祕密是成功的保證，只要大家能守祕密，我們一定能夠成功。因此，我在江南春旅社登記簿上，就改了名。我本來的名字是王曦，但江南春旅社旅客登記簿上的我，卻是王幾道，字無為。知道我們住址的人，只有總部人員和《亞洲日報》的張復生，《關外民報》的鄭爽夷。

癸丑中秋的前夕，我和章佩萱從機關裡回來，茶房說：一位姓方的胖子來過兩次了，他說他今晚有要事找你商量，請你在十點鐘以前不要離開旅社。我沒有姓方的朋友，為什麼他會來找我，大概找錯了罷。

吃過飯，茶房要我接電話，我到賬房拿起電話筒，只聽對方問：你是不是王曦？電話就斷了。電話半途中斷是常事，我們不以為怪。

十點鐘光景，收到一封信，信裡只有兩行字：「莫忘記祕密第一，倘不守祕密，將有殺身之禍。」下面綴了「名兩渾」三個字。我以為這是機關裡面的人寫的，心裡竊笑他一面寫了我的名字，另一面卻又寫著「名兩渾」，簡直不通。我很想解決「這信是誰寫的」一問題，但看了好些時候總看不出是誰的筆跡。

當晚十一點的鐘聲響時，章佩萱讓他的情人叫去打夜牌，我便上床就寢。那時候的我，每夜都要做夢，夢境多荒唐不可究詰，有時夢率一軍不崇朝連下數城，因而大笑天下無難事，所謂「秀才造反，三年不成」，只是不值一文錢的廢話。有時夢身在刑場，劊子手刀光閃處，我已身首異處，圍觀之人，議論紛紛，老表兄林文奎痛哭流涕，說早已知道結局定是如此，然卻無法挽回於事先。這晚上，我正做乘火車到鐵嶺去集合當地鬍匪的夢，只覺得有人拖曳，朦朧中知道此身已不在床上而在地上，幾道牛角燈的燈光正向我身上投射，拿燈的人都看見我，我卻看不見一個人。他們開口就問：你是不是王曦？我答。是。接著他們又屢問：你的同黨在什麼地方？我說：不知道。我每答一句不知道，他們就打我一巴掌。中間還挨了兩下腳踢。不過，奇怪得很，那時我簡直沒有半點痛的感覺，我只想做英雄，所以不論挨多少下的打，我只用「不知道」三個字，答覆緹騎的盤問，他們因為打不出答案，便帶我到金萬福的團部，他們從我的行李中拿出一個網籃，把我的圖書和他們認為可疑的函件都裝在裡面，要我揹起跟他們走。

當時，有兩個無辜受累的人：蕭人杰和龍大鈞。他們都是陳運閭的同鄉，但都不加入討袁軍總部，因為我和章佩萱住的那間房很大，他們就來搭床，不料這晚上卻要陪我到金萬福的團部。

我為了老用不知道三字答覆那些緹騎的詢問，本已挨了十幾下巴掌，後來又為了蕭龍兩人挨了兩記掌摑。他們問：這個是不是同黨？我說：不是——為了這不是，他們又伸出了打我的手。他們打得我滿臉熱辣辣，滿嘴都是血，但當他們再問我的時節，我的答覆還是「不知道，」、「不是。」

到達金萬福團部時，他們首先用手烤和腳鐐釘住我的手腳，腳鐐是最重的一付，釘上之後，走路只要過了五十步，腳鐐邊緣犀利的刺便會刺入脛骨。

當他們為我上腳鐐的時節，突然有一個人拍我的肩，定睛一看，原來就是那位走路不怕遠、做事不怕多的紀德同志。紀德同志對我說：他是今天上午被捕，已把一切都供出來了。他勸我也學他一樣，從實招來，免得受刑。

這時，我才知道：這位紀德同志，已將我們出賣，也已將關外討袁軍這個團體的祕密出賣。

軍營的一夜

這夜裡，我的人格受到第一次的考驗。我必須選擇於兩者之間：是貪可恥可憐的生，還是赴可歌可泣的死！如果貪可恥可憐的生，那就必須出賣朋友，出賣革命團體。反之，假如我出賣朋友，出賣革命團體，便將從此失去安心立命的所在，也失去作為一個志士的人格，那我便應該赴可歌可泣的死。

當生死問題在我胸中交戰的時節，我父親的聲音笑貌頓浮於腦海。我父親逝世已七年有奇，但我父親教我如何做一個仁人義士的訓言，不止沒有跟著父親進墳墓，並且顯然是歷時愈久而愈響亮。記得我十二歲那年的冬天，父親曾為我解釋「富貴不能淫，貧賤不能移，威武不能屈」的涵義。父親說：富貴也好，貧賤也好，威武也好，都是考驗學子的難題。究竟做得成大丈夫與否，要看他經得起富貴、貧賤和威武的考驗與否才能決定，父親為了恐怕我不能立定這不淫、不移、不屈的腳根，又用許多歷史的故事來啟發我的悟性。父親指出文天祥心理有「鼎鑊甘如飴，求之不可得」的感覺，是因為處於生不如死的地位，處於生不如死的地位的人，除非存心忍辱偷生之徒，便都會有「鼎鑊甘如飴，求之不可得」的感覺，有了這一種感覺，那就不論是誰，對他真無所用其威武了。父親又常常講解孔子所主張的殺身成仁和孟子所主張的捨生取義，希望我兄弟將來遇到必須成仁取義的關頭，能不害仁賊義，貽士林之羞，當時我的身體雖在金萬福團部的候審處，但我的心靈，卻已回到童年時代的故鄉，似乎正在父親身旁聽父親的教訓。

我正記起童年的情景，一個馬弁帶我去受審。於是我不期然而然地決定了我的取捨，我決定以成仁取義結束我的今生。

那一夜，從十二點起到六點止，我受了八次的審訊，八次中間，三次由金萬福自己審訊，五次由他的軍法官審訊，每次審訊，那位紀德同志都出來作證，指出我某日參加了某項密謀，某次會議中發過某種的議論。我心裡想：好傢伙！原來他就是金萬福的密探。讓密探鑽進我們的機關，我們就當然只有失敗。

在審問時，他們問我關外討袁軍的情形，我都叫他去問紀德，儘管他們搬出許多刑具，暗示如不招供即將用嚴刑，但我卻絲毫無動於衷。因此，他們審問了八次，竟問不出我和其他各同志如何密謀革命的過程。

中秋節日的上午七時，我受了第九次的審問。這一次，他們事先取去我的手銬，還我兩隻手的自由。他們把我帶到金萬福的書房，這書房名副其實，四面都是書架書箱，並且全都滿裝著線裝和洋裝的書，進門後金萬福一面作手勢一面口裡說：請坐，請坐。他指的座位是在他的左邊一張絲絨的靠背椅上。椅的左邊，放著一張小寫字桌，桌上有熱氣騰騰的一杯茶，還有一罐才開的三炮台紙煙，桌上放著筆硯紙墨，他像招待客人似的，招呼我吸煙喝茶，我因為已經有了死的準備，就也不管三七二十一，大模大樣坐到絲絨靠背椅上抽了一枝香煙來吸。

他布置這一場劇景，是要我用親筆寫供狀。但他很和氣的說：你慢慢地寫罷！只要你不把我當做王八羔子，肯從實說出你和那些亂黨做的事情，我一定設法減輕你的罪。你放心，我至今還沒有兒子，我不會做缺德的事，我如果做缺德的事就情願絕子絕孫。但他話雖說得比蜜還甜，心裡是希望我的供狀能攀出同黨，讓他立一次把關外討袁軍一網打盡的軍功。他是出名的閻羅王，他為了要發更多的財，直接間接殺死的人數以百計，所以，他雖忽然對我採取那種懷柔的手段，對我說那些假慈悲的話，我都只當作耳邊風。我有我的主意，就是不求生以害仁。

我寫完供詞，他拿起來看了一下說：你真是不識抬舉的人！你沒有把你的事情寫清楚。

這傢伙是一字不識的，但他卻會裝出看懂供狀的樣子，要我重新寫過。

我知道他的意思是要我多寫幾個字，於是便在供狀裡寫下一段和討袁軍毫不相關的文字。這一下他很滿意，他收了供狀，指著我囑咐馬弁：好好地招呼他，他是文明人！

這個派密探到我們機關裡的金萬福，號壽山，出身綠林，和張作霖、馮麟閣曾結為異姓弟兄，三人中金的年齡最大，稱大哥，馮麟閣次之，張作霖又次之。他們都是日俄戰後受徐世昌招撫的，當時的名義都是幫統，等於一個團長，但後來張作霖和馮麟閣都連升兩級，變成了師長，金萬福卻還是一個團長。金萬福之所以沒有升遷，是因為太過貪錢，而且為了錢殺死了不少無辜的人民。惟其貪錢濫殺，後來也為此而死。他的死距我入獄約四個月，是甲寅年的初春，他住的模範監獄禮字第一號房間，就是我住過的獄房，我親眼看見他在初春的一個黎明被劊子手拖出來槍斃。

他們得到我的親筆供詞之後，立刻把我解到都督府的軍法處。

在起解的一剎那，我發現我的兩條腳脛，都已經讓腳鐐割成一圓圈，鐵鐐已碰到了腳脛的骨，一雙襪不消說是血跡斑斑了，一雙鞋也成了血漬的鞋。

不過，我並不為此而感些微的痛苦，我還私自慶幸，我沒有坐過老虎凳，也沒有遭他們的吊打，所以我能在連一個同志也不被我拖累的情形下，順利通過了人格考驗的第一關。

草就了絕命詞

因為那一天是中秋節日，督署軍法處不辦公，所以我就不經訊問，先押赴北門外的模範監獄。

那個模範監獄，是新落成不久的牢獄。獄中囚監分為四列，名之為禮監、義監、廉監、恥監。每監有兩排房間，一排都有一間獨居監和十幾間雜居監。獨居監只住一個人，重要囚犯才有住獨居監的資格，獨居監的囚犯，若是經過一次提審而不批令移入雜居監，那他的生命就算是終結。早則三、兩天，遲則十天、八天，便要飲彈或被絞而死。

監獄規模相當大，裡面有印刷工場，有木工場，洗衣工場等。已判決的囚犯才有被挑選入工場的資格。工資當然是少得可憐，不過也有一點金錢以外的代價，就是在工場的囚犯行動比較的自由。

我進監獄之後，被關進禮字第一號的獨居監中。監中除卻一木匠和一火油箱做的小便桶之外，沒有別的東西。一個在獄中做雜役的老犯人每乘著守兵巡邏到義廉恥各監時，問我為何入監，並告訴我監中種種的慣例。他告訴我：監中不許吸煙，不許閱報，看書要先經過典獄員的許可，白天不許大聲說話，晚間絕對禁止說話，房裡不許點燭，夜裡鈴聲一響就要就寢，早晨鈴聲一響就要起來。家人親友每星期可探監一次，經過典獄員許可的東西如衣服、被褥、食物、金錢等，可以送到監中。監裡吃高粱米飯，如果你吃不下而你又有錢，那就可以包白米飯來吃，白米飯比別的地方稍貴，每月要十元奉票，別的地方差不多都只要七元。他還告訴我：如果有話吩咐家人或須寄信給親友，可即請求看守兵允許供給筆墨硯，信紙信封可向別人討一點。他似乎相信我是死囚，所以要我事先寫好遺言，以免臨時匆遽無法留下幾句要說的話。

這一天，我沒有進一滴水或一粒飯，但也似乎不飢。當大家進午餐的時節，我看到了囚犯的食物。飯是高粱米飯，菜是鹹菜湯，飯和湯都用特製鐵皮碗來盛。那個老犯人告訴我：新的犯人，第一天沒有飯吃，因為囚糧單上還沒有他的名字。其實，這一天就是有飯給我吃，我也吃不下。

獄裡連大便都沒有自由，上午六時和下午五時半是排隊如廁的時間，過了這時間，就要經過特別的許可，才能如廁。

洗臉每天限早起一次，一長方形木桶的溫水，讓七、八十人輪流去洗，輪到最後的幾個人，洗的完全是泥水。

這天我沒有吃飯，也不曾排班如廁，所以直到下午五時半沒有和看守兵接觸，但在五點半鈴聲響後，我就上了入獄的第一課。看守兵把我的褲帶收去，要我躺下睡覺，我在十四夜雖一夜無眠，但這天因為生活的變動太大，就也睡不著。

這晚上，如晝的明月，似水的涼夜，把我一腔憤怒的火氣，沖得乾乾淨淨。因為我沒有被褥，也沒有較暖的衣服，一件夾羅衫，本不足禦秋夜的涼氣，加以終日未進滴水，兩脛又流出不知多少的血，就自然是不免感覺到蕭瑟的意味，憤怒的火也不能不暫熄了。

第二天早晨，看守兵叫我去洗面，我沒有去。為什麼不去？因為我沒有面巾。

我的被褥、衣服、日用所需的一切，都在旅館裡，書籍在金萬福的團部，衣袋裡本來還有十元的奉票，幾角的銀幣，但不知甚麼時候也丟光了。因此，獄中的我，是一無所有，聯想看書來消遣羈囚的日子也成為過奢的願望，別的更不用提。

但我雖一無所有，並不著急，我所認為必須設法變無為有的，只有一件東西：一個烈士的典型。

我不知道督署軍法處將於何日審訊我的案子，也不知道我是不是要受死刑的宣告，但為了準備做一個典型的烈士，我在秋節次夕月明中成了絕命詞的草稿。我決定當就義的那一剎，咬破自己的唇，用血寫成左邊的絕命詞：

生不愧人龍，死必為鬼雄。一身殉國難，萬古播英風。

我還應該格外鎮定從容，示人以大無畏的精神，庶幾可以博得後世史家的讚美。

這在今天看起來，雖是幼稚無比的想法，但在當時卻已為自己的能夠有這種從容就死的準備而感到驕傲。

在絕命詞草成之後，我的精神更能控制自己的動作。這一來，我真的幾乎不知饑寒為何物，也無意設法來彌補目前一無所有的缺憾。

越過了死線

八月十七日，是我入獄的第三天。這天下午第一次向看守兵討了一碗開水解渴。看守兵看到我血跡斑斑的鞋襪便說：你在堂訊的時候，可以請求軍法官准許換一副輕的腳鐐。我說：帶上腳鐐了又何必爭腳鐐的輕重？看守兵搖搖頭說：腳鐐的輕重新舊有很大的差別，重而新的腳鐐，就像釘在你腳上的這一付，它會磨斷你的脛骨，輕而舊的腳鐐，才不會磨人。聽到看守兵這幾句話，再一留心看獄中囚犯的腳鐐，其輕重新舊的區別果然極大，穿囚衣的老犯人，帶著輕而舊的腳鐐，像磨光的鐵繩，帶上這種腳鐐就等於不帶。穿便衣的新犯人帶重的新腳鐐，腳上都有斑斑的血跡。其中若干新犯人用布條把腳鐐紮成不露芒刺的布鐐，也能避免兩脛所受割肉抽血的苦刑。

照我自己的估計，這次被捕的結局，一定是死，縱令還有可以不死的成分存在，這不死的成分，最多也不過百分之一。但說來慚愧，我的估計雖如此，卻也未嘗不存生的希望，這天下午所以要飲開水，就是希望自己還能活下去的具體表現。同時，我很留心觀察各人腳上腳鐐的輕重新舊，也是忍耐痛苦的堅忍力已經消失一部分的鐵證。

這天晚上，月色格外光明，夜氣格外寒冷，我很想睡，可是無論如何總無法鑽進睡鄉。

不能成眠的原因極複雜：第一、飢腸轆轆，餓火中燒，然卻無法覓得少許可食可飲的東西。第二、似水的涼夜，無被無褥，苦無禦寒的方法。第三、腳鐐剜去兩腳一圈肉，前兩天因為發憤，才沒有痛的感覺，現在憤氣稍息，痛的感覺也發生了。第四、明月帶到了鄉心，隱約也帶到了兄呼弟喚的聲音，我實無法排遣這浪子的鄉愁。

在受到飢寒苦楚和鄉愁的襲擊之後，我很憂慮我做不成一個從容就義的典型烈士，但我極力鼓勵自己，不要為了飽暖和安樂，付出人格破產的代價。

夜深人靜月明中的囚室，只有蟲聲能打破寂寞。蟲聲的本身雖無意義，但我卻覺得秋蟲也會對我致勸勉之意。秋蟲好像警告我，你不要忘記「造次必於是，顛沛必於是」的格言。顧涇陽先生說：「富貴一關也，貧賤一關也，造次一關也，顛沛一關也，到此，真令人肺腑具呈，手足盡露，有非聲音笑貌所能勉強支吾者！」你現在正站在造次顛沛的關口，能越過這一關，你才不愧是大丈夫，如果臨到這關口就跌下去，那你的生命就是不值一文錢的生命。

我這時似乎又回到故鄉的家，對著父親生前的墨蹟發獃。我父親曾在我母親帶來的陪嫁櫥的玻璃門後寫了二十四幅寸楷，無一幅不是格言，上述顧涇陽的格言，就包括在二十四幅之中，所以，我聽到蟲聲，也會聯想到一個人遇到造次顛沛究竟如何處置的問題，便會用這格言來自勉。

經過一番的自勉自勵，好像是服了一劑萬應靈藥。頃刻之間，身上的饑寒痛苦，爽然若失，英雄的意氣則繼長增高。一心只想痛痛快快轟轟烈烈的死，不希望再營拖泥帶水糊糊塗塗的生。

入獄的第四天早晨，我被解到督署軍法庭受審。

法官姓徐，是五十歲左右的紹興師爺型人物。他把我的供狀，看了兩三遍，屢次問我：你所寫的供狀實在不實在？我都乾脆答道：完全實在。後來，他又問我：在營裡你受過甚麼刑？我說：沒有受刑。他聽了很詫異。他說：你臉上青一塊紫一塊，這是誰打的。我原不知道臉上有青紫塊，讓他這一問，才知道在江南春旅社被捕的時節臉上已留下金萬福馬弁門的巴掌痕。

奇怪得很！法官會用和藹的態度，勸我說真話。他說：如果你這供狀是受刑不過才寫的，你也可以直說。後來因為我沒有話說，他就叫堂丁把我帶下。

那個帶我下堂的堂丁，年紀至少也有六十五歲，牙齒脫光了，頭髮也只剩一小撮了。他在走過天井之後，看了我一眼說道：「你這小子，要是斃了也不要埋怨別人。堂上今天幾次替你開生路，問你營裡有沒有非刑逼供的事情，你只要說一聲有也就有命了。而今你連一個有字也答不出，豈不是生路不走偏走死路？」

回到監獄約一刻鐘，看守兵開了我的房門，要我跟他出去。他對我說：現在給你換房間，你可以把你的東西拿出來。他一面說，一面把我關進義字第二號雜居監裡。我走進義字第二號時，裡面原有的五個人，都來問長問短。他們為我能由獨居監移到雜居監而慶幸。因為他們的經驗裡，「亂黨」從沒有從獨居監移到雜居監的成例，獨居監是死線，要越過死線才能遷入雜居監。

那些同監的人在得知軍法庭審我時的情形之後，一致為我不當堂翻供表示惋惜之意。據他們的意見，法官問我的話正是教我翻供的話，我應該順勢推翻自己的供狀。

義字第二號是一間直約九尺橫約十四尺的房間，一架本匠佔全面積三分之二，木匠就是六個人坐臥的地方，每人可得寬二尺三四寸直六尺的舖位。大家白天坐在床沿，晚上躺下睡覺，坐了又睡，睡了又坐，輕易打發了獄中的歲月。

這一天，我吃了兩餐高粱米飯，一個姓趙的強盜又把一條棉被借我，解決了晚間如何禦寒的問題，加之，軍法處對我顯然有網開一面之意，於是乎我的英雄氣又慢慢地化為煙霞。

不瞞讀者，當天如果有一個能鑑定人類精神生死的裁判者，那他就一定宣布我的精神業經死亡。因為我在那天的晚上，求生之念油然而作，求死之念已經消失。我已意識翻供是必經過程，有了翻供的意思。

剃了光頭穿了囚衣

當我不曾為惜死而企圖翻供以前，也和別的少年一樣，自負必然能夠做一個為世人所欽佩的大丈夫。這個大丈夫，將是明儒蔡虛齋先生心目中能「以篤實信天下，以大節竦天下，以器量包天下，以學識周天下，以規模駕天下，以實才學、實事業副天下」的健者。但在為了惜死而企圖翻供之後，心裡便發生了一種不可以言語形容的不安情緒，也失去要做一大丈夫的勇氣。

我很明白：下次堂訊的時節，只要我能厚著臉皮說：在軍營中的供詞，是非刑逼出的，實則並無此事；那一位紹興師爺，就或者會宣告我的無罪，就是宣告有罪，也必然只是薄懲。但我如果說這種違心的話，雖救活了肉的生命卻也殺死了靈的生命，別人雖不至指斥我的撒謊。但自己的良心卻知道這是卑鄙無恥的妄語，實可能構成一監禁終身的心獄。

為了恐怕出了有形的監獄卻又被關進無形的心獄，我總不敢翻供。有一次，我原已決定用「留得青山在，不怕沒柴燒」的理由，壯自己翻供的膽，然而到了堂上卻又因為捏造的翻供理由礙難出口而取消自己的決定。

但是，最後的結果，我還是翻了口供。

我的翻供，是甲寅一月底的事情，這時，我才知道：我的表兄林文奎曾為我而不遑寧處。當我被捕的八月十四夜，金萬福的軍法官楊某，曾走告老表兄，老表兄當即懇求楊某設法營救，因此，我在金萬福營裡就免了坐老虎凳和吊打的苦刑。後來我被解到督署軍法處，老表兄又托好幾個人請那位姓徐的紹興師爺速開一面之網。後來那位紹興師爺所以替我開了翻供的路，就是用以答覆老表兄的囑託。在知道老表兄煞費苦心的營救之後，我堅持不翻供的勇氣已經失去百分之七十，加以獄中不自由之苦，絕於言語，為了早日結束做獄囚的生活，也非翻供不可，所以，我終於甲寅年的一月底，毅然決然，翻了口供。

我翻了口供，那位紹興師爺立刻宣布他的判決書。判決書大意：

伍指方、陳運閭等，均由陳其美、戴天仇指示，潛跡遼瀋，廣結匪徒，希圖乘機倡亂，王曦年幼無知，隨聲附和，殊屬非是，姑念該犯，未受偽職，亦未輕舉妄動，特從寬處徒刑六個月，以示薄懲！

那一天是民國三年一月二十九日，我已經過了五個月零二十日的獄中生活了。

回到獄中，看守兵叫一個老犯人除去我的腳鐐，「足下」算是恢復了自由，但在身體「閣下」離開牢獄之前，「足下」實無自由活動的餘地，不過減輕一點的負擔而已。

「足下」自與腳鐐結交以還，先是受了挫磨，顯出血肉狼藉的酸相，過了六、七天，開始腫爛，一個月之後，腫消了，爛處還是繼續的爛，幾乎有爛斷兩脛的可能。幸虧一位姓高的綠林英雄，給我一小包藥粉，敷上之後，立刻收到去腐生新的奇效，所以，「足下」雖經過了一段創鉅痛深的銼磨，後來卻終於無恙。可惜那藥粉原料是甚麼東西，及配製的方法如何，我都不知道，否則我一定要製造一些用以嘉惠所有為創口潰爛而感到痛苦的人們。

除去腳鐐的次一課：剃光頭。過去每天洗頭，洗完要出外散步，就在嚴冬也如此，所以頭髮全部變成捲曲，加以入獄五個月零二十天不曾理過髮，自然是更加紛亂，所以我也並不反對剃成光頭。不過剃成光頭以後，不免發生了冷的感覺，又無帽可戴，這就使我想到龜鱉都比人佔便宜，它的頭如果怕冷，可以縮進殼內，人就無殼可以藏頭。

剃過頭，還要穿上灰布的囚衣，囚衣是灰布的棉襖棉褲，和後來在重慶時看到的軍服完全相同。自己的便衣要交由看守所保管，但襯衣褲和鞋襪，卻不在交付保管之列。因獄中並不供應這些東西。

換上囚衣便是正式的囚犯，不許坐食，於是乎我便被指定為書信代書人。代書人的任務，是專替不識字的囚犯寫家書或遺言。

要寫信給家人的囚犯，並不太多，平均每天只有三封信可寫。三封中間遺言式的信要佔二封。他們都是所謂鬍匪，多半是犯了搶劫而又有持械拒捕的罪名。

「人之將死，其言也善。」真的麼？不！不然！能作善言的固多，但想入非非，出言非常惡劣的也不少。

一個在海城搶皮貨店被捕的韓老塔，要我照錄他的話，不要漏一個字。他的話是：

「郝老二！好！你坑了我！我一定還你一手，讓你知道我的厲害。我最多活到明早，我等一顆子彈打進腦袋，就回去和你算這個賬，你這王八羔子，總要死在我手上。」

他所說的郝老二，就是事主皮貨店的老闆。

還有一個是犯了十幾次強盜罪的積盜，姓紀名鳳山，年約四十歲。他有兩妻，都是三十歲以後才娶的，兩妻各兩子，大的六、七歲，小的三、四歲。他經過了半小時以上的千思萬想，決定了遺言的內容：

「我死之後，你一定要守節，要把孩子養大。如果你要再嫁，我會立刻把你拖到陰間去見閻羅王。」

但獄中雖有像這樣惡魔型的人，卻也有非常善良的人。

有一個年才二十一歲的人，姓宋，參加搶錢莊被捕，自知必死。他請我分別寫信給他的父母和愛妻。他懇求父母饒恕他的不肖不孝，並從速把媳婦改嫁。他勸愛妻不要為他守節，早點改嫁別人。

還有一個待決的死囚，叫劉虎。他請我寫信給他的胞叔和胞弟。請胞叔、胞弟務必聽他的勸告，不向仇家尋釁。他說「冤仇宜解不宜結，這一次自己雖受仇家告密之害，被判死刑，但也不能怪仇家，要怪還是怪自己走錯了路。」

那些死囚在信寫好之後，都用一句令人毛骨悚然的成語向代書人告別：「來生再見！」

活見鬼的故事

我的刑期只有六個月，但在羈押五個月零二十日之後，還要再住監獄三個月零五日。因為判決前的羈押日子，兩日只算一日，判決後的日子，才是不打折扣的日子。

我受徒刑宣告的那一天，禮字一號監來了一個新客，是經洮南解到省城的亂黨之一，姓金名鑄，五十歲以上的人；兩鬢斑白，脫帽就露出光滑滑的頭頂心，連一絲頭髮都沒有。我曾乘排隊往廁所的一剎那，和他談了幾句話。他也是金萬福所部捕獲的，除了亂黨的罪名以外，還有一個製造兼行使偽鈔的罪名。他自知必死，並自信死後能夠變成一個厲鬼去找金萬福算帳。當時我已是一個無鬼論者，聽到這種有鬼論，自然是「姑妄聽之」。

金鑄入獄的第三天，就受了死刑的宣告，死於獄中的絞刑台。繼金鑄而進禮字一號監者是涂少虎。涂少虎和章佩萱同時入獄，涂少虎案情較重，所以涂少虎成為禮字一號監的嘉賓。

涂少虎，章佩萱，都是關外討袁軍總部的主要幹部，章佩萱和我並曾同住江南春的一室，因此，在第二天督署軍法處提訊的時節，我便成為待訊者的陪客，做了這一次陪客，我才知道關外討袁軍這個團體，已經成為空中樓閣，主持人伍指方和陳運閭，都已遇到了就地正法的命運。

章涂兩同志係在鐵嶺車站附近被捕，捕他們的緹騎也是金萬福所部馬弁。他們和我一樣，是行踪被紀德知道，而不得不嘗一下鐵窗的風味。

我最初很為涂章兩同志的命運擔憂，後來因為第一次審訊之後，涂少虎即由禮字一號監移到雜居監，吊在半天高的一顆心才放了下來。

涂少虎改入雜居監的那天晚上，禮字一號監又來了個新客，就是團長金萬福。

第二天早上一個做雜役的老犯人告訴我：金萬福昨夜在夢中狂叫好幾次，今天天剛亮他就請求看守兵替他換一個房間。原因是禮字一號監有鬼，他說他剛要睡去，便覺得有人拖他的手足，屢試皆然，所以昨夜就一夜不曾合眼。

金萬福個子不高，非常的肥，像是一條肥豬，屬於多血質，論理是不會一夜不能成寐的，而今竟一夜不能成寐，鬧一夜的鬼，這究竟是什麼緣故？

金萬福這傢伙真夠狠，他不到二十歲就加入了匪幫，專做越貨殺人的勾當，直到光宣之交才和馮張同受招撫。受撫之後，馮麟閣、張作霖，真的洗手不再打家劫舍，金萬福卻依舊嗾使部眾做打家劫舍的事情，而且做得比以前更凶狠，常常因為勒贖不遂撕掉綁來的肉票，又因為他是「大哥」，張作霖、馮麟閣都是他的盟弟，十個事主就有九個忍泣吞聲不敢向督署控訴，其敢於控訴者，僅僅十分之一，督署對於這控訴，照例批交張作霖查辦，張作霖初則礙於盟誼，只好不查不辦，後來又因為破獲了若干革命黨機關，誘捕了許多革命黨員，有功足錄，就更不想查辦，這一來，那控訴他的事主，也就無奈他何，像這樣凶狠又有靠山的傢伙，誰又料得到監獄裡的他卻會為了怕鬼而一夜無眠？

在金萬福鬧鬼的當天下午三點鐘光景，又有一個看守兵和兩個服雜役的老囚犯鬧起鬼來。據說：看守兵分明看見一個戴獺皮帽的人走進禮字一號監，便教一個姓封的囚犯去看究竟是誰，並且吩咐姓封的老囚犯，把走進禮字一號監的人叫出來，隨手把監房下鎖，但姓封的老囚犯走到禮字一號監，卻不見戴獺皮帽的人，只看見金萬福正坐在床沿打盹。看守兵不信，馬上自己去看，但也看不見戴獺皮帽的人。姓封的老囚犯和看守兵都看不見戴獺皮帽的人，正在驚愕，另一個叫做張得勝的老囚犯又證明他也確確實實看到戴獺皮帽的那個人，而且認得那人就是前幾天受了絞刑的金鑄。

這個活見鬼的新故事，立刻傳遍獄中的每一個角落，夜還不曾來臨，大家的目前都已有了幢幢的鬼影，耳畔也已有啾啾的鬼哭，到得日落雲垂夜幕裡了大地，每一個雜居監，就都開了鬼話競賽會，李四口裡的鬼比張三口裡的鬼規得多，老孫話下的鬼又比老趙話下的更猙獰，幸而大家也都要睡眠，當時鬼話只上溯到黃帝紀元的四千六百一十一年以上，如果大家可以不眠，那盤古分大地的鬼話也一定成為鬼話競賽會的一個精采節目。

就是在大家鬧鬼的第二天早上四點鐘光景，張作霖四個馬弁從監房提是出了他的「大哥」，再經十五分鐘，這位「大哥」吃了兩顆長生不老丸。到天明獄中的鬼話更多，那些活見鬼的看守兵和囚犯都知道金鑄已經捉去了金壽山。

結束了獄中的歲月

過了八個月零二十日的獄中生活。我才和瀋陽模範監獄的難友們告別。那時涂少虎受了無期徒刑的宣告，章佩萱也判了三年的徒刑，但他們都很樂觀，都相信不久的將來革命黨必能推翻袁世凱的政權，當我用字條問他們需要我做甚麼事的時節，他們都回答只要能送幾本書入獄就很好，獄中的需要的確是書，但書要經典獄員的許可才能送進。我們所能看到的，只有康有為的《不忍》雜誌和梁啟超的《庸言報》，此外，就只有四書五經是能得他們許可的書。

出了監獄之後，住甚麼地方，做甚麼事情？這是出獄前幾天就已發生的問題，到得看守兵叫我去聽監獄員的「教誨」，這問題就成了迫在眉睫的問題。因為聽「教誨」的次一步，就是帶著自己的東西步出獄門，我是流落異鄉的浪子，瀋陽沒有我的家，我身上又沒有一文錢，如果住旅店，誰來付這一筆旅館錢？我當然也想到了表兄其他同鄉所能給予的援助，但因為過去有一段不理會他們一切勸告的過程，就不想再去找他們。想來想去似乎除了張復生的《亞洲日報》以外別無可以棲止的地方，於是乎決定一出獄就走進《亞洲日報》社。

在監獄門口僱了一輛人力車，言明車資四角，要拖到《亞洲日報》。轉瞬到了報社，我正在狂喜，但下來一問，才知道《亞洲日報》早已停刊，張復生夫婦也已在大連住下兩個多月。一個希望粉碎在現實面前，已經夠狼狽了，再加上四角的車資也付不出，這就更增加了心裡的窘急。怎麼辦呢？這真是一個問題。

想了片刻，又有一個可以投止的目標，莊以恭的家，莊以恭供職郵局，很好學，為了進修，前三年曾肄業於方言肄習所的高級班，那時我在初級班，因此，就做了朋友，想到了他，馬上要車夫再把我拉到大南門外莊家，車夫要六角錢，我也依了他。

莊家住在一家醬園店的附近，過去我去找他，一來一往都看到牆上一個「醬」字，可是這一天，來到了大南門外，不見了「醬」字，也找不到莊家，後來雖終於認出目前的一所當舖就是過去的醬園，今天牆上的

「當」字就是過去的「醬」字，也終於找到了莊家，但住在莊家裡面的，卻是姓陳的夫婦，莊以恭本人則已於上月被調往長春郵局服務。

我出獄的時間是上午八時許，此時已是正午十二時。陳家飯桌上擺著四雙筷子，四把羹匙，四個酒杯，顯然是預備飲酒。我還想問陳先生幾句話，但車夫卻嚷著要車錢，我要他等一等，他說肚子餓了要去吃飯。

我沒有辦法，硬著頭皮向陳先生借了一元錢給車夫，並將車上被褥搬入陳先生的房裡。我準備出去找過去和我有點友誼的朋友，接洽暫時食宿的問題，等接洽好了，再到陳家取行李。

我向陳先生說明意思之後，陳先生要我吃了飯再走，但我看到桌上的酒杯，知道正在等待嘉賓，道謝而出。

我一面走，一面問自己：走？走到甚麼地方才會遇到能替你解決問題的人？這時心裡難過到了極點，好像又進了一所無門無戶的監獄。

曦，曦！突然聽到熟人的呼聲。再一看前面站著兩個人：梁梓人、劉懋德。梁梓人是我叔父的朋友，劉懋德卻是我的表外甥。梁梓人說：我們都知道就在這兩天你要出獄，想不到卻在這裡遇著你。你出獄後到表兄家裡麼？他好像已經替你預備好一間房間了。

梁梓人在知道我是當天出獄，行李寄在陳家之後，決定立刻陪我去見表兄，他和劉懋德本是陳家預備迎接的嘉賓，但因為我的緣故，卻決定先用一小時陪我到小南門表兄的家。

正在吃飯的表兄、表嫂和表姪們，看見從獄中出來的我，都說我比入獄以前胖得多，立刻讓我參加吃飯。我坐下吃飯，梁、劉兩人就走了。梁梓人臨走問表兄：行李是不是就車來府上？表兄要他飯後搬來，還送出門口和他作好幾分鐘的低聲談話，我雖不知道談話的內容，卻心知總也提到我的出路問題。

表兄本準備讓我住到他的家裡，但鑒於我跨出獄門之後不去找他卻去訪問朋友，知道我是不很願意住到他家，於是決定由我自己選擇住所。當時離表兄的住處約百步地方，有一小間房間出租，表兄帶我去看，問我可住不可住。我看那間房光線還好，租金每月又只七元，便決定搬入居住，但我不住表兄家裡，飯卻不能不吃他家的飯，甚至早晨洗面也要到他家去洗。我一無所有，房裡一桌一椅是從表兄家裡搬來，面盆茶具也沒有，連必不可少的筆墨紙硯，都付缺如。我原想到江南春旅社搬回我的行李，但江南春旅社卻早已宣告清理，在宣告清理之前，我和章佩萱的行李，已由金萬福團部的馬弁沒收，再也搬不回了。

第二天是端陽節，這天不知飲了多少酒，先在表兄家裡飲黃酒，接著到梁梓人家裡飲白酒，梁梓人本是酒狂之一，碰到像我這樣見酒流涎的人，真相得益彰，結果，梁家的午宴竟和晚宴聯成了一氣。在他的宴席上，遇到了劉腋厚先生。他是瀋陽英華書院院長，豪於飲，有酒王之稱。因此，我不僅日間飲了大量的酒，在夜間也飲了許多的酒。

酒增加了我的豪氣，拔除了我的愁思，當同席的人問我今後作何計畫的時節，我就告訴他們：我將開設一個通訊社，再靠通訊社日就月將的成績，使我變成中國報界的偉人。

「窩窩頭」的啟示

在恣情狂飲的端午節日，聽到了許多滄海變成桑田的消息，這時袁世凱御用的政治會議所召開的約法會議，已制定了所謂「新約法」，過去的國務院變成了「政事堂」，國會也變成了「參政院」。另一方面，瀋陽的報館此時只剩三家：《東三省公報》、《白話報》和日人經營的《盛京時報》。其餘如《關外民報》、《亞洲日報》、《微言報》、《大眾日報》等等，都早已關門大吉。在這滄桑的世事中最使我失望的一件事，是《亞洲日報》的停刊，《亞洲日報》是我想像中的新大陸，《亞洲日報》停刊是新大陸的突然沉淪。

節後的我，栖栖皇皇，像一個走到荒山曠野，前不見古人，後不見來者的孤客。老子說「眾人熙熙，如享太牢，如登春臺，我獨泊兮其未兆，如嬰兒之未孩。纍纍兮，若無所歸！眾人皆有餘，而我獨無遺！」用這幾句話來說明當時我的感觸，是再適當不過的。

我住的房子由表兄付租金，一日三餐由表兄供給，紙煙的代價也由表兄付出，表嫂從我出獄那一天起也不再說半句希望我能做回頭浪子的話，論理我是可以稍緩須臾再去尋覓職業的，但不知怎樣，不管是在斗室裡面或是在表兄家裡，也不管是吃飯還是睡覺，心裡總沒有片刻的安堵，如坐針氈，如芒刺在背，比在獄中更難過。每到黃昏日落，點起一盞煤油燈，靜聽風聲蟲聲的當兒，「過了一天又一天，心中好似滾油煎」這十四字就會衝口而出，並且會愴然零涕。

為了排遣這種百無聊藉的心情，也常到比較親密的朋友家裡談天、飲酒，偶然打麻將牌。

這時革命同志，死的死，逃的逃，除獄中的涂少虎、章佩萱之外，連一個影子都找不到。我很想到上海或大連，一探革命偉人的動靜。我心裡所想訪問的革命偉人，是陳英士、戴天仇、李烈鈞、柏文蔚和在大連做寓公的關外都督沈縵雲。可是我雖有此想，旅費卻無所出，並且那幾個人中間除了沈縵雲也許知道我這人之外，其餘的人都不知道我是何許人，我去訪問他們也很唐突，因此，就也不作籌措旅費去大連或上海的打算。

正在此時，我認識了回教徒白雲深，他是三十歲左右的人，但他那種天不怕地不怕的無所畏懼的精神卻和二十歲左右的年輕小伙子差不多。他父親開了一所小食店，賣「窩窩頭」和「鍋落」，（兩種食物都是玉蜀黍粉做的，窩窩頭是用蒸饅頭的方法蒸成塊，鍋落是用鐵製漏盾盛濕黍粉，更用鐵瓢壓搾黍粉而成的麵條。）顧客是苦力，窩窩頭一塊重半斤售銅幣一枚，鍋落一碗售二枚，中等食量的人，只要一塊窩窩頭、一碗鍋落，就可以算得一餐，食量最大的苦力，可以一口氣吃下四個窩窩頭、兩碗鍋落。當時一元錢可換銅幣一百二十幾枚，所以如果願意啃窩窩頭，中等食量的人，一天只要七分錢就能解決食的問題。

在認識白雲深之後，我對於窩窩頭有了很大的興趣。我吃了幾次窩窩頭之後，便決定不吃表兄家裡的飯，同時繼續投稿的生涯。所投新聞稿的新聞來源，多來從電報局和警察廳，因為這兩個機關都有朋友在裡面，過去我和他們的來往就相當的密。

在電報局供職的那位朋友姓鄭，他所供給的消息，特別受報社的歡迎，最初我以為那些消息一定都是最新的，後來才知道，他所給我的，都是十天以前就發生的事實。但我就在發覺他是把舊聞當新聞之後，也還是要感謝他的幫忙。我知道如果沒有得力的人幫忙，我就無稿可投。

當時我的感想是：在獄外吃窩窩頭不會比在獄中吃高粱米更壞。就算是更壞，我也應下吃窩窩頭的決心。我不能長吃表兄家裡的飯，白米飯比窩窩頭固然好得多，但一個人在生活上總要能屈能伸，然後才能做出頂天立地的大事，如果看見了白米飯竟留連而不忍去，那他就將是白米飯的俘虜，那裡做得成甚麼大事！

窩窩頭好像是一部奇書，我就從這奇書中找到了新生命。我恍然大悟：一個人不管要做甚麼事，都要有一套的本錢。誰說我沒有本錢？能啃窩窩頭豈不就是最大的本錢？有了啃窩窩頭的本錢，我還怕甚麼呢？

於是我和白雲深便商定了啃窩窩頭辦通訊社的合作計畫。我們決定分途籌措一百元的開辦費，除了用以租賃房屋、購買桌椅和廚房用具外，再買一副謄寫版和一筒謄寫的臘紙。

我們決定了通訊社的名稱為《東北通訊社》，通訊社中附設一個派報處，利用送報工人早起要向報館取報下午要到報館結帳的便利，來解決通訊社稿的問題，我和他分任編輯和經理，我管編稿，他管金錢的出納和派報。

在最初幾天，這個計畫中的《東北通訊社》，變成了最美麗最光明的夢，雖在事實上還只是一個可望不可即的理想，但我們卻彷彿覺得這理想早已實現，而且已在新聞天地中取得了一個重要位置的新聞事業。

但是，經過十幾天之後，我們一百元的籌款計畫，還是擱在淺灘上的一艘船。我和白雲深同樣缺少一個點鐵成金的指頭，不要說一百元是無法籌措，就連五十元也沒著落。我有一種不大好的脾氣，要借窮朋友的錢，不借有錢朋友的錢，然而窮朋友卻湊不出幾十元錢給我，這就使我的計畫遇到了淺灘。同時，白雲深也沒有可以借貸的地方，他的朋友十、九是苦力，他父親的一間小食店，也除了鍋灶盤碗並無長物，生意好的時候，賺的錢可以應付自己一家以窩窩頭為主食的生計，生意如果不好，那就連窩窩頭都賺不到手；在這情形之下，他也常常發出一聲苦笑，表示他對於金錢的無可奈何。

這時，原在民政司當科長的陳樵琴，署理了興城縣的知事，寫信叫我去興城。他的想法當然是要我在他的衙門當一名捧卷宗寫謄寫版的小職員，但我卻已決心不入官場，不過我為了希望他能借我一百元讓我辦成一個通訊社，也終於踏進了興城縣衙門。

幻夢是成功的溫床

我去興城的目的在於借錢，但我想向陳樵琴借錢的話卻始終不能出口。儘管陳樵琴並不曾準備拔刀割我向他借錢的舌，我卻總是鼓不起開口借錢的勇氣。

陳樵琴曾問我兩次：是否願意暫在衙裡做事？我都說此時並不想做事。這時陳樵琴已經是五十歲左右的人了，但新娶的太太卻是不到二十歲的少女。在陳樵琴面前紅得發紫的人物有三：第一、跟著太太來的大舅爺姓邱，他管著一部分的稅收；第二、縣署的收發員，姓楊，出身廚司；第三、庶務員姓姚，出身理髮司。除了大舅爺我是到興城才認識之外，那位廚司和理髮司卻都是舊識。我早已吃過楊君做的菜，也早已請姚君理過髮。我實不明白陳樵琴何以會用這批人做他的台柱。因此，我不止不願在縣署裡做事，並且決定立即回瀋。

縣署裡除了邱、楊、姚三個人外，還有一位鄭璧卿，也是陳樵琴手底下委任的人，這位鄭先生的地位是會計，到差之後就臥病在床，病是肺癆，是已經拖了五、六年的病症，當我七叔南歸之前，他和七叔往來頗密，算是我父執這一輩，我到興城時，他就叫我替他記帳，還叫我煎藥煮點心。他不要茶役侍候，原因是茶役往往把他的藥煎枯了點心煮焦了。當我決定要回瀋陽的時節，他無論如何不許我離開他，他說我如離開他，他就會很快的死去，只有我能照顧他才有好的希望。我本急欲回瀋，加以伺候肺病臥床不起的人，實有受癆病侵襲的危險，心裡就更加不舒服，可是為了父執之苦苦央求，卻又只好暫時取消了回瀋的決定。

我當下做了世誼的俘虜，做了侍奉鄭先生的茶房兼護士。我要替他煎藥、煮粥、烹茶、要餵他飲食，要扶他起坐再扶他臥下，並且要照顧他的大小便，然而他還不很滿意。他最不滿意的一點是：我不肯吃他的東西。他常常說：我的病不會傳染到食物上，你不要害怕。

我做了足足八十天的看護以後，寫了一封快信告訴鄭先生的哥哥德卿，說璧卿先生的病，積重難返之勢已成，請他快一點來興城。鄭先生的哥哥，當時是昌黎縣的知事，在接到這信之後，立刻回了一個電報，說三日內當到興城。

得到鄭德卿的回報，我有如釋重負的感覺，當下決定等他來了我就走。

我來興城是七月初，這時已是九月底。白雲深催我回瀋的信已有一厚疊。最後一封信說，商品陳列所有空房間，不要租金，可以開通訊社，但要趕快回瀋，遲將無及。白雲深最後的一封信和鄭德卿的電報，是同日到達的，我為了這一信、一電，終日喜形於色，鄭先生問我何以滿面喜色，我只好把鄭德卿來電報的內容告訴他。他聽到這消息，似乎很驚動，過了十來分鐘才對我說：你的德卿叔大約已知我病重了，他知我病重，他就一定也是死。這在當時，不過覺得他是加重語氣的說法而已，後來才知道他那話一點都不假。他自己是說這話的第二天死去的，他的哥哥卻是第三天死在山海關的客棧裡，他的哥哥本是要到興城看弟弟的病，然因憂慮過分，竟死於中途的旅店。他自己死的地方，是我的手臂。當時，他覺得內急，我用左臂攬他的身體坐在一個特製像馬桶蓋的架上，再用右手替他解衣，他還照例說一句：真對不住！然後把頭靠在我的左肩。過了五、六分鐘，我忽覺得他的眼睛已不轉動，呼吸也已非常微弱，然卻不敢動，也不敢喊人進屋，直到地眼睛完全失神無光，呼吸完全停止，這才發聲喊人進來把他放倒床上。

我在這位鄭先生死後的第三天回到瀋陽。在回瀋的第二天，我們找到了商品陳列所的管理人。向他商借陳列所內的房間，他慨然應允，於是就在三、四天裡面，組成了東北通訊社兼東北派報社。

這個陳列所，是一座規模相當大的四合樓房，四週是四列房間，中間是院子，四週的房間每層都有三、四十間，每間都夠擺七、八張的寫字檯，真是理想的社址。我們借用了四間，位於右方的房子，我和白雲深各住一間，兩個報差一間，廚司住的那一間就是廚房。陳列所的管理人表示不收房租，但希望我們能每月給茶房更夫幾元錢。同時，我們商得管理人的同意，還借用了所中的桌椅，這一來，我們再一算，實在只要五十元便夠做這通訊社的開辦費。

那一年的十月中旬，我們夢想中的東北通訊社，發了第一號的通信稿。我們除了送稿給瀋陽各報外，還寄稿給吉林、黑龍江、天津幾個報館。我們踏上了為新聞事業啃窩窩頭的第一階。

從窩窩頭到大米飯

東北通訊社成立後的第一個月，是最艱苦的日子。我和白雲深雖終於籌到五十元的開辦費，但在通訊社發稿的前夜就用光了，到得開始發稿那一天，玉蜀黍粉都沒有錢買，差一點連窩窩頭都沒得啃，幸虧一件夾袍典了兩元半的奉票，這才勉強打破了子在陳的第一關。

通訊社發稿的第一天，已經是靠這典質夾袍度日。以後所過日子的艱苦，也就可想而知。

記得有一夜，我們連買煤油點燈的錢都沒有，那一夜又恰為沒有月光的月杪，於是我們就過了一個黑暗而寒冷的夜。還有一天，我們只吃一餐的窩窩頭，這窩窩頭還是由白雲深父親店裡取來。

我們雖窮到連窩窩頭都沒得啃，但精神卻異常愉快。我們的新聞稿漸為各報所重視，採用的成分約佔百分之三十，我們的派報社也慢慢發達起來。最初派送的報份不過四、五十份，由於我們極力拉攏讀報的結果，寖假由四、五十變成六、七十，又由六、七十變成八、九十，一月後終於超過了一百五十份。派報每份每月有三角的收入，一百五十份就有五十元收入，這個數目的收入，對於我們是有很大的幫助。

不過，派報的迅速增加，在第一個月裡面，對於我們卻是苦樂參半。樂的方面，就在於上述的每份有三角的收入。苦的方面，是派報增加一份，我們就要多負擔三角錢的保證金。這保證金制度就是使我們連窩窩頭都沒得啃的主要因素。

因為推銷報紙要本錢，我們也注意到了推銷通信稿這件事。可是推銷通信稿也並不太易，我們不知寫了多少信向各地報社推銷通信稿，但都好像石沉大海、杳無音訊。在第一個月裡面，我們經常寄出外埠的新聞稿是十五份，結果只有吉林一家報紙從郵局匯到五元，大連一家報紙寄給我們八元，剩餘的十三份新聞稿都等於白寄。最靠得住的收入，還是瀋陽兩家報館，這兩家報館在計稿論酬的原則下，平均每家每月都給十二、三元的稿費。

過了最艱苦的第一個月，我們進到了大米白飯和饅頭的時代，吃飯也好，吃饅頭也好，總有一大鍋的白菜牛肉湯或是白菜羊肉湯。有時我們還一餐吃了三、四隻雞。那時瀋陽吃的東西已經算是很貴了，但白菜百斤還只要一元錢，雞七、八隻也只要一元錢，牛、羊肉一斤都不超出二角，大山雞一對四角，野鴨一對二角，一隻重二十幾斤的野兔子只售五元。我們一個人只要肯付出五元零的奉票，就可以過白米飯白饅頭的日子。

我們能夠進到大米飯白饅頭的階段，一半是得力於不怕啃窩窩頭的精神，另一半則得力於我們這一團體組織的健全，我們的東北社，是一個同甘共苦的社會，編輯也好，經理也好，報差、廚司也好，在物質的享受方面，完全平等，有錢大家花，有飯大家吃，誰也沒有優先的權利；我們沒有薪水、工資的問題，在大家餓肚的時候，誰也不怪別人的籌款不力，這實在是我們能夠順利通過最艱苦關頭的最大本錢。

東北社能夠成為同甘共苦的社會，白雲深的力量占了百分之九十。他最初就算到我們在開始辦這東北社的時節，將遇到幾乎無法越過的金錢關，所以在東北社籌備發稿並派報之際，他就主張採用有錢大家花、有飯大家吃的辦法，免得發生工資發不出的問題。同時，他在推銷報紙近八九十份兩個報差要奔走全城的時節，自己也做了送報的報差，這就使兩個報差和一個廚司縱然挨餓也不會有半句怨言。

我們雖是同甘共苦，但在宗教的信仰方面和生活的習慣方面，卻有很大的差別。白雲深和報差老劉、老趙是回教徒，廚司尹小四是耶教徒，我是無神論者。飲食方面，回教徒主要的肉食是牛肉，我和尹小四則以雞肉為主要肉食。尹小四每天要做三次禱告，其餘的人都無須早晚祈禱。不過，各人信仰雖不相同，生活習慣亦有差異，但因為彼此都能拿定克己的主意，誰都知道遜讓是維持一個生活團體的要素，所以我們內部就從不發生意見相左的爭執。

東北社在踏上第三個月的時節，就看到近在咫尺的黃金世界。這時我們已經還清了借來的開辦費和保證金，大家都買了新的帽鞋和零星日用物品，而且還在我的房裡裝了一個火爐，大家做完了事便在爐邊談上下古今，有時更買一斤白酒、一隻燻雞、一包炒花生，舉行爐邊的雞尾酒會，大家把看到和聽到的奇異風俗，狐鬼傳說，作為另一種特別美味的下酒物。

有一次的爐邊談話會，產生了擴充營業的計畫，決定從明年二月起兼售書籍雜誌。這決定是受到一家書報社的刺激而引起的。那家書報社最初只派報，後來兼賣書，所賣的書以閩縣林紓、仁和魏易合譯的小說為主，銷路很好，每日平均可賣書三十冊，每冊可以賺到一角錢，實在是很好的生財之道。

售書的資本，預算最少要一百五十元。大家都說：我們為了湊足這一筆本錢，就是再啃兩個月窩窩頭也不算什麼稀奇！

買彩票的人，往往會做夢中夢，為了夢幻的繁榮而自我陶醉。我們在定下賣書計畫之後，也和買了彩票的人一樣，每日都在夢中做夢，我們好像真的看見，頃刻之間，我們的書報社變成了大書店，通訊社變成了大報館，同時，我們還買了地皮，建了書店和報館。

晴天的一個霹靂

東北社漸入佳境的時候，正是急景凋年的甲寅臘月中旬，但依照國曆，卻又是民國四年的正月底。這時袁世凱早將總統任期由新改的十年再改為終身制，日本則乘歐戰正酣烈強無暇東顧的當兒，提出了二十一條的無理要求。輿情對於袁世凱的強姦民意，毀法自恣，固極憤激，而對於日本得寸進尺的侵佔，則尤怨憤填膺。袁世凱為了杜漸防微斬絕革命的根株起見，密令各省嚴治亂黨，禁止排日，求能遏止他的所謂「亂萌」。

當時趙爾巽和張作霖已成立了政由張氏，祭則寡人的默契，趙爾巽奉到密令之後，立刻就交給張作霖去執行。張作霖除了宣布瀋陽的戒嚴，出動軍隊步哨查夜之外，還伸出一隻逮捕亂黨嫌疑分子的魔手。因此，報紙上，每隔兩、三天，總有破獲亂黨機關和捕獲亂黨嫌疑分子的記載。

出獄以後的我，因為找不到黨的機關和黨的同志，無從參加革命工作，事實上已經是革命黨的門外漢，所以儘管張作霖到處逮捕亂黨分子，又把瀋陽城攪成風聲鶴唳，草木皆兵的局面，我卻無動於衷，我總覺得：他們沒有再把一個罪名加在我身上的理由。我所認為必須預先布置的一件事是：如何方能過一個愉快的年。

瀋陽報界，在農曆過年時候，照例要放七天到十天的假。假期普通是由十二月二十七日開始。我們在二十四日就開了一次爐邊會議，討論究竟應作如何準備的問題。這時我們的經濟情形非常之好，本可多買一點年貨，過一個豐富的年，但為了希望能夠實現把派報社改為書報社的夢，便決定只過一個平平常常的年；大家少吃一點東西，多剩一點買書的本錢。

當晚八點鐘光景，表兄來到社裡。他問東北社的過去情形和現狀之後，約我明晚去他家吃年飯，我看他的神情很不自然，知道他的來意決不單在於請吃飯，曾問他：有無他事？他說：沒有。但他一面如此答覆，一面又說：你到外面來，我有兩句話告訴你。說完，站起來，推開房門走向院中，我跟他到院中，他才鄭重對我說：你應該趕快離開這地方，你倘不離開，他們會拿捕你。我問他：過了年再走路遲不遲？他想了一想答：最好是早點走。

表兄此時是督署的人，趙爾巽對於他的大手筆，非常欣賞，凡遇重要文書，都特地派人到民政司請他去起草。他既是督署重要文書的起草人，就當然比別人能更早幾天知道督署要辦的大事。所以，我知道他的話必有來歷，我也明白落花流水四個字將是東北社的結局。

我告訴表兄：我雖是關外討袁軍這一團體的孤臣孽子，但我從五月初出獄以來，沒有遇到一個革命黨人，也沒有說過一句要革命的話，這一個東北社，是啃窩窩頭啃出來的，和革命簡直是像風馬牛之不相及，他們為甚麼又要來找我的麻煩，這真是只有天曉得的事情了！現在我當然要走，但走到甚麼地方好？這不是一兩天可以決定的事。因為我必須和幾個朋友接洽有了眉目，找到了勉可安身的地方，才肯走。如果找不到一個可以安身的地方，那就不一定要走。他們要殺也只好讓他們來殺。

表兄因為沒有更好的理由催我就走，也就淒然告別。

這時候的我，好像是在夢中，又好像是在醉中，雖不曾完全失去知覺，卻已經變成沒有正確知覺的一個人。

我呆立在大門口十幾分鐘，直到不勝零下七、八度寒風的襲擊，才回到房裡，白雲深問我：究竟是怎麼一回事？我也幾乎答不出一句話。差不多經過一小時，我才對白雲深說：完了！完了！我們啃窩窩頭啃出來的東北社，現在又遇到一個恐怕無法過去的難關了。接著我又把表兄勸告的話和我必須出奔的形勢告訴白雲深。白雲深對於這種像晴天霹靂的消息，雖也非常驚愕，但對於東北社的前途卻不絕望。他贊成我在最短期內離瀋，並提議用分劈東北通訊社和東北派報社為兩撅的辦法，來保全派報社。

這一夜，我和白雲深談了五、六小時，直到夜深才就寢，但對於我將奔投何處這一問題還是無法解決。我不知這一次出奔之後，能不能再找到一塊新大陸。我很為自己的前途茫茫擔憂。我知道衣食決不是無根的芝草，無源的醴泉，如果走到無法為衣食而填根開源的地方，那就將是死亡的前奏。

第二天，我到表兄家裡吃年飯，本想和表兄商量出奔的計畫，但因表兄家裡有十幾個我從來未見過一面的生客，不便提起，結果只是痛飲而歸，問題就還是存在。

棉被是生命的保險箱

二十六日的上午，為了想買幾本書送給獄中的章佩萱和涂少虎，走到了城中心的四平街，剛到街口卻遇著章佩萱的情人戴蘭君。我問站在街口一綢緞店開口的戴蘭君：知否章佩萱受了三年徒刑的宣告？蘭君說：早就知道了！我又問：你曾探過監麼？蘭君搖搖頭表示不曾探監。我對蘭君說：我再過幾天就要離開此地，以後請你送一點書到獄中。這時蘭君雖允諾，但顯然只是敷衍面子的允諾。我心裡想大概這位小姐的心已不在章佩萱身上了。我正想再說幾句話，戴蘭君的母親和小妹蕙君從綢緞店走出來，我照例招呼之後，問蕙君道：今天是不是你來買嫁衣？蕙君是十二、三歲的小姑娘，很天真的答道：今天是來買衣料，買了很多，全是大姊的，你看，車上不是快裝滿了麼！我轉眼一看，果然有兩輛人力車停在近旁，其中一輛車上放著好幾包綢料，我說：為甚麼買這許多？惠君說：我們已經買了三、四次，每次都買這許多。我恍然大悟：戴蘭君是馬上就要出嫁的人，難怪伊不去看章佩萱。於是又問蕙君：那麼是幾時請我吃喜酒？蕙君說：還有二十幾天，好日子是正月二十。

戴蘭君的母親和蘭君、蕙君兩姐妹乘車去後，我為了章佩萱情人的變心而悯然若失。我記得很清楚：去年七、八月的戴蘭君，差不多是只要一天不見章佩萱的面就會連飯都吃不下去，章佩萱在《亞洲日報》的編輯部，戴蘭君也必在編輯部，章佩萱到什麼地方，戴蘭君也必到那地方，吃飯在一起，看戲在一起，打牌也在一桌，兩個人之間除了眠不同床以外，其餘的一切都有甚於畫眉的情愛。可是，而今章佩萱罹了牢獄之災，戴蘭君卻已決定嫁與他人！這豈不是情場的遽變？促成這一遽變的因素是甚麼？我想不出。因為蘭君的家庭，是無拘無束的自由家庭。過去蘭君之愛章佩萱，正如其妹荷君之愛張復生，完全是基於自己的自由意志，而今蘭君的突然敝屣章佩萱而別有所戀，也決不是出於父母的強迫。我一面想，一面走，一直走到西門大街才驀然發現自己的走是盲目的亂走。

回到東北社進過午餐，我不禁為自己的精神錯亂發了一笑。我覺得：自己真的該打！為什麼特地出去買書，卻會空手回來？

飯後，我再和白雲深商量出奔的問題。白雲深對於我的出奔日期，主張應在正月初六或初七，但對於我將奔向何處的問題卻不參加意見。他不知何處有我的親友，也不知那些親友能夠給我多少的助力，因此他也不能斷定甚麼地方對我才是人地相宜。

那天晚上，我不到十點鐘便登床就寢，然直到鐘鳴十二下還是輾轉反側不能成寐。我的輾轉反側，不是為窈窕淑女，而是為了生命的一葉扁舟正遇到無岸可泊的悲哀。

我曾考慮奔向上海，也曾考慮奔向大連，但這兩地都沒有半個真正可靠的至親好友，如果我投身其間，豈不等於魯賓遜的攀登前不見古人後不見來者的孤島？

經過兩、三小時的苦思，倦極了，忽然怦怦扣門聲，心知有異，急起披衣，白雲深推房門進來。我問：是不是軍隊？他說：是。他還告訴我：前門有軍隊，後門也有，人數不少，但他已告知老趙、老張、小四；來人盤問的時候，只說王某昨晚沒有回來，不知是在甚麼地方。他又說：門遲早總要開，現在你先躲到廚房，我去開門。

我立刻走到小四的房裡，看見，小四也已起床，便鑽進小四的被窩。

我的心房正怦怦狂跳，好幾個張作霖的馬弁已經進了陳列所的大門，白雲深陪著馬弁，搜查每一房間，我看到四處投射的牛角燈光，聽到雜沓的釘底皮靴聲，齒戰不止。心裡想：這一次真是成了甕中的鱉。

約經五分鐘，馬弁到了廚房，一個用牛角燈向我投射的馬弁問白雲深：這個是誰？白雲深答：他是廚房的下手，叫韓虎。那些馬弁聽說廚房的下手，便都轉身出房，再到樓上去搜查。

他們搜查了半點鐘光景，才退出陳列所，他們退出之後，小四進來告訴我：他們帶走了白經理，留下十來個人把守前後門。

我因為恐怕丘八爺重來搜查，不敢回到自己房裡，便讓小四到我的床上睡覺。小四問我：白經理能不能馬上回？我說：論理白經理馬上就可回來的，但在這個有理講不清的鬼地方，我就不知道白經理能否馬上回來。他又問：你是不是等天亮就走？我說：當然。只要能出大門，我就可以離開瀋陽城。不過，現在我還不知道能不能走出這陳列所的大門。

小四到我的房裡去睡之後，我既不能成眠，也不敢起來，只在床上靜聽隔壁房裡掛鐘的答的答的搖擺聲和叮叮噹噹報時聲，我曾凝神側聽大門外丘八們的談話，但聽來聽去卻只聽到一點像蒼蠅嗡嗡的聲音。

二十七日的上午五時，天還沒有亮，小四就起來燒火煮粥，報差老趙、老張也來到廚房洗臉。這天是甲寅年各報開始休息的日子，但報差還要把最後一天的報分送出去，所以老趙、老張，依然是早起。他們都已起床，我也只得下床。我正從自己房裡取出面巾牙刷，準備洗面，大門外的丘八又喊開門。小四開了門，就有三個丘八來到院裡，我心裡怦怦亂跳，祇恨上天無路，入地無門，連忙丟下面巾牙刷，又鑽進小四的被窩裡，小四的被窩決不是安全的避難所，也不是生命的保險箱，但手足無措的我，卻把它看做能夠避免觸電的橡皮套。

我才鑽到被窩，小四回到房內，三個丘八也跟著進來，中間有一個竟立到我的床邊，插在腰邊的刺刀，碰到床沿的木頭，磕磕作響。我為了遮蓋恐懼的神色，率性連頭也縮進被中。幸而此全國的報館都沒有攝影記者，如果有一位攝影記者把我埋首被中的戲劇扮相攝進鏡頭，那就一定能博觀眾的一笑，並且一定有人會發現：人和其他的動物在遇到急難的時節，其動作更能完全相同，不止鴕鳥遇險會埋首沙中，就是人類遇險也會埋首被中。

當我埋首被中，心弦緊張到快要斷裂的一剎，小四招丘八喝茶。丘八也居然向小四道謝，我才知道這一次進來的丘八，是討開水，不是搜查。

逃出了虎口

丘八出了門，我又起來漱口洗面吃稀飯，想乘機逃出這陳列所。我提議用我的舊皮袍換小四的棉襖，小四脫了棉襖。穿上小四的棉襖，還不大像一個廚子的下手。就又脫下皮鞋換白雲深的破氈鞋，新的呢帽不好戴，決定弄亂頭髮，就用這蓬蓬頭髮當一頂帽子。

化裝好了，剩下的問題只有一個：如何衝出陳列所的大門？

從東方微白到傍午的十一時，差不多開了二十次的房門，想離開那個倒楣的東北社，但不知怎樣，兩隻腳一踏到院裡的地上，心裡便有「行不得也哥哥」的感覺，總沒有勇氣衝到街上。

當正午，老趙、老張回到社裡，小四準備開飯，老趙要小四留一點菜給白雲深，這就提高了我的警覺性。起先我只為自己沒有勇氣衝出大門著急，沒有發現白雲深一去不回的嚴重性，後來經老趙這一提，我就意識到了白雲深或已被拘。張作霖爪牙這一次要搏攫的目的人物是我不是白雲深，而今卻把白雲深拘到營裡，不肯放回，那就可見他們把我看做多麼重要的人物。

我知道張作霖的爪牙是把我當做要犯之後，立刻發生了衝出大門的勇氣。我把掛在灶邊的一個舊菜籃取下來，套進自己的左肩，向小四、老趙、老張點頭示意，一衝就衝到了大門口。門口有四個馬弁把守，都是生面孔，早起到社裡喝茶的三個全下班了。除了門口有馬弁把守之外，街的兩頭也有馬弁把守。我不理他們，出了大門，再向西街衝去，衝過了街口的警戒線，我就向一條小巷走去，接連轉了三、四個彎，這才坐上人力車向小西邊門而去。

經過約五十分鐘，我到了小西邊門郵局後面陳大鑾的家。陳大鑾任職郵局多年，向在青島濟南一帶服務，半年前才調到瀋陽，三個月前我才認識他，因為他對我之籌設東北社，給了不少助力，所以我決定去找他，再商量出奔的事情。

來到陳家門口，伸手到衣袋拿錢，這才發現身上已不名一文，原因是有五元多的錢放在皮袍袋裡，原擬買書送章佩萱，後來卻沒有買，在脫下皮袍和小四換棉襖的時候並未取出，而小四向來是錢放進寬腰帶的夾層裡面，不放在棉襖裡面。這時，除了敲陳家的門伸手要錢之外，別無辦法，所以終於敲開了陳家的門，請陳大鑾代付七角的車錢。

陳大鑾看見我身上穿一件油光可鑑長僅及膝的棉襖，腳上穿了一雙破舊的灤州氈鞋，頭上沒有帽，肩上還掛著一個菜籃，大為驚愕，在付了車錢之後，便一面讓我進屋，一面問我：何以如此狼狽？我把經過情形告訴他之後，他贊成我先走大連再說，並慨然允諾替我解決行裝和出奔川資的問題。他還找出一件棉袍，一雙氈裡的緞鞋，讓我卸去苦力打扮的化裝，回到長衫「斯文人」的原位。這天他的辦公時間表由下午五時到十二時，但他為了替我解決問題，立向郵局請了一天假，硬擠出為我奔走籌款的時間。

那天晚上，他帶我到一個類似小俱樂部的地方睡覺。那裡面全是單身漢，有的服務郵局，有的服務電報局，全是自由職業的分子。其中有一個叫做林大經的，是英美煙公司的跑街，他的哥哥在大連做太古公司的廚司，家裡還有餘屋，經過陳大鑾介紹之後，林大經立刻寫了一封信，把我介紹給他的哥哥，請他的哥哥容我寄住他家的餘屋。

當陳大鑾讓我去睡的時候，除了到大連以後又將如何的問題以外，其餘川資行裝的問題，都已解決。因為他已經為我買好了火車票，備好了棉被和墊褥，並且給我幾乎可以支持一個月的飯錢。

在我這一生中間，我應該感激的人固極多，但這位陳大鑾先生和東北社的白雲深先生，總都是我所永遠不敢忘記的恩人，白雲深為了救我卻吃了李代桃僵的虧，自然不愧是我的恩人，陳大鑾和我互識不過三個月，自己又不是有錢人，然而甲寅臘月二十七日，他卻贈我棉袍，為我奔走籌措置備被褥購買車票和到達大連後的費用，其難能可貴的義俠精神，不僅值得欽敬，而且值得永銘心版。

亡命生活的開始

甲寅臘月二十八的早晨，我衝著零下七、八度的嚴寒，走進南滿鐵道的瀋陽車站。因為沒有戴帽，面部讓寒風吹得半僵，兩耳更是完全凍僵。兩耳在昨天已凍腫了，再受到今天嚴寒的襲擊，自然更加腫脹。因傳說耳朵最容易凍脫，我很擔心自己凍僵的兩個外耳會和內耳告別。

但我雖擔心耳的分家，然因此時尚未真正脫離虎口，就更擔心張作霖的偵探的追踪而至。日本人此時所採取的對華政策是向袁世凱和國民黨兩面討好，而比較上則向袁世凱的討好是七分，向國民黨的討好只有三分，它們對於張作霖指為「盜匪」而要求協力緝捕的人，往往是一面通知那人促其速離日本租界，另一面通知張作霖請其到界外拿捕。過去因此而犧牲生命的人實不可勝數。關外討袁軍司令伍指方，副司令陳運閩，也就在日人這種偏向袁政府的兩面討好手段下面做了取義成仁的烈士。故在此時如果張作霖的偵探已追踪而至，我就也有變成張作霖所指為盜匪而由日本警察推出界外讓張作霖馬弁拉去槍斃的可能。在我正為張作霖偵探之將追踪而擔憂的時候，忽覺站上候車的人爭以目光投射我的身上，這就使我倍感不安。我幾欲斷定那些把目光投到我身上的人中間，一定是有張作霖的偵探，而且這偵探是已發現我是一個企圖脫逃的「亂黨」。直到後來上了火車，鄰座乘客問我：「何不戴耳套？」我伸手捫耳，知道兩耳腫得非常之大，這才知道那些人之所以爭以目光向我投射，是因為在零下七、八度的寒冬，我竟連耳套都不戴，讓兩耳去受嚴寒的襲擊，並不是因為我是企圖脫逃的亂黨。

我走進南滿路的三等車廂之後，心裡一時迸出了極複雜的感想。我覺得：我今天竟欲以日本佔領下的大連為逋逃藪，與過去痛恨日本蠶食我領土巴不得立刻收回所有割讓租借土地的情感，實無法調和，如果不是他處萬難立足，我實不應托庇於日人。我又覺得：南滿鐵道會社真豈有此理！它的一列火車，頭、二等車倒有十餘節，三等車卻只有兩節，二等車有三分之二的空座，頭等車的空位更多，三等車卻人滿為患，擠得水洩不通，這是甚麼理由？事實上南滿鐵道客運的收入，是以三等車票為主，三等客就是它的生命線，然而他們偏偏虐待了三等乘客，這當然是因為三等客大多數是中國人的緣故。由此可知：日本人一方面是要剝削中國人的脂膏，另一方面是把中國人看做無須予以平等待遇的劣等民族，真是可惡之至！

隨著車輪轆轆的急轉，視野每一瞬間都生了很大的變化，心境也常常隨著視野的變化而變化。

不過，視野儘管是一瞬間都起很大的變化，而鐵道兩旁的日本情調卻絕無變化。每次火車入站前後，仁丹的廣告牌，踢躂踢躂的木屐聲，小販手裡的「便當」和乳瓶，以及離站不遠處兩三家、四五家不等的御料理（即台省的所謂「特種酒家」）招牌，總要牽住我的耳目和情感。而尤其牢牢牽住我情感的一件事，則是三等車中幾乎沒有日本人。一個乘客告訴我：南滿鐵路對於日人是優待的，日人有免費票，有減成票，他們坐頭、二等，所付代價和不折不扣的三等票價相同，甚且還更較三等票價為低。我聽到這話，就更憎惡日本人的自私。

我知道日本當時雖已因一九〇四年的戰勝帝俄，變成了二等強國，但其國家富力，還是微不足道。它的政府財政和社會經濟都靠著輸出粗製濫造的工業品來維持。同時還有三種專門對中國的輸出：仁丹、鴉片和妓女。仁丹不止榨去國人大量的金錢，並且玷污了許多地方清白的牆壁。我一看到那個起鬍子的仁丹製造者的人像廣告，就發生了厭惡的情緒。鴉片非日本產物，但在東北則串通地方土劣大舉種植鴉片者是日本人，運輸批售鴉片者是日本人，設立許多鴉片館招人吸食者也是日本人，所以我們可說鴉片也是日本的輸出品。再說妓女，那也是日本用以換中國銀元的大宗輸出。當時，日本在其勢力所及的地方，都設有或少或多的御料理館。御料理館是合酒家、飯店、娼寮、鴉片館等四位為一體，略與此日台灣之所謂特種酒家相同，但比起特種酒家卻多出了一門賣鴉片供人吸食的生意。我既早知日本人此際還是靠著仁丹、鴉片和妓女肉體而生活的國民，今又目睹滿鐵會社故意採用歧視辦法硬把在火車裡日本人的地位抬高一等的行徑，自然是要在憎惡之上再加一層的憎惡。

由於憎惡日本之上又加一層憎惡，遂發生了願為第二戚繼光，也建一次平倭大功的奇想，愈想愈得意之餘，於是儘管此身尚在滿鐵的三等中，並未真個征倭凱旋，然卻恍惚覺得自己實是「一身轉戰三千里，一劍曾當百萬師」的英雄。同時忘卻了兩外耳的腫痛，也忘卻了到達大連以後將何以為生的問題。

幻想未已，看見同車的人都在吃東西，有的吃「便當」，有的吃雞蛋，這才知道自己馳騖幻想的時間已逾五小時。

為了療飢，我也買一角錢的熟雞蛋來吃。當我買雞蛋的時節，看見一個面色慘白的半老徐娘，也要了一角錢的雞蛋。雖這位半老徐娘的面貌，似曾見過不止一次，然在當時卻不知道伊的姓名。我正苦不能喚回過去的記憶，伊卻先和我打起招呼，這就使我更加迷惑。

但在經過約半點鐘的迷惑之後，我已想起了伊的姓名是七、八年前曾經成為整個東三省歡樂中心的女伶王黛玉。這位王黛玉以前不止是東三省人士的歡樂中心，並且是日本人的歡樂中心，日本人曾經選伊為關東第一美人，可見其傾倒的衷情。但我雖記起這半老徐娘就是王黛玉，卻不十分明白伊也會乘三等車去大連的原因。我想大概伊是吃鴉片太多，美顏和歌喉都毀於鴉片，再也沒有人聘伊登台，所以也去大連討生活的緣故。我想到這裡，不禁為之一悵惘。

不久，火車到大連，我剛下車，就看見站旁一個賣風景人物明信片和大連地圖的攤子，攤上主要人像明信片之一，便是從前號稱關東第一美人的王黛玉。不過，印著王黛玉芳容的明信片雖還在大連車站小攤上出售，王黛玉本人則已為詩人筆底的墜溷落花，沾泥飛絮，大家都已忘卻這位美人十年前曾是風靡了東北人心的歡樂中心了。

我走出車站，立即僱車到大久保通林大經的家裡，開始過著亡命客的生活。

不能成眠的一夜

林大經家住大久保通，離車站五六華里，我坐上馬車，不足半點鐘就到了。

車到林家，第一個遇到的故人，是癸丑夏秋之交在瀋陽做國民黨機關《關外民報》總編輯的鄭爽夷，當時他才十八歲，加上我們中國人的習慣是以出生年為一歲，故在癸丑年號稱十八歲的鄭爽夷，事實僅十七歲。以一年僅十七歲的少年而任一黨報主持人，（當時《關外民報》是以總編輯負報社全責）這在今天雖是不可想像的事，但在當年則許多黨人都不覺得鄭爽夷的太過年輕。為什麼不覺得鄭爽夷的太過年輕？一半是因為當時大家全是年輕少年，其中不乏十六、七歲的同志，鄭爽夷在黨中還不是千百人中的最少年。一半是因為鄭爽夷年紀雖輕，然其在《關外民報》所表現的知識能力，如用當時一般報人的知能水準來衡量，則並無不如人之處。

鄭爽夷是癸丑八月由瀋陽逃出的，先住客棧，後來因為付不出棧租，暫借林家餘屋居住。不過，住進林家餘屋之後，吃飯問題還是不易解決，在我到大連的時候，他依然是吃了早點再來解決午餐的問題，吃一餐算一餐。他原想經常包月吃飯，但因沒有固定的收入，在欠下半月、一月飯錢無法付出時非常狼狽，所以吃了幾個月包飯領略過小飯館老闆對付欠錢顧客的手段之後，便到東吃東、到西吃西的解決這個最重要也最惱人的吃飯問題。

林家是一座有樓的房屋。林住樓上，樓下是另一家。樓上下的構造相同，都有一間廳房，四間臥室，一間僕室，一間廚房。樓上的四間臥室中，林大經夫婦和林大經兄嫂各住一間，鄭爽夷住一間，一個小茶房也住一間，僕室因為光線不足，不曾住人。當時林家以為只有教小茶房搬進那間黑暗的僕室才能解決問題，因此林大經夫婦便著小茶房讓房。但我在看過鄭爽夷和小茶房的房子以後，覺得他們的房裡都還可以再住一個人，就提議讓我和鄭爽夷或小茶房同住。結果，鄭爽夷歡迎我搬進他的房內，於是小茶房便將我的被褥攤在鄭爽夷房內木匠的一邊。在東北，這個木匠，就是睡床，又是坐椅。所佔房面積為十分之六，除匠上中間置一短几，供飲茶、吃飯、寫字之用外，沒有其他陳設。匠有兩種：一種是土匠，又名火匠，是磚土築成的，冬天每日在匠中燒林木取暖，夏天則數日一燒，藉除濕氣。一種是木匠，係用木板製成，具備匠的形式卻不發生可以取暖的作用。在有樓的房屋，則樓上均為木匠，樓下才有土匠。林家住在樓上，所以臥室裡都有一個佔了很大地位的木匠。

被褥搬進鄭爽夷房裡，喝了一杯茶之後，鄭爽夷就帶我出外飲酒。飲了幾杯高粱酒的我，很想在當晚走遍大連主要的街道。但因鄭爽夷遊街興趣不濃，我們只遊了兩小時的街，就回到林家。在遊街中給我印象最深的一條街，是浪速町。這一條街綴著許多五色的街燈，使黑夜變成五光十色交相輝映的白晝，同時街的兩旁，大半是日本人的商店，店中各式鞋帽、鐘錶、綢緞、糖果、蛋糕和麵包，都透過玻璃窗櫥吸住行人的視線。這些景物，在我是第一次領略到的富有異國情調的景物。過去兩三年前就已有人介紹大連，其結論是大連不如橫濱和東京的繁華，而橫濱和東京則又不逮巴黎、柏林、倫敦、羅馬和紐約的萬一。現在我既看到大連浪速町是如此之美，就更想能夠到巴黎去賞鑑巴黎的繁華現象。

在我們兩小時的遊街中間，鄭爽夷不曾提到「革命」兩字，當我要把逃出瀋陽經過情形說給他聽時，他總是說：這些事回去再談罷。最初我不知道鄭爽夷為什麼這樣膽小，後來才知道大連的日本官吏，其對待一般國民黨員的手段，是和瀋陽南滿鐵路附屬地的日本警察一樣惡辣，如果張作霖的密探把一個亡命大連的革命黨人當做盜匪，請求日方協助緝捕，大連的日本警察也會真的強迫這革命黨人出境以便利張作霖的拿捕，鄭爽夷在路上之不敢說一句有關革命的話，就是怕遇到張作霖的密探。

那天晚上，我和鄭爽夷暢談到夜深，才勉強就寢。經過這一次的暢談，我才知道大連並沒有國民黨的機關，每一個亡命大連的窮黨人，在才來的時候，都和無所投止的喪家之狗一樣的可憐，一、二有錢的黨人，則用一月數遷其居的方法，來避免窮黨人的告貸求助。在一月數遷其居的富黨人中間，沈縵雲可說是最富的一人。他在大連設有開元豆食公司，出售幾十種豆製食品，由濃汁豆漿到豆咖啡無所不備，生意非常之好，在瀋陽設有分公司，生意也一樣的好。因此，許多亡命大連的黨人都希望沈縵雲能分散一部分的金錢，來接濟同志，而沈縵雲也深以許多窮黨人都把他當做財神為苦。曾有一個時期，沈縵雲躲到一個連家人都尋不到的地方住下半個月，害得家人報告日警請協助尋覓，日警也費了許多時間去搜索，直到沈縵雲自己回到家裡，告訴家人是為著無法應付一些冒充他的部屬而告貸的一批「革命掮客」而出此，這才揭破了沈縵雲失踪的啞謎。

在關外，「革命掮客」更較革命黨人為多。每一個「革命掮客」手裡都有三、五本綠林英雄的名冊，當他發現誰是負責某一地區革命運動的領袖時，便會把附近那地區的綠林英雄名冊送給這領袖，保證名冊中的綠林英雄可充革命起義的先鋒，然後從那領袖手裡騙去幾張師旅團營長的委任狀和一筆有限的川資。那一次向沈縵雲告貸的人物，大概就是這一種「革命掮客」。

本來，我也有訪問一下沈縵雲的意思，但在聽到鄭爽夷的敘述之後，便決定絕對不去訪問沈縵雲。我知道訪問是應有的禮貌，但在這「革命掮客」滿天飛的時節，我卻犯不著去惹一身告貸求助的腥羶。

這夜裡，我幾乎徹夜不能成眠。我不知道大連是我的生路還是死路，更不知道國民黨的討袁革命幾時才會成功，我有前途茫茫之感。我覺得大連雖不是孤島，我則確是必須憑著兩隻手開天闢地奮鬥圖存的魯賓遜。

害了一次病

第二天入窗的晨曦，給我不少的勇氣。晨曦無語，但我看到晨曦的光華燦爛，卻覺得本身已有蓬蓬勃勃的生機，不再為前途茫茫而憂慮。

這天我起得很早。我在雞聲與曙色同時接觸耳目的薄曉就已披衣起坐，不過因為同房的鄭爽夷正在酣睡，林家小茶房尚未起身，林大經夫婦也都在黑甜鄉裡，我不敢走動，也不做聲，只能默默地坐看朦朧曙色的逐漸放出光明，坐看晨曦在閃閃爍爍中變成一片燦爛的金光。在晨曦變成一片金光時，小茶房走進房裡，我問他：「林先生幾時可以起床？」他說：「馬上就會起床，不過，他起床後吃過早點就要進洋行。他白天很少在家，晚上很遲才回家。白天是辦事，晚上是上賭場。」由於小茶房的多嘴，我在和林大經哥哥會面之前，就已知道這位仁兄是個賭徒。

正說曹操，曹操就到，小茶房話剛說完，林大經哥哥已走進房裡。我們都作過自我介紹之後，就同到客室談話。我們談了幾分鐘，林大經也來到客室。

我會見林大經兄嫂之後，覺得這對真是佳偶。他倆體格都比別人矮小，說話聲音都比別人微弱，同時，說話都很慢很少，態度很謙遜，就像是同一模型鑄出來的一對。這和林大經夫婦，正是尖銳的對比。林大經夫婦，個子都相當高，喉嚨非常響亮，而在大庭廣眾中間，林大經尤其喜歡搶先說話，不管別人是否也有話說，大經嫂是屬於同一類的人。

林大經哥哥是個操「刀」的人，福建的出口貨中，三把刀佔著第一位：屠刀、剪刀、剃刀。林大經哥是以屠刀為生。他除卻能操屠刀外，還能說一口「倉前山英語」。「倉前山英語」和「洋涇濱英語」相同，是一種特殊的英語，其特點是刪繁就簡，避難趨易，是福州英華書院創造出來的簡易英語。他的操刀處所，是大連英商太古洋行。每日的所得，是工資大洋四十元，房租二十五元，廚房和取暖用的煤炭約一千五斤。同時，因他每日所需的牛肉、豬肉、雞、魚、蛋等的數量相當大，一些攤販每隔三四日都會送他一點禮物，像牛舌、豬肝、大魚之類，這就成為他間接收入的工資。也的負擔很輕，除太太之外，只負擔一個小茶房的工資和伙食，林大經太太雖也住在他家，但其衣食所需悉由林大經自任，並不影響他的收支。在這情形之下，他的家計應該是寬裕的，然在事實上他並不寬裕，而且經常鬧窮。原因是甚麼？是他那嗜賭如命的性格。

林大經哥哥和我略談片刻之後，便邁步出門。我回到房裡洗臉時，鄭爽夷還在睡，我只得把他喚醒。因為我要去訪張復生，然卻不知他的住址，不能不請鄭爽夷做我的嚮導。

我在鄭爽夷的指點下，找到張復生的住宅，已是接近午餐時候的十一時半。他看見我兩耳腫得像紅柿，頭上沒有帽，身上的衣好像是購自舊貨攤，雖知道我的處境是多麼艱困，然卻不知道我的遭遇。在我把經過情形說明之後，他才知道我是虎口餘生，才露出願在力所能及處提供助力的意思。

這時的張復生，是大連《泰東日報》的總編輯。《泰東日報》的主持是日本國會議員金子平吉，經費是由南滿鐵道、三井、三菱、正金銀行、日清汽船等公司分擔，其分擔經費的方式是刊登廣告。張復生之所以不得不放棄自己所創辦的《亞洲日報》而就食於《泰東日報》，不消說是為生計所迫。然而適逢其會，此時歐戰業經發生，日本也已加入協約國的一方，我們正舉國奮起主張收回膠州鐵路和青島，日本則不僅要代替德國佔領膠州和青島，並且有乘機席捲東北的企圖，張復生如果要站在中國人的地位說話，便非退出《泰東日報》不可，如果要領《泰東日報》的一分薪水，那就非替日本帝國主義者說話不可，這就真是張復生最難做人的地方，所以他在表示將盡力給我一點援助之後，就又說到他目前處境的尷尬，和自己心裡的計畫。他的計畫是：立即進行籌募的款，重新回到瀋陽，創辦一家報館。他說他這計畫，雖已得到幾個萊州同鄉的贊同，然而至少還要再過幾個月才能實現，所以他雖明知《泰東日報》這碗飯不是人吃的，然卻不能不再吃幾個月。他說了這些話之後，黯然神傷的樣子，使我非常難過。我問他和亡命大連那些黨人有沒有聯絡，他也沒有回答。當時我以為他和那些黨人已失去聯絡，所以無法答覆，後來才知道他是沒有聽見。他那時是有無限的煩惱。

我們坐的地方正是火爐旁，通紅的爐火，把我們的面已烘紅了，但我們還不覺得熱，因我們是正在凝思。不過我們雖曾各為自己的前途而凝思，也不過凝思而已，並不能立刻得到一種解決的方案。

在我們因凝思而緘默無語的當兒，張家女傭端出了一盤的年糕，張太太也抱著一個嬰兒上樓，於是我們就吃起年糕。

我在開始吃年糕的時候，就已有頭腦昏昏沉沉的感覺，吃完之後更有非吐不快的感覺，我知道病魔大約是來臨了。因在過去，我很慣於用痧藥水來驅除感冒，當時便向張太太討了一瓶痧藥水，服下一半。在過去，痧藥水對於我的輕微感冒是有多少效力的，然在這一次卻沒有效力。我服下痧藥水之後，胃裡更覺難過，終於引起又一陣嘔吐，吐到無可再吐這才停止。停了吐，頭昏得厲害，眼也有點花，同時還有一點不寒而慄的感覺，我知道這是大病來臨的徵候，遂立即告辭，回到大久保通的林家。

回到林家，鄭爽夷業經外出，林大經哥哥未回，我本想出去覓醫，終以不知附近何處有醫生，又意識到身邊的錢極其有限，於是決定用就寢代替就醫。

在由中午到半夜的十二小時中，我先發冷然後再發熱，到午夜熱得幾乎發狂，左右兩邊的三叉神經更痛得幾不可忍，雖也想到延醫，然而半夜三更擾人清夢總不是好事，於是屢想喚起鄭爽夷替我延醫，又屢止於想，卻不敢發出呼喚的聲音。

捱到夜深一時，三叉神經更痛得真的不可復忍，用手一捫，左右三叉神經伸張的地方就是一般人所稱為太陽穴的地方，顯然是腫了，而且足有大半個鴨蛋那麼大，不禁大驚異，同時，口裡也迸出了呼喚鄭爽夷的聲音。鄭爽夷起來一看之後，立刻披衣出房去喚醒林大經的哥哥，林大經的哥哥進來一看之後，也只說一聲：我去請醫生，便出了房門。

經過半點鐘光景，林大經的哥哥，帶到一個外國醫生，他告訴我：這位是英政府派駐大連的皇家醫生葛蘭第，是最好的醫生。葛醫生診察之後，教林大經的哥哥問我：如果給你一劑吃下去或是醫好了病或是送了生命的烈藥，你敢不敢吃？你敢吃，他願為你配方，你不敢吃，他就敬謝不敏。我問他：我究竟害的甚麼病？他說：他也沒有看過這病症，這大概是腦三叉神經附近的微血管都已爆炸的緣故。我因知道我的病大概非烈藥不為功，便告新林大經的哥哥，請他轉告葛醫生：我不怕死，請配方給我。

當晚鄭爽夷從葛醫生那裡取回了一包藥粉，一瓶藥水，教我先吃下藥粉，以後每隔兩小時飲藥水一格。那時我雖已經失去一部分的知覺，但仍能遵命服藥。服藥後四小時，東方白了，我開始下瀉，在六、七小時中瀉了三十幾次。瀉後，太陽穴的腫消了，知覺也隨而完全恢復，我正慶幸病魔的遠離，不料從這天正午起，竟害了坐不起、走不動的病。儘管雙腳依然無恙，但已形同癱瘓，不能運動了。

空前淒楚的病中歲月

我發現此身形同癱瘓之後，最初還以為這是一時的現象，經過幾小時至多經過一、兩日必能恢復原狀，所以並不十分著急，過了幾小時之後，發現這形同癱瘓的身體幾乎是逐時更增加其癱瘓的程度，最初還只覺得全身無力，不能起坐，漸漸地手足也麻木起來，不能如意屈伸，又漸漸地聽覺遲鈍起來，聽不清別人的言語，聲帶失去一大半作用，發不出響亮清晰的聲音，我才為著這突如其來的癱瘓症著急，才感到不可名狀的悲哀。我知道形同癱瘓的病人，飲食起居都要別人照顧，非住醫院不可，然而阮囊羞澀的我，那裡掏得出一筆住醫院的費用！同時，我既不能住醫院，飲食起居又將請誰照顧！這豈不是一個無法解決的難題？為著想勉強解決這一難題，雖曾和鄭爽夷作兩度的商量，但鄭爽夷也想不出辦法，最後是只有臥在匟上讓時間來解決我的問題。

在我害了癱瘓病的那一夜，甲寅的舊歲在爆竹和鑼鼓聲中消逝，接踵而來的是乙卯的新年。當時一般人異常重視新年，富裕人家，不消說是把新年銷磨在飲酒、打牌、看戲中，就是窮困人家，也要蒸高饅、包餃子、買幾斤高粱酒來打發新年。林家也照樣是飲酒、打牌、過著快樂的日子。連小茶房都買了一些「金錢砲」到馬路上去摔。這情景只有老子所說的「人皆熙熙，如登春臺」，才是最切當的描寫。但在這「人皆熙熙，如登春臺」中，我卻只差一點變成死尸，四肢動彈不得，連說話都感到了下氣接不了上氣。我雖亟盼望林大經哥哥和他的小茶房能時常來看我，也極盼望鄭爽夷不外出，但結果卻大失所望。林大經哥哥只元旦上午到我房裡一次，小茶房也很少進來，鄭爽夷元旦上午出去拜年直到初五才回來一次。在那幾天裡，我不止感到空前的寂寞，也感到無限的痛苦。有時覺得腹飢，但連起來沖一杯牛奶的氣力都沒有，有時覺得口渴，也因自己不能起來倒開水只好忍渴。並且，為著便溺問題甚難解決，連牛奶開水都不敢多喝，因此，就是小茶房到房裡，我也只能喝一點牛奶或開水聊解飢渴，我不敢恣意飲食，連開水都不敢痛痛快快喝一次。

經過五、六日的靜臥，四肢開始能夠活動，聽覺恢復了一半，說話也不會感覺下氣不接上氣，我知道癱瘓病是快好了，便決定多吃一點東西，多喝杯把開水，藉以加速恢復身體的健康。但多吃一點東西的結果，當然是多製造一點糞尿。我曾想盡方法希望我能變成無須他人扶持也能解決糞尿問題的人，但嘗試三、四次都歸於失敗。我曾教小茶房先將一把方凳和一個痰盂放在貼木匠的地上，再將一把靠椅放在近匠的牆邊，準備在用得著痰盂來解決便溺問題的當兒，可以自己攀著靠椅背下地坐到方凳上面，結果竟完全無用，並且險些因此失去了生命。

有一天下午，我覺得內急，並且自信病已將癒，可以起床，便慢慢地抓開棉被，攀著緊貼匠前牆邊的靠椅背，把兩隻腳伸到地下，想順勢到方凳上，不料兩腳剛著地板，就已覺得頭昏，等到坐上小方凳，眼睛裡突然迸出幾道火星，一剎那之間便失去了知覺。

因我沒有錶，也沒有留意到客室裡掛鐘報時的聲音，同時當日又無人在旁，所以我只知道是下午昏厥過去，卻不知道究竟是下午幾時。但到得甦醒的時候，已是下午六時半。這一次的昏厥，雖不曾奪去我的生命，然對於我旦夕盼望的速癒，確是很沉重的打擊。它使我明白：這是不容易馬上就好的病，不能抱著明後天就能夠自由行動的幻想。

這天晚上，從瀋陽回到大連的林大經，又把那位英國派駐大連的皇家醫生請來看病。葛醫生斷定：至少還要經過一個月，身體才會復元，這就使我啼笑皆非。我沒有足以支持一個月的費用，沒有可以告貸的親友，我實在無法渡過這一道的難關。

不過，我雖知道無法渡過一個月靜養的難關，但在病癒之前，卻也只有靜養的一條道，於是，我也只好硬著頭皮去過這無可奈何的養病日子。

無可奈何的養病歲月，一天比一年更長得多，這就成為我非設法借書來看不可的理由。我請林大經兄弟和鄭爽夷替我借幾本書來看，把書當作病中的良伴。

林大經兄弟替我借來的書，全是看相、算命和行醫、辨藥的書籍。除卻醫藥這一門我是曾經看過幾本以外，命相的書算是有生以來看到的第一次。

鄭爽夷借到的書大半是林紓、魏易合譯的小說，像《茶花女》、《迦茵小傳》、《塊肉餘生錄》、《黑奴籲天錄》之類，我因為早在瀋陽就已看過四、五遍，就都不看。

從這時起，對於看相我有了興趣。每一本相書都暗示：相是隨時變的，本是窮兇極惡的相，會變成靄靄吉人、謙謙君子的相，本是慈祥愷悌的相，也會變成凶惡無比的相。其所以會變。是因為人的處境會變，人的心情會隨處境而變，心情隨處境而變之後，相也會隨之而變。在以前，那些江湖看相的人，總是說：相是天生的，它將決定人的富貴貧賤、窮通壽夭，我很討厭他們的說法，此時我已明白他們都只採用相書中死板板的類似宿命論的部分，並未採用書中活生生的養心換相論，如果他們也能採用這個活生生的部分，那就不會十分討人厭惡了。

我一面帶著「不為無益之事，何以遣有涯之生」的情感去看那些看相算命和醫藥的書籍，一面則隨時作起坐起立的嘗試。中間雖曾又一度為著嘗試起立而昏厥，但在昏厥過去的第二天，終於勉能起立，並且能扶杖由房內走到客室。我由此深信：病魔雖能擾人，但倔強的人卻也能戰勝病魔。

在我勉能行動的那一天，正是元宵佳節，距我得病的日子，恰是半個月，距葛醫生斷定我至少須有一個月休養日子則僅及一週。

我雖只臥病半月，但客病他鄉的辛酸滋味，實不可以言語形容。我不單是受夠物質缺乏的痛苦，同時也嘗夠了空前寂寞的況味。因此，這個臥病的半個月，在我看起來，實比癸丑討袁失敗後瀋陽八月有奇的獄中歲月，更淒涼，也更苦楚。

最後的一元錢

在我勉能倚傍牆壁走的時候，食慾之旺，無以復加，但因為囊中餘錢無多，總不敢恣意吃東西。一日三餐全是薄粥，送粥的菜，也只是鹹菜、油條、豆腐乾。我非不知這些食物不足以適應病後身體的需要，但我並不想改善食物，我深知我的問題不是如何改善食物來適應病後的身體，而是如何設法打開沒有固定收入，卻有固定支出的局面。這時候，我的神經似乎是繫在金錢上面，最初是每從身邊取出一個銀元，神經就更緊張一點，後來每取出一個銀角，甚至每取出一枚銅幣，神經也會緊張起來。

大約是元宵節過後的第三天，為著應付薄粥、鹹菜的支出，我從身邊取出了最後的一元錢，遞給林家小茶房。小茶房走出之後，我立刻想到這一元錢吃完之後又將如何的問題。最後決定立刻往訪張復生，和他商量一個救急的辦法，我本來是要倚傍牆壁才能走動的，但此時卻有了縱不倚傍牆壁也能走動的自信，在穿好衣服之後，立即下樓向張家走去。張家在日清汽船會社碼頭附近，距林家不過四、五里左右，我在逃到大連的第二天就已經去過一次，那一次來回所費時間都不過二十分鐘的光景，這在素來健步的我，簡直只是不出大門的散步。可是，這一次，不知怎樣，剛走離門外十幾步，就有一點身重腳軟的感覺，再走二、三十步，便非倚牆傍壁不能移動身體，當走到要越過大久保通中段一條街，然後才有牆壁可以倚傍的時節，我幾乎失去了越過一條街的勇氣。我怕會跌倒在街心甚且將因一跌而失去生命。我佇立良久，既不敢邁步前進，又不想立循來路回到林家，只望著一輛輛飛馳而過的馬車和一個個步履輕快的行人出神。中間雖擬叫一輛馬車代步，但在囊空如洗的情形下面，我也不敢冒乘車要朋友出錢的險。最後，因見大久保通的兩端都沒有馬車，我知道此時有安然越過一條街的把握，這才重新拿出一往直前的勇氣，拖著幌幌蕩蕩的身體前進。不過，我雖不斷繼續前進，然而每走二、三十步總要佇立兩、三分鐘，才能夠喘過一口氣，因此，這一段四里左右的路便變成很不容易走完的長途。我離林家的時候，林家客堂上的掛鐘才指著九點，到了我走到離張家還有大約百步路的一家雜貨店前時，那家雜貨店的鐘已指著十一點半。區區四里路，二點半鐘還不曾走完，豈不是怪事？最初我懷疑這家雜貨店的掛鐘並不準確，後來看看日影才知道雜貨店的掛鐘倒還準確，只是我的走路慢得出奇，所以走了兩點半鐘頭還不曾走完四里路。

最後，又費了好幾分鐘，才走到張家門口。張家門口原有三級石階，高約一尺六、七寸，我無法再踏上去，只好坐下再說。

張復生夫婦住在樓上，樓下是一家麵包店的工房，最初我以為只要在門外喊一、兩聲，必然會有人開門，不料此時我的喉嚨，已不能發清晰宏亮的聲音，而微弱的呼喊，樓上的張家夫婦固聽不見，樓下做麵包的麵包師也聽不見，結果，我就只能勉強爬上第三階去叩門。開門的是一個麵包工房的徒弟，我告訴他是找樓上張家，他讓我進門，然我卻走不動，只能把搖搖欲仆的身靠在門框邊，直到張家女傭下樓，給我一臂之助，我才能夠走到樓上。

這一天，我和張復生雖只作不到半小時的談話，然而在張家的時間卻超過了八小時。中間有五、六小時是看吸鴉片。張復生是癮君子，訪問張復生的人也大半都是黑籍中人。

當日午餐之前，張復生陪著一位女客吸鴉片。那位女客就是我在火車上遇到的王黛玉。王黛玉來大連的目的，在於尋覓登台演戲的機會，但是「世情惡衰歇」，自古已然，大連戲園對於這位老了青春，失了珠喉的王黛玉，絕無延攬之意，因此，伊就有再投奔另一個埠頭的必要。伊已決定在兩、三口內離開大連，先到開原碰機會，如果開原無班可搭，就去鐵嶺，萬一鐵嶺依然無班可搭，那就只好走長春。伊很悔八、九年前就吸上鴉片，以致倒了嗓子，失去了做藝人的資格，然卻不曾下從茲戒絕鴉片的決心，並且每日都為著過癮的問題而發愁，伊每隔三、四天就來張家一次，來一次就吸一次鴉片。

午餐過後，先後到張家的癮君子，不下五、六位。一些癮君子雖都要在張復生的煙榻上吞雲吐霧，但多半都是自備煙膏，他們實因張家位於大連的中心點，作為一個鴉片會友的歇腳站，是最理想的地方，所以每日下午都來開一次競吸鴉片的群英會。

競吸鴉片的群英會從午後一時開到四時才隨著張復生的上班而散。在他們大開群英會中，我沒有和張復生談論如何謀生的問題，後來群英四散，張復生又要去《泰東日報》上班，我就不得不等張復生回家再說明我的來意。

張復生名義上是《泰東日報》總編輯，事實上他是做《泰東日報》的主筆，除卻日人金子平吉因有必要居然自己動筆寫一、兩篇之外，其餘的評論，全要張復生包辦。張復生照例是每日下午四點一刻左右到報館，六點一刻左右繳了評論的卷，由報館回家。他回到家裡，首先是點起煙燈吸煙，然後進晚餐。那天，我在晚餐後和他討論如何打開無收入而有支出的難關。我想設一個通訊社來解決問題，他不以為然。他認為要東三報館出錢買通訊社稿，是比駱駝穿針孔更難的事，加以大連零零碎碎的新聞，在他處報紙都沒有發刊的必要，而重大新聞則由日本的《東方通訊社》包辦，我們無法和它競爭，這就更是在大連不能辦一個通訊社的理由。他希望我在下面的兩條路中，選擇一條：第一、是到富商家裡去教詩云子曰，吃一碗有點酸味的飯；第二、是到商會或其他大商店替那些大老闆寫應酬信、壽聯、輓聯，做一個幫閒的清客。同時，他還曾兩度提起《泰東日報》尚缺一個編輯的事，似乎在試探我的意向。我想了片刻，告訴張復生：儘管教書先生吃的那碗飯多少都要帶點酸味，但此時的我還是以吃這種帶酸味的飯為上策。

張復生除卻答應替我找事做外，還請我每日到他家吃飯。他和他的夫人，都很坦白的告訴我：家裡有的是人家送的火腿、臘肉、香腸、風雞，人少了實在吃不完，所以歡迎我去做他家的食客。

當我向張復生夫婦告辭時，我正為著是步行還是坐車的問題發愁，張復生卻已教女傭替我去叫一輛馬車，把我載回林家。

我知道大連是山東人的天下，張復生是山東人中間最出色的文豪，他既肯為我介紹教席，我就總有一天要坐上冷板凳去教詩云子曰，因此那一夜我就放下一顆忐忑不甯的心，安然睡去。

沒有鬍鬚的悲哀

我因為身邊最後的一元錢換成了薄粥、鹹菜之後，真的不名一文。所以勉強走訪張復生商量生財的大道。但走到中途便無牆壁可以倚傍的十字路，卻幾乎要倒下去，後來雖終於走到張家，然而事後追思，總覺得這一次的訪問張復生，的確近於冒險。並且是無意義的冒險。於是當天晚上就決計暫時不出大門一步，先將一元錢的薄粥、鹹菜吃完再說。好在那時物價極低，一元錢換到的薄粥、鹹菜，可吃八、九日，這就助成了我暫不出門的決計。

在暫不出門的當兒，看書當然是消遣時間的最好方法。但是可憐得很！我雖想看書，床頭卻只有那麼幾十本的命相、醫藥和早已看過好些遍的林（紓）譯小說，天天看那些命相、醫藥的書，等於天天吃薄粥、鹹菜。我幾次央求鄭爽夷設法弄幾本新書，鄭爽夷總是允諾之後並不當作一回事。他今日推明日，明日復明日，結果是借書無日。

薄粥、鹹菜的物質食量和命相、醫藥書籍的精神食糧，雖都不很理想，但也照樣能夠促進我身體的健康。每天早晨我都覺得身上的氣力確有增長，日子並沒有白過。

不過我雖感覺氣力日有增長，還是不敢輕易出大門，縱令出門也只在門口散散步，看看來往的車馬行人，排洩胸中一點悶氣；直到有一天發現連薄粥、鹹菜都無以為繼，在勢必非到張家就食不可，這總重新鼓起出門的勇氣，加入張家的飯桌，結束了靠薄粥、鹹菜調攝病軀的生涯。

我知道在人口那麼簡單的家庭做食客，如果日期太長，終有一天成為這一家最厭惡的人，所以，我在加入張家飯桌的那天，就作了儘速尋覓職業的決定。我明告張復生：你讓我做食客，我很感激，但你如果能幫助我解決職業的問題，我就更感激你的援手。

除卻張復生之外，我還遍托每一位熟人，替我尋覓職業。那些受托的人，雖異口同聲，勸我不要對日本治下大連，存著可以覓得適宜職業的希望，但我總是懇求他們，在遇到機會可以為我覓得一枝之寄的當兒，千萬替我牢牢捉住。不要等閒放過。

到處鞠躬作揖托人尋覓職業的結果，終於在半個月以後有了職業的影子。

直到民國四年日本提出廿一條為止，大連還有我們中國的海關。這個海關裡面的人員，有三分之一籍隸福建。他們組織了一個極小的俱樂部，供飲酒、打牌之用。裡面有一個廚司，是麵點能手，能做幾十種好麵點。因此，許多喜歡吃麵點的朋友，都以訪問關員為名，到裡面去吃麵點。有一天，鄭爽夷和我也以訪友為由，來到俱樂部。當時有一個我只知道他姓傅的山東人先在那裡，很親切的招呼我，問我肯不肯教書，如果肯教書，他能為我介紹。他還告訴我：需要延師的人是山東登州人姓曲，家裡有三男一女，大的十五歲，小的七、八歲，過去這些孩子是由祖父課讀，現在祖父已死，所以想延聘一位教師。我聽到這話，便不假思索，立刻表示願意試做一下出售子曰詩云的生意。

我從傅的說話中，知道這要聘教師的曲家，原是登州書香門弟。他的祖父是滿清的翰林，做過好幾任州官，著有詩集。他的父親是一個秀才，雖不曾做官，但在登州卻是一些人所敬重的讀書人。只有他自已，讀書並沒有多大成就，做生意卻有很大的本領，在大連做綢緞皮貨的生意，僱用二十幾個夥計。他家裡藏書之多，為他人所不及。我在得知這些情形之後，便非常高興，請傅君定期約我同到曲家面談一切。

傅君倒是頂熱心，第二天清早就來陪我同去曲家。我們到曲家時，主人已外出，傭人告訴我們：他馬上就回來，要我們到書房去坐。

書房名副其實，除卻窗前和門前之外，都排著書架書箱。書架上半是線裝綢面的書，但上面盡是灰塵，連書籤上的字跡都非拂拭一下不能辨認。書箱有五、六種，其中一種上蓋鑲有玻璃的，裡面裝著手抄本，大概是他祖父留下的手澤。傅君告訴我：他家的書原不止這一點，最近兩年來，蟲蛀鼠咬，殘闕的書，已堆進後院的閣樓，留在這裡的則是不曾受損的完璧，中間不少相當值錢的明版書。

我們坐了一小時左右，主人才從外面進來。傅君介紹我和主人相見之後，主人和我僅作兩分鐘的談話，便表示其餘未談到的事情不妨留待日後詳談的意思，於是我便告辭而出。我出門外時，傅君還說今晚將到林家訪我。

我就食張家之後，晚上總要到十一點鐘左右才肯回林家。原因是林家冷清清，回到林家，如果恰值鄭爽夷沒有回來，就只剩是一盞電燈做伴，縱令鄭爽夷已經回家，他也必然是老早鑽進黑甜鄉，反而害我要輕手輕腳，不敢出聲，而我是以晚歸為宜。另一方，張家的白天和晚上是兩種光景：白天是賓客如雲，煙榻不空，晚上卻也冷靜得很，張復生如果晚上不出門，就要留我和我談天，縱令晚上出門，也要留我等他回來吃過夜點再走，所以，我勢必也要很晚才能回林家。但我到曲家的第一天，因為傅君晚上要到林家看我，剛吃完晚餐就走出張家。張復生夫婦看見我匆匆忙忙回去都笑問：是不是約好女朋友？我回答他們：是一個姓傅的朋友，他們還不相信。

　回到林家約經一小時，傅君果然來了。我問傅君：曲的意思如何？傅君說：他因為你沒有鬍子，有點踟躕。啊！我的天呀！沒有鬍子就不能做人師麼？這真豈有此理？我在大失所望之餘，脫口喊出了「我的天」。

　經過傅君詳細的解釋，我才知道，最初曲君聽說我做過報館的事，他很歡喜。他也認識張復生，張復生留有兩撇八字鬍鬚，在他看去實在是很像樣的夫子大人，他想我勢必也有那麼好看的兩撇鬍子，所以想請我去教他的兒女，後來看見我沒有鬍鬚，年紀又是那麼輕，就決計不讓他的兒女向我領教。

　在我，老實說是迫不得已才想出賣詩云子曰，聊以餬口，而今人家竟還嫌我不曾長出兩撇鬍鬚，沒有可象的威儀，那我就只有放棄做教師美夢的一法了。

他就是關東都督沈縵雲

教師夢醒了之後，我決定試寫通信稿寄到東三省各報館，作毛遂的自薦，希望有一兩家報館能夠聘我做大連的特約訪員。我相信：事在人為，如果人不自絕，天便無法絕人之路；我更不相信東三省十幾家的報館，會沒有一家肯聘一個大連訪員。

我在三、四天中間先後發出約三十封的信，每信都附入新聞兩、三則，作為樣本。在寫三十封信的三、四天中間，每夜最多只睡四小時，有時還不足四小時，吃飯也往往誤了時間。張復生夫婦因我那幾天到張家的時間常常是在他們開飯以後，並且吃飯吃得特別快，吃過就走，好像是趕火車輪船，曾經問我好幾次：究竟是為甚麼事？我每次的回答都是：我的事這幾天非祕密不可，再過幾天就一定和盤托出。我為甚麼不把實情告訴他們；是因為張復生早就斷定東三省各報決不會花錢買大連的通信稿，勸我不必打替東三省各報做訪員的算盤，此時我不好意思告訴他我正做著訪員夢。

日子雖然過得很快，但當我把希望寄在東三省各報館的那幾天，卻覺得日子非常的長。我在早晚郵差為著分送從南滿鐵道來的信件而奔波的時候，總是立在林家門口等待，遠遠望見一個郵差時，心裡就想郵袋裡一定有報館給我的聘書。一直等到這郵差走過林家所在的那條巷而不入，或是入而復出，並沒有留下一封給我的信，我才又把當班火車會帶到報館聘書的希望，放在下一班的火車上，等到下一班火車又是沒有信，我就把希望寄托在明天。

不過，我雖專心等待，冷酷的事實卻證明那些報館都不理會我的去信和投稿。

有一天，我屈指一算，第一批的信寄出已十天，末批的信也已寄出七天，除卻黑龍江齊齊哈爾報館之外，其餘瀋陽、長春、吉林等地報館都必然早已收到我的去信，它們如果有意回信，那就不會等到今天還不來，其所以不來，當然是無意回信，它們既無意回信，我還等甚麼！於是放棄了報館的聘我做訪員的希望。

在放棄做訪員的希望之後，我幾乎想不出謀生的辦法。雖曾一度異想天開，想到上海去找事做，但因想來想去想不出上海有誰能夠給我一臂的助力，就又決計暫留在大連。

這時的我，食在張家，宿在林家，早晚躺在床上看書，白天有大半天是在張家談天說地，偶然也到輪船碼頭和火車站去看旅客和貨物的進出。早晚所看的書，除卻醫藥命相和林譯小說之外，還有筆記小說如《夜雨秋燈錄》、《子不語》、《聊齋誌異》、《新齊諧》、《續齊諧》、《閱微草堂》之類，元曲如《長生殿》、《桃花扇》、《西廂記》之類。中間還曾借到一部《百子全集》，但並不多看，因為我當時需要的不是學問，是消愁排悶的雜著。

我每天都在十一點左右才到張家，這時算是張家最靜謐的時候。張復生剛從床上起來，正在盥洗，女傭正將被褥理好把一盤煙具擺在床上的中央，點起所謂孔明燈，等張復生洗面刷牙之後來進黑色的早餐；坐在搖籃邊的張太太，一面望著搖籃裡兩頰時時顯出笑渦的小千金，一面一針又一針織著毛線的衣服。飯前很少來客，唯一經常到他家的人就是我，我要吃他家的飯。

那一天，大約是一個微雨霏霏，天寒欲雪的二月中旬，我比平時稍早一點到張家。在我猜想張復生一定尚在黑甜鄉裡，如果不是嬰孩啼笑，張家一定是萬籟俱寂鴉雀無聲，我也只能坐在他家裡看報。可是，事出意外，當我輕輕走到樓上掀簾入室的時候，卻看見張復生和另一個人分左右臥在床上吸鴉片。這位和張復生對面吸鴉片的「君子」，方臉長耳，豐頤白皙，的確很像一個大掌櫃。我看見有客正打算返身退出時，張復生卻作了一個手勢要我進去，並且說：這位沈先生也是熟朋友。於是我就再進幾步，坐在窗前看報。約經一刻鐘，他用過了黑色的早飯，先後下床，張復生指著那位沈先生對我說：你們沒有見過面麼？他就是你們關東都督沈縵雲！說過之後，又正式介紹一番，於是我就和沈縵雲作十分鐘的談話。我以為沈縵雲一定會問起關外討袁軍一些同志死難情形及倖免死亡同志分布情形，可是，沈縵雲竟完全不曾問及，後來我雖告訴沈縵雲，關外討袁軍一百零四位同志中，死難人數是整整一百，目前倖免於死者，依我所知，只有尚在瀋陽模範監獄的涂少虎、章佩萱、在大連的他和我，但他似乎不大願意談那些同志死難的往事，他只表示對我的生計很關懷，遇有機緣將予援助的意思。我在癸丑秋天對於沈縵雲不就關東都督的職也不參與關外討袁的大計，就已懷疑他並不是一個脊樑豎得直的革命者，由於這一次的邂逅晤談，便完全相信他不是一個革命者。

沈縵雲和我作過十分鐘的談話之後，告別下樓，張復生和我都送到樓下門口。送走沈縵雲，正想返身上樓，林家小茶房來找我，送到從東三省來的幾封信。中間有三封是無人驗收的退信，信裡就是我寄訪稿的樣本，有一封是吉林一個報館的回信，它說它已收到稿件，但經費很困難，如果肯做義務訪員，它不勝歡迎之至，只有一封由瀋陽一個報館的回信很好，它說它已刊登我的稿，盼我源源寄去，如果每日都寄稿，它願按月送「郵資」奉票（每元約等於大洋八角三分）八元。

我本不想讓張復生知道這件事的，但小茶房送來的信，他既已看見，我就只好公開了。對於每月八元奉票的「郵資」，雖然不會滿意，但張復生卻相信這是東三省對於外埠訪員的最優待遇。由於他的說明，我才知道東三省報館直到當時為止，都還不曾正式聘用過外埠訪員，報上所登外埠新聞，一大半是派報社或派報處送去的，那些派報社派報處的主持人所送新聞，百次中有九十九次是別有作用，它們都只希望報館予以刊登，並不希望報館發給酬金，因而相沿成習，任何報館都不肯花一文錢在外埠新聞上面，而一個月有八元奉票「郵資」的待遇，自然要算是最優的待遇。

除卻上述出八元「郵資」的一家報館外，隔幾天又有一家報館的來信，表示歡迎寄稿，並將「照發稿酬」，其稿酬分為甲、乙、丙三等，甲等每條奉幣五角、乙等四角、丙等三角，每月底結算後發給。

有一點事做總比賦閒好，有一點收入也總比沒有一文錢的收入好得多，所以儘管稿費都是那麼菲薄，我也決定好好的做。

可是，奇怪得很！在我想做訪員之前，當地發生的新聞，並不很少，海關常有關於稅收糾葛的新聞，張復生和他的同鄉也都知道發生於山東人社會的新聞，如大商號的設立、倒閉、內部發生糾紛等等，大有新聞寫不完之勢，但到了真的要吃訪員飯時，可寫的新聞卻少得出奇，有時竟弄到四、五日中間連一條極小的新聞都沒有。這一來，我的訪員熱，經過十幾天之後，便由沸點降到零度，我想不出如何才能夠找到新聞。

做了醫院的會計

上面已經說過，林大經的哥哥是一個賭徒，嗜賭異乎尋常。凡是嗜賭異乎尋常的人，總有一天為了賭而失去一切，這雖是大家都知道的道理，但許多嗜賭的人卻都是不到黃河心不死的死硬漢。關於這一點，林大經的哥哥也不在例外。

是一個暮春三月底的早晨，林大經的哥哥走到我和鄭爽夷住的那間房裡，要我們救他一下，替他設法借三、四百元錢，讓他跳過差不多可以逼死人的一關。我和鄭爽夷忽然聽到這突如其來的籲請，最初當然是迎以不勝驚訝的神情，後來因林大經的哥哥鄭重說明他發生的事情，我們才知道他是因為嗜賭，虧了不少的空，並且遇到很難過的一關。原來，他從這一年的元旦起，就遇到每賭必輸的厄運。最初是把自己的衣服，太太的積蓄、首飾，送到當舖，後來竟挪用太古洋行的伙食錢，最後並決定權借太古洋行洋老闆夫婦放在櫥裡的一些值錢冬衣，作破釜沉舟的一次賭博。洋老闆夫婦的冬衣當得四百元日幣，加上伙食存款挪用二百幾十元，合計六百幾十元。這件事已於昨晚被洋老闆發覺，要它在二十四小時交還衣服和欠款，否則將送日警署請日警署究辦這件竊盜案。因此，他請求鄭爽夷向做關員的同鄉去張羅，請求我向張復生夫婦去挪借，並且希望能在當日下午借到。結果，我在不得已的情形下，就只有勉強應允代向張復生借款的一法。

但我當時雖勉強應允，而在兩條腿走出林家大門之後，卻想到了向人借錢的困難，也想到了如此不量力的好義輕諾實是自尋煩惱，因此，就失去了向張復生商量這件事的勇氣。

午餐過後，林家小茶房到張家找我，問我借到多少錢，使我為之大感不安。我既沒有借到一文錢，又無話可說，就只好推說還要再等一會才有回信。

大約下午二時左右，小茶房又來找我，並且要我回林家。我因不曾替林大經哥哥借到一文錢，回到林家無話可說，便不肯回去。

張復生夫婦早就看出我的躊躇不安，後來林家小茶房又連來兩次，便疑惑我已發生甚麼事情。我本不想讓張復生夫婦知道這件事情的，但因為他倆似乎已下打破砂鍋問到底的決心，就只得說了出來。

我把林大經哥哥要我向他夫婦借錢的經過說出來之後，張復生只說一句話：「我不認識他。」這一句話已經說明了一切。

可是，張復生雖已斬釘截鐵的拒絕借貸，張太太卻對林大經哥哥表示深切的同情。那天下午兩點鐘光景張復生例外的有事出門，張太太曾和我談論應否貸與金錢的問題。張太太的意見很簡單：如果借與一點金錢，可以使林大經哥哥不因這一次賭場的失足變成無可挽回的千古恨，這錢就值得借出。不過，金錢這東西，出借容易收回難，這是眾所共知的事實，所以，又必須有保證林能還錢，才能安心借出。張太太的意見既如此簡單，我就冒冒失失地提供了保證。我保證在林大經哥哥不還錢時由我負責償還。張太太因我保證償還，立刻拿出一條金鍊條，三個戒指，借給林大經哥哥去當錢。

林大經哥哥正在上天無路，入地無門，得到這意外的援助，雖可以說真是絕處逢生，但當所得的錢一百六十元日幣，依然不能解決問題，最後還是林大經夫人，鄭爽夷和另一位姓邱的成衣匠，集合所有借來當來的錢，才勉強把太古洋行洋老闆夫婦的皮大衣贖回，使林大經的哥哥終於能夠度過了很危險的一道難關。

林大經哥哥剛度過賭場失足的難關，林大經自己卻因推銷紙煙成績不佳，被英美煙公司停職，回到了大連。他回到大連之後，本想暫住一時，再來謀事，然因他哥哥賭場失足之後，不僅失去職業，並且欠了許多債，於是甫卸行裝的他，也就開始謀事的活動。

一天上午，我正想出門寄發寫好的新聞，林大經兄弟要我坐下談談。在談到我過去害病的情形時，林大經記起了那一位英國派駐大連的皇家醫生葛蘭第，馬上就去訪他。林大經由瀋陽回大連時，瀋陽英美煙公司的洋老闆，曾替他寫兩封介紹信，一封是把他介紹給怡和洋行的洋老闆，另一封是把他介紹給葛蘭第醫生。怡和行他去過了，眼前沒有位置。葛醫生那裡還不曾去，但他已覺得葛醫生對於迫切求職的他未必有大幫助。當時因為談到我的病，他想姑且去看一下葛醫生也沒有甚麼壞處，便立作前往訪問的決定。

林大經往訪葛醫生的結果，葛醫生曾表示自己需要一位翻譯，然卻付不出薪水的意思，同時也表示如果有錢將開一所醫院的意思。林大經聽到這話，便決定聯合多人替葛醫生募集開設醫院的開辦費和經費。他的辦法，是向所有患過重病經葛醫生醫好的人那裡呼籲捐輸。為甚麼用這辦法呢？因為葛醫生不論替誰醫病都不取分文的醫費，有時還連藥都不取分文，而在領受這種免費醫藥恩惠的人們，實不乏富有資力的人。

事有湊巧，這時那位關東都督沈縵雲家裡有人害病，要我轉請葛醫生就診；另一位由赤手空拳賣紙煙雞蛋出身的政記公司（合政記輪船公司、政記麵粉公司、政記豆油公司等而成）董事長張本政家裡病人也希望葛醫生移玉，於是我便通知林大經帶著葛醫生去看張復生，由張復生陪同葛醫生前往沈縵雲和張本政家裡看病。奇怪得很！葛醫生到了沈家，沈家病人就好了，到了張家，張家的病人也好了。這就使林大經替葛醫生募集醫院開辦費一事，變成了易如反掌的舉動。不到十天光景，一個名為博愛的醫院便由我和林大經兩人的布置而宣告成立。

博愛醫院的開辦費，是沈縵雲、張本政和其他有錢的商人出的，計共用去八千元的日幣。經費預定由各董事交付月捐來維持。院中開支並不大，只有葛醫生自己支薪二百元，做會計兼文牘員的我和做庶務兼翻譯的林大經則各支四十元，此外還有兩個院役，各月支工食八元，合計不過二百九十六元。

做了博愛醫院的會計的我，最感困難的一件事，是不會聽英語也不會說英語。我雖曾在瀋陽方言肄習所做了一年多的「學員」，但因為一暴十寒的緣故，結果是連最簡單的英語都聽不懂。葛醫生夫婦和一位小姐，每天來到醫院時，如果遇到林大經有事外出，就會稍感困難。彼此往往是用手勢代表口舌，常常為著彼此所作手勢恆發生誤會而失笑。

再會罷！大連

博愛醫院的成立，雖解決了我的職業問題，但形勢日益緊張的中日交涉，在所有居住大連的知識分子中間，卻已成為無法繼續安居樂業的因素。

張復生早就準備回瀋陽辦報，沈縵雲也表示在必要時將離開大連。幾位在大連關服務的關員先生，因為日本人屢勸他們「安心服務」，更感到莫大的不安。我因張復生決定回瀋陽辦報，並且表示希望我也能回瀋陽，初頗慶幸在萬一中日交涉決裂時或可避免留在大連受窘的厄運，但一想到我是一個出奔的亂黨時，就又感覺回到瀋陽有被捕的危險。我知道回到瀋陽以後的我，如果被捕，那就要繼伍指方、陳運閭這些烈士之後，把一腔熱血來灌溉關外革命之花。此時，關外討袁軍一百零四位的幹部，已只剩下我和沈縵雲以及目前尚在獄中的涂少虎和章佩萱。因為袁世凱早已通電各省當局：嚴拏亂黨，格殺勿論。加上張作霖也是革命黨的死對頭，凡是由張作霖爪牙逮捕的黨人，死的成分佔百分之九十九，生的成分只有一百分之一。所以，回到瀋陽的我，幸而不被捕則已，倘不幸被捕，那就只有一死。但我此時卻有點惜死。我覺得如果死在為革命而奮鬥的過程中，才可以說是死得其所，若在平平凡凡的謀生路上竟為「亂黨」兩字而死，那就死得冤枉。這種冤枉的死，實在可惜。

我對於重回瀋陽問題還在斟酌之中，中日交涉卻向更惡劣的一面展開。五月七日，日本為了二十一條要求，向袁政府提出最後通牒，限在四十八小時內答覆。當日就把大連關的五色旗卸下來，並將大門封閉只留側門容人出入。辦公室也由日籍關員予以關閉，一面通知我關員，應暫行停止辦公，靜待候命。幾位和我有一面之緣的關員，更在博愛醫院交換意見。有的相信袁世凱為著收拾人心，決不會答應日本的要求，結果，中日之間或將繼甲午之後再來一次戰爭。有的相信袁世凱一定會答應日本的要求，把山東送給日本，並許日本深入東北。不過，他們對於袁政府意向的論斷雖不同，而對於日本之已有作戰準備，則均認為事實。因海關小艇已由日海軍接收，艇上一個巡查員曾目擊日本砲艦業已卸下砲衣，離開了大連港口。同時，大連市內的日人，都遵照警察的叮囑，儘量避免出門，因而大街小巷，都沒有了繁碎的木屐聲；多數日本商店，都只開一扇小門，表示無法安居樂業的戰時業已來臨。

這天正午，我到張復生家裡，把海關已遭日本封閉和街上木屐幾乎絕跡的情形告訴張復生，張復生卻斷定中日交涉不至於決裂。不過，他雖斷定交涉不至於決裂，卻也覺得《泰東日報》的總編輯不是人幹的，所以要儘早離開大連，免得精神受罪。他還問我：是否決意回瀋陽？他說他能在最短期間籌到一筆款項回瀋陽去辦報。我雖有點害怕回到瀋陽送死，也不願在大連忍受精神的痛苦。大連日警的面目，是夠猙獰的，最近幾天，不停不斷，到每一家中國人的住宅，作無微不至的調查，縱是細如牛毛的事，也都要打破砂鍋問到底。如果中日交涉真的決裂，那些日警就當然更要凌虐我們，那時如何忍受得了他們的凌虐？因此，我決定甯可冒回到瀋陽被捕的險，不再在大連忍受精神的痛苦，立刻和張復生訂定了同回瀋陽的口頭契約。

在籌辦博愛醫院中，張復生只費一舉手之力，就集得八千元日幣的捐款，這使我相信：張復生如果為辦報而籌款，就也不會遭遇多大的困難。然而事出意外，張復生在辦報的籌款中竟遇到很大的挫折。幾位早就曾經答應予以助力的山東商人，十有九人都推說生意沒有起色，拿不出錢，要等生意有起色才能擠出一筆款項；其他在最近答應出錢的一些人，也全都只付出了口惠，無補於實際。這就使張復生不能作瀋陽之行，也使我不能不繼續做博愛醫院的會計。

延到六月中旬，張復生差不多已經心灰意冷了，這才有三、四位山東富商，合送幾百元做報館的開辦費。同時，沈縵雲知道張復生屢訂赴瀋日期而又屢次延期的原因在於款項不足，也送一點錢給張復生，於是張復生便在六月底帶著夫人、小姐同到瀋陽。我則於張復生由瀋陽來信通知報館館址業經確定之後，才離開博愛醫院，回到瀋陽。

我是七月初到瀋陽的，一下火車就僱人力車到禮王府。車到府前，就看到《健報》的招牌，走進府內，則裱糊匠正在糊屋，苦力正在清除垃圾，我知道張復生的籌備工作，是接近成功的階段了。

禮王府內的房間，約有十七、八間，外院有五大間坐北朝南的正房，三間廂房，三間坐南朝北的配房，此外還有一個大廚房，和兩間下房。空地很大，但沒有樹木。裡院只有坐北朝南的房屋五大間，沒有廂房，院子也很小。這房屋就恰好分成兩部分：外院做報館，裡院做張復生住宅。因印刷是包商承辦，館內沒有字架、印機，也沒有印刷工友，加以當時地方報業務狹隘簡單，編輯部仰仗剪刀漿糊紅水筆的地方最多，沒有國內外的電報通訊，也不需要外勤記者；經理部只有兩、三千份報紙可以發行，廣告差不多是等於零。所以，那作為報館的地方，就顯得非常空虛，而在裱糊竣事之前，則不僅使人感覺空虛，並且有破落不堪之感，所以，張復生就要我住到後院和他隔一壁的房間。

我剛卸好行裝，就和張復生夫婦共進早餐。張復生希望報紙能夠早日出版，把編輯部應行事前準備的事項都交給我去做，我誇下海口，保證再過三天就能夠看到《健報》的創刊號。

在籌備《健報》出版那三天，我每天差不多要做二十二小時的事，吃飯和睡覺所佔時間還不足兩小時。好在年紀是那麼輕，情緒是那麼興奮，儘管多做一點事，並不會有半點疲勞的感覺。

我過去的名字是王曦，王曦既是有案可查的亂黨，當然不宜再用。加以當時我對老莊學很有興趣，在寫作裡總是引用許多老莊的名言，大有文章骨肉不外乎老莊之概，因此，我決定正式改名幾道，改字無為。《健報》出版於民國四年七月十日，王無為三個字也就在這一天佔了《健報》篇幅上的一個位置。

一個革命人像的幻滅

《健報》創刊號發行的那一天，我是在報紙全部發出之後才就寢的。三晝夜緊張的工作，織成了最甘美的一次睡眠。從上午六時到下午一時的七小時中間，沒有受到半點人聲的驚擾，沒有做過一次驚心動魄的夢。直到下午一時有人喊我吃飯，我才離去這個又安靜又甘美的黑甜鄉。但我一起身就知道一件出人意料的怪事已在早晨發生：大連的沈縵雲今晨來到瀋陽，上午十一時曾和張復生一同出門訪友！

沈縵雲是關外討袁軍所擁戴的關東都督，也是張作霖早已懸賞通緝的「亂黨」首領之一，他來瀋陽做甚麼？是要收拾關外討袁軍的餘燼？還是要另起革命的爐灶？關外討袁軍的成員，差不多全軍覆沒了，現在只有涂少虎、章佩萱和我不曾死難，而涂少虎、章佩萱則出獄後不知過的怎樣生活，在這情形之下，沈縵雲縱有收拾餘燼之心，亦已無可供收拾的餘燼。既無餘燼可以收拾，沈縵雲此來目的究安在？難道真的要在瀋陽另起革命黨爐灶？起一個革命爐灶，這在癸丑，固易如反掌，而在乙卯的此時，則頗難如願。因此時，東北在事實上已成為張作霖的封地，張作霖的利害和袁世凱的利害已歸一致，三省黨人遭其屠戮者數以千計，革命元氣大傷；老黨員之倖免於難者寥寥無幾，且大半已逃往南方，不在東北活動，新黨員則不易吸收，更不易造成一能共患難生死的團體。再起革命爐灶，既亦不易，沈縵雲又何為而來？在我當然是一個啞謎。

吃過午飯，我又回到編輯部，拿起漿糊、剪刀、紅墨水，開始編輯第二天的報紙。這時編輯部，一共只有兩個人：一個是我，一個是張復生的大哥，連一個校對員都沒有。張復生的大哥，是清末舉人，詩文都懂得一點，但對於編新聞，寫評論，卻是完全的門外漢，最初只能做校對的工作，要學習幾天才能著手編輯。惟其編輯部只有兩個人，一個又是生手，我就非努力工作不可。因此，我對於沈縵雲的突然來到瀋陽，雖是滿腹疑團，但在當日編輯工作結束之前，卻不曾開過詢問的口。直到當晚工作結束，才乘間一問張復生，沈縵雲此來是為了甚麼？可是，不問還好，這一問卻問出使我血管幾乎炸裂的噩耗。張復生悄悄告訴我：沈縵雲是內定的葫蘆島開埠督辦，此來是把建築葫蘆島商埠計畫的條陳送給張作霖。我問：難道張作霖不知道沈縵雲是革命黨？張復生說：沈縵雲已表示不再做革命黨，所以張作霖才肯保他做葫蘆島開埠督辦。

張復生對我說的話雖非常真切，然而我卻懷疑這是一個噩夢。我不知道孟光是幾時接了梁鴻案，更不信一個曾經被人目為革命偉人的黨人，居然會搖身一變變成了如此醜惡的小人。我正像是在夢中，忽然外面又來一個人，我才恍然大悟，知道沈縵雲的變節，是確定的事實。來人叫做王秉鉞，是張作霖的盟兄弟，不久以前曾做過奉天省東邊道道尹，此時雖賦閒無事，然依然不失其為張作霖策士之一。我因王秉鉞的半夜前來訪問張復生，心裡明白他在沈縵雲和張作霖之間是牽線的紅娘。我在明白這一點之後，雖決定用見怪不怪的鎮靜來迎接出乎意外的變局，然而壓制不住的情感，卻使我失去了從容應付眼前人的手段。當王秉鉞很親切的招呼我的時候，我竟一語不發；當張復生作手勢要王秉鉞和我同到沈縵雲住的一間房子時，我又搖搖頭表示不願；我等張復生伴著王秉鉞走進沈縵雲住的房間，立刻登匠就寢。

在這頃刻之間，我腦海裡的一個革命人像，變成了最醜惡的人妖！

為著不讓一個醜惡的人妖在我腦海裡浮沉，我很希望睡魔能夠立刻把我送到黑甜鄉裡。不過，我越是想睡卻越睡不著，我在十二點三刻登匠，直到鐘鳴三下，還是不曾入睡。我的腦海似已變成一個舞台，正在排演癸丑討袁同志前仆後繼為革命而獻身的史劇：兩眼炯炯，面色白皙而瘦削，說話聲音尖而亮的關外討袁軍伍指方總司令，留著八字鬍鬚，嘴角老帶笑意，對人非常懃懇，對事非常熱心的陳運闓副司令，似乎都不僅不曾殉難，並且正在繼續策劃進行革命；年紀不過二十七、八，卻已有大把灰白頭髮的涂少虎，一團孩子氣聲帶非常清脆的章佩萱，也似乎都不曾入獄。他們對於沈縵雲的變節，無不相顧失色，認為革命黨人的最大恥辱。

我腦海裡的舞台正在排演關外討袁軍的史劇，沈縵雲卻立在我臥室的門外，用顫抖而急促的聲音喊張復生，說是有事要和他商量。他平時的聲音很溫和緩慢，這時的聲音卻顫抖而急促，雖出乎我的意料之外，但我並不想知道他究竟是為了甚麼事。我假裝沒有聽見，不去喊張復生。後來張復生自己聽到了，走出來和他說了幾句話之後，又把鴉片煙具送到他的房中，陪他吸了兩口，彼此才又重新就寢。

當時，《健報》編輯部房屋，裱糊尚未竣事，大家都睡在裡院，裡面是五開間，張復生夫婦住右邊第一間，我住第二間，中間是飯廳，張復生大哥住左邊第二間，女傭住第一間，張大哥住的那一間傳說有狐仙，張復生太太據說曾兩次看見鬚髮皓白的老人站在那間房子床前，每看見一次便發熱兩三日，女傭郭媽據說也看見了鬚髮皓白的老人，但沒有害過病；因此，我以為沈縵雲的起來喊張復生，也許又是發現了甚麼怪現象。我想：他如果是發現了甚麼怪現象而大驚小怪，那他就也是一個連風吹草動都要疑神疑鬼的婆婆媽媽了。

張復生陪沈縵雲談了一小時，回到自己房裡去睡，我因住處萬籟俱寂，腦海裡的舞台上似乎也已曲終人散，便在不知不覺中入了睡鄉。但我入睡不久，又讓沈縵雲大驚小怪的喊聲吵醒了。

這時不過五點半，儘管東方已白，然而卻是我們報人最好的睡眠時間，所以我對於沈縵雲的叫喊，實不勝其厭惡。不過，我雖厭惡他的叫喊，卻又不能完全不理他，當他發出第三次很像呼救的聲音以後，我就只得下床走到他的房裡，去問他究竟為甚麼而叫喊。

我走到他的匟前，看見他坐在匟上，那一張慘白的臉，兩個含著淚光的眼，都是受了驚嚇與痛苦的標誌，便問他是不是身體有甚麼不舒服的地方。他看見我的時候似乎有點不自在，但仍強為鎮靜，先問我這幾天忙不忙，然後說是身體有點不舒服，請我去喚醒張復生。我雖好像遇著丈八金剛摸不著頭腦，但仍照他的囑咐喚醒了睡鄉裡的張復生。我喚醒張復生之後，又在沈縵雲房裡坐了片刻，本想問他是不是害病，但因他老是用手撫胸，說心裡非常難過，我就沒有開口，只勸他躺到匟上去休息，又因他似乎還有甚麼不便對我公開的隱情正要告知張復生，我就轉身回到自己房裡去睡覺。

我睡了一覺，起來洗臉，沈縵雲走進我的房裡，連說：再會，再會。我說：沈先生，為甚麼來也這樣匆匆，去也這樣匆匆？沈縵雲微笑答道：人生本是那樣匆匆的來又這樣匆匆的去呵！遂乘馬車向小西邊門出發。

在沈縵雲乘馬車向小西邊門南滿鐵路火車站出發時，我的感覺是：在我腦海裡的一個革命人像，現在已歸於幻滅！

沈縵雲的噩夢

沈縵雲回大連的當天下午，我們在午餐棹上便以沈的來去匆匆為話題，我和張復生都覺得有點奇怪，因沈縵雲來時是決計在瀋盤旋幾天的，今則甫見趙爾巽、張作霖一面，即回大連，令人不能沒有意外之感。張復生告訴我：沈縵雲今晨的決定回大連，是出於臨時的決定，或與他昨夜所做兩次的怪夢有關，亦未可知。他昨夜連做兩次怪夢：第一次，是在午夜，他夢自己和兒女都已化為鳥，自己是老鳥，兒女是雛鳥。雛鳥關在籠中，鳴聲啾啾，張著黃口待哺，自己則飛繞籠外，無法哺雛，也無法入籠和雛鳥共度籠中的歲月。醒後頗惡其不祥，竊恐兒女或將有災厄。第二次，是在薄曉，他夢自己業經回到故鄉，已望見家門，路過本家祠堂，有一位鬚髮盡白的老翁，站在祠前，伸手拍其頂，呵道：你這些年來究竟忙些什麼事情？現在自己的田園都荒蕪了，趕快回來整理一下罷！

他茫茫然不知此老是族中何人，老人卻已返身入祠。再看半掩的祠門上，貼著一副墨瀋未乾的對聯，上聯為「一代完人能有幾？」下聯為「浮生寄跡不多時！」他觸目之下，有點驚心，遂又醒覺。覺後即收拾行李，準備去日本領事館接受一次歡宴之後，立返大連。張復生因此斷定他的匆匆返大連，是做了怪夢的結果。

沈縵雲做了這怪夢，使我堅持了好幾年的無鬼論，幾乎起了動搖。我當時頗信沈縵雲夢中所見的「一代完人能有幾？」無疑是鬼在揶揄他的變節投降；所見的「浮生寄跡不多時」，也是鬼在勸他及早看破若夢的浮生，不要忙著鑽營做官。沈縵雲夢中既有如此重視節操，輕視富貴的鬼，那我的無鬼論便不能不有所修正。

不過，當天我雖因為沈縵雲的怪夢，頗疑無鬼論並不完全正確，但在第二天早晨接到沈縵雲身死火車中的消息以後，則又深信無鬼論而不疑。因為最初我想不到他的夢和生死有什麼關係，所以懷疑他的夢是鬼魅揶揄他變節，勸他變換重富貴，輕名節的人生觀。後來，他死了，就證明他夢中看到的對聯，實是自己將死的徹悟語，是在出賣人格去換取葫蘆島開埠督辦的良知發現。

「人之將死，其言也善」，他本是讀書人，故在受人愚弄，變節投降之後，捫心自問，無地自容，深悔此一失足已成千古恨，故其夢中所見對聯，是由自己的良知而來，並不是真有鬼魅出現於他的夢中。

沈的死耗，是他回大連的第二天早晨八時許由大連傳來，電文很簡單，是一位在大連開豆品公司的項君發的。項君也是留法出身的實業家，研究利用黃豆製造餅乾、咖啡和滲入菓子露的各種豆漿，已相當成功，除在大連開設豆品公司外，還在瀋陽設一分公司。因公司資本大半為沈縵雲所出，沈家對外金錢出入，又都由項經手，項成為沈的代理人，所以沈的死耗也由項分別電告張復生及滬杭沈氏親友。電到之後，張復生因沈縵雲曾受日本總領事之宴，便去領事館查問真相。領事館人員說：沈縵雲昨日是在領事館吃過午餐才搭車走的，上車時並無異狀，下午八時左右，領事館所得大連電信，則知沈在將到大連時，患了急病，口瘖不能言，車抵大連，沈的家屬想從車上扶沈下車時，沈卻已死於車中。到晚上看大連的《泰東日報》，則知沈在車中得病不能言時，南滿路中日人，已先馳告沈家，沈家人當帶一醫生同往迎接，然結果接到的卻是剛斷了氣全身肌肉發黑的一具死屍。

沈在向張作霖納款之前，因曾由關外討袁軍推為關外都督，頗受日人重視，加以，沈頗富有，人稱之為實業家，故在大連華商方面，亦為人望之一。此次竟不明不由死於南滿鐵路車中，各方自多揣測之辭，有謂係瀋陽日本總領事毒斃者，亦有謂係張作霖賄囑南滿鐵道中人毒斃者，但皆止於街談巷議。再隔幾天，上海報紙來了，打開報紙一看，《申報》、《新聞報》、《時報》所載大連通訊，都說沈縵雲的死，是張復生做的事，還說張復生所以毒斃沈縵雲，大抵係受趙爾巽、張作霖的指使。他們所提出的證據，就是《健報》的記載。《健報》刊布沈氏死耗時，我曾將沈氏一夜做兩次噩夢的事，夾入新聞中，申、新、時等報的大連通訊員，便說《健報》刊載這連篇鬼話，顯然是張復生用以遮蓋毒斃沈氏痕跡的詭計。事實上，沈縵雲的變節，前東邊道道尹王秉鉞，固是牽線紅娘，張復生定也做過撮合工夫。張復生當時的希望，是沈縵雲做了葫蘆島開埠督辦之後，能拿出一筆相當可觀的錢，來支持《健報》。至於我之記載沈縵雲做夢，更純是為了新聞，絕無其他用意，亦非出於張復生的指使。故上海申、新、時等報所載張復生毒斃沈縵雲的消息，不僅荒唐，並且是替瀋陽日本總領事卸去招飲置毒的罪名。

又一次的遇險

袁家班上演期愈近，它的貓腳爪也就愈兇殘。它們不僅對於亂黨，是採取格殺勿論的方針，就是對於涉有反帝制嫌疑的人，也隨意拿捕拘囚。《健報》既分明站在反帝制的一方，在《健報》服務的人員，自然逃不出張作霖邏騎的監視。不過，張作霖邏騎最注意的人物，不是張復生兄弟，卻是一度參加關外討袁軍被捕有案的我。

張作霖為什麼不注意張復生兄弟？是王秉鉞的緣故。王秉鉞是張作霖的盟兄，曾經拉攏好幾位關外革命黨人去投靠張作霖，並使張作霖給與那些靠攏黨人有限的升官發財機會。那位關外都督沈縵雲，就是中王秉鉞拉到張作霖那邊的一個人，而助成這件事者，卻是張復生，所以，張復生創辦的《健報》，雖反對帝制，張作霖卻沒把他看做危險人物，張作霖邏騎所不斷監視者，似乎只是一個最不識時務的我。在十一月十日上海鎮守使鄭汝成被刺身死之後，張作霖為了預防被刺，亦加強其緝捕亂黨的活動。

我最初不料他們已經把我作為一個應予監視的目標，直到十一月底每次出入報社之際，都有可疑的人，跟在後面，這才知道貓腳爪已經伸到自己的身邊。那位時常在我背後亦步亦趨的人，身材高大，兩目炯炯，穿了一件黑色皮大衣，真像一隻大狗熊。

在發現這狗熊之後，我恐怕遭它的暗算，便決定：多飲酒，少出門；夜間絕對不出門。因為張作霖是袁世凱的爪牙，袁氏則慣以暗殺手段對待他的政敵，我很擔心那狗熊在昏夜或僻地突然伸出暗殺的魔手。

狗熊的出現，雖使我擔心暗殺的災難，但威武不能屈的少年氣概，卻又使我走到反帝制的極端。我除每日把上海報上反對帝制的言論和新聞編入要聞版外，還要寫一篇反對帝制的評論。當時評論要署名，我照例署了王無為三字。有時為著引人注目，論題還用木刻大字代替鉛字。

一個明月如晝寒風砭骨的晚上，我和王秉鉞在張復生鴉片床邊談天，先談王壬秋的勸進，張勳的通電明心，後來談到了上海鄭汝成的遇刺，不知不覺間，已經到了午夜十二點。忽聞外院有嘈雜的人聲，正驚疑間，看門人奔來報告：「報館被包圍了，門還沒有開，現在要去開了。」我心裡有數，立刻從張復生房裡出來，想爬到屋上暫避。但王府房屋，簷闊牆高，當時又無梯可升，這就使我的心冷了半截。我想：「完了！這一下，一切都完了！」但仍未放棄逃命的努力。北方簷下牆上都懸有幾根粗繩或麻繩，冬天把山雞、野鴨、山兔和豬蹄之類，懸在繩上，無異放入冰箱，不腐不臭。我看見屋牆上面也有這粗繩，立即緣繩而上，想再爬上屋頂。但當縋到將近屋頂、發現屋簷闊達七尺以外不易越過時，就又不能不大為失望。不過，我知道此時正是生死的關頭，與其被捕而死不如冒險以求生，於是寧冒跌死的險，緊握粗繩，用盪鞦韆的方法，試向簷外翻身，希望能夠翻到瓦上。這顯然是絕無希望的嘗試，但不知何故，當時的我，僅僅用力一盪，整個身體即盪出了簷外，並且仰臥在屋頂的瓦上。我正大喜過望，隔牆院裡的一條大黑狗卻對我狂吠不已，好像是向搜捕的張家軍報告，王某就在這屋頂。除卻這討厭的狗吠外，瓦上的青苔似乎也有意和我為難。我剛攀繩翻到瓦上時，瓦上的青苔已經結冰，不濕不滑，但在我臥在瓦上幾分鐘後，身旁青苔因受暖氣浴解，變成又滑又濕的東西，身邊不動還好，稍一轉動，便有從屋頂滑落地上的危險。

我提心弔膽瓦上挨了半小時，黑狗也吠了半小時，這才聽到張家的傭人，在簷下招呼的聲音。他們說：「馬弁都回去了，沒有事了，快點下來吧？」

「沒有事了」這句話，是出乎意外的。我聽到這句話，正想稍稍移動一下身體，不料才轉動一個手臂，便幾乎滑跌下去。我問傭人：「能不能找一架木梯，讓我下去？」他說：「能。」不過，等一會傭人借到的一架木梯，只有府牆一半高，幾乎是沒有用處，最後還把這短梯架在院中廁所頂上，我才能由正屋屋頂轉到廁所頂上，再由廁所頂上跳到院中。

跳到地上的我，通身是青苔污泥，一件皮袍面自然是非換不可了。張復生告訴我：「這一次是王秉鉞解的圍。他請張作霖叫馬弁回去，不拿人。但他也請我們不再發反對帝制的激烈言論。」我正覺得奇怪：為什麼張作霖的馬弁，不到處搜查？聽到張復生的話，才知道是王秉鉞向張作霖討的人情。如果今夜王秉鉞不來報館談天，我的生命也許是已隨著一聲的槍聲而結束了。

可是，王秉鉞雖保全了我的生命，卻也替我付出了言論自由的代價。當晚我就不能不撤回一篇反對帝制的評論，這篇評論是昨天同一論題的後半節，晚餐前業經發排，在張作霖馬弁包圍《健報》那時候，已經拚好了版正待開印，但為了事實上非撤回不可，便只好央求印刷所允予另排一篇無關帝制的評論，以免造成意外的發展。

經過這一次的挫折，我的精神受到很重的創傷。在編報時，看到反對帝制的好論文，雖衷心非常贊成，然卻只好剪作參考資料；在寫評論時，則往往因為不能暢所欲言而擱筆。在以前，寫一篇一千字左右的評論，所需時間從不超過三刻鐘，從那天起，一篇千字左右評論就要用一小時以上的時間，甚且超過了一時半。好在張復生自己也喜歡寫評論，於是我便把一大半寫評論的事情推到他的身上，讓他去寫一些不痛不癢的評論。最初，他寫評論的日子，僅十之二、三，我則佔去十之七、八，經過這次張作霖馬弁包圍報館之後，我和他剛好互換了一個位置，他佔去十之七、八，我則僅佔十之二、三。他對於全國鬧得天翻地覆的袁氏準備竊位自娛的風潮，雖也感到言論已失自由的痛苦，然卻能從外蒙古問題方面去發洩他的牢騷。他經常提出關於俄人蠶食外蒙及新疆的問題，並提供解決的意見，藉以喚起國人的注意。但可惜當時國人的注意力，幾乎完全集中在袁氏竊國的問題上面，他的許多寶貴意見，就都成為馬耳東風，完全無人加以注意。

我又不僅少寫評論而已，同時，連編新聞也沒有以前那樣起勁。以前我編每條新聞，不問是來自外勤記者或來自剪刀，都要用許多剪裁工夫，去裁長補短，使其適合報紙的需要；後來，我就懶得多費精神去剪裁，一條新聞到手，往往都只加上題目和標點再定一下鉛字的號數，便發到排字房。此外，以前我是不輕易離開報社的，雖好打麻將，也好飲酒，卻不打麻將，也不輕易作一次恣意的痛飲。後來，這種好習慣也無法維持了，有麻將牌就要打，有酒就要恣情痛飲。所以，我的告別《健報》，雖還是一個月以後的事，但在事實上，從張作霖馬弁包圍《健報》那一晚起，我的精神就已經離開了《健報》。

杯中別有天

張作霖馬弁包圍《健報》之後，我身在《健報》，心卻別有所在。我希望能夠找到新天地，讓我跳出這比牢獄更不自由的瀋陽。我想去上海、天津或日本，訪問一些革命偉人之後，再來做一番驚天動地的革命事業，白天往往鑽進冥想的幻境中，晚上也常常要做一些最荒唐的夢，夢中不是做慷慨捐軀、從容就義的失敗英雄，就是做掃蕩江南，光復河北的成功豪傑，一個人瘋瘋癲癲，好像醉漢。

當時袁家班如火如荼的帝制運動，和革命黨此仆彼起的護國倒袁運動，正成為強烈的對比。袁氏御用報紙，南北兩《亞細亞報》，《北平國權報》及其他被收買的各地報紙，各以緊鑼密鼓，催促袁家班登台，天津、漢口、上海各租界的報紙，則皆刊載打擊袁家班強姦民意的言論和新聞。日本人的報紙如北京《順天時報》、奉天《盛京時報》、大連《泰東日報》之類，亦傾向於反袁的一方。這些日本人發行的報紙，所以也有反袁的傾向，當時是和當時日政府的對袁態度有關。袁雖接受日本二十一條的無理要求，但日政府還要再打他兩記耳光，使他知道日本的厲害，不敢不做日本不侵不叛的陪臣。日政府對袁的第一次打擊，是先於十月二十八日聯合英法俄對袁提出警告，請袁對變更國體問題採慎重態度，以免激成變故，影響各國僑民的安居樂業，接著又在十二月十五日和英法俄意聯合，對袁提出二次警告，請袁毋操切從事。第二次的打擊，則是不接待袁氏所派賀日皇大正加冕的專使周自齊和不接受袁氏贈與日皇的大勳章。日政府既採取這種非迫令袁氏向日本屈膝不可的態度，其駐華使領便不能不策動日人發行的華字報紙，採取反袁態度，來配合它的反袁外交。遇有一層，日人發行的華字報紙，從三年年底日本決定趁火打劫，以對德宣戰為名，出兵山東、劫收青島，以迄次年提出二十一條要求的半年間，其言論之荒謬，實為國人所深惡痛絕，故其報紙銷路亦一落千丈，今見我國人對於袁氏的竊國，憤激之情，已非文字言語之所能形容，而又無可宣洩，亦樂於因緣時會，肆意反袁，博取國人歡心，藉以推廣報紙銷路。所以，他們的反袁，一半是要用新聞政策來配合日政府的對華外交政策，另一半卻是為著報館本身的起死回生。

日人在瀋陽的機關《盛京時報》，在採取露骨的反袁態度之後，很快便變成瀋陽新聞的寵兒。不僅《東三省公報》的讀者，有一部分變做《盛京時報》的讀者，連《健報》讀者，也有一部分變成《盛京時報》的讀者。我每日遇到兼管發行的郭君時，郭君衹是說：「我們的報份又跌下去了，先生應該想點辦法來挽救吧！」我也總是搖搖頭答道：「這年頭我又有什麼辦法！」

報份的下跌和自己的不能不效金人的緘口，使我煩悶欲死。當一二故舊造訪或讀者來書詢問何以不再發表反帝制的文章時，我總覺得無地自容。我知道那種畏首畏尾，為著求生而放棄言論自由的行為，實至可恥，也常常因「寧為玉碎」的一念，起伏於胸中，很想做出一件轟轟烈烈的大事，來雪但求瓦全的恥辱，但想來想去，總想不出如何能夠做出一件驚天動地的大事。

在忍辱偷生中煎熬幾天後，除往往鑽進冥想的幻境之外，有時還向酒杯中去尋暫時的樂趣。因張復生夫婦不飲酒，我又不歡喜和張復生的哥哥共飲，故常外出飲酒。最初我並不知道我在飲者中間是一個強人，後因飲量日增，卻無醉意，這才發現自己有想當大的酒量。

此時，瀋陽英華書院院長閩人劉腋厚，是公認的酒王，誰也不敢和他一較短長。我有兩次湊巧和他同席。第一次，因席上沒有鬧酒的人，大家都不多飲，酒王的酒興也不高，自然沒有拚酒的機會。第二次，他發現酒到我的面前，總剩不下，便問我：「能飲幾斤紹興？」我說：「我飲高粱的時候比較多，飲紹興則較少，所以連自己也不知道究竟能飲紹興幾斤。」他又問：「那麼高粱你能飲多少？」我說：「一斤大概沒有問題。」他聽說我能飲高粱一斤，大為驚訝，立即提議先乾幾杯紹興。那時，我是最好勝的一個小伙子，他要飲幾杯，我總無條件奉陪，結果卻使這位酒王當日自動停止賽酒，僅約了再會的日期。

他約的會期是五年元月三日，此時袁家班雖因西南五省已經獨立，外交方面也有問題，不得不展緩「登極」的日期，然卻已將年號改為「洪憲」元年。在袁氏宣布改元時，《健報》報上的年月是否照改，便成為問題。我們解決這問題的辦法，是權且採用黃帝紀元，等幾天看其他各報如何應付再說。

袁的從緩登台，自是西南局勢緊張所致，所以袁雖宣布改元，我們卻意識到了袁家班垮台的日子或將很快來臨。因此，那天赴約賽酒的我，相當的高興，並不像前幾天那麼沉鬱。

賽酒的地點，在小東門外興華書院的院長室。室外石板砌成的走廊上，那天放著臨時磚灶，灶上一個大瓦缸，缸中滿盛高粱酒，面上浮著大瓠瓢，一陣陣的酒香，在十幾步外就會撲到鼻孔。我估瓦缸的酒是五十斤，但聽差說是七十斤。為什麼要這樣多的酒？難道真是大請客？我才走到走廊時，不免發生一大疑問。

走進院長室，酒王正和林寒碧談天；酒王的介弟，則正指揮聽差安排坐席。席上只放八個酒杯，八雙筷子，八隻碟子和羹匙。一望而知今晚主客的人數不會超過八人。不過，酒杯不是平常的酒杯，卻是吃啤酒的大號玻璃杯，這就分明是告訴來賓，今晚將是大杯飲酒的場面。

酒王看見我正注視酒杯，笑道：「今天有人奉陪你暢飲了。今天我約了幾個人，都是海量。」

我們閑談不到半小時，客已到齊，主人便讓客入席。坐甫定，主人宣布：「今晚飲酒的辦法，是每人先飲三大杯，再議其他，一盡三大杯的人，沒有發言權。」一大玻璃杯的高粱酒，不多也不少，恰是半斤，我是早就知道的，三杯合一斤半，雖然太多一點，但我既以一個飲者的資格來此飲酒，縱令太多，也只好飲下去了。我一面飲，一面還看大家究竟能不能一飲三大杯。最初我以為這個三大杯總不成大問題，問題一定是在三大杯之後，但結果，有一位連第一杯都通不過，只飲了半杯，無論如何勸，也不中用。到第二、三杯，只有我和主人乾而已。三杯過後，主人雖仍慇懃勸酒，但也只有我再飲一杯多，其餘的人，已經東倒西歪，支持不住，連主人亦已不能復飲，情願讓出王位了。

酒雖飲得不多，但所費時間卻不少，當我飲過四杯多之後，時間已近十二點。酒中八仙，有四位早已扶醉而歸，一位擠在理化教員床上睡覺，主人亦已回到臥室，只有主人的介弟還能陪我談天。我發現時間不早，離開座位，正想回去，但外面有步哨喊口令的聲音，顯然是已經戒嚴了。戒嚴時間無口令，是不准通行的，我便想出打麻將過夜的辦法。結果，那晚上便在興華書院隔壁的孫家，打了通夜的麻將牌。

再會吧，瀋陽！

報館每日發稿時間，是上午九時以前發完副刊及地方新聞的一半，十時發完地方新聞及國內要聞的一半，正午發評論及本埠新聞的一半，其餘可在下午六時前發完；遇有突發事件，可延長兩、三小時。我在孫家打麻將的那一早上，是直到九點半才散席的，回到報館已經十點了。排字房一個小徒弟，正等著要稿，張復生因恐耽誤時間，自己來代發國內新聞。他看見我回館就說：「這時候才回來，真急死人！你這時候才回來，本來也沒關係，但你昨晚去時不留一句話，別人就連要替你發稿都覺得困難了。」我說：「我遲發稿件，今天還是第一次，你就開口責備，那我就很難再做下去了。」

館裡有九隻青島雞，大的八、九斤，小的五、六斤，是我一手養大的，每隻雞都認得我，聽到我的呼聲，會立刻齊集我的面前，向我求食。張復生夫婦，早就要殺一兩隻做飯菜，因我的勸阻才作罷。我告訴張復生：「你們要吃雞，我可以買雞給你們吃，這幾隻青島雞，千萬不要殺。」但在我打麻將回館的時候，最大的一隻青島雞卻不見了。我問聽差，聽差說是廚房殺的。廚房為什麼要殺自己養的雞？原來是照張太太的吩咐辦理。

張復生抱怨我遲到，我已經有一點忍不住的怒氣了，加上張太太又吩咐廚子殺了那隻長腳短翅羽毛極美的大雞，這就使我勃然大怒，立刻告訴張復生：「從今天起，我不再管編輯部了。我馬上就走，請你馬上去找一位更合你意思的人。」

我說了這幾句話，便開始收拾行李，準備離開《健報》。

離開《健報》之後又如何？這雖是很嚴重的問題，但在當時盛氣之下，卻無暇再作縝密的考慮，只覺《健報》既是不可久留的地方，離開《健報》無論到什麼地方做事都好得多，於是決計搭晚車到山海關，再由山海關轉赴秦皇島，乘船往上海。

有一位姓李的同鄉，是失業已久的青年，已向我求助兩、三次了，那天又來找我，他看見我理行李，問我想到什麼地方，我就把決計入關赴滬的事告訴他。他說：「好極了，並且巧極了，因為我家就在上海，現因失業已久，決定回滬，可以做你的旅伴，到了上海還可以幫你解決住的問題。」

我聽了非常高興，問他：「今晚能不能和我同車前往山海關？」他說：「旅費是由親戚供給，今天拿不到，必須等到明早才拿得到，所以今晚不能走。」他要我先到山海關去等他。他還告訴我：「山海關車站旁邊的大安棧，是比較廉宜的客棧，可以住。不過，現在到處都有騙子；到處都有小偷，無論何時，都非小心不可。」接著他又問：「行李多不多？有幾件？」我說：「只有一箱，一籃，一舖蓋。」他說：「這似乎還稍多了一點，如果再少一件，只有兩件行李，那自己就無論如何照顧得了，無須擔心。」。說到這裡，他又轉了一個口氣說：「本來我是能幫你照顧行李的，但可惜今晚還不能走，否則我不僅可以幫你照顧行李，並且能夠替你省一點行李的運費，因為車上規定一位三等客，行李不得超過六十磅，過了六十磅就要收運費，我的行李，只有一捲舖蓋，最多不過三十磅，上車時把它放在椅下或放在上面的架上，都無不可，如果我和你能同行，把你過重的行李算在我的賬上，你就免得付出一筆行李過磅費了」，經他這一說，我就問他：「那麼，你能不能替我帶一個箱？」因他很慷慨的答應，我便先把一口箱子重新整理一下，再放進一包準備到上海時作旅費的四十幾元大洋，然後僱一輛人力車，請他帶回去，明天替我帶到山海關。我還告訴他：「這個箱子上落火車的搬力，到山海關時，我如數奉還。」

這一次我決定離開《健報》，雖有點像是因為張復生怪我發稿遲時和張太太殺了一隻我很欣賞的短翅高腳青島雞。但實實在在是為了忍不住那一口積在心頭多日的袁家班及其走狗張作霖們所給我的悶氣，都發洩在張復生夫婦身上。至今想到這件事，心裡還是歉疚萬分。因為當時張復生夫婦待我之好，是到了無以復加的境界，他們所給我的，是合兄弟朋友的友愛而造成的溫暖人情，我不應該為著袁世凱、張作霖剝奪我的言論自由而遷怒於他們。

這一天晚上我和張復生夫婦張大哥們告別之後，便帶了一捲舖蓋、一個柳條籃、乘一輛人力車前往車站，匆匆買了一張三等票上了西行的京奉車。

京奉路的三等車比南滿路的三等車好得多。南滿路的三等車，一個人不能佔一個座位，普通是十人只有七個座位，上車稍遲得不到座位的人，就只能坐在地下；

京奉路的三等車，一個人差不多都能佔得兩個座位，不僅可坐，並且可以把一條毯子捲在身上去睡眠。

我在上車後，看見同車旅客，十人中間倒有七、八人要在車上睡覺，雖也想依樣畫個葫蘆，但因興奮達於極點，自分無法成眠，便又決定暫不睡眠。

火車將開動的一剎那，送客的人都退出車箱，在站台上揚帽送別，站台和附近特別慘澹的電燈，則徐徐遠去，我心裡悵惘到極點，悽惶到了極點，但仍窮其目力凝視站上的電燈，直到一無所見為止？

平時聽到火車單調的輪聲，只覺其震耳討厭，但在那個晚上，輪聲卻帶著一點惜別的悽愴，似乎一聲聲在替我向瀋陽告別，我也彷彿是借這輪聲，說道：「再會吧，瀋陽！」

在「再會吧，瀋陽」聲中，離愁別緒，全都湧到心頭。想睡，睡不著；想看沿途景物，又為茫茫夜色所阻；想排遣一切足以引起鄉思旅愁的記憶，鄉思旅愁卻偏像橫決的長江大河奔騰起來。

不過；儘管鄉思旅愁佔滿了胸臆，但一整天過度興奮所引起的疲倦，卻也似乎有強迫心猿意馬暫停活動的效力，加以昨宵恣情飲酒打牌，不曾就寢，此時亦有休息的必要，故在轆轆輪聲輾碎一切鄉思旅愁之後，便也昏昏睡去。

那幾天天氣非常的冷，到處都是雪地冰天，坐在沒有暖氣設備的三等車廂裡，當然是有寒冷的感覺，所以本來可以一直睡到山海關的我，卻在半路醒了過來。醒後的我，知道火車已過以錦洲石聞名的錦洲，前途正下著大雪，砭骨的寒風從窗邊罅隙鑽進車廂，好像是利刃。我因無法抵抗寒威，便也解開舖蓋，正式就寢。

這一次睡得很好，直到東方大白，車行已近山海關，旅客都已起身收拾舖蓋，才被嘈雜的人聲攪醒。醒後，我立刻紮好舖蓋，準備下車，恰好大安棧跟車兜客的伙計前來兜客，我便接了它的棧單，準備住進大安棧，去等替我帶箱子的李君。

遇到了騙子

大安棧距車站只有幾十步路，立在門口看得見旅客上車和下車，因李君自云將於五日由瀋陽乘早車來，午後六時必到，所以我在六點鐘就到棧外等他，可是我從第一個出站旅客看到末了一個旅客，都沒有看到李君的蹤影。我猜他大概是因為遇到意料以外的事，所以今天不能來；但還沒有想到他是一個騙子。

為著恐怕李君改乘夜車，第二天早晨六時，我又在棧門口等他。夜車來了，他又不來，晚上自然再去等。等了三天還不來；我才寫信到瀋陽，問他：究竟來不來？他收到第一信後，回信說：「不幸感冒風寒，無法動身，故未成行，今決於兩、三日內啟程，望釋念。」

又過了五、六天，他還不來，我才起了疑心，便托另一位在瀋陽的朋友去看他究竟害了什麼病。

我到山海關時，身上雖僅剩大洋票十八元，但因托李君攜帶的箱中，還有四十元，預計在山海關兩、三天，所費最多三、四元，再買一張由秦皇島到上海的船票也不過六、七元，加上由山海關到秦皇島的車錢、零用，最多是十元左右，所以一點都不覺得川旅費太少。可是，大安棧每日兩餐大洋八角，舖位大洋三角，還要再加幾枚銅幣的早點費、洗衣工資等等，合計每日需大洋一元二角，在我坐等李君約半個月之後，身上的十八元大洋就用得一乾二淨，不能不起恐慌了。

當我床頭金盡之日，接到了朋友的來信說：「李君陷溺在嫖賭裡面，無法自拔，早已專靠欺騙為生，足下托帶衣箱，絕無可以送還之望！」我看到這封信，才知道我已遇到了騙子。

山海關這地方的客棧，雖也和其他地方的客棧一樣，吃要錢，住要錢，什麼都要錢，然也有不要錢的東西，那就是有名的高粱酒。棧房的飯每餐四角，在當時是太貴的，因普通家常便飯，一月僅需四、五元，還連早餐在內。可是，飯雖太貴，卻有「沽酒不取錢」的好處。

酒是最好的高粱酒，你可以儘量喝，決不要你一文錢。並且，飯菜每客是三碟一碗，三碟中間有兩碟炒菜，頗宜佐酒；這對於喜歡飲酒的旅客，顯然反而是最便宜的酒菜。我住進大安棧之後，每天早晨總是六點不到就起身，站在棧門口看西行旅客下車，看過西行旅客下車後，到麵館裡吃一碗麵，便登長城或焦山，消磨一個上午，過了正午，回棧飲酒、吃飯。吃過飯，又走下南海沙灘去尋色彩斑斕的貝殼，看漁人張網捕魚，或是登臨城樓，看海上往來風帆，和飛翔的鴻雁，間或入城作無意識的穿梭，再打發一個無聊的下午，到六點左右，才又回客棧去看旅客下車，然後飲酒吃飯，酩然睡去了。不過，棧房雖是沽酒不取錢，但我每餐所飲的酒都還不足四兩，最多是半斤。我為什麼不多飲？獨酌不樂，是一因。客棧儘管沽酒不取錢，但血本所關，老闆畢竟不歡迎豪飲的酒客，是又一因。然在我知道李君是騙子的當日晚上，卻飲了很多的酒，兩小壺酒，倒在大杯裡不過半杯，我便一口氣連喝了三、四個半杯，送酒的伙計告訴我：「能飲的旅客雖不少，但普通都只能飲二兩裝的一小壺，能飲四兩裝一壺的已不甚多，像你這樣四兩酒做一口吃下的人，還是第一次看見。」我說：「一口四兩酒並不算多，事實上我就能一口吃半斤。」伙計聽了又去裝了兩壺酒讓我飲，我也真的一飲而盡。我本來是想在飯後寫幾封信向朋友借貸川資的，因為飲了許多酒，飯後便只寫半張紙，就昏昏睡在几旁，直到天明讓砭骨晨風吹醒，才發現自己是連一封信都不曾寫完就已睡去。醒來之後，勉強再寫幾個字，算是寫成一封信，然後再來洗面漱齒，此時因覺得頭昏胸脹、四肢無力，似乎是患病，於是重新脫衣就寢。當時我還以為這是普通的感冒，也許好好睡半天就會告痊，不料中午再醒之後，竟發現自己週身酷痛，目眩耳鳴，口裡好像正在噴火，試一起身，便感覺頭重腳輕，搖搖欲仆。我才知道自己是病了。

身在旅途，囊空如洗，一箱衣服已入騙子的手，現在又患病，這該怎麼辦？因此，我雖患病，但仍勉強起身，封好向朋友告急的信，叫伙計去寄。

我的告急信，是寄給在瀋陽郵政總局做事的陳大鑾，我和他雖沒有深交，但有求於他已不止一次，第一次得他的助力逃往大連，現在又以回滬川資無著向他告急。我知道他是一個熱情的人，一定能夠幫我的忙，替我籌措一點川資。

這一天，我僅吃半碗粥，飲幾杯茶，腹痛如絞，卻不會大瀉，顯然是正在醞釀痢疾。我早已看過本草，記得若干箇便醫方，原可購買一劑立止下痢的藥來服，可惜身邊已經沒有錢，又無借處，便只好聽其自然。再隔一天，痢疾果然加劇，一天如廁十幾次，每次如廁之前，腹部總像刀割。

正當痢疾加劇的時候，棧房伙計送來了一紙賬單。單上列了五天房飯錢，數目雖不到六元，但囊中空空的我，卻覺得是一筆相當的數目。我告訴伙計：「現在沒有錢，要等幾天才有錢付清。」因為我沒有付房飯錢，又患病，棧房老闆也藉著問病的理由，來看我，除問病情外，還問我：「打算去什麼地方？」我告他：「要去上海。」他又問：「上海有沒有親友？到上海後打算住在什麼地方？」最初我很奇怪他何以要這樣詳細盤問，難道他也做了袁家的走狗，後來才懂得他的意思，是要我開一個至親好友的通信處給他，如果我有個三長兩短，他也可以通知我的親友，請親友們來辦善後。我明白這意思之後，便對他說：「上海沒有親友，住在什麼地方要等到後再說。但在瀋陽則有親友，我可以寫兩個親友的姓名住址給你。」一面就用鉛筆寫兩個姓名住址給他，他看了之後，又問我：「要不要找個醫生來看看？」並且表示看病的錢，他可代墊。在我表示要找醫生之後，他立刻叫伙計找到一位姓張的中醫來。這位張先生按了脈，再問了症狀之後，開了一張藥方，又鬼鬼崇崇的和茶房說了兩三句附耳的話，才走出去。我看了藥方前面的診斷書是：「頭痛舌赤、下白痢、發高熱、脈洪數、症屬冬瘟、宜疏解」；心裡已在竊笑他的小題大做，後來又聽伙計說：「醫生說你的病很重」；就更覺得這位醫生，真是庸醫，於是決定不服他的藥方，並向賬房借一元錢，叫伙計去買一劑現成的地黃理腸湯，來清胃腸。

我這決定，的確是對的，因我的痢疾，是因為吃一點酒又凍了一夜而生，服這現成的清腸藥，可以說是對症下藥。不過，棧房老闆、賬房、伙計們，都覺得我的做法不對，並且很擔憂我將因此送掉自己一條命，最後還請我在那張藥單上蓋一個圖章，表示自己願負全責之意。

時間的消逝，比飛鳥更快得多，一轉瞬之間，民國五年的歲月差不多到了盡頭。痢疾是在糊裡糊塗中完全痊癒，欠棧房老闆的債也增加到接近二十元的數字，但使我望眼欲穿的瀋陽友人覆信還沒有寄到。此時我最需要的東西，第一是錢，第二也是錢，第三還是錢。沒有錢，住不下，走不了，沒有錢買點心，也沒有錢買報紙。不買點心還沒有多大問題，只是早晨要忍幾小時的饑，不買報紙，就等於沒有耳目，連袁家班的戲唱到那一段也都無從知道，這可實在受不了。因為受不了，又無法解決，才開始打自己身上一件羊皮袍的主意，想從柳籃中取出舊棉袍來穿，脫下皮袍去賣，先解決零用的問題。定下主意之後，又到城裡去找估衣舖，打算把皮袍賣給估衣舖。然不料山海關這地方，什麼商店都有，卻獨缺買賣舊衣的估衣舖或估衣攤，找來找去，一隻皮鞋的後跟已和皮鞋分家，還是沒有找到。

為著要使皮鞋和後跟合為一體，我在一個不知名的小廟中，拾到一塊小石，聊當鐵錘，把脫下的鞋跟，重新釘上。可是鞋跟和鞋雖已合一，但鞋底的鐵釘鑽到了我的腳跟。我走不到半里路，已經有寸步難移的苦痛，勉強走到棧房時，連忙脫鞋來檢查，才知道腳跟有一個黃豆大的創口，正在繼續流血。再看由鞋底鑽出的那顆鐵釘，高出鞋底還不到一分，然卻很犀利，我就借一把鐵錘敲平了它。

沒有找到估衣舖，皮鞋卻脫了後跟，自己修鞋的結果，又遇到了鞋底鐵釘戮破腳跟的痛苦，現在差不多連走都走不動了，買新鞋，此時固然談不到，就是只想修補這雙舊鞋，也還沒有錢，這該怎麼辦呢？

想了一個多鐘頭，決定還是先解決皮袍的問題再說，不能賣，當總不成問題，因為棧房附近有一家當舖，城裡也有一家。

又一次的貧病夾攻

在一個風和日麗的早晨，我穿了棉袍，把皮袍包成一包，走到棧房附近的一家當舖，鼓著得未會有的勇氣，把皮袍放在當舖朝奉面前。朝奉看了又看，然後問我：「要當多少？」我答：「能當多少就當多少。」他說：「四吊八，好麼？」，「四吊八合幾元呢？」，「合奉票四元」。我聽說一件皮袍只能當奉票四元，立刻伸手索回皮袍，想送往另一家當舖。我正在重新打包，朝奉笑著說：「我再加六百，當五吊四，好不好？」但我卻頭也不回，夾著包袍就走。

走到另一家當舖，朝奉只約略一看便問：「要當多少錢？」然卻不等我答覆接著又說：「六吊錢當不當？」我問他：「能不能再多當一點？」他又翻一翻皮袍的兩袖，然後說：「那麼當六吊六罷。」我請他再加一點，他沒有答應，我就只好為了這六吊六，送出了一件皮袍。

這件皮袍在當時差不多就是我全部的財產，當了皮袍，也就等於典盡所有的財產。但所得的代價，卻僅合五元五角的奉票，約等於四元半的大洋。我正在盤算這四元半大洋的用法，棧房的賬房，卻已來討債，賬房明知我沒有錢為什麼會來討債？當然是伙計發現我已脫去皮袍換上棉袍，而皮袍則顯已失踪的緣故。我告訴賬房：「實不相瞞，我今天雖當去皮袍，有了幾元錢，但要留作零用。房飯錢要等朋友的錢寄到，才能還。」賬房雖喟喟而去，卻有點不愉快的神色。

賬房不愉的神色，已在我心裡造成一深刻的印象，伙計對於我的茶水需要，採取那種「待理不理」吊兒郎當的態度，更使我感到啼笑皆非。我想：此時，我所欠房飯錢不過二十幾元，他們就已經用這種虐及精神的面目，使我難堪，那麼如果我再多欠一點，他們豈不要用更惡毒的手段，更猙獰的面目，來迫我上吊？想到這裡，我恨騙走我一箱衣服和部分旅費害我擱淺在這半路上的李君入骨，深怪我自己的愚蠢，同時，決定從今天起，不吃四角一餐的棧房飯，自己到小麵館去吃麵食，免得欠債迅速增加。因在小麵館吃一碗湯麵，再加兩三個包子，只要一角，就代價來說，則棧房每日的兩餐，實等於小麵館的八餐，我不能不在這裡打一下算盤。

這時候，山海關已是風和日麗的春天，僅早晚還會感覺輕微的春寒，白晝則棉袍已夠溫暖，所以我才下了當皮袍做零用的決心。但事有湊巧，我把皮袍送進當舖的第二天，山海關起了風，下了雪，溪流上輕薄的冰花，變成厚重的堅冰，一夜之間，春天又變成了冬天。我雖依然照著預定的計畫，在中午和傍晚都到小麵館吃麵，但已不能不為無法抵禦的寒威而顫慄。

經過這一次的風雪，我又病了。這次病和上次的病，顯然不同的一點，是上次的病在腸，這次的病在肺。上次是下痢，這次是傷風咳嗽。本來傷風咳嗽並不是什麼了不得的大病，就是不延醫吃藥也沒有什麼關係，但我的傷風咳嗽是在痢疾新癒之後，並且來勢極猛，先發冷，冷得週身顫慄，後發熱，熱得頭昏眼花，還加上喉頭氣管，同時，發炎作痛，四肢無力，動彈不得，這就使我懷疑自己是已患了最討厭的肺炎症。

我又患病之後，老闆來到床前一次，我告訴他：「我不過傷風咳嗽，不是什麼大病。」他點點頭就走了。我知道老闆來看我是怕我死在棧裡，害他花錢買棺材；因此，我只說了上面的一句話。事實上，我知道自己的病，決不是簡單明瞭的傷風咳嗽，除了傷風咳嗽之外，還夾雜著別的病症，不過自己既沒有錢，此地又無至親好友，可以通融一些醫藥費，說了出來，實在毫無益處，所以率性不說。

病中，伙計的態度越發惡劣起來，叫他送茶水，至少要叫四、五次，才把茶水送到，叫他買點吃的東西，更非等待三、四點鐘不可。當我忍不住說他不應該這樣怠慢時，他卻扮著鬼臉說：「哎呀，我的大爺！你不知道，我的事做不完的，不是我不做，是只能一件一件的做，請你原諒一點，比起別人，我沒有多出一隻手，也沒有多出一條腿呵！」其實，他一天到晚只有四點鐘左右的忙碌，忙碌的時間，上下午都是六點到八點，那是東西行火車過境，一部分旅客擁到棧房吃飯、「打尖」（即住宿），另一部分旅客上車的時間。在這時間，他的確很忙，但老闆、賬房、廚房和打雜，也一樣的忙。過了這時間，旅客去了，棧房空了，他們一點事都沒有，不是談天，便是睡覺，不是下象棋，便是出棧訪友，現在他卻說事情做不完，豈不是鬼話？

可是，這個世界，本是金錢萬能的世界，俗語說得好：「有錢能使鬼推磨」。現在我既囊空如洗，對於這些鼠目寸光認錢不認人的傢伙，又有什麼話可說。所以，伙計雖是那麼可惡，我也只有咬緊牙齦忍住那一口氣，我的唯一希望，是瀋陽的陳大鑾能夠早日寄錢接濟。使我不至再因囊空而忍受一些難以忍受的惡氣。

在這無聊的歲月中，最堪自慰的一件事，是不到一星期，我又戰勝了來勢兇猛的傷風咳嗽。最初我很擔憂這次的傷風咳嗽會轉變成為肺炎，但經過情形卻不如想像那麼惡劣。我沒有延醫，也沒有服藥，卻用安靜的睡眠來代替醫藥。對於飲食，我也很謹慎，飲的一方，只喝一點開水，食的一面，每餐只吃半碗小米粥，再加上一片大頭菜。我知道多睡眠，少飲食，是醫治感冒的最好醫藥。

病魔雖已敗走，然而比病魔更可怕的窮鬼，卻驅之不去，我在病中雖不肯花錢，然而廚房煮粥的代價，一次也要二角，這個二角又二角的支出，在七八天中間就把當皮袍的代價耗去一大半，再加上，修理皮鞋、買報紙、洗衣服，件件要錢，所以病魔被驅走之日，也就是六吊六，完全耗盡之時。

六吊六耗盡之後，陳大鑾的回信還未到，我所希望的接濟，似乎顯然已經變成夢中的海市蜃樓，這又怎麼辦？此時的我，當然不能沒有前路茫茫的感覺。

上了開灤運煤船

坐困愁城一籌莫展的我，雖還是每日登長城，下海灘，去欣賞天空的煙霞，海上的波浪，但總不能排遣其窮途末路的悲哀。我為欲打開這等待救援而消息毫無的僵局，雖也想到表兄林文奎和《健報》的張復生，並且相信只要我寫一封信給他們，他們必在兩三日內匯錢接濟，但因為林家表嫂把我看做沒有出息的浪子，張復生則已送過一筆旅費，我如果再找他們麻煩，則縱令他們肯接濟幾元錢，我的心裡必然也感覺慚愧，所以仍硬著頭皮，決計不寫向表兄嫂或張復生乞援的信。

過去在小說上常常看到「一文錢逼死英雄漢」及類似的說法，總以為那是小說家形容過甚之詞，但我在山海關的大安棧中，卻完全懂得這個說法的真正意義。我因為當皮袍的六吊六，已經用罄，然又不能不吃飯，就又叫伙計開飯，但只開了一天兩餐飯，賬房的話就很刺耳，伙計的的態度也更比過去惡劣，他們對我的那種無形凌辱，比利刃刺心還要痛千萬倍。在這情形之下，我除卻對於一般社會的認錢不認人有更深的了解之外，對於一些人何以走到殺人和自殺的末路，也有了更進一步的認識。同時，我決定再典賣一點東西，來維持兩三日的生活，免得再為吃飯而遭棧房中人的凌辱。

可是，我把一隻柳籃裡的東西全都取了出來，卻似乎沒有一件可典可賣的東西，雖然還有一隻買來不到三個月的好硯，但沒有一個收買舊貨攤子的山海關，似乎也不容易找到出路。這隻硯是去年十月間從瀋陽一個舊貨攤買來的，是不完全的瓜子形，上半稍尖，下邊圓闊，長約八寸，上半寬三寸許，下半寬約五寸半，重在二斤左右，配上一個瓜子形的紅木匣，匣蓋雕著一條龍，左邊刻有「飛龍在天」四字。匣又厚又重，連蓋起碼也有二斤半，買價是十一元奉票。買到之後，便放進柳籃裡，從未用過。但當囊空如洗的時候，卻想出賣這塊石頭。後來因無賣處，就又想把它送進當舖。

當舖已印過我的足跡，我既決定當硯，便連匣帶硯包了一包，走向城裡一家的當舖。最初我還希望能夠當得三、四元，替我帶到七、八天的飯錢，但朝奉打開紙包之後，卻很客氣的拒絕了。硯連匣重量不過二斤多，但在當舖拒當之後，卻覺得硯的重量至少也有二十斤，放在手上，實在累贅。這當舖距離大安棧不過二里，但我走到棧房附近，卻已是渾身大汗，幾乎有不勝負荷之感。

走到大安棧附近，一家當舖的當字又映進眼簾。我想：「一不做，二不休，既走到這裡，為什麼不再進去試試看。」於是鼓足勇氣。又把手上的一包放在高高的當舖櫃檯上。朝奉看了一下就問：「要當幾個錢？」我說：「我想當四元。」朝奉說：「當不了許多，我只能出五百錢。」我說：「單這隻硯盒不也值得四、五元麼？何況還有硯！」朝奉搖搖頭說：「不錯，這隻硯匣的確值得幾個錢，我出五百，就是看在匣子上面」，五百官帖，等於奉票四角零二枚銅幣，實在少得可憐，但在此時，卻可勉強糊兩三天的口，無論如何總比連這五百錢都沒有好得多，所以，我也毅然決然把這隻沒有用過的硯換了五百錢。

本來最儉的吃，每日也不能更小於二百四十文，但當時的我，卻決定一天只用一百六十文，我想靠這五百錢再延長三天等待救援的時間。雖然再過三天是否有救還是一個未知數，但待救的時間總是爭得一分算一分，不容有所踟躕。

當硯的第二天，我爬上了焦山。焦山和南海，雖都是使山海關變成所謂「天下第一關」的主要條件，但焦山上面卻一無所有，沒有森林，連豐草都很少，實係一不毛的高丘。這高丘泥少沙多，泥皆紅色，砂則大半是正在結成塊石過程中的粗沙，沙中金光閃耀，顯然含有少量黃金，但當地則並無淘金的人，這大概是沒有淘金技術的緣故。山上鐵礦，含鐵之富，出乎意表，然不知何故，也並無人開採。我在山上拾了十幾塊鐵礦石，玩弄幾近半小時，才下山回棧。

我在棧中正為著幾塊鐵礦石而發生幻想，希望自己來能有機會來開發這個鐵礦。賬房忽送來一封掛號信，我還不曾拆開來看，但一個多月來窮途末路的憂鬱，卻已化作一縷看不見的煙霧飛到了九霄。我知道是得救了。

信一如預料，是陳大鑾寫的，他通知我，寄這封信的同時，已匯出三十八元大洋，並且告訴我：「這錢是從好幾個我的親友那裡募來的，表兄林文奎也送了五元。」此外，他還寫了兩個人的住址，說是到滬時不妨去訪問他們，也許對我會有一點小幫助。那兩個人之一是高鳳謙，字夢旦，商務印書館編譯所的主持人。另一個是張××，住海寧路，是一個小醫園的老闆。

看完信，我歡欣欲狂，準備在收到匯款的第二天，就到秦皇島去候船。本來南下旅客，都是在山海關候船的，但當時歐戰已影響到了中國的航業，秦皇島和上海的航輪極為缺乏，只有開灤公司的煤船則反而加班行駛，但這種煤船，並不搭客，只有和賬房或水手情商，才能搭乘，所以我就作前往秦皇島候船的決定。

再隔一夜，匯款來了，款數雖是大洋三十八元，然棧房的房飯錢和零星墊款，計二十九元餘，伙計態度儘管惡劣已極，但賞錢卻不能不給，我決定給他一元錢，剩下的錢，只有七元餘。七元餘卻有兩種用途，既要用作往上海的川資，又要用作在上海的旅費，這雖然是不大夠，但我既不能再向朋友求助，縱令不夠也不能不走，因此，我立刻寫信給陳大鑾，向他道謝，告訴他我將由秦皇島搭煤炭船去上海。

棧房收到房飯錢之後，立刻把我的行李向裡面一間很好的房間放下，叫伙計替我泡茶，一改其過去怠慢的故態，但我卻自己叫了一輛騾車，帶了柳籃和被褥，離開了這個認錢不認人的大安棧。我沒有贖回那隻只當五百錢的石硯。因為我知道，七元多的錢未必夠做船費，縱令是夠，也不會有餘錢，我不能為了贖當，費去有限的川資。

秦皇島這地方，是礦工的集中地，歐戰發生之前，因輪船往來頻繁，市面還不很蕭條，自從歐戰發生，除卻開灤公司煤船之外，沒有其他輪船來往，市面便一落千丈；大飯館、大旅社，都關了門；連小商店也沒有生意可做。整個秦皇島，只剩兩三家出售燒餅、饅頭和湯麵的舖子，一家出售油鹽雜貨的小店，兩家不成樣的小客棧。我所乘騾車到秦皇島時，便有一個小客棧的人來接，接我到他的棧裡。

那小棧的招牌，我記不起了，我只記得那個小棧，只有一間客房，一間廚房，一間就是老闆夫婦的臥室，臥室裡面還有一隻豬。是我生平所看到的最小的客棧。我在這客棧就是唯一的客人。老闆很和氣，為旅客服務的精神也很好。我問他：「幾時有煤船去上海？」他說：「多則五、六日，少則三、四日。」這就提高了我的警覺。我知道，在這候船時間的費用，如果不格外節省，則逗留旅次的歷史，勢將重演。因此，老闆雖很慇懃，願意陪我騎騾看碼頭，願意伴我去看煤車運煤的狀況，我都不敢領教。同時，旅館的一餐飯要三角錢，我也只吃一餐，此後我就自己到小麵舖去吃湯麵和饅頭。我坦白告訴老闆。我沒有錢，所以非節省不可。

在秦皇島的第三天，一艘開平號的煤船在碼頭邊等裝煤，我立刻跑到船上賬房間去打聽那一天可以開船。有人答稱大約明早，但也有人說也許是後天。我問一個水手模樣的人：「這船賣票不賣票？」他的回答是：「票是不賣的，但如果想搭船，我可將舖位讓你睡。我問他：「多少錢？」他說：「算三元罷！」三元是起碼的代價，我馬上決定就用三元買他的舖位，等明天早晨，把行李搬到船上。

船的問題如此順利解決，不免喜出望外。我算算袋裡的錢還夠船上零用，所以在上船那一天，我除自己騎驢外，還租一驢讓棧房老闆來騎，藉以表示我對老闆服務週到的謝意。

我下船的那一天，風高浪大，巨浪打在桅杆上，立即結冰，並且眼看那艘船的載重保險線已沒入水中，裝載顯已過重，心裡不免有點不安。但水手卻安慰我道：「你放心，這艘船的船骨最好，走得最穩，決不會出什麼毛病。至於裝載過重，在目前是普遍的情形，然也沒有出過事。」我的艙位是在船尾，在那裡的艙位，大約可容十人，但當時卻只有五人睡在艙中，五人中除卻我是「黃魚」外，其餘全是茶房和水手。當船離碼頭時，一個水手說：「今天風浪相當大，你如果怕暈船，你就靜靜的睡。」好！我雖不暈船，然卻需要休息。於是我就爬上邊艙，在浪打船舷的聲中，讓這艘煤船，把我載過渤海海峽。

來到高樓櫛比的上海

睡在船尾艙中，巨浪打船舷的聲音，聽來似乎分外的響，船的震盪度也覺得特別強烈，加上心緒如麻，不能合眼，所以在輪船開行兩、三小時之後，便又從艙上爬下來，想在甲板上看看渤海灣的風景。可是，這天的風特別大，天也特別冷，打在桅杆上的浪花立刻凝成附著桅杆上的冰片，打在船邊欄杆的浪花，也結成了許多長達二、三寸的冰柱，船上的水手和茶房，走在甲板上，都很像初學滑冰的人，戰戰兢兢，不敢大意，因此，我只傍欄杆作分鐘的遠眺，便覺得甲板也是凜乎不可久留的地方，不得不退回尾艙。尾艙原也有窗，但窗上的玻璃，早蒙上一重灰黑色的厚翳，而在大風怒吼、白浪滔天的日子，又無法開窗拂拭，這就使尾艙有窗也等於零。有窗等於零的結果，有目也幾乎無所用，我便只能躺在尾艙床上靜聽一陣又一陣呼嘯而過的風聲，一次又一次巨浪打船的聲音，身隨著船身上下起落。

我雖不暈船，不怕波浪，但在這一天的傍晚，卻也曾因幾次巨浪打得船身大搖大擺，不敢輕於下床。

船在第二天中午，出了渤海海峽。此時風和日麗，長空一碧，劉公島附近的島嶼歷歷可數，天空也常見來鴻去雁，不時還有海鷹掠船而過，好像是要看看這人工造成的海上怪物究竟有什麼祕密。船上英籍的大副，提著一桿獵槍，立在甲板上，四面張望，顯然是一心以為有鴻鵠將至，經過一小時有奇，他對一隻孤雁，發出一槍，孤雁立刻落到水面，於是他走上駕駛臺，要當時駕駛人停船，讓他設法捕捉那受傷的雁。船停後，一個水手立從左舷邊放下一艘小艇，讓那個大副下艇去捕雁，大副把小艇划到落雁的水面，立刻就把一隻大雁撈起來，又把小艇划到船邊，自己縋繩帶雁上船，然後再由水手把小艇絞上來掛在大船的左舷邊，前後所費時間，僅十五、六分。但船上賬房在廚房殺雁的時候，面上有了慍色。他說：「這玩笑開得太大了，他為了一隻雁，就要停船，如果為了這一停誤了班期，豈不要公司倒楣！」還有一個水手也說：「這些外國人，是無理可講的。停船不停船，要隨他的便。他高興，為著一隻雁，可以停船，他不高興，則縱令為著救命，也不肯停。」我聽了這些話，才知道就在這一艘船裡面，中、英兩國人之間，也已有了很不容易消釋的惡感。

那隻雁倒是很肥的，估計至少也有五、六斤。廚房用烤雞、烤鴿子的方法，把它烤熟，除將多肉的部分留給英藉的船長、大副外，其餘部分則分與水手茶房，但水手茶房都說它有種怪味實在不好吃。

船過劉公島，海上已罩著一層蒼茫的夜色，微弱月光照著視線所及的波濤，好像是一幅長而且闊的素羅，軟綿綿舖在水上，在波濤起伏的時候，更像綢緞店店員正在收捲那匹素羅。不過，很奇怪！同一海水，同一月光，同一人的視力，在此時似乎並不發生同一的作用。必須視線注在一定角度和月光的光線相配合，才能夠看到這種好像一大幅素羅舖在水面上的奇景，視線角度稍不合，便只能看到蒼茫的海天，那一幅舖在水面上的素羅，便消失於無形。這在後來雖懂得它的原因，但在當時凝思良久，還尋不出一個滿意的答案。

船員晚上都早睡，只有值班水手和茶房還在工作，我和值班的寧波茶房閒談約半小時，希望他能把比幻想更奇怪的海上見聞都說出來，但結果卻一無所獲。他已經有了二十幾年海上生活的經驗，但沒有遇到很奇怪的東西，他所認為很好玩的一種魚，叫做和尚魚，據說這種魚，往往會成群躍入漁船中，小漁船倘不速逃，則必因魚群躍入過多而沉沒，鯨魚也時常可以遇到，然多係中小鯨魚，真正巨鯨則從未見及。行船遇險，雖是常事，但他也不曾遇到大險。我問他：「你一個月有多少工資？」他沒有確實的回答，只是說：「少得很！」他告訴我：歐戰發生之前，船上雖沒有正式客艙，但每班總有幾十位旅客，歐戰發生後，因為裝載老是過重，船公司便拒絕乘客，少數乘客只能向賬房間或水手間私自接洽，買個艙位。大抵賬房間的一張床位，賣六、七元，水手間的一張床位只賣三、四元。這筆收人，由大家來分，但也沒有太多的錢可分。因乘客都已改在他處乘船，偶有三、五乘客到此，賣了十元、二十元的床位，每日還要供給兩餐飯，所餘實極有限，走一班船，每人分得的錢，不過一元或幾角，在沒有旅客時，就連一元幾角都沒有。

這一夜，我在九點多鐘去睡。最初想來想去，都無法解決到了上海之後又如何的問題，後來看一本舊雜誌，上面有一句耐人尋味的諺語：「船到橋頭自然直。」覺得這話很對，我的安居樂業問題，應該等到了上海再說，此時大可不必枉費心機。想到這裡，就安然

「你家在上海麼？」我說：「我家在福州。」他又問：「上海有親戚朋友麼？」我說：「我將先住客棧。」他很懇切地告訴我：「上海有些客棧是住不得的，只有長發棧和大安棧，是規規矩矩的棧房；同時還說，長發棧接客的伙計我認識他，明天你可以把行李交給他，自己跟他到棧房去，他不會敲你的竹槓，你可以放心。」這位水手的話很對，我決定下船之後，先住長發棧再說。

陰曆元宵前二日的上午十時，開平號駛過崇明島漫漫向浦江移動，我望見高樓櫛比的浦江西岸，好像是望見故鄉。因我幾年前，前往瀋陽時，路經上海，曾作數日的勾留，今天總算是重遊舊地。

進港的船，其移動之慢，實不亞於蝸牛，開平號雖在十點鐘已向浦江移動，但不知如何，一直等到下午一時，才靠碼頭，所靠的碼頭又不在浦西而在浦東。據說還要擺渡到浦西，才算是到達上海，這可把我急出了一身汗。因為擺渡當然要錢，我身上只剩一元多，錢如果讓擺渡擺完了，那我到上海的時候，豈不只剩了赤手空拳？

我正作擺渡的打算，茶房對我說：「我可以帶你過江，請你稍等一會兒，等公司的渡船來了，我就照呼你上船。公司的渡船不要錢，行李我叫苦力給你提上去，睡去？

睡了一夜，開平號已駛到黃海中間，萬里長空，萬頃波濤，都浴在萬丈光芒的海日中，顯出他的無限廣大和壯闊。並且海圓如鏡，水上除開平號外，再也沒有第二艘船，天上也沒有一隻飛鳥，只有日光射在波濤，閃著燦爛的金光，真夠得上「海闊天空」四個大字；開平號就在這樣壯闊的黃海裡蹴著黃花，向南疾進。一位水手送我兩塊火烤的豆沙大餅當早餐，餅雖是秦皇島的餅，一塊代價只一枚銅幣，但其盛意則可感。他大約是看到我在船上從未用過早點，知道我是一個相當窮困的人。

我的確是夠窮的，一個裝春秋衣服的箱，既已落到騙子手裡，一件皮袍又已放進山海關的當舖，現在除卻一元多的餘錢之外，幾乎是身無長物，早晨固不敢作吃點心的打算，甚且連紙煙都不敢多吃。我知道身上一元餘的錢，就是我要在上海開闢新天地的有限資本，我應該付出不吃早點不多吃煙的代價，來保全這有限的資本。

這天傍晚，從船上的左邊，可以望見一些浪花環繞中的島嶼，一個水手說：「這裡去啟東已不遠，明天我們可以在上海吃午飯了。」他說了這話，回頭問我：

你給他兩角錢好了。」

後來，茶房帶我上渡船，我只花二角力錢，居然到了浦西，茶房又替我叫一輛人力車，送我到長發棧。我很感激這茶房，便將皮袍和硯的當票送給他，表示我的謝意，但他卻堅拒不受。

長發棧把我導到二樓七號房間，我認為滿意，便住到這房內。洗了臉，喝了茶，看罷貼在壁上的房飯價目表，才知道這房間一天的房飯錢是大洋七角。房飯錢一天不過七角，實是出乎意外的低廉，我相信我一定不會為這七角錢一天的房飯錢所困。

看罷房飯價目表，時間已是下午二時半，不能不解決吃的問題，於是要茶房替我叫一碗麵，吃飽之後，立刻去海寧路訪問那位開醬園店的張先生。我問他：商務印書館的高鳳謙，究竟是怎樣的一個人。張先生告訴我：「那是一位熱腸古道的長者，你可以找他幫你的忙。」

我聽說高鳳謙是熱腸古道的長者，欣慰之至，立時回到長發棧，把瀋陽帶來的《健報》從柳籃中取出來，把自己寫的論文和小品文，一概剪下，貼在一本舊雜誌上，準備送到高先生那裡請求品題。

賣文生活從此始

我正作訪問高鳳謙的準備，忽然聽見對面房間的兩個旅客，叫茶房通知賬房，明早替他們結賬，理由是他們明天要去天津。但茶房剛離開他們的房間，他們兩人卻自己道破了要賬房結賬的祕密。一個說：「大安棧就在那邊，我們搬過去，一天可以省四角。」另一個說：「我也知道大安棧比長發棧便宜，不過房間比長發棧是壞一點。」我聽說大安棧更比長發棧便宜，也動了搬的念頭，於是便悄悄走到大安棧去打聽它的價目。打聽之後，知道大安棧的房飯錢，一日一客僅五角，比長發棧便宜二角，便也決定遷移。因此，我在第二天早晨，又由長發棧遷入大安棧。

搬了棧房，一元多的錢用光了。想去拜訪高鳳謙，也沒有車錢。幸虧柳籃裡還有很好的信紙信封郵票，便寫了一封自我介紹的信，寄給高先生。

信寄出的第二日，就是陰曆元宵節那一天的上午高先生到大安棧來看我，和我談了差不多一點鐘，拿出一篇《小說月報》收進的譯稿，說是請我潤色，同時留下了十元錢。我不肯受錢，他卻一定不收回，我只得向他道謝，同時把那本從《健報》上面剪下的論文和小品送給他，請求指正。

高鳳謙去後，我在一天裡，改好那本譯稿之外，還自己寫了一萬字的短篇小說一篇，送到棋盤街商務印書館的發行所。我所以自己試寫小說，是由修改那篇譯稿引起的。那篇譯稿原文是英文，作者是大名鼎鼎的迭更司，但其情節卻不甚緊湊，譯文也不甚流利，我略加修改之後，自己一想：如果我來寫，一定比他好得多，那麼我何不寫一篇試試看，於是便一口氣寫了將近萬字的小說，寫完覆看一次、略加修飾之後，覺得沒有什麼礙眼的地方，這才決定把它送出。

隔了一天，高先生又來了。他笑著說：「稿收到了，論文集才看一部分，但我已知道你是能手，因為《小說月報》編輯惲鐵樵，說你改文章改得很適當，自己的小說也寫得情文並茂。」

他說完，隨即取出三件東西：三十元大洋，兩個收據，一分請帖。他說：這裡的錢，十一元是修改那篇譯稿的酬金，二十一元是稿費，你可在收據上蓋章，此外，後天是星期日，請你到小有天吃飯，我請的陪客是陳三立、鄭孝胥、李拔可諸先生，另外我介紹鄭既澄和你做朋友，他是我的學生，英文、英語都很好，國文還要再研究，如果你和他能夠互相切磋，那就再好沒有了。」

這時候的我，幾乎懷疑自己是在夢中。我連做夢都不曾做過如此的幸運的夢，今天事實卻是如此，豈不是一件奇蹟？並且現在賺錢之難，難於登天，然而我搖了一天筆桿，卻有三十二元大洋收入，豈不也是怪事？

我對高先生說：「這個稿費，我恐怕是《小說月報》主編送高先生的人情。」但高先生堅決否認稿費含有送人情的成分。高先生說：「惲鐵樵，這個人對於投稿文人是鐵面無私的，《小說月報》之所以有今日的信譽，他的鐵面無私，實大有貢獻。」他還告訴我，《小說月報》的稿費普通都是千字二元，低一點的是一元五角和一元，高一點是三元，特高的是六元，現在千字六元的只有一位林琴南先生，其餘一些名家都只三元。至於修改稿件，普通一律是千字一元。

不過，高先生雖否認《小說月報》編者的採用稿件含有送人情意味，但我覺得在這三十二元中間至少有幾元是《小說月報》編者看在高先生面上的慷慨，我不敢說我的文字的確可以賣得那些錢。

這一次意外幸運的遭遇，成為我走向賣文一途的導引。最初，我絕對沒有賣文為生的意思，也不知道文章真的有價，經過了這一次意外幸運的遭遇，才知道文章也有市場，才決定暫以賣文為生。我心裡想：找一個小事來做，一個月未必能有三十二元的收入，卻要受許多拘束，如果賣文為生，一月收入不比三十一二元為低，豈不自由得多？因此，當高先生問我：「假如商務印書館編譯所有一個月薪大約三、四十元的小位置，你肯不肯屈就」時，我就答道：如果寫點小說也能賣錢，那我還是寫小說來賣。高先生聽說我想賣文為生，非常高興，堅囑我星期天中午必往小有天而別。

星期日中午之約，我知道是一種對我很有益的約會，但因為瀋陽宴會的習慣，是十二點的宴會，主人一點才到，客要在一點以後才到，如果客在十二點就到，那就要坐等一小時，我為著恐怕坐等，遲了一小時才到小有天。

到達的一剎那，我看見主客幾已到齊，我卻最後到，心裡非常抱歉，也才知道上海的習慣和瀋陽完全不同，上海人有時間就是金錢的觀念，瀋陽人卻沒有，所以，瀋陽人赴宴往往是在約定時間之後一、二小時。

席間高先生拿出我寫給他的自我介紹信，交給坐客傳觀，說我那信的措詞行文，都很動人，字也相當好。《小說月報》的惲鐵樵，接著讚美我的那篇處女作，是情文並茂，又說我改文章改得很好。其餘詩翁文豪們，當然也都要說一兩句善善從長的話。席終，高先生特別介紹我和鄭既澄相識。他告訴我：「照我的看法，英文的用處，將隨著時日的推移益顯，你應該多做一點英文的工夫。鄭君英文相當好，你可以跟他研究。鄭君國文需要補充，應該向你請益。現在我祝你們的友誼能隨著知識的交換而增進。」不過高先生勸我學英文的意思雖如此懇切，我卻存了畏難之心，我覺得這種遲時而後學的學，必然是事倍而功半，一定不會有多大的成就。

提起學英文，瀋陽方言肄習所的情景，是會躍現到眼簾的。這個方言肄習所，是一個官辦的補習學校，專為各衙門的官吏及其子弟，補習英法文，我遵七叔父之命前往補習，最初讀的是一本英文初階，我覺得先生教的太慢，不免減少一點讀的興趣。

後來讀到英文進階，我因有下象棋的嗜好，常常挾著一本英文進階跑到朋友那裡下象棋，結果曠了好些節的課，到得決計再去上課時，卻因中間的脫節而興味索然，這一來我就決計不再學習英文。所以當高先生切勸我重新學習時，我的心裡好像生了疙瘩，我後悔在方言肄習所補習時代的貪玩象棋，又意識到了遲時而後學的不易有成。

現在想起這件事，心裡還是有點不舒服。因為我知道：方言肄習所時代不肯用心學習，那還只是一誤，在高先生勸我學習而我卻無意接受的民國五年，實在是不可救藥的再誤，如果，當時我每日肯用一些時間來學英文，現在我便不致望著英文書報而興嘆了。

當時我既無意再學英文，鄭君又懂得德文。於是我便請鄭君教我德文。學德文當然是從字母學起，鄭君雖多方設法鼓舞我學習的興趣，但我則每讀一次，畏難的心必增加一些，幾乎和小孩吃苦藥一樣，越吃越想嘔。畏難的心既日增，最後自然是宣告停課。

做了《中華新報》的撰述

高鳳謙請客的第二天，《小說月報》的副編輯李澍生來著我，他問我：「如果有個人家能分出房間讓你去住，你去不去？」我說：「去！」於是他就說，他家的樓上客堂還空著，歡迎我去住。李告訴我，他住在閘北商務印書館附近，是雙開間的樓房，現在家裡除太太，兒子外，還有一個妹妹，都住在樓上廂房和亭子間，樓下廂房已租與同事，樓上客堂樓還可以住人，所以歡迎我去住。

住在客棧當然不如住在人家好，李澍生既歡迎我去住，我便搬到李家，我搬到李家約七、八日，成舍我也從瀋陽來到上海。我把過去的遭遇告訴他之後，勸他加入筆的隊伍，並請他也搬到李家來住。

在李家住了一個多月，我發現李家不是很好的住處。因為李澍生自己當時肺病人第三期，他妹妹肺病已近第三期，我們住在一起，吃在一起，實有傳染肺病的危險。

成舍我住到李家之後，李澍生的妹妹和他就常在窗口打無線電，有時還把小紙團或小塊硬紙片擲到客堂樓，我看到這種情形，便在無形中加以阻遏。我為什麼加以阻遏呢！是因為李澍生的妹妹，咯血多次患有肺結核的病人，成舍我如果和伊談戀愛，其結果必極不幸。

我發覺了李家不宜住之後，已有意遷居，加上李澍生妹妹追求成舍我甚急，這就使我更急於遷居。因此，我們住在李家僅一月有奇，便自己租下法租界南陽路一所雙開間的樓房，搬進去住。

搬到南陽路不久，成舍我的朋友盛世弼和李×，從安慶來上海，加入我們的賣文公司，長沙的向愷然和他的第一任太太章石屏，也由於《中華新報》副刊編輯陳白虛的介紹成為我們公司的股東。於是，我們便開始合作賣文的生活。

這一段合作賣文的生活，變化相當多。第一次的變化，是盛李二君的回皖，盛李二君，聽說上海是賣文人士的樂園，故乘興而來，來到上海之後，寫了若干稿件，幾乎是完全碰壁，看看前途實在黯淡，便敗興而返。盛李二君去後，我們的五人組便變成了三人組。第二次的變化，是向愷然和惲鐵樵的決裂。惲鐵樵對於向愷然的文字，不覺得太好，也不覺得太壞，算稿費時，最多千字給二元，普通只給一元半，向愷然多少總有點不快，但裁定稿費的權力操在惲鐵樵手裡，採用與否的權力亦操在惲鐵樵手裡，當時向愷然又非用稿費維持生活不可，故雖怨惲故抑稿值，卻不形於色。後來，向又送出短篇小說兩篇，先後均遭退回，惲並將退回理由，寫在稿末，中間有一句很不客氣的話，向愷然看了勃然大怒，立刻回他一封信說：「君自命獨具雙眼，吾初未之能信，今則信而不疑，蓋君一眼已早瞎矣。」向信發之後，惲鐵樵因向的投稿，係由我介紹，曾對李澍生說：「向愷然不消說是革命黨了，王無為這傢伙也是危險份子，我猜他也是革命黨。」因此不僅向愷然和惲鐵樵宣告絕交，我和惲鐵樵的關係，也陷於不絕如縷的狀態。

向愷然和章石屏，都是黑籍中人，在加入我們生活圈之前，是靠民權出版部供給的稿費生活。向愷然替民權出版部寫《留東外史》，約定千字一元五角，每月結算一次，但民權出版部的收入，經常不敷支出，事實上每月付與向愷然的稿費，僅及應付額之半，其餘都記在賬上。向愷然和章石屏既然要普通人所吃的白飯，又要吃癮君子們所吃的黑飯，開支比別人浩大，而民權出版部的稿費卻不能全部取得，這就使向愷然不能不另行開源，因此，向愷然便加入了我們的隊伍，成為《小說月報》投稿人之一，後來他和惲鐵樵鬧翻了，手頭當然有點拮据。他手頭拮据了，我的負擔便因而加重，有一個時期，房租、家具租、傭人工資、伙食費，幾乎十、九要由我負擔，他雖有民權出版部的收入，但那一點的收入幾乎還不夠買鴉片，其餘就更談不到。

在若干賣文的朋友中，我雖是比較幸運的一個，但我那種不很健全的用錢習慣，卻也時常使我陷於困窮。本來，我賣文的收入，並不算太少，多則每月百元以上，至少亦有五、六十元，但因為我常有任性的浪費行為，也常有不量力的慷慨行為，這就使我時常遭遇青黃不接的難關。

最初我們每遇青黃不接的難關，就叫李澍生的娃兒來替我們上典當。他是黑社會中間一個小人物，能用「信用」當錢。當時他正失業，我們也需要一個燒飯跑街的人，於是李澍生便把他薦給我們做使用人。我們原不知他的信用可當錢，後來因有一次我們需要十幾元錢，然可當的衣服只能當五、六元，他知道這情形之後，便當了十幾元，並且告訴我們：「滿一月後必須贖回，以後倘有七長八短，方能再當。」我們才知道他是另一個社會的人物。

這時候，我和惲鐵樵的友誼，雖已因向愷然的緣故，陷於半破裂的狀態，但在表面上還是絕無痕跡，惲鐵樵仍舊送些需要潤色的稿件請我修改，我也照舊送點稿件給他。當他介紹劉半儂（後來改為劉半農）就國文修養方面請我告以必經途徑時，我還是懃懃懇懇告以精讀、熟讀是必由的正路，替他開一紙在我認為很適宜的書單，並陪他讀過幾篇他所認為難讀的古文。

這位劉先生給我的印象，是聰明而稍帶輕佻。我曾勸他放棄「半儂」的筆名，他當時雖表示同意，然卻隔了一年才改為半農。他的英文相當好，但國文稍幼稚，惲鐵樵只給他每千字一元。他譯了一本英文名著中篇小說五萬三千字，只得到五十三元，我替他潤色一下也得到同樣代價。他所費的時間，至少六、七天，我所費的時間，僅僅一天，因此，他頗以國文不夠好為憾事，惲鐵樵的勸他來和我合作，我卻不大感興趣，因為「松柏之下，百草不番」，當時林紓和魏易合作下所產生的譯本，已在三本以上，其聲名早已洋溢於國中，現在教我和劉去追縱林紓、魏易，豈不等於教我去做松柏之下的青草？我縱不想出什麼風頭，卻也有「寧為雞口」的小野心，所以我不願和他合作譯書。

那時候的成舍我，已和陳獨秀主辦的《新青年》通過信，也已有稿件交給《新青年》發表，因為覺得劉半備幾乎正在尋覓新出路，便把他介紹給《新青年》，後來《新青年》發表了他的譯詩，並有人在陳獨秀、胡適那裡說他的英文很好，於是乎他的身價便比以前高出了十百倍。

在劉半儂要我伴他讀書的時候，我和惲鐵樵的友誼也決裂了。決裂原因，也是為了一句話。當時我寫了一篇〈孤兒尋親記〉，送到《小說月報》社，惲鐵樵已經決定購買，並已將稿費六十餘元連同版權讓與證送到我的住所，我也已填具版權讓與證送還，彼此本無可以發生齟齬的理由，不料這位有點好為人師的惲先生，卻在第二天，另外送到一封信；信裡說：「尊著尋親記中，辭勝於意處不少，且有一段似直口布袋，一倒即空，此等處以後尚望注意。」我看了信，亦不禁大怒，回他一封信說：「來示敬悉，但閣下之指摘，似屬多餘，閣下謂拙作有一處似直口布袋，實則閣下來示固一標準之直口布袋也。」從此，我也不再和《小說月報》往來了。

我和惲鐵樵決裂之前，本已成為《中華新報》副刊的投稿人，在和惲鐵樵決裂之後，便決定用全力來替《中華新報》寫點小品文，恰好《中華新報》副刊編輯陳白虛（榮廣）也正在物色能寫短篇、諧文的人，於是我和陳白虛便開始進行如何供應稿件和如何計算稿費的談判，這談判的進行，可謂順利無比，他要我每月負責供給十萬字，我答應了，我要求《中華新報》每月給我二百元，他也一口答應，接著他就送給我一紙由吳敬恆署名的聘書，聘我做《中華新報》撰述員。

但說來好笑，撰述員的薪水，雖是二百元大洋，事實上我的所得，不過一半，其餘一半要由好些人共分，而且我自己所得的一半，也要用在公共宿舍裡面，我不過是代表若干投稿去做撰述員，並替一些投稿人領取筆稿費而已。

十二人中最少年

《中華新報》聘我做撰述員，是五年十月初的事。這時候，袁家班早已樹倒猢猻散，黎元洪以副總就任總統，段祺瑞連任了總理，《中華新報》的谷鍾秀、張鎔西，都做了段閣的總長，因而《中華新報》也進到了創刊以來未曾有的佳境。《中華新報》在五年九月以前，因為經費拮据，採行生活津貼制，除印刷技工和茶房外，其餘所有職員，每月支領津貼四十元，社長也沒有例外。但到五年九月，便改行薪水制。最高薪水二百元，次為一百四十元、一百元，最低四十元。改行薪水制的初期，領二百元薪水的只有一位吳稚老，到十月才加上一個領取月薪二百元的我。不過，吳稚老月薪雖定為二百元，但他為著倡行「各盡所能，各取所需」的無政府社會主義，每月都只取去百元，留下百元說是請報社代為保管，實則永不領取，我的二百元，雖完全領出，然須分出一半給幫我寫稿的朋友，故在事實上我的收入每月也並不更多於百元。

當時《中華新報》社長谷鍾秀，和另一個重要社員張鎔西，已都做了段祺瑞內閣的總長，對報社事務，自然是鞭長莫及，所以他們便請吳稚老主持社務。吳稚老是知道《中華新報》主持人谷鍾秀、張鎔西有出賣革命之意的，故無論如何，都不肯接受谷鍾秀的請求，惟稚老雖不允主持社務，谷鍾秀則仍請社中同事，一切聽命於稚老。

然而谷鍾秀雖請社中同事一切聽命於稚老，也只是表面文章，他在這中間卻重托要聞編輯曾松翹先生代為照料一切。

這位曾松翹先生，是湖南人，和黃克強先生有同鄉之誼，對於黃氏的緩進論，頗表贊意，隱然以「實行派」自命。恰好谷鍾秀、張鎔西也是所謂「實行派」的信徒，並且還有聯合南方革命武人和北方開明將領來統一中國的雄心，這就造成了谷鍾秀、張鎔西和曾松翹三位合為一體的局勢，也造成了曾松翹不能不做谷鍾秀、張鎔西在報社的代理人的事實。

在谷鍾秀、張鎔西、曾松翹三位合為一體之後，

《中華新報》內部便有了三派：急進派亦即理想派，緩進派亦即實行派，中立派。

除派別外，還有社員非社員之分。谷鍾秀、張鎔西、傅汝霖、蘇理平、陳白虛（榮廣）、曾松翹、談老談（善吾）、王藩等均為社員，吳稚老、李鐵星和我，則非社員。後來繼吳稚老、李鐵星之後做撰述員的汪馥炎、包世傑、張季鸞等等也都不是社員。

《中華新報》的全盛期，就在民國五、六之交，當時全社社員非社員的總數並不超過四十人；就中排字房和機器房技工總數為二十三、四人；撰述編輯和經理三部職員連校對在內，不過十六、七人。五年雙十節報社集合全體職員在大門口攝影時，僅得十二人。吳稚老、談老談、陳白虛、曾松翹、王藩、李鐵星和我都在內。攝影後，大家談到攝影經驗時，我也提到了最值得回憶的一次攝影。那一次攝影，地點是在瀋陽，是瀋陽福建同鄉會為著春節團拜，攝影以誌當日盛況。其時，我已十九歲，但因身體發育不良，看去好像只有十五、六歲。在到會的三百多位同鄉中，除兩個十歲左右的小孩外，個子以我為最小，年齡也以我為最少。於是，會場指揮，便把我和兩個小孩排在最前排地下，並且把我排在中間。攝影後，同鄉陳樵琴先生贈我一首詩，其末句為「三百人中最少年。」我記起這次攝影往事時就和談老談先生說：「現在我真想再回到十八、九歲的時代。」過幾天，照片取回了，片旁有一首七絕，就是談先生題的，最末一句是把陳樵琴的「三百人中最少年」，改為「十二人中最少年」。

上面說過：《中華新報》內部有急進、緩進、中立三派。急進派為吳稚老、陳白虛，緩進派為谷鍾秀、張鎔西、曾松翹，中立派則為談老談、王藩。

我到上海後，不肯重新宣誓打指模加入中華革命黨，原已天然失去黨員的資格，變成真正的無黨無派，但因為我之擔任《中華新報》撰述，是由於陳白虛的推薦，就也有人把我當做急進派。

可是，此時社內雖已發生派別，大家的合作還是很和諧。在黃克強先生逝世之前（黃於五年十月三十一日在滬逝世），社中並未發生任何有形摩擦，就在中山先生於六年七月赴粵之際，社中各派亦復相安無事。其唯一令人感覺派別作祟的地方，只在於大家不止不大高興談政局，並且顯然是極力避免談及政局。大家心裡似乎都有一個很明白的界限，既不願受他人侵犯，亦不欲侵犯他人。

這種互不侵犯的局面，一直維持到了七年七月，才宣告破裂。為什麼終於破裂？是因為中山先生在七年七月由滬赴粵，正式豎起護法的旗幟，於是急進、緩進兩派，便展開了短兵相接的鬥爭。

本來，中山先生在五年袁死黎繼之際，除發表規復約法宣言外，並不採取任何行動，顯欲從事著作，藉以開化人心。旋於六年二月完成《民權初步》一書，六月發表英文《實業計畫之第一計畫》。此時如果在北方擁有相當實力的段祺瑞，沒有非將國民黨勢力剪除淨盡不可的惡意，不再度解散甫告恢復的國會，不利用督軍團以挾制黎黃陂，則張勳便不會有導演復辟的機會，國事也不會陷於日益紊亂的狀態。然而不幸，段祺瑞卻非翦滅國民黨勢力不可，先則造成府院之爭，慫恿督軍團出而干政，解散甫告恢復的國會，終則授張勳以導演溥儀復辟的機緣，從而坐收所謂「再造共和」的大利，這就使中山先生不能再緘默了。中山先生於七月中旬出滬赴粵，力主護法。同時，赴粵的國會議員於八月三十日開國會非常會議於廣州，九月一日選舉中山先生為中華民國軍政府陸海軍大元帥，中山先生則於同月十日就職，發表戡定內亂，恢復約法的宣言，旋復於十一月十九日通電全國，堅持以恢復約法及舊國會為和議條件，很明白的關閉了無條件議和的大門。

中山先生既堅主恢復約法及舊國會，當時所謂緩進派的谷鍾秀、張鎔西們，自然是大感失望，而被稱為急進派的吳稚老、陳白虛們，則不能不奉中山先生的主張以與緩進派相週旋，這就使《中華新報》內部也變成黨派傾軋的場所。

《中華新報》的幾個人

《中華新報》裡面有幾個值得一提的人，現在讓我在這裡一提：

第一個是吳稚老。這位絕頂聰明但也常常做出匪夷所思的事的老先生，是很有趣的人物。他在民二十以前，是跨黨分子，一方做國民黨員，另一方卻信仰無政府共產主義，且成為無政府黨三大領袖之一。當他主持《中華新報》筆政時，為著表示決心實行各盡所能、各取所需的無政府社會主義，只肯領取半薪。他的月薪本是二百元，但他每月都只領去百元。他又為著人道主義，不坐人力車達數年，直到民十六進了南京才放棄這不坐人力車的人道主義。他最喜歡保存的東西，是信件和名片，任何人寫給他的一封信一張便條，或是交給他的一張名片，他都收藏起來，直到信件名片多到無法收拾，還是繼續收藏。抗戰勝利後；他想把收藏的信件名片，加以整理編號，曾倩其同鄉陸世益董其事，陸世益因本身正經營一小農場，故僅代整理數月，又回南京。陸雖費數月整理工夫，但已分類編號有索引者，尚僅及全部收藏之十一。陸世益告人：吳氏所收藏函件及名片，洋洋大觀，倘開展覽會，可陳列數室。卅八年吳氏來台時，不知曾攜帶所收藏之函件名片否，倘未攜帶，則此數十年的收藏，將蕩然無存。

送兒童出洋留學，不過是造成一些忘本的西化中國人，但稚老和李石曾先生，卻送出了好幾個幼兒，赴歐留學，其費用則由各國退還庚子賠款項下開支。稚老為什麼會做這件事？我至今還是不大明白。

此外，稚老對於青年問題的見解，在民十四以前，是偏在無條件贊成青年任何行動的一面，其所以會左袒李大釗所操縱的以俄專學生為工具、以北平俄使館為巢穴的學生運動而和我打起筆墨官司，就是偏於無條件贊成青年學生任何行動的緣故。（詳見漫遊錄）

在民十六以後，他卻是偏在無條件反對青年學生的思想和行動一面。他罵一般青年的思想不是惡化便是腐化，予人的印象極深。國民黨從民十六到民廿五的九年間，對於爭取青年學生參加革行動這件事，幾乎完全擱置，可以說就是因為稚老痛斥青年思想不是惡化便是腐化的結果。但國民黨從民十六到民廿五的九年間擱置爭取青年參加革命一工作的結果，卻是可悲的。因一國的青年，就是一國的一切，誰能掌握青年，誰就是主人。這一點俄帝及其傀儡都看得清楚，國民黨嫌青年思想惡化腐化，放棄爭取青年工作的時候，共產黨便乘機大量吸收，於是乎在爭奪青年的競爭中，國民黨便落後了九個足年。因此，我至今還要抱怨稚老對於青年學生那種偏激的愛憎，都無異為淵驅魚，為叢驅雀，使共產黨有可以羅致大量智識青年的機會。

第二個值得一提的是談老談老先生。談先生是于右老的一個好助手，除曾在光緒三十三年發行的《神州日報》及宣統元年發行的《民呼日報》服務外，並在同年五月替右老出面發行《民吁日報》。他在《中華新報》是本埠新聞編輯，後來，陳白虛離開報社他又兼編叫做〈雜俎〉的副刊。他在民國五年不過五十七、八歲，但因他是屬於早熟型，並留有九寸許的鬚，驟看過去就好像是六十歲以上的人。他的詩文根基都很好，富幽默感，喜歡說笑話，每到一處，人皆感覺有一股輕鬆空氣和他同來。在家時，手裡老是托著白銅水煙筒，不斷吸水煙，逗著兩個幼孫取樂。他的長子峻民，是留學德國的內科醫師，他的愛女社英，在當時是一位著名的女作家，現在是立法委員，目前兄妹均在台灣。他自己的中醫理論很精湛，非普通一知半解的醫師所能及，雖不掛牌行醫，然在親友乞醫時，卻有求必應。

他曾為今考試委員張默君女士的太夫人治傷寒症而得良醫的名。因張默君太夫人患傷寒，延上海公共租界工部局一名醫醫治，歷數日，病急，醫者囑張默君等，早辦後事，謂病者恐將在二十四小時內去世。家人不得已請談先生醫治。結果，他著手成春，沒有幾天便醫好了張默君太夫人沉重的病。事為公共租界工部局所聞，立即遣人索取他的處方，照購數劑，進行化驗，冀有所發現。後雖化驗多時，一無所得，但他良醫的聲名則由此大著。他雖是很早就加入同盟會的黨人，但後來卻寧可放棄黨籍而不重辦宣誓打指模的手續。在報社裡面，他從不參加派別的鬥爭，對於急進、緩進兩派，都不特別親近，也不特別疏遠，所以，谷鍾秀們雖深知他並不是自己的同僚，然卻始終尊重他的為人，沒有和他發生過任何摩擦。他在家裡，是最講民主的，遇到他所認為重大的事，便開家庭大會來討論，然後再照討論的結果執行。民國七年，川人盧師諤（燮卿）托我試探他的意思，可否考慮以愛女社英下嬪盧師諦（錫卿）的問題。

這位盧師諦是四川革命領袖之一，在東京時，極為中山先生所賞識，歸國後曾入川組織革命軍，從事革命，癸丑討袁軍失敗又去日本，六年回川，中山先生任為第四軍軍長。當他的介弟托我試探老談先生意旨，希望老談先生允以社英女士下嬪其兄時，盧師諦的年齡也還只有三十六、七歲。但在我把盧氏意思告知老談先生時，他立刻答道：關於社英婚事，我家已有議決案，議決案的三要點是：第一，年齡須在三十以下，第二須已經成名成業，第三須非軍人。我向他告辭時說：這三條件，不算苛，不過在科舉已廢的今天，三十歲以下能夠成名成業的非軍人，實不可多得。後來，我的話不幸而言中，談家始終找不到符合上述三條件的快婿。

第三個值得提出的是陳白虛（榮廣）。他是江西南康人，也是在東京加入同盟會的黨人。他在《中華新報》編叫做〈雜俎〉的副刊。五年十月初，他從成國屏劉韻琴及成舍我處，得知我在上海之後，就到南陽橋來看我。他說，他在《小說月報》上看到一篇短小說後，就逢人打聽王無為是什麼人，現在何處，今天特來訪問的目的，是請你替《中華新報》寫點小品文。我問他：《中華新報》稿費怎樣計算？他說：過去報社很窮，稿費實等於零，現在打算分二級給酬，最低千字一元，中級一元五角，最高二元。我問他：每日需要我寫多少稿？他說每日需要三千幾百字，希望我能每月供應十萬字。於是我和他約定：我每月供應十萬字，《中華新報》每月送我二百元，約定之後，他便向報社說明，並替我取得一紙請我做撰述員的聘書。因此，我和他每天都為著稿件，作片刻的接觸。到六年一月初，他還請我住到他的富康里家裡，他整理副刊的稿件。他是一位標準的黨員，一切唯中山先生之命是從。因為勸我重新宣誓打指模去恢復黨員的資格，不知費了多少唇舌，但像頑石的我，卻沒有接受他的勸告。我告訴他：為了革命，我曾被捕入獄，坐了八個多月的監牢，又曾出奔大連做了八、九個月的亡命客，如果這還不算革命黨，必須再來一次宣誓打手模才算計革命黨，那我就寧可不再做革命黨。不過，我雖不聽他的勸告，他總不肯停止勸告，遇有機會，總是勸我去重辦宣誓打指模的入黨手續。他在舊國會是一名候補議員，到六年八月舊國會議員的一部廣州開非常會議，才正式取得議員資格，此後他常來往於滬粵之間。他赴粵時，《中華新報》的〈雜俎〉，總是由我代編。但從他補上議員起，谷鍾秀就有把他擠出社外之意，後來因為吳稚老見機而作，在六年底離開了報社，社中可稱為急進派者，只有他一人，谷鍾秀不好意思就擠他出社，因此，稚老去後，又延了一年多，谷鍾秀才正式開除他的社籍，驅之出社。

他是學法律的，因社章無社長可以開除社員的規定，谷鍾秀對他的除名處分，實非社章所許，遂延律師控告谷鍾秀，谷被控憤甚，然又無可如何。恰好有一天，谷和他都往某宅拜壽，仇人見面，不免眼紅，一言不合，便進到互毆的地步。谷為北人，身材魁梧，自謂力能勝人，先伸掌批陳頰，陳本習技擊，雖無絕技，然其腳力則甚佳，見谷已動手，即飛左腳踢谷，谷被踢仆地，經人扶掖始起。陳和谷演了這一幕龍虎鬥後，即各驅車歸去。谷受一腳後，盛氣反頓歛，立倩曾松翅代為轉圜，乞他撤回訴訟。陳先索賠償二千元，尋減為賠償律師費八百元了事。他被谷鍾秀擠出《中華新報》，我就和《中華新報》斷絕了關係。我退出《中華新報》之後，就改就長沙《民國日報》及昆明《義聲日報》上海特派員的職務，暫時用寫文藝小品的筆，來寫新聞。他則從中山先生七年五月四日辭去大元帥職務、並於同月二十五回到上海決計從事著述之後，本已發生悲觀情緒，皈依佛教，後又為谷鍾秀擠出《中華新報》，遂賦閒居，事佛也愈虔誠。他有二子一女，次子早夭，長子輝漢，民十二和錢昌照同時畢業於北洋大學，因患結核，我請他到北平我的家裡靜養，不幸七月才到北平，十月底就離開了人世，女名瑞香，已嫁而寡，廿六年我在南昌還遇伊一次，伊皈依天主教，將隨一牧師赴加拿大，後來就沒有音信。他自己以肺病於二十一年逝世，他上海的如夫人陸蘭因翌年亦逝世。他封翁當他逝時，已是七十三歲的老人，但每月仍從江西寄一封信給我，其酸楚的文字，使我不忍卒讀。二十二後，老人沒有信，我去信亦無回音。另養子女各一，養子今在大陸，養女陳小蘭，嫁川人劉君懿，現狀如何，我也無法知道。

向愷然的社會主義

《中華新報》裡面除上節所述的吳稚老、談老談、陳白虛這三位都我海裡留有極深刻的印象外，還有幾位也在我腦海留有印象。就中具有極濃厚保守色彩的曾松翹，是佛教徒，屬於所謂緩進派，極為谷鍾秀所信任，《中華新報》還沒有發刊，他就進去，後來中華停刊，他還替報社經辦善後數日，才離開報社，攜妻子回到湖南。回湖南不久，便出家做和尚，從無人知其下落。他的出家，多少是出人意外的。因他髮妻逝後不久，即娶繼室，髮妻遺有二子，繼室亦生二子，伉儷感情，尚稱融洽；同時家裡還有足夠吃飯的田產，無須謀事，亦能生活，故其出家，頗堪詫異。他在上海時，唯一嗜好是打麻將，每日午後，都在家裡玩八圈，有一個時期，每晚還都應報社同事之招，到妓院去打八圈。因為他嗜麻將，我也有同嗜，我們便成為牌友。社中同事請他打麻將，必同時請我，請我打麻將，同時必請他。

為了這種打麻將的嗜好，我們都付出了相當多的代價。我們為什麼要付出相當多的代價？是為了所謂座位。上海妓院的慣例，一個牌局收費十二元，分為四位，每位三元，所以，每在妓院打八圈麻將，普通人都要付三元的座位費。這種每人付費三元的辦法，是最省儉的，另一種辦法，則為由妓院收頭錢。收頭錢的辦法，一桌牌，最少可得二十元以上，遇到闊客，往往超過了百元。妓院用以換取牌位錢的代價，則為一桌二元的和菜，高等紙煙，陳年花鵰美酒，清茶，瓜子，花生，每位客人二百文的車飯錢，再加上妓女的陪牌陪酒。當時整個《中華新報》除卻吳稚老和談老談，其餘的撰述、編輯和經理部人員，全把一部的收入，作為到妓院打麻將的代價。

繼吳稚老之後主持筆政的汪馥炎，是聯省自治的喇叭手。當他很高興鼓吹聯省自治時，《中華新報》已經顯出了後天失調的窘態。他坦白承認，他有做省長的雄心，所以熱烈鼓吹聯省自治，就是希望有一天能夠實現做省長的夢。我在七年秋天，每夜到社替陳白虛發完副刊稿件後，往往因和汪縱談時局忘卻睡眠。有一夜，我們又談到天明。所談的一到核心問題，是我們中國能不能產生像斯巴達騎士那樣的軍人？後來我離開了《中華新報》，彼此見面的機會極少，偶然相逢，也不過握握手而已。二十七年冬天，我到私立法政學校授課，他也到校授課，曾相遇於教務室，授課後，還到他家坐談半小時才回家，不料第二天看報，卻發現他已遇狙殞命，後來有人告訴我，他之所以遇狙，是因為想乘日本侵略中國的機會，出任汪兆銘傀儡政權的某省主席，事為我方地下抗敵鋤奸工作者所知，遂響以一顆衛生丸。

在汪馥炎主持筆政後才受聘入社為撰述的包世傑，是一位很熱情青年，最初是民主政治的崇拜者，後來卻成為共產黨的同路人，當他入馮玉祥戎幕的民國十四年，曾從張家口趕到北平，勸我變更反共的態度。那時，他大概是已經加入共產黨了。

此外，還有一個李鐵星，也是稚老聘請的撰述員，曾發行《太平洋雜誌》，對於英國政治史和憲法，很有研究，人頗謙遜，自承國文根基淺薄，尚待進修，遇到所寫論文自覺文字艱澀時，就懷著稿件向友好請教，可以說是留英歸國的學生中最好學的一個人。有一個時期，他懷著論文，請我潤色，或是懷著名勝攝影，請我題詩，我頗為他的博學審問精神所感動，很想從此一改其一向很容易自滿自足的為學態度。但可惜江山易改，習慣難移，雖再三勉自努力學習謙遜，結果總是無濟於事。李氏在稚老離社後，溯江西上，任教於武漢大學，九年七月我因有長沙之行，路經武昌，曾到武大訪他，過去很喜歡談政治的他，彼時似已完全無意過問政治。他第一次訪我，是在六年的春天，他出「驪山溫泉圖」照片請我題詩，我立刻題了一首七絕，上兩句現在忘卻了，下兩句為：「洪鑪大冶傳薪急，烘熱寒泉一片心」，他再三道謝而去，後來，又時常懷著論文，請我代為潤色。這件事距今已四十年，但回憶起來，彷彿還只是半小時以前的近事。

經理部的人和我很少接觸，印象不深，今已遺忘殆盡，就是社中要人和谷鍾秀、張鎔西、先陳白虛而主持副刊編務的徐傅霖、後汪馥炎而主持筆政的張季鸞，也都因為沒有接觸，無印象可言。

現在我所繼續提及的，是少數經常我接觸的副刊文友。

當時，替《中華新報》寫副刊稿件的人，相當多。皖人楊塵因，湘人向愷然及劉韻琴女士，算是頭角崢嶸的分子。就中楊塵因的《新華春夢記》，向愷然的《技擊餘聞》，尤為膾炙人口。劉韻琴的小品文雖亦具相當號召力，但事實上劉的號召力是從「女作家」三字而來，並不是由於劉的能文。伊所發行的《韻琴文集》，中間大半是別人的文章，就中以伊第一任丈夫成國屏代寫的文章為多。

皖人楊塵因，是一個胖子，身長中人，文思相當敏捷，筆致並不十分細膩，所著《新華春夢記》，是寫實派作風，書中時地人完全真實，僅對白以意為之，故與其說是小說，不如說是一篇袁家班扮演八十三天短命皇帝的素描。

向愷然是湖南平江的技擊家，辛亥以前就在日本求學，雖曾一度加入同盟會，其後卻成為與黨脫節的人物，他最信仰的古人是主張惡論的荀子；他很喜歡談社會主義，並且自詡對社會主義有獨特的見解，而其特的見解，則是：「你的就是我的，我的還是我的，這就叫做社會主義。」他著的《留東外史》，描寫革命前後留日學生社會情形，盡了繪影繪聲的能事。在古人的著作中，他最喜《紅樓夢》，刻有一顆圖章：「一生低首拜樓」。當時他請我在《留東外史》上加眉批，我也就寫了一些所謂眉批在上面。

不過，我那時的看法，完全等於隔簾看明月，並不十分真切，現在回想起來就不免自悔徒然耗費工夫做種無益的蠢事。他在《留東外史》上的署名是「不肖生」，而在其他著述上的署名則為向逵或向愷然。他的情婦章石屏，是有名的革命女性，鴉片癮極大，不亞於他。他一枝筆挑不起兩張吃鴉片的嘴，這就使章石屏不能不另謀高就。當章石屏不別而去時，他在大世界一個測字攤上問休咎，拈得一個「格」字，測字先生告訴他：「不管他問的什麼事，總是吉少凶多。因為『格』字的一邊是『木』，像斷橋，另一邊是『各』，像絕路，你所問的事，已經橋斷路絕。」他先還疑信參半，後來從各方面打聽的結果，知道章石屏已與一位海軍艦長實行同居，這才明白他和章石屏的關係，確已到了斷橋絕路的窮境。

他在和我合作期間，雖曾充分表現其過分的自私，使我也有向愷然的社會主義實在要不得的感想，但我依然很喜歡他那種不加修飾的天真。他曾和我比賽寫小字，還和我比賽作文的速度。結果，我在一行八英寸長的紙上，寫了一百六十五字，他只能寫一百四十幾字，在一小時內聯想帶寫能夠寫就一千五百字的短篇小說，他卻寫不到一千。但他總不肯認輸，說要再舉行兩三次比賽，須能連續領先，才算得能手。那種不服輸的神情，使我為之失笑。

我在和向愷然比賽寫小字和作文時，成舍我都沒有參加。他能袖手旁觀，不置身這種比賽場中。使我感到驚異，因他的年齡比我小，比向愷然更小，似乎不應該如此老成持重。

無政府主義的幼稚病

民國六年，是《中華新報》和《時事新報》筆戰次數最多的一年。當時《中華新報》出馬的人物是吳稚老，《時事新報》方面則為張君勱。本來《時事新報》總主筆是林寒碧，不幸林寒碧在六年春天，死於一英人自駕汽車的輪下，於是研究系便聘這位通曉六國語文的張君勱，主持《時事新報》筆政。他進《時事新報》的時候，正是總統黎元洪和總理段祺瑞為府院職權爭持最烈的時候，府院之爭。最後因段祺瑞罷免內務總長孫洪伊，黎元洪又罷免段祺瑞，演成了很尷尬的局面。此時研究系站在段祺瑞的方面，民黨站在黎黃陂方面。接著督軍團出來干政脅迫，黎黃陂解散國會，張勳乘機演了一幕擁溥儀復辟復辟的醜劇，段則出而討張，竊再造共和之名，行另組偽府之實，研究系領袖梁啟超入閣做了財政總長，林長民也做了司法總長，因而張君勱只好站到段祺瑞的一方。但另一方面，民黨的孫洪伊，已被段祺瑞擠出內閣，新恢復國會業被解散，依法繼任總統的黎黃陂又遭無形監禁，中山先生也已赴粵高揭護法之幟，並在九月十日就海陸軍大元帥，就職宣言中，痛詆段祺瑞為當道的「權奸」，指出段的罪狀是「帝孽縱而不治，元勳抑而不用，怏怏之威，上陵元首，詐取之謀，南暨吳蜀；侵約法宣戰媾和之權，辱國會神聖之地。既被罷黜，嗾賊興戎，以肇解散國會之禍」。同時更指段對於黎黃陂，有「數遣狙擊，逼迫臥寢，糾合無賴，劫奪印璽，以自成偽政府」情事，吳稚老是站在中山先生這一邊的，他的論調天然要和中山先的主張相呼應，不能不與研究系袒段的論調相衝突，因此，稚老和張君勱便在兩張報紙上，打起了筆墨官司。

稚老和張君勱的筆墨官司，最初還只是用笑裡藏刀的辭令來打，但在梁啟超入閣做財政總長之後，雙方就乾脆動了舌劍唇槍。在雙方將動舌劍唇槍時，稚老首先對張君勱，開了一槍。他因梁啟超出任財政總長消息，各報均予刊登，《時事新報》單獨留中不發，便寫一段短評，斥為「造謠」。他說：報紙報導新聞的最高原則，是真實；最應避免的惡德，是造謠。造謠，有兩方面：一方是變無作有，另一方是變有為無。變無作有，是造謠。變有為無，也是造謠。現在梁啟超出任財長消息，各報皆有，《時事新報》何以獨無？這就可見，《時事新報》是想封鎖這消息。所以，《時事新報》的不發梁啟超做財政總長的新聞，就是《時事新報》的造謠。

繼第一槍之後，稚老因兩、三月以前的張君勱，曾把一個大刀英雄張辮帥，描成了治軍嚴明、自奉儉約、起居有節、待人誠懇的傑出人物，但在張勳擁戴溥儀復辟之後，就又把張勳看做一個食化古不化，時代落伍的頑固武人。同時，張君勱對於張勳復辟前北平的府院黎段之爭，也曾說過同情黎黃陂、不滿段祺瑞的話，但在梁啟超、林長民都做了總長之後，卻變了論調，倒向支持段氏的一方，稚老便乘張君勱這個弱點，把張君勱前後自相矛盾的文字，摘下幾十條排比起來，來證明今日的張君勱已與昨日的張君勱挑戰，這就使前後出言不一致的張君勱，吃了一點小虧。

在稚老和張君勱展開筆戰時，《中華新報》副刊雖也有少許配合作戰的文字，但多半都是讀者投稿，我幾乎是連一篇配合的文字都不寫，倒是稚老寫了幾篇短稿來配合自己的評論。

我當時對於政治問題，很少興趣，對於改良社會，卻具極濃厚的興趣。我曾發願，竭我的微力，來做改良社會的工作。除抨擊娼妓制度、婢女制度及納妾、吃鴉片的惡習外，還主張破除迷信。但對於破除迷信這件事，曾松翹就有不同的意見。他反對我的無鬼論，反對薄葬儉祭，尤其反對不焚化紙錢。他說：「焚化紙錢，花費不多，縱是費，也無關國計民生，萬一天地間確有鬼神，鬼神也需要紙錢，我們若不焚，我們祖宗天之靈，豈不失去子孫應有的供應？」他斷言：「焚化紙錢，是仁人孝子的用心，決不宜廢。」

除曾松翹反對無神論，反對不焚化紙錢外，還有若干好事的讀者，也致函報社表示其對於蓄婢、納妾的意見，他們大抵都站在贊成蓄婢、納妾的一方。他們說：蓄婢、納妾習慣所以能夠延長幾千年不受淘汰，自然是有其可以存在的理由，而最大理由之一，則在於窮人自願把女兒給人做小星和婢女，來換取自己和女兒的生存。我們如果禁止蓄婢、納妾，豈不等於不許窮人生存？

同時，對於廢娼的主張，也照樣有人反對。其反對的出發點，也是窮人生存的問題。反對廢娼人們的口頭禪是：要廢娼妓，應在想好善後辦法之後，否則無異置娼妓於死地。

最初，我沒有想到，社會每一種制度、習慣的形成，都和人類的求生有關，所以在下筆時，總是馳騖理想，不去深考其來踪去跡。到得一些好事者提出窮人生存問題作為蓄婢、納妾、賣娼等習慣所以形成的原因以後，我便不能不從另一角度來尋覓那些問題的癥結所在。

我在從另一角度來看社會上許多不合理現象之後，一方是使自己為改良社會而努力的一顆心，冷了半截，另一方則又使已經灰冷的政治革命熱恢復了癸丑討袁以前的原狀。

為什麼已經灰冷的政治革命熱會恢復到癸丑討袁以前的原狀？原因很簡單：此時我已深知，要改革不合理的社會現象，非經過一次政治大革命不可。只有實行政治大革命，才能夠消滅社會上貧富懸殊的現象，才能夠建立一個「老有所終，壯有所用、幼有所長，矜寡孤獨廢疾者皆有所養」的大同社會。大同社會能建立，則娼妓問題蓄婢問題，便不難迎刃而解。

不過，此時我雖深知非經過政治革命不能到達改造社會的目的，但還是不肯入黨，儘管朋友幾乎無一不足黨員，也無一不勸我重辦一次入黨手續，我總只有一句話：「我不想做官，何必入黨！」

同時，我受吳稚老影響頗深，對於稚老所選擇的無政府主義，也漸感興趣。稚老經常贊美無政府主義是人道主義、社會主義的結晶，使我多少也相信，無政府主義實現之日，就將是一切痛苦人類大解放之時，到得彼時，大家就可以「各盡所能，各取所需」，過著日出而作，日入而息，無憂無慮，不忮不求的生活。因此，我也為了人道主義，不坐人力車；為著不浪費社會的物資，逐漸減少紙煙和酒的消費量。並曾一度戒過半個月的紙煙。我自以為如此尊重人道，珍惜物力，應該不愧是一個升堂入室的無政府主義者。但在經過幾次和朋友辯論之後，就又發覺自己這樣不坐人力車、不多飲酒、吸煙的做法，並不能解決社會的任何問題。因人力車伕的人道決不因一、二人的不坐而受尊重，社會物資也決不因一、二人的節約煙酒而頓呈豐富，我之追隨稚老不坐人力車，並逐漸減少煙酒的消耗量，則不過是嚮往無政府主義人士所表現的一種幼稚病而已。

可是，我雖已經自知那種煦煦為仁的不坐人力車，有點近於刻苦自制的減少飲酒吸煙，都只是嚮往無政府主義人士所表現的一種幼稚病，但仍嚴自約束，力矯過去雖近路亦必乘車和儘量恣飲不辭一醉的習慣。因為我一方雖知道少數人煦煦為仁的人道主義，慳慳自守的節約主義，決不足以促成社會的全面改造，但在另一方，我也相信泰山不讓土壤，故能成其高，江河不擇細流，故能就其大，社會是人的累積，必有立志改造社會的人，社會才有改造的可能性，如果人人皆以重視人道，珍惜物力的實踐為無足輕重，不肯努力奉行，則社會便將永無改造的希望。現在我既有志改造社會，我便應該先從改造自己做起，不應該因為別人笑我害幼稚病而放棄其重視人道，珍惜物力的觀點。

一 住四年的客廳

我和成舍我、向愷然合作賣文的局面，是五年年底結束的。此時成舍我做了《民國日報》副刊的編輯，已搬進報館，我也權以三馬路的孟淵旅社為住所，不想再租屋居住。向愷然雖另租一所房屋，等待章石屏的回心轉意，但章石屏的消息，卻杳如黃鶴。

合作賣文局面的不能繼續維持，是向愷然的緣故。向愷然除卻替《中華新報》寫稿外，還替民權出版部寫一部《留東外史》，收入儘管不算豐厚，但如果少吃一點鴉片，衣食住總還不成問題。因當時每月收入五十元的人，普通都足夠一家三、四口的衣食住，還可僱一個女傭洗衣燒飯。向愷然替《中華新報》寫稿，每月最少可得三十元，替民權出版部寫《留東外史》，千字酬金一元半，月寫五萬字可得七十五元，合計月入實在百元以上。但他的所有收入，百分之九十，買鴉片，百分之十，作零用，房租家具租，柴米油鹽，卻完全不管。有時為著鴉片，還要我去設法。我實不勝其擾。故在成舍我搬進《民國日報》去住後約一個月，我也就暫以孟淵旅社為住所，結束了合作賣文的生活。

在我搬到孟淵旅社時，狼狽情形，非言語所能形容。因為那時我已沒有錢應付日用，但搬進旅社之後，卻更時時要錢，處處要錢，已經減去一半的《中華新報》薪水，又非到月底不能支取，這就使我變成了涸轍裡的一條鮒魚。

陳白盧先生知道這情形之後，立刻邀我搬到他家裡去住，還替我代付幾元的旅社費，於是我就住到長濱路（後改福煦路）富康里的陳家。

富康里陳家，是一所一樓一底的房屋。樓上一臥房，一亭子間，臥房後還有一個可放下一張床的地方。樓下是一間客廳，廳後樓梯間，又分為二，一為床位，二為所謂馬桶間，再後面就是廚房。陳白盧和他的上海太太，住樓上臥房，他的長子輝漢住亭子間，女兒瑞香住臥房後面，他上海太太的母親住樓梯間，剩下的客廳，就是我的住所。這比起我過去所住房屋都狹隘得多，過去我和成舍我、向愷然同住時，房間總是有剩的。當我們住在民厚里時，是一所兩樓兩底再加一個過街樓的房子，因為三個人都住在樓上，樓下只有一個傭人住在統廂房，結果才租來兩天的客堂家具，竟被小偷完全搬去。後來住在南洋橋時，也因為屋大人少，小偷白晝進廚房，把所有炊具碗碟都偷去，害得我們當天無法舉炊，只好買麵來吃，到得晚上買好炊具碗碟，早晨買來的菜，都已發臭，只好丟進垃圾箱，我過去住較大的房間，現在改住陳家客廳，已有侷促之感，加上這客廳除卻供應接賓客之用外，還要用作飯廳，這就使我更感不便，所以，我搬進陳家後幾天，就又作遷移的打算。

不過，我搬到陳家後幾天，雖曾不止一次打算再搬，但結果卻終於沒有再搬，一住就住了差不多四年，直到我出國赴日為止，沒有離過陳家。

一個朋友的家，能一住就是四年，並不是太容易的事。這是由於彼此都有一顆忠恕的心，在受托時，能忠於所托，在對方有過失時，能設身處地恕其過失之非出於故意，並且彼此的忠恕，都是歷久不懈的忠恕，所以我和陳白虛及其家人的友誼，能受長達四年時間的考驗而絲毫無損。

富康里陳家的四年時間，對我有相當重大的意義。第一，陳白虛的若干朋友也成為我的朋友；第二，陳白虛上海夫人的姪女陸祥貞，成為我的終身伴侶；第三，以前我幾乎是盲目的反佛教，後來在陳家看了不少佛家經典，便添了許多反佛教的新理由。

因住在陳家而認識的朋友中，大力士丁軫，給我的印象最深。丁軫號季衡，是一個生於河北的基督教徒，英語說得很流利，身體又高又大，健飯，善飲，精少林拳，能平伸兩手，容兩人鎚其指，而全臂及手均不稍屈。平日待人接物，遜讓有加；人力車夫因其體重在二百磅以上，又非常和善，多半途強要加價，如不允所請，即半途停車；我遇到這種事情，總是憤不可遏，但丁季衡則一笑置之。我說：「你怕打架麼？」他說：「是的，我最怕打架。因為我不出手便罷，一出手，便要傷人，所以，我最怕自己忍不住而出手。」但他平日雖極忍讓的能事，到了該拔刀相助的時節，卻又很慷慨的挺身而出，毫不躊躇。七年冬天，谷鍾秀開除了陳白虛的《中華新報》社社籍，他問陳白虛：「社章是否有社長可以開除社員社籍的規定？」陳白虛答：「無此規定。」並且告訴他：「谷鍾秀這一種手法，大約是從柳亞子學來的，因柳亞子新近才用南社書記名義，開除成舍我的南社社籍。」他又問陳白虛：「你的意思怎樣？」因陳白虛希望能夠阻止《中華新報》出報，他立刻拍拍胸膛說：「這個交給我好了。」便和我同往報館。報館似乎也預知陳白虛或者會去館中搗亂，早已請了七、八個法租界捕房巡捕在社裡，以備萬一。但他卻若無其事的和我繞行全社兩週，並告訴排字房工友：「你們如果不停工，我將把排字房打得粉碎。」然後，才坐在經理室吃茶、菸，直到午夜一時許，看見排字房機器房都沒有動靜，以為《中華新報》明天將無法出版，這才和我同時離館。離館時，七、八個法捕房巡捕都目送其行，只有一個巡捕遠遠地跟著走，他在走到他所住的重慶路口時，故意和我說：「你應該記住我這裡的門牌是×××號。」事實上他是說給法捕房巡捕聽的。這時，他的年紀差不多已超過了五十歲，但看樣子卻像一個不到四十歲的人。他也是同盟會會員中最忠於中山先生的一分子，八年奉命北上，做聯絡北方覺悟軍人工作，到十三年春天為其友人所賣，死於北平近郊。我十二年年底訪他於北平西直門外時，他還很愉快健康，但在十三年四月重到北平時，他卻已經為革命而犧牲了。

第二個給我印象較深的人，要數趙南公。他是上海泰東書局的主人，以印行介紹新知識的書刊露頭角，但他沒有一定的方針，今天喜歡無政府主義的書籍，明日卻喜歡共產主義的書籍，早晨才決定發行一兩部較大規模的新叢書，晚上卻又走上以標點舊書為主要營業的路，這就使他的書局不易順利進展。他除卻沒有一定主張外，其另一弱點，為用人無計畫，辦事無條理。他從八年年底起，就成立了編輯所，先後請了十幾位編輯，然沒有一個編輯有固定的薪水。這種沒有固定收入的編輯，是沒有人願意做的，所以編輯所中的編輯，除卻別有企圖的人如郭沫若之流以外，幾乎沒有做過半年還不脫離的。編輯不能久留，編輯所便不會有重心，更談不到什麼編輯大計，這也是泰東書局後來終於失敗的一因。此外，他自己用錢既沒有預算，也沒有標準，家裡的人又隨時都可到賬房間取錢，這在生意好的時期，雖無問題，在生意走下坡路時，便常常使書局陷於周轉不靈、信用喪失的窮境。民國十六年，他想乘機出來做官，共產黨推他做上海市公安局局長時，國民黨已經決計清黨了，但他卻依然宣布就職，此後並大舉發行鼓吹共產主義的書籍，因而受上海市黨部的查禁，有好幾部新印的書，還付諸一炬，泰東書局從此也就走到下坡路。在泰東書局走到下坡路後五、六年，雙間店面，只剩了半間，每日收入還是不敷支出，結果到二十三年，連半間都頂給別人，他自己也在十分窮困中逝世。我在民國八、九年之交，曾和他合作，發行《新人月刊》九期，《湖南自治論文集》一冊，十三年初，又將所著《蔓蘿姑娘》劇本，《狗史》小說交他刊行。這一年三月初我結婚時還用一枚銅幣，向他租用禮和里六號的樓房作新房。

盧家兄弟

陳白虛的若干朋友中間，盧家兄弟是應該特寫的人物。這裡所說的盧家兄弟，就是盧師諦、盧師諶兩先生。

盧師諦，號錫卿，行六，朋輩呼之為六爺，其弟師諶，字燮卿，行七，朋輩呼之為七爺或老七。兩兄弟都是民國成立前五、六年的留日學生，也都是同盟會東京總會的會員。他們忠於中山先生和中山先生的三民主義，但都帶一點浪漫的英雄主義的色彩。錫卿有些地方很像李烈鈞（協和）、方聲濤（韻松），欲以一身兼任開國將相兩職，然又缺乏組織和訓練群眾的能力；能詩、能文，顧幾無一足傳之作，學仙、學佛，卻不曾灰功名之心，鴉片癮之深，與李烈鈞、方聲濤相等，其不能以紀律繩所部士卒，亦相等。

中山先生是很賞識錫卿的，在武昌起義之前，就已委以規復四川的重任，癸丑討袁之役，也要他協同布置四川的軍事，民國六年大元帥府成立後，又任命他做第四軍軍長，後來他雖因第四軍參謀長××，乘他離川赴粵期內，煽動部隊，宣布和他脫離關係，使他變成光棍軍長，不能回川，但中山先生深知四軍的叛離，係受桂系武人的引誘，故對他的信任仍不稍衰，而在十三年北上時，且特委以團結黨中反共同志及聯絡國民第二（胡景翼）、第三（孫岳）兩軍的重任。當時，中山先生原已派汪兆銘在平組織辦事處，其所以另派盧氏入平團結反共同志，並赴鄂豫聯絡國民第二、第三兩軍，當然就是要盧氏負監視汪氏的責任。汪因此大恚，故在中山先生逝世後數日，即用隨員辦事處名義，發表新聞，謂辦事處早已開列應受招待名單，名在單中者，雖受招待，但亦無浪費情事，名不在單中者，即非隨員，非隨員倘有浪費情事，其責任自不在本辦事處云云，意在否認盧氏的隨員資格，使段祺瑞停止招待盧氏。幸而盧氏抵平日期甚早，名雖不在辦事處所列單中，然中山先生逝世前並不否認其為隨員，因此，汪欲使段祺瑞停止招待盧氏之計遂不售，直至盧氏於十四年夏末南下，段始停止其招待。

但盧氏雖未因汪兆銘的忌嫉，而稍受損失，然其執行中山先生所賦予的使命，則殊無成就可言。其所以無成就，是由於鴉片癮太大，又好作北里遊，沒有充分時間可以執行中山先生所付托的任務。他自中山先生逝世起，變成一個專門吃鴉片、逛八大胡同的人。每日非過午不起床，起床的第一課就是吃鴉片，吃足鴉片，才進早點，用過早點，又吃鴉片；一面吃，一面和朋友閒談，所談多半是品題八大胡同妓女的環肥燕瘦，偶亦談到書畫金石，極少涉及政治。談到天黑，赴宴去了，飲到九、十時，再回旅館，吃鴉片，整容，然後前往八大胡同，要妓女裝鴉片吃，起碼吃到三點鐘以後，才再回旅館睡眠。因此，他在北平期間，最接近的人，不是為著共產黨的已滲入青年層而憂心如搗的同志，只是陪他吃鴉片、飲酒的清客和他所喜歡的妓女。

在盧氏清客中，最像清客的清客，首推徐堪。徐氏當時年近三十，最好修飾，面上沒有一天不傅粉，身上沒有一件衣不噴香水。他走到那裡、粉香衣香就留在那裡。在盧氏的房邊，他是常客。他手裡老是捏著兩個鐵啞鈴，一面滾啞鈴，一面和盧氏談北里新聞，或梨園韻事，有時還做一兩首詩投到報館，刊出後，就剪下來給盧氏看，用以表示自己的能詩。同時他也能吃少量的鴉片，並且每晚都有時間陪盧氏走八大胡同。有一晚，我和陳芷町（方）同往訪盧，這位徐公，正在對鏡傅粉，粉香撲鼻，令人不信此室不是什麼女史的香閨。後來盧氏逝世，這位傅粉徐公不再擦滿面的粉，不再噴滿身的香水，並且做了抗戰期間的糧食部長。我覺得很好笑。我笑此公真懂得「時宜」兩個字。此公在要陪盧氏逛八大胡同時，會成為傅粉何郎，到得抗戰軍興，會一洗鉛華，免招物議，可見他對於每一時期的官場風氣，都曾下過揣摩的工夫。

盧氏北上抵北平時，陳白虛函告陳芷町和我，說他所負使命，非常重大，希望能在新聞宣傳方面，予以助力。不過，芷町和我對於盧氏，的確是有愛莫能助之感。因為芷町當時是楊永泰最賞識的一個能文能書能辦最漂亮公文的得力助手，有許多普通祕書科長辦不了的事都交給芷町，使芷町成為忙人，加上盧氏日常秩序是那麼與眾不同，這就使芷町無法和他詳談宣傳計畫，也無法瞭解他所真正需要宣傳的內容是怎樣，自然有愛莫能助之感。另一方面，十四年的我，也是忙人之一，上午要編龔德柏所發行的《大同晚報》副刊，編好副刊，進早餐，到菜市場買菜，回到家裡，打個電話向朋友問有無新聞，如果有新聞，還要用下筆千言的速度，寫一篇通信給上海陳無我的《世界新聞社》，或是上海的《申報》，在沒有什麼可寫的新聞時，便寫信給朋友或是回朋友的信。放下筆桿，抱一抱當年正月才出世的長女，才算上完上半日的日課。吃過午飯，立刻要去編《中美晚報》。由不到一時開始，編到三時截稿，需時雖僅兩小時有奇，然其緊張情形，則殊非目下任何編輯人所能了解。因在兩小時有奇中間，所謂總編輯也者，要把一張四開紙的新聞編好，這並不難，難在一版新聞，全從電話中來，所謂總編輯也者，必須左手執話筒、右手寫新聞稿，邊寫邊發，寫完發完，有時還要寫一篇三、四百字的小評，來湊篇幅。為什麼新聞全從電話中來？是因為當時各機關都只公布新聞，不發新聞稿，記者不是抄寫後送到報館，就是把公布新聞的內容用電話傳到報館，但為了爭取時間，仍以用電話傳達為省時，所以各晚報便全用電話傳遞新聞。這一來，各晚報的總編輯，也就非左手執話筒右手執筆不可。所以，這個兩小時有奇的時間，幾乎沒有一秒鐘可以耽延，並且必須眼最明、耳最聰、手最快、思想最敏捷的人，才不會誤事。當時勝任這工作的新聞記者中，以我所知，就只有龔德柏、成舍我和我這三個寶貝。晚報出了版，接下去再編《中美通訊社》社稿，編一半回家進晚餐，吃過晚餐，再去工作約一小時半，發完新聞稿，一天課程才算完畢。工作完了，自己有了時間，這才能夠偕內子同到中央公園喝一杯茶，或是同去陳芷町老丈人的家裡，打八圈麻將。因此，我也很少和錫卿先生閒談任何事情，對於代做宣傳工作這件事，更是不知從何說起。

盧氏因為自己生活秩序紊亂，有負中山先生付託，雖令人不無遺憾，但當時共產黨及其同路人所造成的形勢，似亦足使盧氏更傾於頹廢的一方，共產黨及其同路人、最惡毒手段之一，就是利用那些所謂德高望重的元老，做共產黨的開路先鋒。共產黨及其同路人，對於普通反共的人，不是指為頑固軍閥的走狗，便是指為帝國主義的走狗，造成一種使人不敢以反共自居的形勢，然後再用分化離間的手段，去分化離間國民黨中德高望重的人物，擁護其中可利用的一部分，來打擊其餘的部分。當時受其擁護者，除汪兆銘外，還有吳稚老。汪兆銘是反覆無常的小人，今姑不具論，惟絕頂聰明的吳稚老，當時卻也因共產黨及其同路人的恭維，竟以共產黨的保護人自居，我卻不能不表示惋惜的意思。因汪兆銘既自居左派於前，吳稚老又公然袒共於後，這就足使向來不講組織又拙於宣傳的盧錫卿們，不能不感覺袒共確是大勢所趨，並且承認雖有大力，亦殊難挽此既倒的狂瀾。所以，盧氏生活之趨於頹廢，多少總和共產黨及其同路人所造成的使人不敢以反共人物自居的形勢有關。

錫卿介弟燮卿，是多才多藝的人物。對於三流九教引人入勝的祕訣，都懂得一點。他學仙、學佛、信鬼神，還學會江湖醫生的幾套醫術。就中最神效的一套，是符水醫毒疔。凡生毒疔，痛苦難忍者，只要接受他的符水一飲而盡，痛立止，逾兩三日疔亦痊癒。

燮卿又有所謂翳眼術，能在眾目睽睽中，突失踪影。我是不信這一套的，但也不能不說他確擅此術。我在民國七年夏天的一個早晨，偕陳白虛先生長子陳煇漢，由上海南站與燮卿同行，將往南成都路口的長濱路陳家，令燮卿先行，而注視之，但頃刻間，兩人均不見燮卿踪影，急趨長濱路陳家，則燮卿已先在，我和陳煇漢就只好承認自己目力，實有問題。

有一個時期，燮卿不知從什麼地方弄到一張所謂太上老君的畫像，掛在陳白虛客廳左邊的壁上，遍告友人，說此像係由某道士手繪，靈驗無比，欲修道者可拈香拜像，並認本人為傳道師兄，此後欲問休咎，太上老君必就所問作答。陳白虛同鄉吳晰文，最初聽燮卿的話，拈香拜像，並拜燮卿為傳道師兄，但經過兩三月，信念起了動搖，因燮卿曾戒以不得腹誹，倘有腹誹情事，必遭責罰，他不信太上老君真能灼見人的肺肝，也真能予人以如響斯應的責罰，遂乘燮卿舉行朔望誦經式之際，私自腹誹，以覘其異，不料他腹誹未已，腹中頓起絞痛，至從坐椅滾落地上，他人見狀，均以為必係發痧或得其他急病；燮卿獨正色問吳：「今後尚敢誹謗太上老君否？」吳答道：「今後不敢了。」燮卿呼吳：「起來！」吳徐起立，腹不復痛。燮卿乃告旁觀者：「吳某腹誹太上老君，故腹痛，今已知過，太上老君恕他這一次了。」

燮卿除卻有這些神祕手段外，還能唱劇中的鬚生和日本流行歌曲。江西陳仲擊（仲子）是在日本專門學音樂的，但唱起日本歌曲，還沒有燮卿那麼美妙自然。因燮卿嗓子特佳，又極愛好歌曲，每學一曲都非到達神似最良歌人境界不肯罷休，故其抑揚頓挫處，均使人欲隨其聲而屈伸俯仰。

他的待人接物，和錫卿相同，最慷慨也最忠恕。能急人之急而不望報。民國二年，他在上海和幾位同志共度討袁失敗後的患難日子，一間樓房，住下七、八個人，地板權當睡床，在將近賣盡當光時，他發現虹口有日本當店，便將自己日文書包一大包，從霞飛路住所揹到虹口，想當一點錢，接濟大家的伙食，但日本當店卻拒絕他的當書，其拒絕的唯一理由，是恐怕書是偷來的贓物。他有勇氣揹一包書走到虹口，卻沒有力氣再揹一包書回到霞飛路寓所，在走到白渡橋時，遂棄書於蘇州河中。棄書後伙食問題仍未解決，他又往覓一四川在滬的富商，借得少許，來解除各同志絕糧的災厄。有人勸他應該離卻窮同志，自求生存；他憤然責勸者以大義，說是：「強盜還知道有福同享，有禍同當，何況我們革命黨！」

盧家兩兄弟最大的不同點是：錫卿是欲以一身兼將相，為革命黨建奇功立大業的人物，燮卿是對政治不大有興趣，但對仙佛、戲劇、歌曲等都有極濃厚興趣的奇人。

錫卿在國府奠都南京後不久，病逝於上海，其弟燮卿運兄柩回川後，即不復出。抗戰期間，我雖入川亦未遇燮卿，現在恐怕是淪陷在人間的地獄了。

第一次坐上冷板覺

民國七年，我第一次過著吃粉筆灰的生活，做了競雄女學的教師。競雄是鑑湖女俠秋瑾的別名，以競雄名校，不消說是為了紀念秋瑾。

設立競雄女校的人，是秋瑾的朋友徐自華女士，贊助人則有陳去病等數人。徐自華女士的女弟徐小淑，是林寒碧先生夫人。林寒碧及其弟林小均，在瀋陽時和我相識，到上海後，就更多往來，徐自華的幼弟徐仲華，與林小均友善，時常訪我於陳家，我也常訪他們於校中，因此，我又認識了徐自華和陳去病，結果，我遂於七年做了競雄女學的國文教師。

競雄女校。位在白克路中間，校舍是三樓三底的房屋，月租約五十元，學生人數不過百餘人，分為高級兩班，初級兩班，小學三班，高初級所用課本，均由教師自定，以國文為主課，英算為輔，所聘教師，有葉楚傖、邵力子等。我教的是高級班，但同班學生，國文程度相差極遠，有的已到達高中程度，有的卻和小學生相等。我用《昭明文選》做課本，用《史記》做參考書，每次還設法印二、三頁講義給學生。程度較高的學生雖很歡迎，程度低的學生，則茫然不知書中云何，講義中又云何，我雖舌敝唇焦，結果只贏得「殺雞用牛刀」的批評。

不過，儘管我的教書有點殺雞用牛刀，但在嘗試做群眾運動上，卻有了很好的收穫，因在民國八年五四運動發生之際，我提倡由學生自己出錢出力，來刊行學生自己的刊物，學生無不贊成，高級班學生更踴躍參加，但事實上，稿件的編輯和刪改，出版物的付印和校對，還是一一落到我的肩上，在我替學生們做好發行刊物的工作之後，全校百餘學生，無形中便承認我是學校的總指揮，故每遇學生遊行示威，學生代表總是請我帶隊，我也隱然成為一小隊學生的隊長。

當時，排日風潮，雖備極壯闊，但出來領導示威的人物，卻不甚多。就中無役不與的人，只有葉楚傖和我。葉楚傖總是揹著一面大旗，做開路先鋒，我也總是帶著百餘競雄學生緊隨其後。每次遊行請願隊伍，總是從租界分途出發，在楓林橋集中，到楓林橋時，所謂「護軍使」也者，總是派一些全武裝的士兵，擋住示威者去路，婉言勸告大家，請勿前進。示威的市民和學生，便也臨時推出代表，要求所謂「護軍使」，代達民眾反對日本繼承德國在山東權利的意思。其間雙方唇舌作戰，至少要經過一小時以上。在這一小時以上的時間中，汗流浹背的葉楚傖，和滿頭大汗的我，大抵是在楓林橋前一顆大榆樹下石階上坐憩。葉楚傖和我所以不上唇舌作戰的前線，原因很單純：葉楚傖和我都不善辭令，到唇舌作戰的前線，實無可以取勝之理。

在當年的遊行示威中，我所得到的印象，有至今還是恍如昨天所見那麼新鮮的。

使我最感動的一件事，是人心比仲夏的天氣更熱得多。各校無不阻止年幼體弱學生參加遊行，但一些年幼體弱學生卻非參加不可。那樣年幼體弱學生甚且央同家長同來學校，請求准予參加。遊行所需傳單、旗幟以至水果、點心，也在有錢出錢、有力出力之下，頃刻備就，就同心戮力為一理想而奮鬥的熱力，使上海的反日空氣達到了沸點。

葉楚傖這胖子，在盛夏，搖起筆桿會出汗，安步徐行，也會汗出如漿，但在五四運動的風潮中，卻能揹起國民大會的大旗，做學生的開路先鋒，從上海體育場，走到護軍使署所在地的楓林橋，不怕汗流浹背。

競雄女學一學生，在病中，聽說遊行有期，強起參加，我和一些同學再三切勸，均不稍動，最後我用領隊人名義和伊說：「你一定要隨隊出發，我就不做領隊人。」這位想扶病遊行的學生才含淚歸去。我所以不讓伊病遊行，理由是：我是學校教師，如果這位扶病遊行的學生，在途中遇到意外，我實無以對其家長。

當時國人一致的目標，是從日本手裡奪回前德國在山東的權利。其主要手段，則為排斥日貨。故「五四」運動，事實上係反日抗日的排斥日貨運動，也就是一種愛國救國運動，後來有人把它叫做「文化運動」，也有人把它叫做「文藝運動」，可以說都是不揣其本。

別的且不說，「五四運動」是由北京大學等校學生反對巴黎和會允許日本繼承德國在山東權利舉行的示威運動發其端，是以全國各地學生繼起排斥日貨殿其後，這裡面的含義，自然是純粹的愛國救國運動，並不是什麼「文化運動」或「文藝運動」。說到「文化運動」或「文藝運動」，則八年以前陳獨秀的發行《新青年》，與上海《時事新報》的增加「學燈」版，八年北大學生的發行「新潮」，上海《民國日報》的增加「覺悟」版，倒都是出於「文化運動」或「文藝運動」的動機。儘管做「文化運動」和「文藝運動」的人，都參加了「五四」愛國運動，參加「五四」愛國運動的青年學生，也都曾致力於愛國救國的排日運動，但我們既以當年學生為山東問題而舉行示威的「五四」，為此運動的公名，自應著重於其愛國救國排日抗日的特質，不應名以「文化運動」或「文藝運動」。

「五四」愛國運動發生之後，我發現中山先生的三民主義，已在最敏感最有力的智識青年層，發生啟蒙的作用。但大多數智識青年，似乎都不理會民族、民權、民生這三者實係不可分的一環。因此，僅感民族主義或僅感民權主義及僅感民生主義之不可一日或缺者，均不乏其人。服膺民族主義者，遂流為國家主義派，服膺民權主義者，亦自成一自由主義派，其嚮往民生主義者，則多誤入共產主義的歧途。此外，尚有民族、民權之不可分，而不知民生亦不可或缺者，有知民權、民生之不可分而不知民族不存，則民權、民生殊無所附麗者。就中尤以僅感民生主義之不可一日或缺者，佔大多數。

僅感民生主義之不可一日或缺者何以會佔大多數？理由很簡單：我們中國人，大多數都在貧不聊生中掙扎，人人都希望「老有所終，壯有所用，幼有所長，矜寡孤獨廢疾者皆有所養」的大同社會能夠實現。

智識青年除誤入共產主義的歧途之外，還有一部分是變成無政府社會主義者。那些無政府社會主義者，多半奉吳稚暉、李石曾、張繼為領袖，自命是最高級的社會革命者。他們的理論是：三民主義革命，越不過國界和政權的線，只算是初級革命；共產社會主義革命，越過了國界，但還有政權存在，故亦只算中級革命；只有無政府革命，越過了國界，也沒有了政府，才算是最高級的終極的革命。關於這一點，後來吳稚老在其〈斥《中美晚報》〉一文中，說得很明白，我準備在寫到主持北平《中美社》編務時，再寫一點來補充，今不贅。

當時的我，並不信仰無政府主義，但也多少感染一點無政府的氣味。我常把禮運中的大同盛世，和華胥氏之國，聯為一類，講給學生聽，同時，自己也很嚮往那種無君長無一切拘束的自然社會。

全國報界聯合會成立

「五四」前後約一年光景，國民黨在上海的活動中心，是八年四月十五日成立於上海的「全國報界聯合會」。這聯合會雖不是由民國六年的上海記者俱樂部蛻化而成，但上海記者俱樂部的份子，卻都是聯合會的中堅分子，我們無論如何都不能不承認聯合會與俱樂部之間，有一種極密切的關係。

記者俱樂部成立於民國六年，主要發起人是成舍我、王鈍根。加入的後來僅有《中華新報》的吳稚老、曾松翹、陳白虛和我，《民國日報》的葉楚傖、邵力子，和文藝作家王西神、劉豁公、張冥飛等二十餘人。此時上海的新聞界無形中已分為四派：《申報》、《新聞報》、《時報》為一派，《中華新報》、《民國日報》為一派，新《申報》和《時事新報》又各自成一派。《申報》、《新聞報》、《時報》以報界紳士自居，以能超越黨派卓然自立為榮耀。《中華新報》、《民國日報》都是黨人經營的報紙，在民國六年，其傾嚮雖已有急進緩進之分，但在表面上還是合作無間，又因吳稚老自稱「暴徒」，上海的英法籍流氓也把國民黨人看做暴徒，故中華、民國兩報，遂在無形中被目為「暴徒」派。新《申報》是出賣《申報》股權的席子佩所經營，意在取《申報》的地位而代之，因而《申報》、新《申報》之間隱然成為敵國，《新聞報》、《時報》亦皆採取絕對不與新《申報》合作的態度，故彼時的新《申報》，實為孤立派。《時事新報》為研究系機關，當年總主筆林寒碧死於車難，新任總編輯張嘉森和吳稚老打過幾十次官司後，吳稚老錫研究系以「流氓紳士」的嘉名，《時事新報》遂亦被呼為流氓紳士報。記者俱樂部發起人成舍我，是《民國日報》副刊編輯，王鈍根是新《申報》副刊編輯，一為「暴徒」，一為孤立派人物，故俱樂部成立之初，僅《中華新報》、《民國日報》、新《申報》三家主要份子加入，其餘各報份子均不加入，加入人數總計止有二十餘人。但加入俱樂部人數雖少，然多半都和各省報紙有連繫，在「五四」運動發生前約一個月，接近國民黨的記者，開始和各省報館連絡，表示將從事組織全國性報界聯合會的意思，希望各省報館參加發起，因廣州、長沙、漢口、昆明及平津各地報館多半表示贊同，於是「全國報界聯合會」遂在極順利的情形下面宣告誕生。

報界聯合會誕生之日為八年四月十五日，參加單位號稱五十餘報，但實到代表僅約四十人左右。代表上海《民國日報》出席的葉楚傖被推為主席。聯合會成立後的第一課題，本是如何表示對外態度，但結果卻被一位代表長沙某報的陳某，把大家的目光都引到南洋兄弟煙草公司的簡照南身上去。因陳某報告南洋兄弟煙草公司的簡照南，是日貨的最大主顧，他所製造的紙煙包裝，全是日貨，主張由聯合會通告全國各報，予以制裁，並聯絡幾位同路人，主張由會指派陳某前往南洋公司調查，如果確有其事，應即嚴加抨擊，其為有計畫的對付南洋煙草公司，實顯而易見，所以大家的注意力便都被陳某所提出的南洋煙草公司大量輸入日貨案所吸引。

在陳某提出南洋煙草公司大進日貨案時，代表廣州七十二行《商報》的吳鐵城，卻做了一件很痛快的事。他在陳某提案的那一天，是靜坐不語，但在第二天再度開會時，他卻提著一根司的克，繞場數周，然後鄭重宣布：「關於南洋煙草公司購進大宗日貨包裝事，前幾天就有人利用這題目，大做文章。他們是要敲簡照南的竹槓，志不在小。有關人物，一共四位，都是本會會員，他們寫給簡照南的信，現在存在我衣袋裡，如有必要，我願宣布他們的姓名。」他一面說，一面用司的克擊地板，表示憤怒的意思，陳某及其同路人經此打擊，面紅耳赤，坐立難安，不久即藉故離去，不復出席。鬧了兩天的南洋煙草公司大進日貨問題，才隨而無形消滅。

在陳某敲竹槓問題發生之後，我才知道，新聞界的黑暗，實有甚於其他各界，一些滿口愛國救國的記者，其貪婪無恥，則無異於貪官污吏。本來，只要提案合理，我都樂於署名贊同，但從此以後，我對於若干可能發生某些不名譽問題的提案，便一律拒絕連署。

在聯合會中，我的身分是湖南郴州《民國日報》兼雲南昆明《義聲日報》的代表，因為我是這兩報的上海特派員。我在會中只提一案：我主張運用輿論的力量來促成裁兵之舉。

葉楚傖對於我的裁兵案，不感興趣。他似乎不相信輿論能夠促進裁兵的運動。最妙的是一位姓沈的代表，居然說：「我們新聞界，管不了裁兵不裁兵的事。最好是不管。」我問他：「我們新聞界倘真的管不了軍閥們的裁兵不裁兵，那就當然也管不了他們的賣國。現在我們一方要他們不再辦喪權屏國的外交，另一方卻說我們新聞界管不了他們的裁兵不裁兵，這是什麼話？」沈先生答：「外交關係國家榮辱，為著天下興亡，匹夫有責，所以我們該管，至於裁兵不裁兵，則事屬內政，我們新聞記者不是陸海軍總長，實在不必管。」我又問他：「你既知道天下興亡，匹夫有責，現在一些軍閥，擁多兵，糜巨餉，不能衛國，徒知殘民，中間還有不惜賣國求榮的老奸巨猾，我們新聞界不管，又該由誰來管！並且我之所謂管，不過是主張由新聞界一致鼓吹裁兵，造成一有力的輿論，使那些擁兵自固、殘民以逞的軍閥，不復恣意擴軍，少做一點禍國的勾當，這難道也違反了聯合會的宗旨？」

此時他所持的反對理由，雖分明已被我駁倒，但他仍喋喋不休，指我的主張裁兵是「紙上談兵」，是「賣野人頭」，我說：「我們新聞記者，不止談兵是在紙上談，救國也在紙上救，如果紙上不能談兵，則紙上又何能救國？如果在『紙上談兵』算是『賣野人頭』，則在紙上救國豈不更是『賣野人頭？』」最後辯論到了裁兵的辦法，我告訴反對的人：我的辦法已在提案中間，辦法簡單明瞭：「移眼前無用的兵，供屯墾邊疆之用。移養兵的餉，供邊疆開墾之需。務必做到人能盡其才，地能盡其利。」

在辯論中，我是勝利的，但主席葉楚傖不知何故，卻不付表決，僅宣布「本案當分送各報供參考」。我本擬堅持必須提付表決的意見，後來因為葉楚傖對我點頭微笑好像還有什麼話要說，我也就不再堅持。

我為什麼會提出這個裁兵案？是因為當時軍閥所養的兵，都等於無紀律的土匪，不僅不能保國衛民，並且優於禍國殃民，故若談救國，殆莫急於裁兵。裁兵的最好辦法，又莫過於利用所裁的兵，去屯墾邊疆，以杜外人的覬覦。

關於這一點，後來中山先生於民國十二年一月二十六日在滬招待報界席上演講詞中，有極懇切的指示。先生說：今者吾人對於救國，宜以裁兵為目標。作戰之方，當專向此進行。數月以來，北方政府迭派代表來商統一，而鄙人主張，則獨以裁兵為先。北方當局每謂非統一不能裁兵，實則不辦裁兵，則無法統一。……所以鄙人今晚奉邀諸君，即在提此作戰計畫與目標，望諸君費三個月之精神，每日特闢一版之篇幅，專作裁兵之鼓吹，或以言論，或以圖畫。萬一此兩種材料均缺乏，則即滿紙全印「裁兵」兩字亦可。

先生這演講辭，我是十三年二月才看到的。看到這演講辭那天，我第一次發現中山先生心目中的報紙宣傳，殆與軍隊作戰，同一有力。我在民國八年主張運用輿論力量，促成裁兵之舉，不止沈某笑我紙上談兵，連葉楚傖也覺得我是做一件不像新聞記者應該做的事；這雖使我感到曲高和寡的悲哀，然從民國八年起，國內要求裁兵的聲浪，便逐漸高漲，到得十二年，連中山先生也想把握這民意所趨的問題，作為解決國是的一個前提，於是乎一些無紀律可言的兵，在國人心目中，在新聞記者的筆下，就都成為可憎的洪水猛獸，提起裁兵，除北方軍閥外，幾乎是人同此心，沒有例外。

在報界聯合會中，我的裁兵案，雖變成所謂「參考資料」，不曾發生喚起輿論的效果，但在其他方面，卻有極顯著的成功，最成功的一點，是造成了極濃厚的排日空氣和極強烈的唾棄親日政權的風潮。後來徐世昌、黎元洪、曹錕、段祺瑞的政權，都遇到命令不出北平都門，威信無法建立的命運，可以說就是受了報界一致抨擊的結果。

聯合會的會員，最初雖不過五十餘，後來逐漸增加到了八十餘，惟《申報》、《新聞報》、《時報》，則直到第一屆大會閉幕為止，始終不曾參加。

新人社的成立

八年年底，是孫伯蘭先生被部分同志捧到半天高的時候。那些擁護伯蘭先生的同志，有一種奇妙的想法，以為無論如何，革命的能否成功，總是取決於實力的多少，論實力則曹錕、吳佩孚、孫傳芳輩，確是實力派，但能利用曹吳輩實力的人，是伯蘭先生，所以伯蘭先生實在是領導北方實力派最理想的人物。

在擁護伯蘭先生的分子中間，李一峰是主要分子之一。他在北方某軍閥的支持下，替伯蘭先生辦了一個叫做《正報》的機關報。

《正報》編輯部設於法租界同善里一所雙開間房屋樓下前廂房，樓上則為孫氏清客周四維（用吾）、李鳳亭、光昇（明甫）的住所。不斷往來其間者，則有謝遠涵（敬虛）、康季遙、陳伯簡這些人。《正報》出版時，李一峰先拖周用吾、李鳳亭來幫忙，因為我和周、李二氏，經常在一起談天，一峰就連帶拉我寫短評。當時我只做郴州《民國日報》和昆明《義聲日報》的駐滬通信員，每週最多寫三千字的通信，少則只寫二千五、六百字，所需時間最多是半日。其餘時間，不是看書報，便是談天，晚上多半是就周、李住所共飲，飲罷，提起筆來，高興寫什麼便寫什麼，倒也非常稱心。

當時的我，是最崇拜人道主義的，遇到和人道主義牴觸的事，總要作一次不平之鳴，恰巧有一天，有人告訴我：戴季陶先生家裡還有一個婢女，而且受到虐待。我立刻寫了一段為被虐待婢女向戴先生請命的短評，希望發行《星期評論》、鼓吹解放婦女的戴先生，以身作則，立即解放那個婢女。寫了這段短評，我告訴李一峰：今日之事爾為政，可登便登，不可登便擲字紙簍，我都沒有話說，但登出之後，戴家如要求更正，或另寫一文來沖淡這短評的意義，我可不答應。因為戴家之有婢，是千真萬確的事，其未能善遇婢女，亦是鄰居共聞共見的事實。

李一峰看完稿，很興奮的說：你放心，為了正義，為了人道，我們應該站在被虐待婢女的一邊，縱令戴家閱報不高興，我也不接受他的更正。他說完這句話，再把原稿看一次，就發下去。

第二天下午，戴季陶的幹部擁到同善里《正報》編輯部，要求李一峰更正戴家蓄婢的說法。他們說：戴季陶不蓄婢，現在的婢是季陶嫂氏所蓄，嫂氏亦無不善遇婢女的情事，故《正報》小評中的批評，可說是完全錯誤，應予鄭重更正。他們由下午七時，坐到十時半還不去，李一峰只好答應更正。李一峰答應更正之後，我從樓上走到樓下，看情形心裡已有數，再問李一峰「是否已經答應戴家的要求？」李一峰面有慚色，再三說：「請你原諒。」一面半開玩笑半認真的跪在我面前說道：「我向你下跪了，如果你不能原諒，我就長跪在這裡。」此時我雖感覺啼笑皆非，不能不先把他攙起來，但一股從內心發出來的憤怒，卻使我決定了兩個步驟：第一，是從此不再替《正報》寫稿；第二，我必須自己發行一種刊物，然後才有發言的權利。

因為想發行刊物，我決定組織一個團體。我邀陳白虛、趙南公、王靖、張靜廬、吳芳吉、孫寒冰等十餘人，討論團體的名稱和宗旨，結果，決定團體的名稱為新人社，以擁護正義公理為宗旨，反對一切違反人道的制度，努力實現一個沒有奴婢，沒有娼妓，沒有中間剝削，也沒有貧富懸殊的理想社會。我們首先努力的目標，是從事廢婢廢娼運動。

社員一律平等，不設社長或書記等職，遇事推委員若干人辦理。經費以社員自動捐款允之，不收固定社費。

新人社主要的事業，是發行定期及不定期刊物，來鼓吹我們那種近似烏托邦的理想。

第一種定期刊是《新人月刊》，由我擔任編輯，趙南公擔任發行，創刊號費用由我籌措，稿件由社員無條件供應。創刊號發行的收入是否足敷續刊第二期之用，屆時當再開會磋商，但原則上，第二期費用倘有不敷情事，不再完全由我負擔。

為了創刊《新人月刊》，我付出了一百二十元的銀元。在這一百二十元中間，一百元是盧師諦寄給我過年的，二十元是郴州《民國日報》一經月的通信費。

盧師諦為什麼寄錢給我？這是當時同志愛的表現。當時同志之間，多情親如兄弟手足，比較富裕的黨人，逢年遇節，無不酌贈貧乏同志以金錢，用以表現其願與各同志同甘共苦的精神；盧錫卿時方任第四軍軍長，其介弟燮卿亦在軍次，因為知道我已脫離《中華新報》，陷於半失業狀態，所以特從四川匯寄百元給我過年。不過，「五四」運動以前的我，雖是一個浪費的人，「五四」以後，卻走上節約的路。「五四」以後，我不赴要出三元座位費的牌局，不儘量飲酒，不為衣服的美觀而耗過多的金錢，因此，我在八年雖僅餘雲南《義聲報》和郴州《國民日報》的通信報酬，倒也並不十分艱窘，盧錫卿寄來的錢，我雖心感無已，然卻沒有把他用到所謂過年上面，而是把他用作《新人月刊》創刊號的印刷紙張費。

《新人月刊》第一期上面，我對戴季陶蓄婢一事，有所指摘，同時對於李一峰的接受戴氏更正稿，也發了牢騷。這在今天想起來，雖不免自笑其所為直係理想主義者的幼稚病，但在當時卻也贏得許多新人讀者的同情。我前後收到五十幾封讀者的信，都勉我再接再厲，為發婢而奮鬥，務必達成最後的目標。

社員中除陳白虛、趙南公兩人年事較長，其參加新人社純出於逢場作戲的心裡外，剩下年輕小伙子，都很認真的從事研究改造社會的途徑。因為時代風潮鼓舞了所有智識青年的熱情和勇氣，凡是感情熱烈的智識青年，無不引改造社會為己任，並且相信改造社會決不是很困難的事情，新人社的宗旨，既在於實現一個沒有奴婢、沒有娼妓、沒有中間剝削、也沒有貧富懸殊的理想社會，加入新人社的青年社員就當然都願為這理想而作最大的努力。

新人社成立於九年新春，《新人月刊》則在二月初始發行創刊號。創刊號發行成績不惡，三千本完全賣完，我算算成本，認為泰東書局已有錢可賺，但書局的人卻不承認。他們說：月刊一本售價一角，成本是四分，雖似乎是賺錢，但定價一角的刊物，批發價僅六分，結賬時還要打一個九扣，實收是五分四厘，此外還要付出廣告費，包裝費和郵費，最後又要承認一筆由三厘到五厘不等的所謂「呆賬」的損失，所以成本四分的書刊，一版賣不完，固必蝕本，一版賣得完，也不會賺錢。我說：既不會賺錢，為什麼要發行？他們說：發行雜誌都是無錢可賺的，所以要發行這些無錢可賺的雜誌，目的不在賺錢，在於引人到店裡，假如十人到店裡就有一人買一、兩本能夠賺錢的書，書局發行雜誌的目的也就算是達到了。

不過，《新人月刊》雖不賺錢，卻也沒有蝕本，因此，月刊的繼續發行，便不成問題。可是，繼續發行的問題雖告解決，而將如何使這月刊對於改造社會能有較大貢獻的問題，卻又不能不予以解決。

最初，我是贊成以無所不談為編輯方針，但在創刊號出版之後，就又感覺，無所不談不是好辦法，最好是能限定範圍來談，以便集中力量去做。結果，決定從第二期起，改用專題研究辦法來補救無所不談的缺點。因無所不談實等於一無所談，我們與其作漫無歸宿的無所不談，自不如選定幾個重要問題來談的有用。

第二期我們原想先出蓄婢問題號，後來因為恐怕戴季陶那些人，以為我們攪什麼派系，有什麼陰謀，便又改出娼妓問題號。我們本想先討論有關娼妓的種種問題，再由此追及社會經濟分配制度，而以改造社會經濟制度、根絕娼妓來源為其歸宿點，但一時卻找不到可資參考的任何資料。不止找不到任何公私的調查和統計，也找不到過去主張廢娼者所提供的意見。最後只好自己先就上海娼妓情形，作一粗略的調查，並用純粹人道主義的觀點，來主張廢娼。

老實說，我們那時對於一切改造社會的意見，完全都是很天真、很幼稚的。我們幾乎不相信改造社會上一種根深柢固的制度，需要一度乃至若干度的流血鬥爭，甚且需要付出天文數字的生命和財產。我們更沒有想到：不想在政治舞台上扮一個角色的人，其改造社會的努力，縱不是完全白費，其所收的效果也必然是幾等於零。我們都以為：只要我們肯不斷努力鼓吹，夢裡的新人，會從天而降，夢裡的新社會，會像電影似的突然出現於眼前。

新人社的幾位社友

新人社中的幾位朋友，是至今還在我腦中留著深刻印象的。儘管這些人半已離開人世，但這些人的流風餘韻，則尚掛在若干人齒頰之間。

現在我首先要介紹的一位是吳芳吉。這位四川少年詩人，夠得上「少年老成」四個字。他十五六歲以能詩聞於鄉，十八九歲成為川人所共知的詩人。二十歲刊其《白屋詩選》，不知其為年甫弱冠一少年之作品者，多以為作者必係鬚髮皓白的老翁或已長眠地下的朽骨。因其詩蒼老、工整似少陵晚年之作，殊不類少年神采煥發、逸興遄飛的試作。

「五四」以後，他兼作白話詩，詞麗意遠，聲調鏗鏘，絕非同時少年所作〈花呵〉、〈月呀〉那種淺薄無聊的所謂新詩所可比擬，其文言詩，亦已由蒼老轉向清逸，讀其詩，頗類在紅巖碧澗中，看到秀發的春蘭。

他在著作上的署名，均為吳芳吉，惟友好多稱之為「白屋詩人」。他有潔癖，飲茶先洗杯，欲坐先拂椅；在茶樓酒肆如此，即在友好處亦如此。九年，他在長沙明德中學坐冷板凳，教國文，所發講義比大學教授所發者更贍博得多，九年八月，我到長沙掌湖南《民國日報》編務時，他成為我旅中良伴。我們差不多每日下午都要同渡湘江，攀登嶽麓，在禹王碑旁或飛來鐘下，作一小時以上的遠眺清談，等到興盡，才趁著斜陽殘照，循原路而歸。

九年年底，他的夫人由川入湘，他在長沙南門賃屋居住，並自書一聯貼門外，聯為「南國芳草地，西方美人居。」若干輕薄少年見聯，疑為私娼祕窟，多往叩門，且有糾纏多時不去者，其夫人頗有啼笑皆非之感，乃將此聯撕去。

他加入新人社時，還介紹曹靖華加入。這位曹靖華，後來聽說已經入了共產黨，但不知是否屬實。我在長沙時，僅一次和他同遊嶽麓；知道他是明德中學的教員，對於經濟學頗有研究的興趣。

曹靖華的介紹人是吳芳吉，吳芳吉的介紹人是陳芷町（陳方），陳芷町的介紹人則為陳白虛。白虛先生是芷町的族叔，六年年底芷町訪白虛先生於富康里寓所，因白虛先生的介紹，我們成為朋友。

陳芷町當時僅二十一歲，但在前兩年袁世凱開科取士時，他才十九歲，就已考取了「秀士」。他的赴考，是奉封翁之命，其時他正患咯血之疾，因不忍違父命，乃力疾赴考，並以鴉片強支其病軀，後來因此使他成為煙霞客者十餘年，直到民國十九年隨楊永泰赴漢，才戒斷了煙癮。他封翁課讀極嚴，他幼年期又極敏慧，故年近弱冠，即能文能書，為贛中名宿所稱道。他在六年年底，受上海法租界最有力聞人魏廷榮之聘，在善鐘路底魏家做家庭教師，偶作小品文，則署名「大荒齋主」。

十四年他在北平做上海《新聞報》的北平通信員，啣中山先生密命北上的盧師諦，和當時替段祺瑞籌備「善後會議」的楊永泰，都賞識他的文書才能，後楊永泰出任軍事委員會蔣委員長的主任祕書，所以硬拉他去幫忙，就是因為他有處理文書的天才。他字學右軍，極清秀，曾代楊永泰寫不少大字，武昌蛇山公園的題字，就是出自他的大手筆。他的字固好，詩文也好，後來學畫就畫得更好。他最擅畫竹，我尤愛其所畫新篁，他畫新篁，既挺秀又嫵媚，極清麗而又不失其夭矯勁拔的風姿，可以說是已畫出了臨風搖曳的新篁實態。他有肺疾，是整整四十年的宿疾，來台後不久，舊疾復發，至今年六月底，病勢沉重，幾不能起床，幸汪公紀推薦一非職業中醫張禮文，代為診治，僅二十餘日，熱退喘消，病若失，今在調養中。我覺得他的畫竹，已臻化境，縱不絕後，殆已空前，病癒之後，應多畫幾幅，留給後人。

在《新人月刊》上面發表文字較多的一位，是孫寒冰。寒冰加入新人社時，才十八歲，尚在復旦大學肄業。他因聽說我正計畫組織新人社，特來訪我，探聽詳情，我把意見說明之後，他欣然加入新人社為社員，還邀同學朱樸加入，此後每期月刊出版之前，都送譯稿由五千字到萬餘字來社，成為社裡供給稿件的基本撰述。

他的國文到了精通程度，英文也有了相當好的基礎，在十七、八歲學生隊伍中，確是很難得的選手。他決計在畢業之後，再赴美求學，家裡雖無力供給學費，然川資總還能供應，只要有川資，他的赴美就不成問題，因為他決計用勤工儉學的辦法，來完成他留美國的志願。

有志竟成，他在十二年到了美國，學費旅費大半取給於勤工。十三年他寫信給未婚妻唐小姐（唐紹儀的姪女），說明在美勤工情形，其內容如下述：我做了傭工，週薪××元，早起要整潔僱主的房間，洗碗碟，擦地板然後再把僱主待洗衣服送到洗衣店裡。美國僱主與傭工之間，除第一次接洽工時工資外，以後是幾乎彼此不再見面交談。僱主傭工之間，第一次商定工資工時和工作種類及辦法後，僱主就交一把鑰匙給傭工，要傭工每天在約定時間，用鑰匙把大門打開，入內工作，普通是先到客室、餐室、休息室去做整潔工作，接著再到寢室。傭工做整潔工作的時候，都不會碰到僱主和僱主的家人，當傭工整潔客室、餐室時，僱主一定是在臥室或休息室，傭工到了臥室或休息室，僱主就一定是在客室或餐室。待洗的碗碟和衣服，都放在一定的地方，由傭工去處理。

到週末，僱主把每週應付的工資，封在信封裡，寫上傭工的姓，放在客室棹上，待傭工自取，亦不當面交接。因此，除卻特殊例外情形，僱主傭工之間，就是終年不見面也不算稀奇。美國僱主和傭工之間，所以幾乎沒有見面機會，原因在於美國僱主對於家庭使用人，並不把他看做奴隸，傭工對於約定應做工作，也都能夠好好去做，無須他人督促。

後來，他在復大執教鞭，我們之間還有數度合作的機會。第一次是在民國二十三年到二十五年，我們合作從事「中國本位文化」運動，我們希望得到一個較好機會，讓我們能夠用較多時間來研究本國文化史的發展。如果有一所大學願意設立一個特別研究室，讓我們一面從事本國文化史的研究，一面著手本國文化史的著作，我們願將大部分時間耗在這特設研究室裡。我們的目的雖終於不能達成，但我們的友誼卻日有增進。我們幾乎是為促進「中國本位文化」運動的進展，付出了全部業餘的時間。第二次的合作，是在二十七年上半年，當時他除在復大任教外，還兼任復旦實驗中學的主任，復旦實中所在地的江灣，由日軍佔領之後，擬遷入前公共租界，然苦無校址，寒冰商於我，我因彼時濱海中學教室有餘，乃以一部教室讓與實中上課。

不久，寒冰因復大分成兩部分，一部西遷重慶的北部，另一部則由李登輝主持，在上海公共租界的新聞路上課，寒冰決定西上時，其所擔任的評論學兩小時，一時無適人可覓，他要我代教，我明知復大新聞系辦得不大好，當時所收學生質量也有問題，但因為寒冰曾是新人社最出力社友之一，便也勉為代教，藉以減少他西行路上的一點障礙。第三次的合作，是從二十八年年底到二十九年冬天，地點是在香港。當時他名義上是復大教授，但旅港時間卻遠較在渝時間為多。他和夫人公子都住香港九龍漢口路，他主要的工作，是替許性初主持的大時代書局計畫出版書籍。他名義上是大時代書局總編輯，事實上，大時代書局除卻總編輯之外，沒有其他任何職員，連校對的事他都要做。他手裡所出的書並不多，其最著者則為美記者約翰根室所著《亞州內幕》和《歐州內幕》，日本陸軍中將後籐所著的《美日必戰論》，（原名假如日美戰爭）等書。《亞州內幕》由蔣某翻譯，寒冰和我加以校正，寒冰查譯文與原文是否相符，我則擔任潤色。《歐州內幕》寒冰和我合譯。《日美必戰論》由我翻譯。

我們除在大時代書局有很和諧的合作外，在他所主持的復大《文摘》中，我們也經常合作。我常將日本《文藝春秋》、《中央公論》、《改造》、《婦人公論》中，指摘黷武之禍甚於洪水猛獸的文字，翻譯出來，供給《文摘》。

二十九年冬天，他和我計畫合譯一些英法現代名小說家代表作，無間寒暑，每日午後三時到五時，都用在翻譯上面，並已選定一本法國名小說家代表作，譯了兩萬字左右，因復大催他赴渝。便暫告停止。當他從啟德機場乘機起飛時，我和許性初都到機場握別，我請他早日回港，以便繼續合譯的工作。不料這一別竟成為永訣。他赴渝後，學校請他主持校慶紀念會的運動會，在運動會開幕前夕，他站在裁判台上指揮最後一場的預賽時，日機來襲，眾皆奔避，他卻屹立不動，忽然一塊長兩尺許、寬約五六寸的條石，從空而降，適中背部，這位曾為「中國本位文化」付出不少精力的名教授，遂與世長辭。那一塊從天而降的石頭，有人疑是日機所擲，實則日機所擲為炸彈，石頭係受炸力衝入空中再落到地面者；石重近二百斤，炸彈能衝之至數十丈外的天空，其炸力之強，可以想見。

孫寒冰本名孫毓麒，後因《新人月刊》決定以寒冰兩字為「隨感錄」作者共同筆名之一，他很喜歡這名字，遂改名寒冰。

新人社友中，還有王靖，精英文，在滬時嘗為歐陽俊民家庭教師，教歐陽俊民的千金，這位千金，頗鍾情於王靖，但歐陽俊民則不許其女與王靖結婚，結果，王靖遂應河南大學之聘，前往開封，歐陽小姐得咯血之疾，不久玉殞。現在王靖是否尚在河南大學，已無從知，縱令仍在河南大學，恐亦不勝勞動改造之苦；因王靖比我不過少四歲，四十四年花甲初周，如果是得到勞動改造，那就只能見其入勞動營，而不見出。

上海雜誌公司創辦人張靜廬，也是新人社員之一，他是醬園店徒弟出身，連小學都沒有讀完，但能寫清通流利的文字。他所創辦的上海雜誌公司，在抗戰期間，曾遷至桂林。所售雜誌，多半是左傾文人所辦。他的年紀比王靖更小，此時大約是五十八、九歲。身體很健壯，有幹材，膽大心細，的確是善於經營事業的一個人。

此外，朱樸現在香港，曹靖華是否已成紅朝新貴之一則不可知。提起這些人，不能不慼慨系之。因為從民國八年，新人社時代的友好中，陳白虛、趙南公、吳芳吉、孫寒冰等都已成塚中枯骨，其餘的人，大都消息隔絕，生死不明，目前在台者，已僅餘一位陳芷町了。

從上海到長沙

九年四、五月之間，在郴州發行的湖南《民國日報》主持人包道平先生，連來數函。先兩函說：《民國日報》因革命軍事局勢好轉，譚延闓總司令所部各軍，捷報紛來，湘省不日可告肅清，《民國日報》將在長沙復刊，在長沙復刊之日，望即來長沙主持編輯部。後數函說：譚軍已定全省，《民國日報》亦已回長沙，望即來主筆政。我和包道平尚未謀面，包道平竟請我去主持編輯部，這當然是他滿意我所寫通信稿的結果。我對於他那種溢於紙上的慇懃，頗為感動，但因為《新人月刊》還只出四、五期，深恐月刊將因我的離滬而夭折，故踟躕不決者累月。到七月間，他又來兩信催我速行，我覺得情不可卻，就只好答應下來，並且決定立刻動身。

當我決定前往長沙時，成舍我由北平到滬，將再由滬轉往安慶省親，於是我們便決定同往南京，再乘江輪西上。

因為要節省一點旅費，我們決定乘晚車北上，下火車就在下關買船票下船。那時夜車八點半開行，但我們坐人力車到車站時，距開車時間已不到五分鐘。雖然票還買得到，但戴赤帽的力夫已不見踪影，時間也只剩三分鐘了。我帶的行李共四件，中有一書篋，成舍我也帶三件。沒有赤帽怎麼辦？難道我們就因此不上車？不，我們豈不能自攜行李！於是立刻手持兼肩負，各將自己行李提起就跑，好在此時從售票處到月台上，沒有絲毫障礙，我們居然很順利的上了已在開動的火車。

成舍我的三件行李，在百斤以上，我的四件行李中間有書篋，更在百斤以上，我們竟能提著疾走，在不到三分鐘裡面，從票房口走到月台，上了已在蠕動中的火車，在當年，雖非難事，但在今天回想起來，卻是真正的奇蹟。

明天天甫明，火車到了下關，兩個人分工合作，一個看行李，一個買船票，頃刻之間就上了日船襄陽丸。那天晚上，明月當頭，清風拂面，我們坐甲板上鑑賞長江如畫的風物，兼作上下古今談，身心愉快之至。

一宿過去，在船近安慶時，成舍我下了過渡的小划，我則繼續西行。此行所見最奇怪的一件事，是在安慶附近，船上旅客多擲銅幣水中，觀水鬼追覓銅幣以為樂。當時龍洋一枚換銀角十二枚，銀角一枚換銅幣十二枚，故銅幣一枚實值為七厘，一些貧不聊生的人，卻為了這七厘的微值，沒入水中追覓，覓得之後尚須持此銅幣示船上旅客，以搏一笑。據說：這種江中撈錢怪遊戲，始作俑者是外國旅客，他們最先擲銀元，後來改擲銀角，最後改為銅幣，到擲銅幣時，一些負江中撈錢絕技者，雖鎮日出沒水中，亦難得一飽了。

船行兩日到漢口，我以為再有一天便到長沙了。然此時粵漢路湘鄂段竟被分為兩段：由武昌到岳陽的一段由湖北督軍控制，由岳陽到長沙的長岳段則另由統率湘軍的湖南保安總司令控制。由武昌到岳陽的車，每天只一去一來，由岳陽到長沙的一段也是這樣。我本想當日就去岳陽，但當日由武昌往岳陽的火車已經開出，便不得不在武昌作一日的勾當。我先從湖口到武昌，住進鮎魚套的一個小客棧，然後再在武昌市區作一次走馬看花的巡閱，對於武昌那種狹隘而又臭氣襲人的街道，心裡有說不出的難過。我覺得：如果那些督軍、省長之流，取之於民的金錢，能用一半或三分之一到有關公益的建設上面，則若干類似武昌這樣的城市，其建設成績，清潔程度，便都不難壓倒漢口的租界。我也恨我們當時的文武官吏，都只知剝削人民的脂膏以自肥，卻不肯為國家、為地方、為人民的福利，而作些微的貢獻。

這一天，我除巡閱了武昌城之外，只往訪一個在武漢大學執教鞭的李鐵星，因為他也是上海《中華新報》的撰述員。

從鮎魚套到岳陽，需時本僅四、五小時，但因軍事機關的扣車和車輛的缺乏，我坐了十七、八小時的火車，才到達岳陽。

鮎魚套到岳陽這一段的旅費，雖僅耗七、八元，然因不在預算之內，這就使我遭遇中途資斧斷絕之厄。因此，我在岳陽下車時，不得不往訪當時的岳陽縣長魯蕩平，向他借貸六元的龍洋。我所以去訪魯蕩平借錢，是因為包道平早就寫信告訴我，魯蕩平是《民國日報》的股東，其兄魯滌平是譚延闓最得力的旅長，當時他的軍隊，正駐長岳一帶。

我從魯蕩平手裡接過六元龍洋後，還請他陪我登岳陽樓。他告訴我：岳陽樓現駐有軍隊，非先通知不可，並且登岳陽樓來看水滿的洞庭湖，最好還是月夜，所以他只能在夜間陪我登樓。並囑我夜間前往。我本來是應踐約前往的，因夜間走到湖濱，洞庭湖水的光色，已全在眼前，湖濱夜遊，未必不更較登樓遠眺為佳，兼以出入縣署，荷槍衛兵肅立敬禮，還沒有學會如何還禮的我，也覺得多少有點尷尬，於是我決定放棄這次登樓的機會，只在湖濱看了一會月下的洞庭和君山，便回旅舍休息。

岳陽給我最大的驚異，是商店「貨真價實」，「童叟無欺」，甚至小販車夫，亦復「言不二價」。因我所到的許多地方，商場總是一方「向天討價」、另一方「就地還錢」，決不會有「言不二價」這件事。至於小販車夫和主顧之間，則往往要更在討價還價定了口頭契約之後，再來一次「討添」或「抹零」的爭論。

當地最為文人所重視的古蹟，除岳陽樓外；還有小喬墓位於城北，墓前有一荷池，墓後有室曰「歡室」，中有售茗者，杯茗一角，但前往品茗者甚少。

在岳陽，最普通的點心，是豆腐花，一大碗銅幣二枚，連糖在內，真是價廉物美。

我在岳陽一宿，次晨乘車往長沙。車輛之壞，和由武昌鮎魚套到岳陽的一段相同。門窗壞了，沒有人管，車上沒有發電機，也沒有人管。晚上點油燈，和鬼火一樣，比其他各路車輛的貨車也許還更壞幾分，我在小喬墓後歡室中草成一歌，名之為「願莫歌」，本擬在車中加以修飾，因車中燈光如豆，並且沒有可以放紙筆的地方，結果就沒有修飾。

七月二十日到長沙，和包道平討論言論方針之後，當晚就參加編輯工作。編輯部是小得可憐的。工作人員連校對員在內僅五位，其中朱宗良擔任的部門是編輯本埠新聞。包道平請我行使總編輯的職權，負起編輯部全盤的責任，我則請他試一考慮，可否改為委員制。為著總編輯制和委員制，我和他爭論了七、八日，還是無法決定，最後的調和辦法，是遇有必要，仍用總編輯名義對外，但對內則用編輯委員名義。

我每晚除編一版新聞並幫同編要聞的同事再編一點各省新聞外，還寫評論一篇。其時譚延闓是以湖南省保安總司令兼湖南省長，正興高采烈的籌備湖南省地方自治。

談到地方自治，我是當仁不讓的。因此，譚氏左右每發表一次類似盲人摸象的文告或談話，我都立刻為文痛駁。我勸他們根本上放棄「自治可以輔官治之不足」一觀點，也勸他們準備在將來立法中，廢除非納稅若干不得當選為議員的規定，並為婦女和勞工，定出保障名額，放寬非居住當地三年不能取得寄籍的限制。我還指摘譚氏之以保安總司令兼省長資格來籌辦湖南地方自治，實有武人官僚包辦自治之嫌，最好是讓地方民眾出來辦理，務使湖南的地方自治，名實能夠相符。

當時譚延闓左右，可說是連一個對英、美和德、法等國自治歷史的發展有研究的人都沒有，故其一舉一動，都成為我的評論題材。加上革命風潮，此時恰到如火始燃、如泉始達的時期，正義感彌漫於全國，報人在就事論事時，多只問是非，不問黨派，也不問貧富貴賤，所以，籌備湖南省地方自治的譚延闓，雖受到體無完膚的抨擊，然卻不怪包道平辦報無狀，只怪自己知識不足，幹部無能，並且毅然決然把籌備湖南省地方自治的事，拱手奉送湖南省議會。

我反對譚延闓包辦自治，也反對湖南省議會包辦自治，我在評論上說：「湖南省議會議員們，不過金錢的代表而已，那裡能夠代表湖南的民意！」我這話的意思是雙關的，一方面是說他們的議員資格，是金錢賄賂所造成；另一方面是說，他們是在限制選舉中以有錢納稅而當選。這篇論文發表之後，湖南省議會，立即開會討論，大家都說這對於省議會，是公然的侮辱。結果，決定寫公函質問省長公署：對於這種公然侮辱省議會的言論，何以熟視無視？等省長覆文到後，再決定對付的辦法。

接到省議會如此嚴厲質問書的譚延闓，立即開會討論，因質問書中，明指《民國日報》公然侮辱省議會，遂立即下令高等法院依法辦理，高等法院當即轉行地方法院，依法偵查起訴。

法院向來對於普通案，總要經過幾天才著手辦理，但對於這一案卻在一天中間完成了由高院轉行地院，再由地院決定受理並發傳票的手續，傳票到了報館，包道平雖集合館中人員討論應付辦法，然卻不請我參加。我因聽說包道平決定自己出庭應訊，就告訴包道平：「如果省議會認為今日《民國日報》的評論。是對省議會的公然侮辱，則侮辱省議會者，是我不是你，我應負責出庭。」

包道平沒有接受我的意見，卻去請教律師。律師畢竟是律師，他看過論文之後，就知道此中尚有若干閃避的餘地，但為慎重起見，仍向律師公會中的權威律師請教。恰好律師公會已經開過會議，認為《民國日報》評論並不構成公然侮辱湖南省議會的罪名，於是替包道平辯護的律師，便根據律師公會討論的結果，寫好答辯書，以備應用。

答辯書中最主要的一點是：「《民國日報》所抨擊者，為湖南省議會議員們，既非『湖南省議會』，亦非『湖南省議會議員某某』，故絕對不能指為侮辱湖南省議會，此案應不予受理。」後來，長沙地方法院，果然採取此理由拒絕受理。省長和省議會的威望，因此也就受了很大的打擊。

不易忘卻的一件小事

在譚延闓和省議會要用公然侮辱議會罪名加在《民國日報》負責人頭上時，湖南律師公會會完全站在《民國日報》的一邊，原因無他，是因為譚延闓此時雖已佔領湖南，然卻不想收拾一下喁喁望治的人心，因而大家都感覺失望，都用幸災樂禍的心情，等待譚延闓的受窘與失敗。所以律師公會對於這次譚延闓和省議會欲以公然侮辱罪加諸《民國日報》一事，便自動的站到《民國日報》這一邊。

長沙地方法院宣布不受理省長公署控告《民國日報》公然侮辱湖南省議會一案之後，省長的譚延闓，固然算是栽了一個斛斗，省議會的威信，也受到嚴重的損害。結果譚延闓的包辦自治，不得不廢於半途，省議會的籌備自治，也終於胎死腹中。

這在表面上，自然是言論的勝利，但事實上卻是人心的勝利。此時人心，已開始失望於譚延闓之並不展布新猷，希望能夠再展開一種更有希望的局面，所以，抨擊譚延闓的言論，最易引起湖南各界人士的同情，最容易顯示其摧枯拉朽的偉大力量。

在湖南自治運動的論爭中，最使我不易忘卻的一件小事，那就是現在北平做傀儡政權魁首的毛澤東，曾在湖南《大公報》的〈大公園〉上，對我放了一次冷槍。當時，設於長沙總商會中的長沙學生會，是以李璜為會長，毛澤東為幹事，毛澤東除了做他的學生運動外，還在長沙《大公報》的副刊〈大公園〉上投稿。我因譚延闓所宣布關於取得公民權的定住年限，定為三年以上，實嫌太長，當即著論力斥其非，毛澤東便寫一文，對我作側面的攻擊。他那篇大文的大意，是說：湖南自治，應名如其實，由湖南人出而自治，而這湖南人的人，又應是春秋上面的「魯人」、「宋人」、「晉人」、「楚人」的人，所以，根本上，今日之事，應由湖南人為政，倘非湖南人，實不勞越俎代庖。他很露骨地在反對非湖南人的我，竟在湖南高談湖南自治。

〈大公園〉上毛澤東還有另一「傑作」，其文題為〈建立湖南國〉。他把湖南面積、人口、物產的數字約略寫出之後，便斷定湖南可以立國。我看了這篇文章，雖已知道他是英雄主義和封建思想的崇拜者，但還沒有想到今日成為我們民族國家的敵人者，居然就是這傢伙。

這傢伙，我在長沙學生會中，曾見過，當時是一小縷頭髮飄在額前的少年，我和他說話，他還有點吶吶不善說辭的樣子。

我在長沙的時候，大約僅僅五十日，便浩然有歸志。因在長沙地方法院裁定不受理譚延闓和省議會的控告後，譚延闓左右無人不抱怨包道平的忘本，說他的《民國日報》，根本上就是譚延闓及其有力部屬扶植起來的，現在包道平卻用他來打擊譚延闓，實在是出乎意外的不道德，我聽到這些話，便決定不再在長沙去增加包道平的困難。

長沙除湘江和嶽麓外，如果還有值得留戀的地方，那就將是醇厚的民風。凡是到過長沙的人，都會立刻感覺那地方的商場，頗有「言不二價」的良好習慣。大概除估衣店中還有「向天要價」，「就地還錢」的惡習外，其餘各業，都沒有講價的習慣。就是人力車夫，討價也不超過普通應得車力的二成。長沙雖也有最「朽」的「朽人」、「朽事」，但畢竟是占最少的比例。

我在長沙時，差不多每天下午都和吳芳吉渡湘江，登嶽麓，等長沙萬家燈火才盡興而返。我們每次渡江，必經朱王渡，候渡時的最好辦法，是剝食帶殼炒花生。江中渡船之少，出乎意料之外，而士兵要坐「霸王渡」，卻是最大原因之一。當時渡江需費為面值二十文銅幣一枚，約等於龍洋一分，惟士兵多不付分文，因此以擺渡為業的舟子，多改操他業，江上的渡船也就較前減少。我們因為等渡船，往往費去二、三十分鐘，一直站在江邊看流水也不是辦法，所以想出了在渡頭剝食帶殼炒花生。

長沙士兵坐「霸王渡」，雖不始於譚延闓治湘時代，但譚延闓不能整飭軍紀，根絕士兵的強坐霸王渡，其治軍能力的薄弱，自亦無可諱言。民眾的眼睛，是雪亮的；譚延闓高舉革命旗幟佔領長沙之後，對於過去軍閥所遺留的腐敗習慣，竟無所改革，甚至連士兵坐霸王渡的惡習都不能革除，這就使民眾對於舉著革命旗幟的譚延闓大失所望。過渡人都說：「什麼叫做革命？連霸王渡的命都革不了，還說什麼革命。」我聽到過渡者的詈聲，就知道譚延闓那種以垂拱無為來代替革命建設的作風，不僅無補於大局，且亦無補於湖南。

城中唯一可以登臨遠眺的所在，是天心閣。從閣中望嶽麓，似乎比身登嶽麓更有趣。我雖經常登嶽麓的頂巔，但此身在山時，卻覺此山除卻松林清風，別無所有，後來偶從天星閣望嶽麓，則又覺嶽麓除松林清風外，其出岫白雲，啣山殘照，亦殊富畫意詩情。

長沙最壞的季節，是七、八月。別的地方七月雖熱，八月卻已轉涼。長沙則不然。長沙和武漢、南昌、南京，都差不多，七、八兩月，幾乎沒有一天不熱到華氏九十五度，最熱的日子，則為一百零一、二度。並且晚上和白晝幾乎一樣熱。屋內所有家具，無不熱得令人感覺燙手。我決定離去長沙時，時序雖已過中秋，然天氣則仍奇熱。

我在長沙主持《民國日報》編務，歷史雖不過五十日，但也頗有收穫。我離開報館那一天，館裡管發行的一位同事告訴我：報紙在最後一個月中間，多銷了五百多份，完全是由於評論的有聲有色。這是我的一種收穫。其次，我把在《民國日報》發表評論中關於自治問題部分約四十篇評論，交給上海泰東書局印行，銷路頗佳。這是我的又一種收穫。此外，長沙若干青年學生，在我離長沙多時之後，仍和我通信，討論有關地方自治問題，更使我感覺那四十篇左右的評論，沒有白寫。

組織革命軍的建議

我在長沙的五十日中間，除卻寫評論編新聞、渡湘江、登嶽麓的日常功課之外，還有夜半看書一課。夜半看書的習慣雖不全是旅長期間才形成，但長沙的五十日卻使我更喜歡夜半看書。長沙的夜半，是真的夜半，此時除唧唧蟲聲和習習風聲外，僅可偶聞巷賣餳聲，不像上海那麼複雜。上海差不多是沒有「夜」的，弄堂房屋更無晝夜之分，無論你住在那條弄堂裡，你左鄰右舍打麻將聲音，總要過午夜一、二小時才肯停止。我在上海時，因為夜間也不靜，往往是用日間午後的時間看書，夜間則甚少看書，到得身居長沙，頓覺長沙的夜，靜得可愛，故在編完新聞寫了評論之後，便去上看書的夜課。看書的時間，普通是從十一時開始，到一時拋書睡去，但在發生狂想時，也偶有終夜不眠的事情。

有一次，我想試寫一本叫做《日新論》的書，以易經上「日新之謂盛德」為其主幹，以歷代盛衰興亡的關鍵所在，來解釋「日新之謂盛德」。想到天花亂墜時，完全忘了睡眠，直到日中起來吃飯，滿心還都是「日日新」的理論。

還有一次，是在午夜想到梁襄王所問的「天下惡乎定」一問題，一直想到天明，得到三點的結論，立即披衣而起，筆之於書，以備遺忘，因起身時已近七時，遂不復就寢。

我所得到的三點結論是：第一，我們中國好像是一個生了疙疸的病人，非經過一次外科手術，無法使他去腐生新，所以需要一次去腐的革命。所謂去腐，就是要去那些昏瞶糊塗、貪婪卑鄙的舊官僚武人，不過，去的方法，倒有小問題，一半當然是用政治的力量，另一半要借重時間，等時間送他到死亡的路。因無論用多大的政治力量，一時總肅清不了那麼多的舊官僚武人，所以不能不把肅清舊官僚武人的一半任務，委諸時間。

第二，去了腐敗的舊官僚、武人之後，應代以富有新智識的愛國青年，現在智識青年雖已普遍覺醒，但最少還要十年、八年，才能夠成為政治的新主力，必須這些智識青年具有控制中國的政治力量，然後中國才算是達到「生新」的階段。第三，等於外科手術的去腐革命，還僅僅開了國家復興的路，但到達復興的終點，仍相當遙遠，而在由革命到復興的過程中，革命力量必須能夠集中凝固，合千萬人之心為一心，合千萬人之力為一力，然後革命的時間才能縮短，國家復興的現象才能提早來臨，可是，國民黨內部情形，卻談不到集中凝固，除卻有陸榮廷的桂系，李根源的政學系外，還有孫洪伊的小孫派等等，這又如何能夠縮短革命的時間，使國家跨進復興的道路！因此，我們報人最大任務，就應是喚醒愛國黨人要他們放棄派系成見，在萬眾一心之下，來完成革命的事業。

這三點結論，後來逐漸成為我個人對於國事的定見。我從長沙回到上海的第二天，就寫了七、八千字的長信給孫伯蘭先生，勸他嚴戒左右，不再提出什麼大、小孫、南、北人的問題，免得使黨更陷於四分五裂的狀態。我說，現在事實擺在我們面前，能從瓜分豆剖的慘禍中救出中國者，只有國民黨，以今日國民黨力量之弱，好比是一個幼童，而舊官僚武人力量之強，則頗類年富力強的力士，縱令國民黨人一心一德，合力作戰，猶未必能戰勝舊官僚武人，若再各立門戶，自分彼此，則革命將無從成功。故先生決不應聽任少數縱橫捭闔者的播弄，自為北派領袖，使有限革命勢力，變成更雜零狗碎的局面，以助長舊官僚軍閥的勢力，致貽將來無窮的後悔，並應約束左右，曉以大義，使其同德同心，共事中山先生，同為三民主義的革命奮鬥，藉以縮短革命的時間，減輕國民的痛苦。

信是托謝敬虛（遠涵）先生送去的。信送出的第二天晚上，謝敬虛先生告訴我：伯蘭先生完全接受你的意見，決不聽任少數人的播弄而誤入所謂大小孫分家的歧途。他將遍告友好，今後不僅不應再分南北派，亦不應再提什麼南北派。

伯蘭先生後來果一一告誡左右，從此決不宜再分大小和南北，免得大家精神更渙散。小孫派本已在形成之中，希望造成小孫派的人，計畫以北方比較開明的軍人，如吳佩孚、孫傳芳之流，作為台柱，再以謝敬虛、陳伯簡、光明甫、周四維、李鳳亭、康季遙這些平日出入伯蘭公館的人，作為班底，並將《正報》社的報字塗去，成立一個「正社」，然伯蘭在看到我的勸告信之後，卻立刻阻止其左右再作製造小孫派的努力，並毅然決然不准左右用「正社」的名義，其從善如流的雅量，使我大為感佩。

伯蘭先生有兩位湘籍幹部；一周四維，字用武，是周鰲山先生的介弟，又其一是李鳳亭，是研究憲法的專家，其時已與趙恆惕的女弟訂婚。他們和我都很熟。八年年底，我們常常在一起談時局，喝紹興酒，九年上半年我的興趣在於建立一個以實現大同社會為中心理想的新人社，就不大和他們攪在一起。到得歸自長沙，又不時到他們那裡閒談。我們的閒談，可謂無所不談，從個人的志願，黨的革命方略，國家民族的將來，談到了國際的悲歡離合，也談到了將來的命運。當時雖沒有原子彈，除日本外也不大鬧人口問題，但我們卻已談到了人口的問題，這人口問題本是熊式輝智囊王平秋提出的，他寫了萬餘字長信給我，提出了人口問題，我除刊布他的來信外，還把它作為談話旳中心。我們對於這問題，雖都絞了許多腦汁，然結果還是找不出一個結論。因為事實告訴我們：地球面積有限而人口的增加則無窮，到得人口增加超過地球容量，多數人都立錐無地時，這問題就決非一般優生學及節育論所能解的。

周用武、李鳳亭兩人，在政治上的意見和我有點出入。周李兩先生所希望於國民黨者，是能造成一個英美式的國家，我則希望國民黨能實現禮運中的「大同」。我希望革命成功的結果，能夠「使老有所終，壯有所用，幼有所長，矜寡孤獨廢疾者，皆有所養。」他們都笑我的理想未免過於美麗。

他們兩個人的政治觀點雖相同，然其對於湖南譚延闓和趙恆惕的態度，則恰是南北極。周用武希望譚延闓能統一湖南，李鳳亭則希望趙恆惕能取譚延闓而代之，並能完成湖南地方自治，使湖南成為聯省自治的重心。

為了什麼力量才能完成革命大業一問題，我和他們兩個人都起了幾次爭論。我說：現在南方也好，北方也好，凡是在戲台上的力量。都湔滌不了舊官僚武人那種昏聵糊塗、貪婪卑鄙的舊污，只有等他們下了舞台，讓朝氣蓬勃的新力量來滌除那種幾乎是太平洋海水洗不淨的污穢，中國才會有一個我們大家所需要的廉而有能的政府，中國的革命，也才有完成的希望。但他們都說：培養朝氣蓬勃的新力量，所需時間，至少要十年、二十年，甚且要五十年；並且舊官僚武人是不許新力量存在的，所以，我們要革命就要走捷徑、就要利用現在已經登台的官僚，不應高談新主義。

我除和周、李兩人，談舊人新人的問題外，還和謝遠涵、陳白虛兩先生作一次的深談。我希望中山先生能夠立一個訓練黨軍的計畫，把所有願意從軍的黨員訓練起來，使它在中國負起斯巴達騎士那樣的保民衛國的責任。我在八年全國報界聯合會開會時，雖主張裁兵，但歸自長沙之後，卻領悟了非有基本武力革命不能成功的道理。但普通的兵是不足用的，必須革命青年組成的軍，才能為革命而效命。因我愈談愈高興，似乎黨軍今夜訓練成功，明天的中國，便是黨軍的中國，謝遠涵、陳白虛都勸我正式草成一文，由他們送給中山先生，我於是又寫了六千幾百字的意見書交由謝遠涵轉交。此時中山先生尚未赴粵，看了我的上書後，告訴謝遠涵：王某的信看過了，請你傳語：他應先辦入黨手續，再來見我，我將告訴他能不能採納他的意見。可是，當時的我，頗以所謂「新人」自居，並不想再去做一個黨員，所以對於謝遠涵的傳語，殊無所動，只是答道：我已為黨住過監獄，做過大連的亡命客，如果這還不算是黨員，那我就不想再入黨了。

在九年秋冬之間，我覺得這件事很平淡，沒有什麼可惜，更談不到後悔，但在民國十四年三月十二日中山先生逝世之後，我就為這件事，深深後悔，至今心裡還像留著一個永久存在的大疙瘩。我之所悔，不是為著失了一個攀龍附鳳的機會，也不是為著枉做一個革命黨員竟不曾見過總理一面，而是因為當時中山先生對於我所提出的訓練黨軍計畫：究竟有何意見，至今還是一個謎。

無儀式的訂婚

周用吾、李鳳亭都帶點紳士氣質，吃東西不肯進真正的小飯館，穿衣服也非穿得整整齊齊不可。那時的我，則正和他們相反。吃東西總是進小飯館，喝酒也要在言茂源或是老東明的樓下喝，穿衣服只求其潔，其餘都在所不計。並且對於理髮，總覺得兩、三個月理一次，並不太少。因此，我們三個人中間，有時也互相嘲笑，我叫他們「大貴族」，他們叫我「大平民」。我常說：「和你們這些大貴族實無話可說」。他們也常說：「和你這大平民也簡直無話可說。」

有一次，我深知他們都一文不名，特地邀他們出去吃晚飯。他們平時是不大肯走遠路的，但我卻在半開玩笑的氣氛下面拉著他們安步當車，一直從同善里拉到了八仙橋。八仙橋有一家賣陽春麵兼開水的半老虎灶，我把他們帶進去之後，叫了三碗陽春麵。他們此時雖也知道我是開玩笑，但從同善里到八仙橋一段路走完之後，心裡雖想再走，兩條腿似已不大聽命，並且當時已經七點多鐘，既餓且渴的口腹也無法繼續忍受餓渴。因此，他們都在無可奈何的狀態中和我共進陽春大麵，他們唯一的要求，是要我飯後僱人力車送他們回去。他們說：「實在走不動了。」

我們除每人吃一碗陽春大麵之外，還吃了幾個油炸的糯米粉團。我所付出的請客代價，共計是九十六文，剛剛恰好是八枚銅幣。我還記得當時這種老虎灶裡的陽春大麵，一碗是十六文，在上海拆合龍洋不過一分三厘。

吃過麵，我陪他們到同善里閒談。他們都說：「誰說你這大平民老實，現在才知道你這大平民比狐狸還狡猾，你知道我們不名一文，又知道我們宿舍裡的便飯也不壞，怕我們留吃便飯，不肯跟你去吃這種大麵，所以先來一個預約，讓我們放過吃飯的機會，接著你來拖我們出去，使我們安步當車，我們又不好意思拒絕，於是只好沒命的跑，跑疲了，然後你才把我們送到老虎灶，去吃那種所謂陽春大麵，這豈不是狡猾的『傑作』！」

他們吃過老虎灶的陽春麵之後，才知道，同一陽春麵，在老虎灶只售十六文，在小麵館就要七十二文（六枚銅幣），也才知道，如果不搭任何紳士架子，八枚銅幣也可以換到三個人的一餐食物。因此，他們承認，對於中國的社會，我有比他們更多的知識。並且也真的瞭解所謂「中間剝削」的意義。

閒談中，李鳳亭忽然問我：「你為什麼不到日本走一趟？」接著又說：「現代是智識萬能的時代，多一分智識，就多一分力量，對於國家社會也多一分貢獻，你應該到日本看一看。」

李鳳亭這一問，引起了我東渡的興趣，我決計在最短期內設法解決東渡費用的問題。我想：只要川資和第一、二兩月的費用有著落，我的東渡便不成問題。我也相信我一定能夠解決這問題。因為沒有一個錢能逃到大連做亡命客和沒有一個錢也能在上海生活四年多的經驗，都使我深信不疑：天下無難事，有志竟成非虛語；只要我有決心，不止能夠達到東渡的目的，並且能夠達到任何人力所能達到的合理目的。

下了東渡決心之後，一面是立即購買「日語讀本」，「日文文法」和簡單的日本辭典，買後，便在馬霍路和張靜盧共同學習。另一面是籌措東渡的川資。我去《商報》館訪陳布雷、潘公展兩先生，問他們：《商報》館是否尚需東京通信員？如果我到東京，《商報》能否聘我做通信員？因為他們都贊成我去東京，並且答應給我一個特約通信員的名義，每月送我三十元（合當時日幣約七十五元，當時龍洋和日幣兌換率為一元對二元五角）。

我和潘公展先生是初交，和陳布雷先生更只會過一次面，他們對於我的東渡志願，卻是那麼熱烈助成，使我感覺他們和高夢旦先生，是同一型人物，都以助人成功為樂事。

得到潘公展、陳布雷兩先生的贊助後，就又和趙南公先生商量川資的問題。這時我是泰東圖書局的編輯，趙南公先生是泰東圖書局的主人，我只想在短期內替他編一、兩本書，請他供給我的川資和第一、二月的費用。但這位趙先生所允諾提供的助力，卻更超過我的希望，他除允諾供給赴日川資外，還答應做我的代理人，替我收取《商報》的通信酬金，也每月匯款給我，無論龍洋對日圓的兌換率有怎樣的漲跌，他保證他的每月匯款不少於日幣百元。如果泰東書局的經濟寬裕，每月即可匯寄一百二十元。

我是上無一片瓦，下無立錐地的標準窮人，原不敢做美麗的出國留學夢，可是，這次經過三天的奔走，奔走出了一條東渡扶桑的路。由此，我更相信：路是人走出來的，只要人的腳力好，便一定能夠從無路可走的荊棘世界中走出一條路。

東渡的夢無疑已經變成事實的當兒，我和陳白虛上海太太的姪女陸小姐訂了婚，我和陸小姐訂婚，多少總使人有意外之感，因我和陳白虛先生女公子有四年的友誼，論友誼的厚薄，我應該是去追求陳小姐。再就教育程度來說，陳小姐的教育程度也比陸小姐高，如果為著教育程度，我也應該去追求陳小姐。不過，結果，我所追求的對象，卻是陸小姐而非陳小姐。我所以選擇陸小姐的主要原因，在於伊的健康狀況極好，並且有能忍小忿、能吃小虧的雅量。

我和陸小姐訂婚是在九年十一月中旬，那時伊才十七歲，我二十九歲。我決定等我由日本回國之後再定結婚的日期。

訂婚前夕，陸小姐母親陸老太太，從嘉善趕來，表示反對的意思。陸老太太反對的理由有二：第一，女兒嫁給一個外省人，母女見面的機會一定很少，勢將使伊牽腸掛肚。第二，女兒才十七歲，還不到應該嫁人的年齡。陳白虛的太太費盡唇舌，告以母女見面機會的多少，與女婿的省籍，並無絕對關係，至於女孩年齡尚幼，則更無問題，因此時不過訂婚，並不是結婚，十七歲結婚，也許稍嫌年幼，但十七歲訂婚，則並不嫌年幼。然陸老太太終不以為然，且不允蓋章於訂婚證中。結果，我們只好不用那張證書，也不舉行任何儀式。

陸老太太的反對我與陸小姐訂婚，陳白虛先生的上海太太事先是知道的。因為陸老太太早就有生女應該嫁比鄰的成見，當送陸小姐到上海時，便曾堅囑伊的小姑陳太太，不要把女兒嫁給外省人。縱令震澤鎮上沒有適當人家可嫁，也應在嘉善縣的範圍內找一個適當的人家。

不過，陸老太太的反對，雖使我和陸小姐無法舉行任何訂婚儀式，然也不影響我和陸小姐無儀式的訂婚。我們決定把以後轉圜的責任，全部卸在陳太太身上，讓伊去打破陸老太太生女必須嫁比鄰的成見。當日不知是誰，曾警告我們：陸老太太不肯在訂婚證書上蓋章雖沒有多大關係，但將來若不肯在結婚證書上蓋章，那你們的婚姻關係就會發生問題。對於這一說，陳太太認為無問題。陳太太說：「天下父母心，都是一樣，嫁女誰也不願嫁到海角天邊，但如果女兒願意嫁外省人，做父母的還有什麼辦法！」陳太太還很堅決地表示，這婚姻不會發生變化，並且保證陸老太太將來一定肯在結婚證書上蓋上圖章。

我定十一月底赴日，行前喝了不少餞別酒，酒筵上也找到一點小麻煩，幾乎遭遇頭破血流之厄。

請我喝酒的那位先生，是鄧××。他新膺日本留學生監督之命，正預備走馬上任，聽說我已定期東渡，將在東京做上海《商報》的通信員，特托周用吾、李鳳亭介紹我和他會面。他顯然是希望我到東京之後能夠做他和東京留學生中間的橋樑，因此，見面的當日，就送到一張請客帖，並且署名請客的主人除他自己之外，還有周用吾和李鳳亭。我有點不想飲這頓酒，頗為踟躕，但因拗不過周用吾、李鳳亭的強拉，結果還是去飲酒。

飲酒的地方，在三馬路一家北方酒樓，飲的是真正由北方運來的高粱酒。飲了幾杯酒之後，席間忽然有人說我會看相，鄧就請我看。我說：看沒有問題，我不能不就相言相，聽了高興不高興由你，但要請你不要見怪。因他表示接受我的意見，於是我便開始談相。

我說：「尊相有權無柄，有官無印，是碌碌依人的相，目前儘管做了手裡似乎有印的官，但好景不常，也許很快就坍了台亦未可知。」我說到這裡，他已怒形於色，然我卻一點都不覺得。仗著酒力，我又繼續的說：「按照相法，我看你徹頭徹尾是個小官僚；你不僅是以小官僚起家，今後還以小官僚終其身。」說到這裡，周用吾、李鳳亭都來斟酒，一面說：「現在應該飲酒，不要談相。」於是大家便都舉杯恣飲，一直飲到有兩三位客人陶然欲醉，賓主才分途回去。

第二天，李鳳亭問我：「昨晚我們都請你多喝酒不談相，這裡面大有文章，你知道不知道？」我說：「我不完全知道。」李鳳亭說：「當你說鄧××徹頭徹尾是個小官僚時，鄧立起身來，左右手拿起兩瓶酒，想打你的頭，幸虧周用吾眼明手快，立刻奪下兩瓶酒，並把他捺在椅上，這才沒有演出頭破血流的話劇，如果周用吾當時不奪下酒瓶，那昨晚的局面，就定是演到頭破血流為止了。」聽了李鳳亭的話，我伸一下舌頭，並且決定立刻取出那幾本關於相術的書付之一炬。我覺得：我實在犯不著從旁門左道去學所謂相術，因我根本上沒有靠相術吃飯的意思，我之學相術，只是逢場作戲，如果反因懂得一點相術的皮毛，卻鬧出一場頭破血流的大禍，那就真不值得。決定之後，便把那幾本有關相術的書，放在陳家天井焚燬。

吃過若干次餞別酒之後，便在一個霜風吹面的清晨，帶著一肩行李，由浦西渡過浦東，搭乘日本一艘貨船，前往橫濱。這艘日本貨船，沒有頭、二等艙，只有三、四等艙，三等有房間，四等是統艙，我買了四等艙的一個地位，花四十元銀洋，貴極了！

乘風破浪，本是人生最快意的當兒，但這次的航海，卻遇到三件最不愉快的事：第一，同舟共濟的幾個日本人，雖然都是小販苦力之流，但在我面前所露出的那種自大驕傲的神情，令人有禽獸不可與同群之感。第二、船上甲板，是應許人散步的，但這艘貨船對於在甲板上散步的船客，卻屢加干涉。第三、四等艙中只有我是中國人，其餘全是那種不可與同群的日本人，使不能不在船上做一個緘口的金人。

因為遇到這些不愉快的事，本來是決定在橫濱登岸的我，卻在神戶登了岸。在神戶玩了半天，才再乘火車前往東京。

神戶雖是今日日本五大城市之一，但在民國九年，神戶還是一個不很熱鬧的商埠，這商埠的本質是山城。山手町就是它的心臟地帶。我上岸後，立刻叫力夫把行李送到車站，過完磅，買好夜車的票，時才近午，便決定先吃飯，再到街上作半日的巡禮。

在日本，進小館子吃飯，一餐非十元不辦，我是知道的，然我卻不曾想到，在小館子飲酒，其價之昂，幾乎是上海的二十倍。我在一家中國人開的小飯館吃飯，在吃飯之前，我想喝點酒，要小夥計去拿。他拿了一瓶法國葡萄酒，一個小酒杯，先倒出一小杯，那一杯還不到一湯匙，我一口就乾了。他問我是不是還要喝，我點點頭，他就又倒一杯，如是連喝七、八杯，還是半絲酒意都沒有，我很想把那瓶酒拿來自斟，可是小夥計卻一定要代斟。最初我還不知道是什麼緣故，後來小夥計說出了，我才知道，館子裡賣酒，是以杯計的，就是這種和糖水差不多的所謂法國葡萄酒，一小杯也要賣日圓半圓。我喝了十四、五杯這種等於糖水的酒，一碗三鮮麵，一盆炒魚片，酒是喝了，但半點醉意都沒有，然而付起賬來，卻是十六元整，這就使我吃了一大驚。因為一碗麵，一盆魚，不到半瓶的葡萄酒，在上海不過值六、七角，而在神戶卻要付十六日圓的代價實在是出人意表的一件事。

吃麵後，在街上走了一小時又半，看到了中華學校，便進去參觀。這學校是小學和初中混合的性質，是三江會館的事業，教學設備相當充實，學生人數約三百，大多數都是在日本出生的華僑子弟。主持人之一徐×告訴我：在日本的華僑學校，這幾年是一年更比一年難辦。因為這幾年來，經營商業的華僑，在日政府重重疊疊的限制下，強半已經奄奄一息，不僅無甚發展，並且不易繼續經營。華僑學校的經費，是靠僑商捐助的，僑商情形既每況愈下，僑校經費天然也就日益艱窘了。

他除對僑校經費抱悲觀外，對於僑胞的不停不斷鬧意見，也很擔憂。他覺得，僑胞的兄弟鬩牆，終將造成兩敗俱傷的結局。我同意他的看法。我希望他能挽回這將倒的狂瀾。

徐君除告我校中情形外，還應我的請求，帶我到三江會館走一趟。當日的三江會館，除一位看門傭人外，別無第二人，並且館址小得可憐，沒有可盤桓的地方，所以，我們僅僅跨過門限，便又回頭。我看時間已過五點，又是要解決吃飯問題的時候，即向徐君致謝。兼告別，尋即前往上午吃麵處，單吃一碗三鮮麵聊當晚餐。我不敢再飲那種貴得使人飲不起的糖水，也不敢再吃什麼魚片，我要多留幾元錢到東京再用。

我到神戶是十二月一日的中午，從神戶坐火車進東京，是一日的下午六時許，來到東京，則已是二日的上午七時許。我下火車後，立將行李票交給站前的人力車賣票櫃，要他用一輛人力車把行李送到牛込區諏訪町「月印精舍」的迂敬之助處，我則自乘街車前往。我為什麼不再僱一車乘坐呢？因為李鳳亭對我說過：在東京，只有病人、老人才坐人力車，非病人、老人決不坐人力車；我既來東京，便應尊重這種非病人、老人不坐人力車的良好習俗。

牛込區諏訪町，位於郊區，距早稻田大學不遠，距江戶川公園亦不過里許，但住在附近的人，多不知有諏訪町，更不知有所謂「月印精舍」，因此，我在街車停於牛込區附近下車往尋時，足足費了一個多小時，才找到我所要找的「月印精舍」。找到「月印精舍」時，我的兩隻腳已經變成了泥腳。因當日大雪初霽，泥濘滿地，諏訪町一帶，更是一片雪泥，那一個多鐘頭的尋尋覓覓，雖不曾踏破皮鞋，卻也弄得皮鞋連同一雙襪、一對褲腳，都吃飽了泥漿，使一雙腳成為標準的泥腳。

月印精舍七弟兄

諏訪町的月印精舍，是一所兼包伙食的學生宿舍，房間僅五間：一八席，一六席，兩四席半，一三席。合計席數不過二十六席。三席的一間和廚房相連，為主人迂敬之助夫婦所居。迂敬之助本人年齡近六旬，太太也已五十幾歲，他們的生活來源，就是這所房屋。他們靠房租和代辦學生伙食來維持生活。他們沒有教養兒女，一面是沒有教養兒女的問題，另一面就也沒有兒女繞膝承歡的樂趣，終日辛苦，只為了三餐，但他們卻也處之泰然，似乎並不感覺有什麼不足。

當時住在月印精舍的學生計七人，全是湖南人。兩個姓林的兄弟林孟和、林仲平。是一位師長的兒子，兩個姓楊的兄弟，父親也是旅長。另外三個是田漢、易漱瑜和莊重。在我加入月印精舍以前。這月印精舍可以說就是一個湖南小會館。

我之加入月印精舍，是由於李鳳亭的介紹，李鳳亭留日期間就住在月印精舍，後來他的胞弟李德亭也住過這房子。我來東京前數日，李德亭雖已移居慶應大學附近，但因李鳳亭有信給他，囑咐他替我解決住的問題，他就每日都到月印精舍一次。我到東京那一天，他恰在月印精舍等我，因此，我很順利的解決了食宿的問題。我和田漢同住八席的一間，飯和大家同吃。每月所付代價是二十八日圓。

住的問題解決後的第一件事，是買一張寫字檯和一張椅，然後再到神田區的同文書院去辦入學手續。

同文書院，是專為補習日文日語而設，大抵準備在日本考學校的學生，最少都要先在同文書院學半年左右的日文日語。但有些人讀了半年，還是一句日語都不會講。

民國九年年底的同文書院，相當熱鬧，在那裡學日文日語的學生數，約在七、八十之間，初高兩級人數均為三十餘人。據說，這數字實前此所未有。前此，學生最多不過五、六十，但五四前後，國內青年大量湧到，所以，這同文書院的學生數也日有增加。那些在同文書院學日文日語的學生，多半是準備考第一高等學校，年齡平均不過十七、八歲，幾乎沒有一個將近三十歲的人，因此二十九歲的我，在同文書院裡也成為老大哥。

我到同文書院上課的第二天，發現了一怪人。這人姓方名××，是陳白虛的同鄉。他家是江西贛州的巨富，在日本求學已經九年了，但在我到同文書院上課的那一天，他卻也在初級班上課。他告訴我：「過去的九年，算是白費，現在非從頭學起不可！」我問：「你今年是不是二十五歲？」他說：「不，才二十四歲！」我說：「那沒有問題，你就是再白費五年，也只等於我現在的年齡，我現在還沒有太晚的感覺，所以你今天就是從頭讀起，也決不算遲。」我們只說幾句話，下課的鈴聲響了，彼此遂分道歸去。但從這一天起，他就不再在同文書院現身，似乎又已決計不再讀書了。我在上海就已知這位方君，是最會花錢的學生，每年所花的錢，總三、四倍於普通學生，但還不知道他是留日九年尚在東京同文書院習初級日文日語的活寶貝，現在我才知道，他的留日，並不是為著求學，而是為著及時行樂。

我在月印精舍所得的印象是：只有一些軍閥準軍閥的子弟，才有留學的本錢。在同文書院所得的印象，卻是：富人子弟有錢讀書卻不肯讀，窮人子弟要讀書卻偏沒有一筆讀書錢。這兩種印象使我更詛咒資本主義而嚮往社會主義，我本來對於社會主義就很感興趣，在深知享受教育權利也已為軍閥和富人所壟斷之後，就更醉心於社會主義。不過，我雖醉心於社會主義，仍反對以世界革命為前提的共產社會主義，我覺得以民族、民權為其兩翼的民生主義，極為合理，我們在中國本身的社會主義實現之前，應以全力謀本身社會主義的實現，不必高談什麼世界革命。

此時日本共產黨業經成立，文藝界已是秋田雨雀們的天下，田漢所受秋田雨雀的影響頗深，因而我和田漢間思想上的距離，也逐漸拉長，我們雖很少討論到政治思想問題，但彼此都有一種可以相喻於無言的精神，足以代替口頭的討論。我知道他有共產主義的傾向，他也知道我是離不開民族國家的保守分子。

但在思想上，我和田漢之間，雖有其不可逾越的楚河漢界，而在私人友誼上，我們卻保持著最友好的關係。

上面說過：月印精舍有七個湖南學生，兩個姓楊，兩個姓林，一個姓莊，再加上田漢和易漱瑜女士。我加入月印精舍之後，楊姓弟兄旋即遷出，繼之而來者為康景昭女士。由於田漢的提議，大家相呼以兄弟姊妹。我年最長為大哥，林孟和二哥，田漢三哥，莊重四弟，某君五弟，易漱瑜六妹，林仲平七弟。後來唐景昭加入，林孟和退出，康景昭做了二姊。我們七個人中間，在政治思想上可分為左、右和中間三派。

七人中經濟狀況最差的是田漢、易漱瑜。田漢的來日，是出於他母舅易梅丞的資助，易漱瑜則係易梅丞的愛女。最初費用全由易梅丞供給，自無問題，後來易梅丞逝世，田漢、易漱瑜留學的費用，便成為題。在費用成為問題時，田漢考取了東京高等師範，得到一名官費，本也可以勉強維持兩個人生活，不幸此時，北京政府對於留學生費用，往往是拖延不發，這就使是田漢、易漱瑜經常為費用而受窘。我知道他們很窮，曾推薦田漢做《商報》通訊員，藉以稍紓其困乏，然而效果也不很大，因《商報》的東京特派通信員，本來只有一個龔德柏，我到東京，便加一個，後來我再推薦田漢，就鼎足而三，而《商報》本身的營業，反而江河日下，這就使田漢寄給《商報》的通信稿，也不能換到應有的代價，而田漢、易漱瑜的留學費用問題，也始終無法解的。

在田漢、易漱瑜留學費用無法解決的期間，做大哥的我，對於他們偶然的急切需要，雖也勉竭棉薄以應，然實無濟於事，因為我自己也是泥菩薩過海本身難保。

我所比他們稍強者，只是我沒有把未婚妻帶到東京，收入再少也總無須積欠房與伙食。

七弟兄中，對於用錢，最不會打算盤的是田漢。田漢雖窮，但在有錢時，卻會在不打算之下，花得一乾二淨。他最肯花的錢是，有多少錢，便買多少的書。有一次，為了房租伙食錢欠得太多，他到留學生監督那裡去領錢，準備先還一部分房租伙食錢，但在領到幾十元之後，卻全部花在買書上面，回到月印精舍。易漱瑜問他：「領了錢沒有？」他說：「領是領了一點，但已買了書，伙食錢還要再籌了。」別人為著沒有錢會著急。他常常自己解嘲道：「在物質這一面，我很窮，但在精神這一面，我卻很富。」

第二個不會打算盤的就是我自己。我才到東京時，銀元對日圓，是一對二・五。上海有四十元，就可換日圓百圓。秦東書局趙南公每月給我匯的錢，平均都在日圓百元左右，比一些每月可領七十元官費的學生，還寬裕得多。論理是夠用的。但因為用錢不會打算盤，也經常鬧窮。我在上海匯款到時，總要請弟兄們吃點東西，一吃總是二、三十元我又好冒充有錢人，花無意義的錢，每月為些也多費幾元。譬如：看報雖是小事，但我卻看到四、五份，除卻東京《朝日》、《每日》、《讀賣》、《時事新報》之外，還買了《報知》。這就也是一種浪費。

花錢最有計畫的，是林孟和、林仲平兩弟兄。林孟和平日不肯浪費一文錢，同時還約束胞弟林仲平不許浪費。他在過去三年間的儉約，造成了二千幾百日圓的儲存，成為留學生中間的「巨富」。但他雖儉約，卻不吝嗇。他在民國十年讀畢第一高等學校時，曾在一日間罄其三年的儲存，請了一次客。那次，他所請的客，約三十五、六人。他笑告大家：「今天也是大考，我要考各位的食量和酒量。我今天預備二千元，請大家吃個飽，喝個醉，只要大家食量、酒量沒有問題，我願花光這二千元。」他估計一席酒菜，無論如何不會超過五百元，所以有此豪語。但我當時的酒量。差不多是個無底壑，聽到他的話：就說：「有我這酒罈，不要說你只有二千元，就是再多一點，我也非把它喝光不可」那時國內一桌上等魚翅席，不過十六元，普通一席不過十元、八元，老紹酒一斤才一角二、三分，在日本吃中國菜，價錢雖五、六倍於國內，然有二百元卻也儘夠一桌人的醉飽，因此，那天大家由正午十二時喝到下午二時半後，還沒有喝完二千元。沒有喝完二千元，自然是林孟和的勝利，如果林孟和不再說什麼話，我也就只好服輸了，然而林孟和在結賬之後，卻很驕傲的笑道：「今天你們在這個喝酒場上都失敗了，賬在這裡，酒菜共計不過一千七百元！」我聽了這句話，便說：「我沒有喝夠，還要喝幾瓶，請你且慢付賬。」接著又去打恭作揖把尚未散盡的客七、八人都留在館裡，真的洗盞更酌，一瓶又一瓶地喝了進去。

喝到下午四時，實在喝不進了，這才表示確已盡醉。此時林孟和再看一看菜館所開賬單，只能作一苦笑，原來我們幾個人在一小時半中間，喝下了四百幾十元的日本「正宗」清酒，使他這之請客用費達到了二千一百幾千。我曾問林孟和：「你為什麼平日可以不花一文錢，一請客卻請去二千餘元？」他的答覆很有趣，他說：「窮人的一年，不如富人的一日，我為著要作一日的富人，所以甘願先做三、五年的窮人。」他這種能夠忍受數年窮乏以換取一朝愉快的精神，如果發揮得當，那就必然能建大功，立大業。

對於政治問題，林孟和、林仲平兩兄弟，都毫無興趣，莊重和易漱瑜女士也不感興趣，康景昭女士的傾向和田漢相同，是是左派。我則始終是略帶無政府主義傾嚮的三民主義。因此，我們雖相處時，亦頗相得，但大家卻都極力避免談到政治思想的問題。

不過，我們對於政治的興趣和主張，雖正像南轅北轍，但在其他方面則保持極和諧的節拍，在暮春，我們成群賞櫻花，在深秋，我們結隊看紅葉。我們曾共浴月島的海水，共釣春池的鯉魚，更經常同到高田馬場附近的練兵場，踏莎步月，我們間的互相愛護，的確是像兄弟姊妹。

我所接觸的「日本精神」

我去日本的目的，是學日文，再用日文做獵取智識的工具，但到了東京之後，卻又覺得研究日本的立國精神和日本維新的基礎，亦是當前急務。因此，我在日本期內，對於若干足以代表日本精神的若干現象，都很留心研究。

最初我所接觸的日本精神，是由一位十四、五歲的學徒表現出來的。他是高田馬場車站附近一家青菜雜貨店的送貨學徒。當我從高田馬場附近下電車迷卻方向找不到諏訪町時，他先導我走約半里路，然後再畫一張圖，指出諏訪町及月印精舍的所在。臨別時，他還指著手挽車中幾十包佐餐食物，表示自己任務未了無法送我前往月印精舍的意思。他那種懇切的意思，樂於助人的精神，使我深為感動。我在出國之前，只看到大連的日本警察，東北和上海等地的日本浪人，他們幾乎是唯我獨尊，目空一切，不止傲慢無禮，而且橫行霸道。但來到日本，商店送貨學徒，卻是如此懇切有禮。這就使我不能不重新估定日本人的精神價值。我由此瞭解：今日日本儘管是有一大部分人成為「強權就是公理」的信徒，不斷扮演夜郎自大的醜劇，但也還找得出那麼懇切，那麼樂於助人的學徒。可見日本的武士道並未全部破產，就在一般日本人都發帝國主義狂、恨不得一口吞下整個中國的時候，我們也還找得到若干真正懂得「克己復禮」道理的日本人，這種能夠克己復禮的日本人，如果在日本政治舞台做了主角，便必能領導日本向著親仁善鄰的途徑前進，並為中、日兩國的互助合作開其先河，今日的問題，已不在於日本有無親仁善鄰的精神，而在於日本親仁善鄰的精神何時方能戰勝「強權就是公理」的黷武理論。

再從日本一般情形來看，多數日本人在外表上，都很守秩序、重公德、尚節儉、習勤勞，不愧為一現代國家的國民。這如果拿來和我們中國比較，那我們中國就顯得落後得多。我們中國，愈是站在領導地位的人物，就愈沒有秩序、公德、節儉、勤勞的觀念。結果，廣大的農村和都市的勞動者，雖還保持勤儉的美德，但已談不到公共秩序和公共道德。中等以上的人物，則既不知節儉、勤勞的意義何在，且不承認自己亦有尊重公共秩序、恪守公共道德的義務。他們非不知勤勞、節儉都是美德，也非不知秩序、公德，人人都有尊重的必要，但一種莫名其妙的優越感，卻造成了他驕奢淫佚的罪惡，也造成了他不尊重秩序和公德的惡習。中等以上人物本是社會領袖，領袖們既不能保持節儉、勤勞的美德，又不能守秩序、重公德，使其在廣大群眾中發生示範的作用，則一般人之不守秩序、不重公德、不肯實踐節儉、勤勞，就也不足怪了。

還有一點，日本人是最能吸收新文化的一種人。我們古人雖也留下「日日新，又日新」的遺訓，雖也主張「日新之謂盛德，富有之謂大業」，但最懂得「日日新，又日新」及「日新之謂盛德，富有之謂大業」的意義者，卻是日本人，惟其他們懂得「日日新，又日新」及「日新之謂盛德，富有之謂大業」。所以從十九世紀中葉美國巴里提督的黑船、打破日本鎖國夢之後，日本便急起直追，走上了吸收歐美新文化的路。

它的吸收歐美新文化，是全面的，不是一隅或半面的。它不僅在政治、經濟、軍事和教育方面有了舍舊謀新的改革，就在社會風俗上也一樣改革得很好。譬如：歐美各國人士對於公共安寧福祉，都非常重視，深夜諠譁有禁，當街吐痰有禁，甚至赤裸上身行於通衢亦有禁，日本人在這些地方，亦學得維妙維肖。這便是最明顯的一例。

日本在吸收歐美新文化的初期，吸收德國文化的部分似較多。它除訓練軍隊的方法取自德國之外，還從德國學得了訓練警察的方法。惟其訓練警察方法是從德國學來，所以它的警察變成了政府的鷹犬，而它的國家也變成了出名的「警察國家」。

我之體驗日本成為「警察國家」，是由到東京的第二日開始。我到東京的第二日。一位林姓的刑警就來月印精舍訪我，問長問短。問了足足一小時。當時做翻譯的人是田漢。田漢告訴我：「日本警察最注意的人物，是排日的中國留學生和社會主義者。現在他還不過來看看你的面目是怎樣，以後他將常常見訪，甚且願意做你的隨身跟班」。後來這位刑警果然常來，不是要請我看戲，就是要請我去訪藝妓的香巢，再不然也是要請我飲酒或是飲咖啡。我雖然總是婉辭，但他則始終懃懃懇懇表示願意為我服務的忠誠，而在民國十年九月國父發表宣言，譴責日本對華侵略政策，中國各地報紙也一致主張不承認日本繼承德國在山東權利之際，這位刑警還成為我的義務保鑣，我走到那裡，他也跟到那裡。因此時他已確知我是一個排日新聞記者，而且和著名的排日學生龔德柏有往來，所以他對我的監視也就更比過去為嚴密。

當時有義務保鑣的留學生，第一要數龔德柏。龔德柏在排日的留學生中，居於首要的地位，日警當局先派了兩個刑警做他的義務保鑣，後來又加派一個，保鑣們盯著龔德柏，亦步亦趨，從無片刻放棄其保鑣義務。

田漢也有一個義務保鑣，但田漢的義務保鑣，只在田漢去參加日本共產黨或左翼文藝界人士的集會時，才出而監視，平時則並不到處追隨。

上述的義務保鑣，對人都很客氣，他來訪問你的時候，一定要等你說一聲「請進來」，他才敢踏上「玄關」，如果你不說一聲「請進來」，那他便只有立在「玄關」前和你說話的一法。他在你背後亦步亦趨的時節，你要到什麼地方，還是可以去，你要做什麼事，還是可以做。如果當你到了一處之後，天忽然下了大雨或大雪，你可以在裡面休息甚至飲酒寄宿，他也不能不硬著頭皮，站在那地方附近去忍受雨雪的襲擊，因為他的唯一任務是「跟踪」，無權干涉你的行動，也無權闖進你和你朋友的屋內。

日本除已成為警察國家外，還已成為軍部所控制的國家。軍部控制下的日本，不僅內閣不能不聽命於軍部，就是日本天皇有時也不能不受軍部的玩弄。

軍部控制日本的方法，比任何人所想像得到的都高明得多。它是在極力擁護日皇中，去取得日皇的信任，在尊重憲政常軌及內閣外交決策中，去造成內閣不能不唯軍部馬首是瞻的形勢；它並收買若干發了侵略狂的文人和新聞記者，來製造日本不向外發展即無法生存的輿論；它不發動所謂「帷幕上奏權」則已，一旦發動「帷幕上奏權」，日皇對於它的上奏，必予裁可，輿論也必予響應，內閣更唯有一任其所為的一法。

我在到東京之前，還以為日本軍人所能控制的領域，必不甚廣，但在到東京之後，便發現日本是在軍部全面控制之下。我看日本報紙對於九國公約、海軍比率（英、美、日比率為五、五、三），撤退入俄軍隊和所謂中國排日問題的新聞紀事和論說，幾乎全是日本軍部意見的反映，也幾乎每一個字都有火藥味。

軍部意見固反映於報紙，也反映於若干祕密刊物。當時擁有最多日本祕密刊物的留學生，是龔德柏。我從龔德柏那裡借得幾十本關於日本蠶食我國東三省的刊物，看過兩三次之後，才知道日本在東三省的領事館，日本的關東總督和「南滿鐵路株式會社」的人員，幾乎全是日本軍部派出的特務。他們除自己要寫「調查報告書」外，還要囑托若干浪人到各地去調查，調查之後，也要寫「報告書」，那些「報告書」統交關東總督署印刷成書再送到東京。「報告書」內容大體均係報告東三省各府縣地理、人口、物產、商工業狀況、學校數、學生數、暨其他應調查的事項。每一府縣都有一冊，略似府縣志，但其所注重者，則非人文史蹟，而係土地、人口、物產及商工業。每冊報告書均有序言，為從事調查人員的意見。在那些意見中，幾乎找不出不是反映日軍部意見的論調。

我曾將那些報告書序言粗分為五類：第一類是強調日本之在亞洲和英國之在歐洲，有其相似點。因英國是由三島起家，後來卻有了一百單位以上的屬領，日本也由三島起家，今其國運正如日方中，前途不可限量，日本人如急起直追發展其國力，日本便可能成為東方的英國。第二類是強調日本民族的優秀，對於任何新文化都有特別敏銳的感受力和特別強烈的融化力，故不論世界各國在各方面的競爭是如何激烈，日本民族都是最適於生存的優秀民族，既是最適於生存的優秀民族，便應引開拓新天地為己任，現在正有許多新天地尚待開拓，日本人不應再蹉跎歲月，坐失發展的良機。第三類是說日本的人口問題極為嚴重，七千萬日人（當時日人不過六千八百萬）跼蹐在三島上，實無法生存，將來人口逐年增加，更將造成人滿的大患，故為子孫的生存計，也應該及時向外發展。第四類是力言日本的經濟基礎，非常薄弱，這是由於日本的天然資源少得可憐，如果日本要達到高度工業化的目的，便應設法取得豐富的工業原料和工業製造品的廣大市場，然而目前是力的時代，世界上的工業原料和商品市場，差不多全為實力強大的國家所壟斷，倘欲打破這種強國壟斷原料和市場的局面，便非訴諸戰爭不可，故日本此時應迅下不辭一戰以取得工業原料和商品市場的決心。第五類是指摘中國依附英美，敵視日本，實係中日親善提攜的最大障礙，並指陳中國內爭不息，各方面充滿苟且偷安、貪污腐敗的氣息，是日本不能不注意的事情。似乎正在製造「膺懲中國」的理由，預先舖好「五三」、「九一八」、「一二八」、「七七」、「八一三」大舉侵略中國的道路。

從反映於報紙和祕密刊物裡面的軍部意見中，我知道當時整個日本，是在軍部少壯派所製造的空氣包圍中，軍部少壯派隱在忠君愛國的煙幕後，放出日本非從事侵略不可的空氣，來影響輿論，轉移各政黨的對外政策，並與日本駐外使館人員、從事貿易的商人、浪人、以及關東總督署、南滿鐵道會社人員，聯成一氣，製造種種利於侵略行動的藉口，迫日本走到侵略黷武的絕路。因此，軍部所製造的忠君愛國的空氣越濃厚，它就越有欺君誤國的機會。這理由很明顯：凡是希望多收一點香火錢的廟內老人，無不想盡辦法，造出一些菩薩威靈顯赫的鬼話，傳佈泥人出血、木偶流淚的謠言，來哄騙一些迷信鬼神的傻子，從而坐享那些傻子送上門來的香火錢。凡是企圖挾天子以令諸候的權奸，也必然是用更較他人為敬虔的態度來服事君王，以換取言聽計從的專寵，等到獲得言聽計從的專寵，僅是挾天子以令諸侯，還是好的，有些權奸就進一步演出弒君篡位的戲劇。所以，我說日本軍部所製造的忠君愛國空氣越濃厚，它就越有欺君誤國的機會。

不過，軍部控制下的日本，其侵略黷武的精神，雖披著忠君愛國的外衣，然始終無法掩飾其猙獰的面目，不止我們留日學生都已看透此時日本人忠君愛國的精神中間究竟是已滲入多少侵略黷武的精神，就是英美遠見人士也已知道日本這種混忠君愛國與侵略黷武為一談的思想，究將產生怎樣的惡果。

日本除卻有這種混忠君愛國與侵略黷武為一談的思想和精神外，也還有一些值得稱道的良好精神。就中日本各大報對於貪污和廉潔，是分得極清楚的。每當政府任何部門發生黷職貪污案件時，各報莫不一致抨擊，絕不稍留餘地。遇到值得讚揚的廉潔人物，各報也不惜作同聲的贊頌。譬如：日本維新元勳之一的大限重信病逝之日，各報均以第一版全版刊大限的功績，並讚美其身後除若干書籍暨一不甚大的住宅外，別無長物；便是日本報紙贊揚廉潔人物的一例。

並且，又不僅新聞界對於貪污和廉潔，分得非常清楚而已，日本一般人對於貪污和廉潔也一樣分得清清楚楚。因日本在由一九二一年到二四年中間，死了好幾位維新元老，除大限重信外，還有松方正義、西園寺公望兩人，但大限出殯之日，全國民眾均自動下半旗致哀，而對松方及西園寺兩人則毫無表示，儘管松方和西園寺兩人也沒有什麼貪污劣跡，但一般日人則因其身後資財頗豐，頓失敬意。日本報紙和一般日本人這種重視廉潔政治的表示，對於日本政界所投下的影響，實至深遠。

還有一點，是日本在保育工業上所表現的徹底強韌的精神。我在十年初冬，寫信到上海，托趙南公代製一件呢大衣，由郵局寄到日本。大衣連工帶料，在上海不過十六銀元，但寄到東京之後，東京海關卻發出一紙通知，要我繳納六十圓日幣領回大衣。當我和田漢去質問海關人員：何以課稅如此之重時，海關人員很坦白地告訴我們：這是為著要保護日本的羊毛紡織工業而築的關稅堡壘。日本人非不知如果降低羊毛出品的進口稅，則市上羊毛製品的價格不止會降落一半，其所以寧可忍受出高價卻買不到好貨色的痛苦，是為著要替日本毛紡織工業開拓光明的前途。我雖一氣之下，要日海關把大衣退回上海，但對於日政府那種徹底保育毛紡織工業的精神，卻也認為值得讚美。

日本學店式的大學

日本教育界的接受新文化，也是全盤接受。它一面把歐美教育的好制度搬進去，另一方也把歐美教育發達過程中所產生的病態都帶過來。因此，日本的大學，就分為兩種：一種是嚴格的招考，實施嚴格的教育，學生非有一定的教育水準無法入學，也無法畢業。一種是真正的學店，只要你有錢繳學費，便可以入學，可以畢業，甚且可在兩天之內，完成報名、入學、繳費註冊、領取講義、課題及呈繳畢業試卷等手續，並且畢業考試可以請人代考，不必親到；代考人收費也不太貴，代考一題，只收五元；假如你是政經法律科學生，則照例要領四十八個試題，要繳四十八本試卷，每卷五元，全部代考費用僅二百四十元，辦完這些手續之後，你可以坐待學校發給畢業文憑。

學店式的大學，雖不是專為我們中國留學生和日本一些成家成業尚未成學的工商業者而設，但多數中國留學生和日本成家成業尚未成學的工商業者，卻是那些學店的主要支持人。中國留學生最初多集中於明治大學、早稻田大學，後來明治大學和早稻田大學把入學條件略為提高，不收不諳日語、日文的學生，於是大批為著文憑而東渡的中國留學生，就轉而集中於日本大學、中央大學。有一年，這兩所大學竟擁有一萬五千名以上的中國學生，而足跡不到東京僅是托人代繳學費代應考試的學生，則尚不在內。當中國學生大量擁入日本、中央兩大學時，若干窮學生便以代考為職業。從事這代考職業的學生，每年只要代考四次，就有九百六十元的收入，平均每月收入為八十元，比有官費可領的學生，更富裕得多。因官費生每月所領官費僅七十元，並且經常被拖欠半年左右。

我們中國不也有所謂「野雞大學」麼？什麼是「野雞大學」？不消說就是形容那大學不合理的規格。日本那種學店式大學，則幾乎可說是集了全世界「野雞大學」的大成，使人嘆為觀止。因為它的創辦形式是仿自英、美，英、美若干私立大學創辦之初，不僅內部一無所有，校舍也只是一個較大的鴿籠，日本便採取了這種不重校舍和教學設備的形式。它籌措經費的方法，則仿自歐洲大陸若干私立大學；歐陸若干大學用以維持學校經費的款項是學費，尤其是等於出賣文憑的學費，日本也採用了這種辦法。

對於這種「野雞大學」，日本人看法雖不甚一致，但多數日本人則表示贊成。一個在東北多年曾在南滿路服務的日本人和我談到這問題時，曾表示兩點意見。

他的第一點意見是：這種「野雞大學」的存在，足以醫治一種資本主義所造成的病態。他說：資本主義之下，國民教育以外的高等教育，只有資產階級子弟才能夠享受，清寒子弟無法分享比國民教育更高一等的教育。這是社會的一種病態，也是一個需要彌縫的一種缺陷。現在有了這種「野雞大學」，就有一部分聰明過人，才能出眾而未受高等教育的人，得到彌縫缺陷的機會。他們可在自己事業或學業有了成就之後，向那些野雞學校繳進學費，換取一張大學畢業證書，用以彌補其出身空白的缺陷。

第二點意見是：日本如果希望將來有又多又好可以誇耀世人的私立大學，則必先容許若干野雞大學的存在。他們說：歐美的私立大學，都是逐漸長成的。許多私立大學在設立之初，都沒有基金、沒有儀器、沒有圖書、沒有充分的教學設備，甚且校舍還不如一所私人小住宅，但在經過若干年之後，便有了充足的基金，巍峨的校舍，大量的儀器，豐富的圖書和無美不臻的教學設備。現在我們不是很艷羨歐美大學的數量甚多、質量亦不惡麼？然而那些又多又好的大學，不是天上掉下來的，也不是地下突出來的，是由一些有心人多少年的慘淡經營所造成的，而在其慘澹經營的中途，採取學費第一主義，實無可厚非。當其採取學費第一主義時，你自然會覺得它是醜惡的毛蟲，但當它變成很像樣的大學時，你便會艷羨它是美麗的蝴蝶。所以，日本如果希望將來有又多又好可以誇耀世人的私立大學，則此時便不能不儘量幫助那些野雞大學的發展。

此外，還有一點意見，也很正確。這是一位日本東京帝國大學學生所發現的。他說：東方和西方的最大不同點，在於西方人士所服膺的基督教是以服務社會為主旨，而東方人士所信仰的佛教，則導人入於自私之途。惟其如此，所以，在西方的私立大學，多半是由教會或教友出資興辦並予維持，在東方佛教會及佛教徒則不出資興辦或維持私立大學。東方的佛教會及佛教徒既不出資興辦或維持私立大學，則私立大學之不能不採學費第一主義，實亦事勢之所必至，故日本私立大學的濫收學生、濫發文憑，及其但問學費不問其他的作風，自不足怪。

日本學店大學，普通都分為兩部分：一部是在做出賣文憑的生意；另一部則係正式學校。出賣文憑部分，以專科為主，正式學校部分則以本科為主。兩部所聘教授，均為第一流教授，其陣容甚且較官公大學教授陣容為堅強。

戰後，這些大學收入之豐，出人意表。每年盈餘，最少也有幾萬元，還有多到幾十萬元的時候。而畢業生的臨時報效，亦極可觀，有一次報效數約等於三十萬元美金者。

學校當局等於經費盈餘項下和畢業生報效的捐款，從無浪費情事，普通都是用以增加圖書、儀器和其他教學設備，或修建校舍。最近法政大學、日本大學、中央大學、東京女子大學等校，都已建有美輪美奐的校舍，其新校舍建築費有達到六百萬元美金者，便是各大學經費歷年都有盈餘和若干畢業生都肯報效的結果。

若干畢業生為什麼肯報效捐款給學校？原因是：那些畢業生在發了大財之後，想到母校的一紙文憑，確也彌補了自己過去失學的缺陷，所以當母校需要充實設備或修建校舍時，也樂於捐出一筆款項來供應學校的需要。

現在日本若干大學只認學費不認人的時代，似已結束，代之而興者，則為短期大學及大學函授部。短期大學兩年畢業，係戰後為適應多數青年無力長期求學而設，十年間設立了差不多二百校，公立和私立的比例，約為四對六，短期大學之外，還有大學函授部，是用以適應職業青年的需要。現在有函授部的學校，大抵也就是過去學店式的大學。

各校函授部的學生數，都相當多，據一九五二年的統計：慶應大學函授部為一二、〇〇七名，法政大學為一四、六五〇名，日本大學為八、九二三名，中央大學為一五、二九一名，玉川大學為六、五七九名，日本女子大學為九、〇一五名，六校合計為六六、四一八名。這種函授部學生，最近增加甚速，大約每年至少要增加一萬名。

日本各私立大學函授部的設置，是仿自美國，也是替一些職業青年解決進修問題的最好辦法。但實際上，得此函授大學之益者，並不限於職業青年，只要你願意，就是老人也可能受益。因在四十二年日本女子大學函授部第一屆畢業生中，便有年已六十三歲左右的老嫗數人。

現在日本大專學校數，在四百以上，學生數也超過了四十五萬，但日本教育當局，對於申請設立大學的案件，依然幾乎是有求必應。他們的教育當局，對於為高等教育而艱苦奮鬥的教育家，是儘可能的予以協助，不是儘可能的加以限制。

我究竟要先做什麼事？

我在東瀛時，除卻留心發掘「日本精神」外，還想解決自己回國後究竟應該先做什麼事的問題。

回國後究竟應該先做什麼事呢？這在我確是一個問題。因為我不重新加入中華革命黨，黨的事情不必做，我又早已決定不做官，便當然不必去做官場的沉李浮瓜，在出國之前，我雖妄想在國內辦報，但到日本之後，卻又覺得光蛋辦報的時代業經過去，現在非資本家就無法辦出一張像樣的報。但我一不革命，二不做官，三無法辦報，又有什麼事好做？這就使我傷透了腦筋。然傷透腦筋，想了多時還是想不出應該做的事，我開始想入非非，往往為著追逐一種無影無踪的幻象，而鎮日枯坐無言，而終宵不能成寐。在偶然得到自以為是的解決辦法時，則欣然自得，放聲高呼，使屋內諸人皆為之驚怪。

後來有兩種比較現實的解決辦法，佔據了我的心坎，我才漸漸安定下來。兩種解決辦法是：我去學製造肥皂、雪花膏這一類的東西，從此置身化學工業界，或是繼續去做一個新聞記者。這兩種解決辦法，所以能夠佔據我的心坎，半是因為看見別人製造肥皂雪花膏之類，很容易，也很賺錢，在東京的若干學生就靠著製造高級雪花膏換取學費，東京帝大學生屠模就是靠製造雪花膏維持學費和零用的一人。我想：他能用所製雪花膏換取學費和零用，我就也一定能夠靠著製造肥皂、雪花膏換取生活費，又一半是因為覺得自己雖不能辦出一張像樣的報紙，但在荒蕪的中國報壇，總還能做一個普通的開拓者，我如果從事製造肥皂、雪花膏不成功，那就不妨繼續去做一個新聞記者。

我既決定選擇於製造肥皂雪花膏和去做一個新聞記者的兩途，我的大半注意力就集中到了這兩點。我先寫信在北洋大學肄業的陳燀漢，請他替我計畫創設一個製造肥皂和雪花膏所需的基本儀器設備，並替我預定那些儀器。因為他曾告訴我：製造肥皂和雪花膏所需基本儀器，有二、三百元就夠置備，他若以學生資格托學校代辦還可以打八折，我所以托他代定。在托陳燀漢代定儀器之後，還買了一本《家庭工業案內》，想從書裡獵取一點製造肥皂和雪花膏的智識，並去參觀某君製造雪花膏的過程，然後買了一點阿姆尼亞、白臘、香精之類，作製造雪花膏的初步試驗，準備一回到國內，便寄錢到北平去買一套最簡單的基本儀器，開始製造雪花膏，等雪花膏製造成功，再來製造高等香皂。

不過，我雖決定回國後就去製造雪花膏，但對於如何可以促進我國新聞事業的發展這件事，也時在念中。我對日本新聞事業進步之速，頗為注意，而對於日本各報編輯的得法，印刷的精美，處理發行和廣告方法的迅速簡便，則尤為驚異。

日本各報的編輯方法，是早就仿效美國的，刊載新聞除採取重點主義外，還採取精編主義。因採取重點主義，所以國內、外重要新聞都不至遺漏。因採取精編主義，所以任何國內、外名人的講演辭、任何一個國家發表的對外文書，都只摘錄必不可省的要點，予以披露，絕不全予刊登。當時我們國內報紙，並不採取重點主義，以致應詳的新聞，反而從略，應略的新聞，反而不厭其詳。同時，精編主義在我們國內還未抬頭，各報新聞欄內的所謂新聞，差不多只是各通訊社稿件的陳列所；同一新聞，登了自己專訪發來的電報不算，還把英國《路透社》、《日本東方社》（當時尚未改組），和法國、德國通訊社的稿件，一起刊登出來；遇有國內外名人演說，或相當重要的國際文書，不登則已，登則一字不刪；有的名人演辭，真像又臭又長的裹腳布，但若干報紙也是一字不刪的照登。

當時我們國內各報的版面，也很呆板，多數日出對開三張的報紙，都是一版六欄，一、四兩版，全是廣告，二、三兩版為國內新聞，五、六兩版為國外及各省新聞，七、八兩版又是廣告，其餘九、十兩版，則一為本埠新聞，一為文藝副刊，十一、十二兩版也是廣告。除卻廣告版面目有變化外，新聞版的面目，則採取了「以不變應萬變」的主義。從社論、要聞、國際新聞、各省新聞、本埠新聞到副刊，全是同一「板板六十四」的可憎面目。

還有標題，也在「板板六十四」之列。普通標題都限於一行，很少超過一行的，倘為一行，則標題字數最多二號字八字，最少為一字。一字標題僅在民國六年七月初張勳要復辟把戲時，同時一見於上海的《中華新報》和《民國日報》的評論欄，是吳稚暉、葉楚傖兩先生異口同聲發出的「嘻」字。

我們中國報紙，又不僅不注意什麼重點主義，精編主義和版面標題的過分呆板而已，對於最重要的新聞照片，也還不知道充分利用。這就使本來呆板的報紙，更增加一點死板的樣子。

日本各報，版面是每日變動的，今日的版面決不就是昨日或明日的版面。從它的版面裡，立刻可以找到重要的新聞，因為它的版面既極其活潑，而其大小標題又極醒目，再加上如見其人的攝影，如聞其聲的描述，一條重要新聞，便好像是一個活潑潑的人正蹦蹦跳跳來到我們的面前。在發行、廣告兩方面，日本各報為主顧服務的周到，也大可佩服。在發行方面，它除卻儘量提早送報的時間外，遇有發行特刊或號外情事，不管發行成本要多少，對於訂戶總是一一奉送，從無另收訂戶費用情事。這比起號外不送訂戶的我國若干報紙，實在慷慨得多。

廣告的服務，就更是十分周到。你如果要登一則廣告，你可以先和它說明刊登的行數、日期和種類，它就會告訴你：指定的日期是否可以登出。如果指定日期無法登出，它又會問你：是否可以另定一個日期？日期問題解決之後，它就把廣告稿電送到專排廣告的排印間，約經三分鐘，廣告小樣便已送到你的面前，你看了廣告樣子，付了廣告費和打樣的手續費，你就可以回去。到指定日期，你翻開報紙，就會看到你的廣告確是刊在某版的中間，而其地位則完全和當日所看到的樣子相同。它不會有到期不刊的情事，也不會有任意變動約定地位或顛倒先後次序的事情。

我從日本報紙接觸到它這種日新又新的精神之後，曾於十一年秋天，連寫兩封信給潘公展先生，希望他能先從事報紙版面標題的革命，再以次全部革掉舊式報紙的命，使我們報紙從此踏上日新又新的道路。我告訴潘公展先生：比起日本，我們中國的報紙，是一個無知的兒童，一種沒有生命的字紙。我們如果希望我國報紙的長成，希望我國報紙獲得活潑潑的生機，我們便必須負起報紙形式和內容同時革命的責任。

潘公展先生贊成我的意見，反希望我能做改革國中報紙形式和內容的開路先鋒。他在和上海《時報》的黃伯惠談及時，因黃伯惠也贊成報紙的革新，並需要有人替《時報》做這革新的工作，托他物色人才，他就又寫信問我：你能不能回上海做《時報》的編輯？如果你不能或不肯到《時報》當編輯，你願不願勸田漢做這件事。

在潘公展先生回信到東京的那一天，張復生先生早從哈爾濱給我一封信，張復生問我：日本況味嘗夠了沒有？有沒有言旋的意思？現在我辦了兩張報：一個《國際協報》，就是《健報》的延長，另一個是俄文的，是受東路督辦王景春之托而創辦的。你能不能來主持《國際協報》的編輯部？如果肯來，我就馬上寄川資。張復生先生早就有信給我，勸我早點回國。我曾覆道：「我來日本，不是為了什麼學士博士的頭銜，我主要的目的，是考察它的所以立國強國的基本精神，現在我還是毫無所得，不能空手歸國。」這一次他又來信，當然是因為得力的助手難得，所以希望我能重新去做他的助手。在這情形之下，我只好覆潘公展先生一信說：舊友張復生在濱江辦報，正需人主持編輯部，我如回國，應去哈爾濱幫故人的忙，不能回上海，但田漢亦已決定回國，並且願為《時報》貢獻其全力，請即通知《時報》主持人罷！

滿載悲傷返大連

張復生的函催，雖是我決定回國的主因，但旅費來源的漸漸枯竭，也是我不能不決定回國的副因。我旅費的主要來源是《商報》稿酬，但《商報》在十一年春天，即已發生捉襟見肘的現象，稿酬已不能按月照發，到得五、六月，《商報》經濟情況更形惡劣，不僅稿酬不能按月照發，連館內經理編輯兩部分人員薪水，也已不能如期支付，我雖函商泰東書局趙南公，請他墊款匯寄，但泰東書局因《商報》形勢岌岌可危，也不大高興墊款；匯寄日期，原為月初，一改為月底，再改為下月初，後來率性改為下月底。又因銀元對日幣的比率，日益低降，我所收到的匯款數也逐月減少，先由百日元減為八、九十，再減為六、七十，最後只剩了五十。五十日元只夠應付房飯錢、報費和洗衣費，連電車票費都沒有著落，其他，更不必說。但如果這五十元確實可靠，我還不必忙著回國，可惜連這五十元也並不完全可靠，我如不回國，便可能遇到絕糧的災厄，因此，我才趁張復生函催的機會，決定離去日本。

我的決定回國是因為旅費發生問題，這就使我更痛恨替人類社會帶到許多不平的資本主義。我希望國民黨能夠早日推翻罪惡的資本主義，結束這種連享受高等教育機會都被富人壟斷淨盡的局面。

但我雖痛恨資本主義的不合理，卻不贊成俄國共產黨非把資本家屠殺乾淨不可的殘忍辦法。我知道俄國共產黨已屠殺數以萬計的資本家，其血腥統治已使大量俄人逃到西歐，成為等待救濟的國際難民，我還目擊若干由西伯利亞經東三省南奔上海的所謂「白俄」，其流離顛沛的慘狀，令人觸目驚心。並且，從中、日報紙記載來看，則知赤俄的農業政策，已招致了更較任何一次天災為烈的災難，此時俄國人民正在飢餓與瘟疫夾攻中，到處盜賊繁興，餓莩載途，有人估計活活餓死的俄人已經超過百萬之數。所以，我雖是痛恨資本主義的標準無產階級，卻也反對赤俄式的共產革命。

我因為痛恨資本主義而又反對赤俄式的共產革命，所以，對於中山先生的北伐，寄著無窮的希望。我希望中山先生的北伐，迅速成功，中山先生所主張的節制資本和平均地權，能夠立刻實行。我先僅得悉中山先生一月底已決計將設在桂林的大本營移到廣東的韶州，二月三日下令北伐，由李烈鈞擔任攻贛，許崇智擔任湘鄂方面的軍事，後來得到朋友的信，才知道中山先生已於五月九日在韶誓師北伐。中山先生誓師北伐，使我無限興奮，也引起我的許多幻想。我幻想當我船到大連之時，江西、湖北必然已是國民黨的天下。也幻想中山先生除更進一步揮師北上外，還一定先將北伐軍所到的地方，劃為實施節制資本、平均地權的示範區，用以證明國民黨的民生主義，絕非徒托空言。

可惜我的幻想雖極美麗，事實卻很醜惡。中山先生誓師北伐，是在五月九日，但延到六月十六日，陳炯明卻已在廣州揭起叛旗，在陳炯明叛軍圍攻總統府之際，中山先生雖冒險出府，先到海珠的海軍司令部，尋即暫駐永豐艦，獲免於難，但北伐的大計，卻受到無可補救的挫折。這挫折的影響是多麼深遠，當時雖無人注意，然今天我們卻已知其影響的深遠實無可方物，因這一挫折，直接是使國民黨不能在十一年一氣呵成北伐大業，間接是仗我們民族國家在世界局勢變動最劇烈的時代，停止了進步，也使日本和俄國先後把侵略的箭頭指向中國；我們雖已在由二十六年到三十四年的八年間，從事生死存亡的戰爭，終於贏得抗日的勝利，但日本侵略者甫告降伏，俄帝卻乘機侵入東北，搶去值二十億美元的工業設備，還把從日本關東軍那裡得來的武器資助它的傀儡中共，使本來已在抗戰期內坐大的中共，得乘國軍八年抗戰之敝。攻陷了大陸，所以，我到今天倘用歷史的眼光，來衡量十一年六月陳炯明在廣州叛變的影響，那就要說使中國在最近三十幾年受外患內亂的夾攻而無法閃避者，其主要成因之一，便是十一年陳炯明的叛變。

陳炯明叛變後，中山先生登永豐軍艦主持討逆事宜，我則帶著沉重而抑鬱的心情，以八月初離卻東京諏訪町的月印精舍。

這一次離開月印精舍；就等於最後離開少年場。其臨別依依之情，是不可以言語形容的。我不僅著別離兄弟們而惆悵，也為著此後無法再做一個學生而惘然，同時，我還為著自己此來無所獲而悲傷。

這裡所說的無所獲，是真正的無所獲，決不是一句空泛的客氣話。因為我在東京的時間。將近兩年，但對於日本民族歷史的發展，日本人何以特別容易吸收外來文化的基本原因，以及日本將來究竟能不能放棄其侵略中國的西進政策等等，都不曾作有系統的研究，我所知道者，僅是若干最淺薄學人所共聞的一些不重要事實，而這些不重要事實，則決不足供研究日本發展趨勢及中日關係能否好轉的若干人士的參考。因此我在十一年春天，雖擬著一本以「日本及日本人」命名的書，但結果這本書卻胎死腹中。同時，當我從東京到橫濱踏上一艘開赴大連的貨船時，我還為了空手回國而不勝悲傷。因為我看過若干日本外交官、軍人和商人所作的「調查報告書」之後，我深知日本官民以全部注意力注於我東北三省、熱河、察哈爾及山東者，殆已三十年，但我們中國政府官吏和留學生之注意日本侵略我國的野心者，則寥寥無幾，並且多半是由民國四年五月七日日本提出最後的通牒迫袁世凱承認日本二十一條要求之後才開始注意。我既是一個來到日本求學的新聞記者，我就應該寫一本足備國人參考的分析日本實情的書，使國人知所戒備。而今我竟空手回國，豈不愧對國人？

不過，我雖自傷對於日本和日本人，不曾作系統的深刻的研究，不能有所介紹，但還自幸已從日本若干外交官、軍人所作的「調查報告書」中，看到了一些日本人鼓吹侵略中國的理論，和一些日本人正想向英帝國看齊出而征東亞的野心。我相信我如果好好運用日人的「調查報告書」，把裡面觸目驚心的若干言論，彙為一書，予以刊布，或足以喚起國人對於日本侵略企圖的特別注意，而我在日本所費的近兩年的時間就不算白費了。

我從上海乘日本一貨船赴日時，在船上登記的姓名是王無為，在東京報戶口的姓名也是王無為，但在這次由橫濱乘一貨船到大連時，登記的姓名，卻是王新命。我為什麼要改名？是因為，在國內已有一個演新劇的顧無為，在東京也有一位很活動的學生名叫權無為，並且無為兩字，顯然有點老莊化，很容易使人誤會我是服膺老莊無為主義的信徒，所以，決定改名。改名的辦法是在桌上隨手取了兩本書，一本交給田漢，自己拿一本，由我指定第幾頁第幾行第幾字，請田漢翻開看是什麼字，再由田漢指出第幾頁第幾行第幾字，讓我翻看是什麼字，然後便合兩字作為我的新名，結果，田漢翻開一看是個新字，我自己再看，是個命字，於是我就在這樣的戲劇化下廢了無為的舊名，代以今名。

其實，我的本名是吉曦。癸丑討袁之役，我曾因參加關外討袁軍，被捕入獄，出獄以後，為著自己的安全，才改為無為，這一次改為新命，是第二次的改名。第一次的改名，是為安全，第二次的改名，到是為了避免與人同名。

飛霜如霧入濱江

我從東京起身時，自己約略計算一下，川旅費大約夠用到長春，等到長春再設法，但到達橫濱買船票時，卻發現川旅費只夠用到大連，付了船票錢，行李錢之後，衣袋裡所餘已不足一元。船要走三天多才到大連，別的費用雖可省，紙煙卻不能不吸，於是當機立斷，先把這不足一元的日幣買了幾包敷島版紙煙。

所乘的船也是一艘貨船，艙位也是三等艙，但這次船上的情形，卻比來時情形好得多。船上乘客雖多半是以東三省為冒險者的樂園的一些日本浪人，但也有少數正當商人和智識階級。和我同住一處的黑田君，就是對人態度很好的智識階級。黑田的名字似乎有一個「隆」字，但另外一字卻被我遺忘了。我曾和黑田交換幾次意見，我為日本沒有偉大政治家致惋惜之意，他也為中國封建割據之局何日方能結束而擔憂。在談到世界局勢時，我們的意見完全一致，我們都知道中、日兩國如果真的親善提攜起來，將是沛然莫之能禦的偉大力量，但若不能親善提攜，甚且走到爾詐我虞的牛角尖，那就必然將一度演成令人不忍想像的悲劇。然我們的意見雖相同，我們對於中、日兩國隨著時間而逐漸深刻化的仇恨，卻也討論不出消釋的具體辦法。因為我知道：消釋中、日宿怨的最好方法，是由日本歸還山東和旅大，交還南滿鐵路經營權，但這是比緣木求魚更困難百倍的事情，我不必妄費唇舌來話。黑田似乎也知道：現在中、日兩國國民感情衝突已經接近了爆炸點，其勢有如懸崖轉石，不到地不止。

船行三日夜到大連，剛靠岸，大連的日本警察就上船盤查，但他的盤查，只盤查一個我，這使我知道：當我在橫濱下船時，日本橫濱警署已電告大連警署，令其注意我的行踪，所以船才傍岸就有日警找我的麻煩。

日警問我姓名時，我以王新命對；又問：「有無別號？」我說：「沒有。」日警頗現驚異之色，又問：「你認得在東京的王無為否？」我不禁為之失笑。我說：「現在的我，就是過去的王無為，你有什麼事要找王無為，王無為就在你面前了。」他在知道我就是王無為之後，就問我：「對於日本的感想如何？」我說：你應該專就一二事來問我：不能這樣籠統的問，這樣籠統的問，我實未便作答。」他想了一下才說：「請你把對於日本現在內閣人物的感想說一說如何？」我說：「對於日內閣人物，我的感想只有一點，就是他們太老了，他們的年齡固大半在六十左右，他們的思想也是極古老的思想，現在是個新時代，那些古老政治家是沒有用處的。」

最後，日警問我：「你看中日關係有無改善可能？」我說：「這不必問我，我所知道的事實你都已知道了，你所知道的事實，說不定我還睡在鼓裡哩！」

他在無話可說之後，又對我表示親善，說是假如你有需要他幫忙的地方，他一定就來幫忙。我說：「那麼請你替我先做兩件事：第一，這裡那家客棧比較廉宜，你是知道的，現在他們的夥計都等著接客，請你指定一家教他來搬我的行李。第二，我現在要找前《泰東日報》總編輯傅笠漁，請你告知他的住址。」他除立刻要一家客棧夥計來搬我的行李外，還向我道歉，說是不知傅笠漁先生住在何處，但知他是滿鐵顧問之一，如果要找他，只要寫一張明信片交給郵局就能送到，郵局信差是知道他住址的。

我在此時囊空如洗，到客棧之後，除叫賬房墊付行李搬費外，還寫了一封信要賬房墊付「速達郵便」費，寄給傅笠漁。「速達郵便」就是特別快信，在大連限三小時到達，事實上則沒有超過兩小時的。我十一時許發信，下午三時傅笠漁來看我，據說是一時前收到的，計時不到兩小時，可謂迅速之至。

傅笠漁是一位安徽人，在民國四年張復生回瀋陽辦《健報》時把他介紹給《泰東日報》主持人金子平吉，金子平吉聘他繼張復生之後做總編輯。他做了幾年總編輯，和金子平吉很友善，和南滿鐵道的一些重要日人也攪得很熟，所以南滿鐵道會社聘他做顧問。他做了顧問，就丟開剪刀漿糊紅墨水的記者生涯，搬到南滿鐵路為他而設的住宅去住，成為大連一位標準的紳士。在民國四年，他不曾發胖，也不曾留鬚，但在十一年的秋天，他已變成一個大塊頭，並且留了鬍鬚，當他走進我房中時，我幾乎不相信這位于思于思的大塊頭，就是當年的傅笠漁。

我找傅笠漁的目的，是借錢坐火車。他問：「要多少？」我說：「有十元就夠了。」他立刻摸出一張十元日幣給我，再約略把他不得不和日本人建立密切關係的理由說明一下，就走了。他所以要向我說他不能不和日本人建立密切關係的主要原因，顯然是怕我懷疑他做漢奸，其實，這是他的多心處，我不會懷疑他做漢奸，我知道他是一個亡命客，當時若不和日本人虛與委蛇，便幾乎無法生存。

這一天，國曆雖是八月，但舊曆卻是七月十六日。大連氣候和東京差不多，白帆布學生裝穿在身上還會出汗。但晚上登車赴瀋陽，車輪每向北輾一下，溫度就降下少許，到得明天火車到瀋陽，就非棉袍不暖。

在瀋陽住了一天，再乘夜車往長春，車中已有一些穿皮衣的人，但我卻還是穿著一身白帆布的學生裝。這時，天氣非不冷，只是我不覺得冷。

車到長春，氣溫業已降到冰點下，火車站的護路車，全部穿了老羊皮外套，路上行人，也都穿著皮衣，我無法再做不怕冷的英雄了，這才從行篋中取出一件駝絨袍來代替白帆布的學生裝。我本想一到長春就乘東路車輛向哈爾濱進發，不幸吉長路車和東路車並無密切的聯繫，吉長車到達安春時，北行的東路車已經開行。我就只好再在長春做一天旅客。

在長春做一天候車的旅客，本是很好的事，因我以前不曾到過長春，現在乘這機會認識一下長春的面目，到是無意中的收穫。可是我做這一天的旅客，卻付出一次飢餓旅行的代價。這是什麼緣故？事實很簡單：在大連借來的錢，又不夠用，只好咬緊牙關來忍受飢餓。

傅笠漁借給我的十元日幣，在大連付了旅館房飯錢，行李上落力錢，茶房賞錢，再買一張到瀋陽的火車票，已經耗了四元，剩下六元，在瀋陽又是旅館房飯錢，行李上落力錢，再加上人力車到車站的車錢，火車上的飯錢，紙煙錢，因而車到長春，旅費就用得一乾二淨。

沒有旅費怎麼辦？這是我當前的課題。我已決定寫信到哈爾濱，請張復生電匯幾元到長春，但信還沒有寫，卻想起了客棧隔壁一家麵粉廠，似乎是大連政記公司所屬「磨坊」之一，大連政記公司裡面有幾個人我是認識的，他們經常像穿梭似的來往於東三省之間，如果這廠裡有故人，那我就可以向他先借幾元錢買車票，無須寫信教張復生匯款了。想到這裡，就走到隔壁打聽麵粉廠和大連政記公司有無關係，現在大連方面有無來人。

我正向粉廠賬房打聽，裡面走出一個人，「呵」的一聲，引起了我的注意。我認得他是政記公司五「掌櫃」，（掌櫃為經理代名，五掌櫃即意第四副經理）姓曲，但已忘其名，我們一陣寒暄之後，我向他借得五元錢，交給客棧賬房要他代購明早北行的火車票，並先扣去當天的房飯錢。第二天清早，客棧交到了賬單和火車票，另外還有五個東路沿路通用的方孔銅幣五枚，每枚值龍洋一分，五枚就是五分。

五分錢是連行李上火車的力錢都不夠的，其他當然更不必說。我看見自己竹籃上還有一雙舊皮鞋，立刻把它送給茶房。我說：「我沒有錢付行李搬運費了，這雙鞋還不太壞，送給你，請你把我的行李送上火車，謝謝你！」茶房為了皮鞋這禮物，也就勉強把我的行李挑到火車裡面。

由長春到哈爾濱，快車要走十三小時，早上近七時開車，晚上八時才到，我手裡的五分錢，夠買什麼東西充饑？這就又是傷腦筋的事情。因為火車將開動，聯想也不許多想，所以當我看到賣小白梨的小販時，就買了五分錢的小白梨。五分錢只買到三顆，每顆重量約在二兩左右，然而這就是我今天一天的食糧。

東路火車，有雙重門窗，還有暖氣，所以外面儘管已是冬天，車裡卻還是和暖如春。車裡不僅有茶水供應，甚且有各種名酒可以零杯出售，但你如果沒有錢，那就連水都沒得喝。

車裡乘客約十分之一是俄人，其餘全是我們中國人，但車上的管理人員，則多半是俄人。

從窗外看沿途，除還看不到雪景外，一切已經全是冬天。樹葉多已枯黃，野草也沒有了春色，只有一些耐得住寒威的山花，還能發出兩三朵可憐的紅花。

我沒有錢買茶水，也沒有錢買飯菜，為著要使自己忘卻饑渴，總是把目光放在窗外。但東路車的侍者，比其他各路更殷勤，同坐的一位天津人，又特別需要飲食，一會兒要一杯咖啡，一會兒要一客西餐，一會兒又要一客火腿蛋，從上午七時，到下午八時，他吃了兩客西餐，三道點心，還加上一些水果。他又很客氣，每次叫到飲食都要和我打招呼，幾乎是定要誘發我的食慾。我嗅到麵包、咖啡、洋葱煨牛肉的香味，本是饞涎欲滴，再加上這位天津人一日十二小時幾乎都在吃東西，更使我要時刻咽下饞涎。

上車時買得三顆小白梨，是準備下車時吃的，然在黃昏時節，一個醉容可掬的俄國人，突然到我面前，一面向我打招呼，一面伸著右手取去兩顆小白梨，說一聲「多謝」，拔步就走。我正在饑火中燒，遇到這樣閃電的搶梨，真是啼笑皆非。

好容易熬到八時，車抵濱江車站，我才吃下那一顆約有二兩重的小白梨，準備下車。我因沒有錢不能叫赤帽搬行李下車，自己餓了一整天也沒有氣力肩負行李出站，祇好先從車上卸下行李再說。幸而幾分鐘之後，有一個十七、八歲的馬車夫在站外籬笆邊兜生意，我用手一招，他就從籬笆缺口走進來，把行搬上馬車，我就跟著鑽出籬笆上車前往傅家甸的《國際協報》館。

這一天舊曆還只是七月十八、九，但濱江卻已是霜花滿天飛、霜風砭肌骨的真正寒冬。因為霜花滿天飛，我在馬車上看哈爾濱的街市，就好像是看霧裡的廬山。

約經二十分鐘。馬車到了傅家甸的《國際協報》館。報館付了馬車錢，又給我預備晚餐，但興奮到了頂點的我，此時反而忘了飢渴，也忘了寒冷。

吃過飯，在張復生房裡談了五小時左右，才帶著興奮的情緒，到報館替我預備的臥室就寢。

這次的談話，除張復生夫婦和我之外，還有林植夫先生。他是東京帝大林學士，在《國際協報》主持副刊。我主張先改革社會新聞的編排法並加入照像和插畫，他們完全同意，不過都恐怕花錢太多，又徒勞無功。最後是決定在不增加太多支出的原則下，試行改革社會新聞的編排方法，並增加照片和插畫。

哈爾濱的氣候和房屋

哈爾濱當時屬吉林省的濱江縣。在設縣以前，名為傅家甸，位於松花江濱。後來中俄東路條約成立，俄人把傅家甸的東部劃為「道裡」，把他作為所謂「鐵道用地」，使其成為中國境內的俄國，於是哈爾濱就有了「道裡」和「道外」之分。「道裡」情形和天津、漢口、上海等地的租界相同。道外情形，也和上海的南市，閘北差不多。大體上，哈爾濱這地方，精華所在，是「道裡」，不是道外。

「道外」有一個不知經過多少時間的古渡頭，距《國際協報》不過里許，是我常到的地方。站在這地方，但見滾滾江流，不捨晝夜的向東流去，江上沒有片帆的影子，也沒有漁人的歌聲，只有凌空翺翔的巨鵰，好像正在覓食。江水頗深，二千噸左右的輪船，就在江水最淺期間，航行也不會擱淺。不過，江輪極少，當時只有一艘船行駛其間，這艘船，還是俄人的船。

江水結冰期間，普通是七個月到七個半月，但舟行無阻的期間，則僅三個半月。大約是舊曆五月上旬起，到八月中旬止，其餘時期，則或是結冰，或是滿江流冰，都不適於航行。結冰期間，江上不僅可行狗橇，並且可容載重車輛行駛。因冰層最厚期間，冰的厚度，在三尺以上，其堅硬度殆與馬路無異。

江水何時結冰，事前數日，沿岸居民全都知道。結冰和天氣的關係極大，在結冰前數日，北方季候風必愈吹愈緊，室外溫度也必繼續下降到零下十八、九度，大家一出大門，便會覺得一股凜洌的寒氣正直撲你的口腔和鼻孔，使你幾乎有窒息之感，這時候也就是江水即將結冰的時候。如果，夜裡再聽到像虎嘯獅吼的風聲，有爐火不甚溫暖的感覺，則在明天早晨你便會發覺一江波浪起伏的江水，已經結成一層厚達幾寸的薄冰，這層薄冰，雖不像活水那麼活潑，但大致仍有小部分保持著波濤起伏的狀態，令人有鬼斧神斤，奇妙不可測的感覺。

結冰一週之後，穿著灤州氈鞋的兒童，就在比較平坦的冰面，舉行滑冰競賽，誰能一伸腳滑出三、四丈，誰就是江上的英雄。同時，狗橇也可以通行。不過載重的車輛，還要再等幾天，才能夠安然通過。

江水結冰之日，也就是漁人鑿冰覓魚之時。有經驗漁人都知道江魚結冰時是聚集在什麼地方，其取魚殆如探囊取物，就中最著名的魚是白魚。形如青魚，嘴稍尖，身稍扁，一尾由三斤左右到五、六斤，每斤售銀元二角，用以佐餐，固屬美味，用以下酒，更是佳餚。倘在風雪之夜，一面飲白酒，吃白魚，一面編新聞，寫評論，那就一定會有神來之筆。

松花江奇景之一，自是江水的結冰，但夏天木排滿江順流而東的光景，也大有可觀。木排多半是從呼蘭山中的小溪入江，一次放下的木排，起碼是三、四千排，多則五、六千乃至七、八千。每值暑雨新晴，江水大漲，江邊居民便會看到從上流氽到的無數木排浩浩蕩蕩經過哈埠而東去，數也數不清它的排數，使人有此地富源的確無限之感。

哈埠氣候，和長春無甚差異。一過舊曆七月半，溫度便降到零度以下，拂曉和深夜，到處有飛霜，倘天氣有變，西伯利亞寒流在此地一帶逗留，則終日飛霜，亦非怪事。舊曆八月，飛霜時間更逐漸延長，上午九時以前，下午六時以後，全是霜花滿天飛的時間。溫度表普通是在零下十度左右。

因為氣候奇寒，房屋的構造也和其他各地不同，普通商店和住宅，都是「回」字形的四合樓房，一所樓房，最少可住五、六家，多則二、三十家。樓下除商店面外，多半是用作堆棧，或廚房，樓上則為事務所和臥室。樓下家家有單獨取暖設備，樓上則有共同取暖設備。設備是兩個磚造大火爐，爐高七、八尺，寬長各五、六尺，煙突由牆內通到屋頂，和普通壁爐的煙突構造相同。火爐所用燃料，是呼蘭等處的雜木。因為火爐是晝夜不停的燃燒，故一樓之內，不管是有多少間房屋。屋內溫度都不會降到華氏七十五度以下。

火爐普通是在東南角和西北角各建一個的。火爐不論建在何處，全樓溫度，總是相同，儘管屋外是零下十五度到二十度，但屋內則溫暖如春，大家可以單衣工作。因一層樓房的各室，雖隔以板壁，但板壁都只有八尺高，上面氣流完全相通，而磚造火爐散出之暖氣又極均勻，所以全室溫度，完全一致，距離火爐儘管遠近不一，然卻不會有特暖和特寒的所在。

但一曾樓房內部各室氣溫雖完全相同，而與房外空氣則因完全隔絕而絕對不同。它的門窗，全是雙重的；裡門外門，除各加釘一條氈，以禦由罅隙鑽入的寒氣外，還再各掛一重又厚又重的棉門簾，是怪吃力的。不過，儘管有兩道門，還有兩重棉簾，你如果稍不注意出入的一定程序，霜風還是會吹到你的屋裡，霜風過處，地上桌上板壁上，就立刻好像都撒了白粉。為了不讓霜風入屋中，你在出入時的動作，都必須注意它的一定程序。你如果要走出房間，那你的第一動作是掀開門簾，次是開裡門，接著是隨手關了裡門，然後再開外門，又隨手關好外門之後，你才可以掀簾走出。你如果是從外面回到家裡，那你在抓開門簾開了外門並隨手關上外門之後，還要先立在外門和裡門的夾縫中幾分鐘，等到那凍僵的手足和面目稍微恢復感覺，然後才可以再開裡門，走進屋內。為什麼開了外門不能再開裡門進去呢？是因為凍僵的手足和面目，碰到硬東西就會破裂，為了預防萬一起見，自以稍稍恢復感覺再走進屋內為宜；此外，凍僵的手足和面目，倘猝遇暖氣，微血管迅速膨脹破裂，亦必發腫作痛，如果在遇到暖氣之前，先讓它稍稍恢復感覺，則在接觸暖氣之後，也可免去發腫作痛的苦楚。

許多人不都用滴水成冰來形容寒冷麼？哈爾濱就的確是滴水成冰的地方。因為滴水可以成冰，大家又都把洗滌用水傾在院裡，還有一些人把小便撒在院裡，所以每一所四合房的天井，總是一座高低不平的冰山，並且愈堆愈高，非到來年五月，絕無溶化的希望。

滴水能夠成冰，噓氣也自然能夠成霜。在噓氣成霜之下，路人無不白的鬍鬚，你如果有鬍，則縱令你的年齡只有四十歲，但你那雪白的鬍子，卻表示你至少已是八十歲的老人。

不過，這地帶天氣雖異常寒冷，植物的生長卻奇速。附近江岸許多植物像松柏、楊柳、桑榆、黃豆、高粱之類，因土地肥沃，都比南方各省長得快而且長得好，而尤以黃豆、高粱為然。因此，松花江兩岸的大豆、小麥，就成為品質最佳的大豆、小麥，同時，連高粱也成為最好的釀酒原料。

附近江岸，豆、麥和木材，固多以哈埠為集散地，吉林省的若干特產，大半亦以哈埠為其集散地，吉林特產的人參，哈什螞油，帽兒山的狼皮，都先在哈埠集中，然後再分散於各地。此外，從黑龍江方面來的獺皮和從俄國方面輸入的呢羢，也多半集中於哈埠。

哈埠商場中，過去有三大幫：俄國幫、山東幫、本地幫。在這三大幫中，山東幫聲勢最大，次俄國幫，又次為本地幫。直到十一年，山東幫依然握著哈埠商業的牛耳，歷屆濱江商會會長，都是山東人。惟俄國幫則已因俄國革命而漸失勢，成為二幫中最弱的一幫。他們十之七、八，縣白俄，資金多捐與謝米諾夫，供抗共復國之用，故其經營範圍，亦日形狹仄。

在山東幫中，登萊兩屬人士，最佔優勢，俄國革命以後，他們在俄積年的經營，雖均成為俄國革命的犧牲，但其在東北各地的經營，則仍甚得勢。他們的長處，就在於富有冒險精神，只要有生意可做，什麼地方都肯去，只要前途有希望，什麼本錢都肯花，同時，他們還到處發揮了一種可愛的傻勁。他若在俄國人或日本人店旁建店，就一定要加高一、二尺。他若遇到季節性的競賣，也能夠真的不顧血本出售貨物。他們唯一的缺點，是缺乏求知的精神，也不為著求知而盡最善的努力。

旅俄僑胞的空前浩劫

我在主持《國際協報》編務之後，首先著手的一件事，是把照相銅圖插進社會新聞版。報館沒有照相機，我用林植夫的照相機照相，照完相，自己洗出後，再交製版店家去製。因為當時製版每英寸是龍洋二角五分，如果每日平均用十五英寸，就要付出三元七角五分，一個月的支出在一百十元以上，這在報館是相當沉重的負擔，假如再加上照相費用，報館的負擔勢將更沉重，所以，我總是用自己的錢來買底片，買洗片的化學品。

照相插進社會版之後，我開始打破技工們不肯排花欄的難關。技工們總是眾口一辭，推說：「我們都不會排花欄。」我說：「我們人類的兩隻手是萬能的，排花欄決不是困難的事情，別人會排，我們一定也會排。」他們最後說：「好！那就請你排個樣子給我們看！」對於排字，我在瀋陽《健報》時，就常常到排字房學「串行」、「墊高」、「填空」、「鍘鉛」等等，自然也有一知半解的知識，現在技工們既要我排個花欄的樣子，我就只好動手來排。我很幸運，只花了兩小時光景，便排出一個「闢欄」，一個「花邊新聞」和一條長題「破欄」新聞的樣子。排完，我告訴技工們：「我沒有學過排字，還能排『花欄』，你們都是老手，豈有不能排之理？現在我已排出樣子，你們請就動手來排罷！」我居然能排字，能鍘鉛，還能排出花欄，這是技工們絕對不曾料到的，因此，技工們就只得開始去排花欄。不過，技工們雖已著手從事這個排花欄的工作，卻每日都在抱怨。他們說：「為了這花欄，大家至少每日要多做兩小時的工！」

一不做，二不休。為著「花欄」，排字房的怨聲雖洋洋盈耳，但我卻還要再進一步去改革死板板的二號字標題法，我雖遇到字房裡沒有二號以上鉛字和鉛塊的困難，但仍想用木板大字來代替鉛字。不過，因為刻字技工不合作的緣故，我就無法改革那種死板板的二號字標題。

館裡刻字技工有兩位，一位北平人，另一位山東人。北平籍的技工，不論什麼時候，總是一團和氣，我要他刻標題用字，他從不說半個「不」字。另一位山東籍的技工，不論什麼時候，總是守著緘默，好像一個半啞吧，我和他說話，他總要等我的話都說完了，才答一句：「趕著看罷！」他的意思是說：我一定趕做這件工作，然我沒有一定能夠做完的把握。但兩個人的答案雖不同，最後的結果卻完全一致。普通總是接受十次委托，只有一次不繳白卷，其餘九次都是臨時來的通知，說是：「沒有時間。」他們真的沒有時間麼？不！他們雖負有雕刻廣告所用木板的任務，仍多空閒時間，不過是不願分出餘閒來刻新聞標題而已。他們既不願分出餘閒來刻標題用字，我又不便請報館添僱一位刻字技工，結果，改革標題用字的企圖，便完全失敗。改革標題用字企圖失敗之後，我決計先改革社會新聞的內容。當時各地報紙的社會新聞，大半由一些所謂「訪員」供應。那些訪員，十個有九個是鴉片鬼，他們新聞的來源，除卻法院、警局、縣署、消防隊之外，就是憑空造謠，其憑空造謠的目的，並不單在於騙取稿費，騙取稿費之外，還要敲妓女、女伶或商人的竹槓。他們寫新聞的筆，等於「刀筆吏」、「惡訟師」的刀筆，他的筆尖碰到誰，誰就變成刀俎下的魚肉。

另一小半新聞，則由兩種人供應，一種是各社團的文牘書記，又一種是較高級政軍機關的人員。前者是把商會、教育會和善堂等團體開會決議情形，錄送報館，或交付所識「訪員」，拜托刊登。後者則係與報社訂有口頭契約的業餘記者，遇有重要新聞，才撰稿送去。在這三種之中，普通「訪員」稿件，約佔百分之六十五，社團消息，約佔百分之三十二強，業餘記者所送特稿，則僅佔百分之三。就中數量最多的訪員稿，寫得最壞，不止是千篇一律，死板無比，並且有一望而知其為企圖敲竹槓的伏筆。其次，各社團送出的稿，差不多都是無案不錄、有議必記，雖細如牛毛之事，亦必縷述無遺，非大加刪削，便無法刊登。其新聞稿內容比較實在，文字亦簡潔者，則為特約業餘記者的稿。但此類稿件少得可憐，並且多半係屬於民政、財政或教育方面的新聞，並不是真正的社會新聞。在這情形下，我決定先從當時本埠編輯王戎手裡接收編輯本埠新聞的任務，然後再想改革新聞內容的辦法。

我的第一個辦法，是請王戎自己出馬做記者，每日到外面去採訪新聞，首先打破「訪員」壟斷社會新聞的局面，並開創以社內記者稿件為重心的新局。因為我知道，要改革社會新聞形式和內容，都非先由自己動手去做不可，所以，我不怕多事，要在寫評論編要聞之外，兼編本埠新聞，還要自己為著爭取新聞而奔走。

當時，我的注意力，多半集中在救濟俄國歸僑的問題和日本勢力逐漸伸到哈爾濱的問題。因此，《國際協報》也幾乎成為俄國歸僑與反日人士的喉舌。

在俄國革命變成共產主義革命之後，旅俄華僑所有財產盡遭剝奪沒收，加以俄共的集體農場制度，為多數農民所反對，農產品逐年遞減，當一九二二年共同出兵西北利亞各國均應美國之請撤回軍隊時，正是俄國鬧大歉收大饑饉的一年。在大歉收大饑饉下面的華僑，都遇到凍餒的威脅，北政府及奉張和赤俄交涉的結果，赤俄雖允分批送還，但俄國除赤俄政權外，還有一個遠東共和國存在，非有遠東共和國的同意和協助，即無法通過西北利亞，故在赤俄同意之後，尚須再徵求遠東共和國的同意。遠東共和國同意之後，華僑應在何處集中，交通工具應由何方供應，沿途所需食糧又應如何接濟等問題，又要再行洽商。幾經洽商之後，一些尚未凍餒而死於異國的旅俄僑胞，便陸續被遣回國。

所有被遣回國的旅俄華僑，都以哈爾濱為匯集地，我為著要知道僑胞待賑的實況，也為著要知道俄國當時情形，差不多每天都要到車站一次。儘管氣溫已降至零點十八度以下，我卻幾乎沒有冷的感覺。

旅俄華僑，大半籍隸山東，一部分籍隸河北、山西，商人約佔百分之四十五，工人佔百分之五十五，全是帝俄時代由東北流入的。華僑中間本已經營綢緞業的商人為最富，次為雜貨業，又次為飲食業。俄國革命後，這三業首先遭遇最悲慘的厄運，不僅貨物盡遭搜劫沒收，連銀行存款也逐日變質，變到最後，本來等於銀元一元三、四角的一個「盧布」，竟成為不值一文錢的廢紙。那些擁有大量「盧布」的人，後來既不能用「盧布」來交換衣食，又因到處有戰事，到處鬧飢荒，交通梗阻，無法歸國，便只能坐以待斃。結果，那些富僑十人中死於俄國共產革命初期者，占七、八人，其能苟延殘喘以待遣送者，實不過十之二、三而已。

商人固多傾家蕩產，工人亦貧不聊生。因俄國全國飢荒，列寧政權束手無策，無論任何城市，都是餓莩載道，俄國本身工人，尚無工可做，十、九恃偷竊為生，我國僑工處境，自更可憐。他們在典盡賣光僅有的衣物之後，只有兩條路可走：一條是走盜竊的路，要跟著俄國工人去盜竊公倉的糧食，或其他容易換到糧食的產品。另一條則為坐以待斃。能夠等到中俄辦好遣僑交涉重踐國土的僑工，百分之百都走過第一條路。他們都很坦白的告訴我：「當死神來到面前，你不能為著廉恥而不從事盜竊」。

他們中間還有帶著俄婦回來的。那些俄婦多半是貴族或舊軍官的未亡人，其所以要嫁我國旅俄商人，是由於夫死無依。中間一位能說中國話的俄婦，因為希望《國際協報》，能夠特別為伊而向讀者捐募一架繡花機，屢到報館訪問，幾乎成為張復生夫婦的常客。伊往往為著革命後的俄國幾乎變成一個人間地獄而啜泣。我過去也和一般人相同，相信英、美、日本各通訊社所描述俄國殺人如麻，餓莩遍地情形，全是有意歪曲事實，更相信日本報紙描寫列寧政權種種剝奪人民自由，殘殺及虐待異己的記載，是出於蓄意誣蔑，但在聽到這位俄婦和一些歸僑一字一淚的傾訴之後，我才知道：列寧政權下的俄國，只有《聊齋》裡面的一句話，才是相當貼切的形容。那一句話是：「九幽十八重地獄，無此黑暗！」

那位俄婦告訴我們：「現在被一些共產黨及其同路人描寫成為天堂的赤俄，事實上是絕對沒有自由，也沒有充分衣食住的悲慘世界。在那裡面的人，差不多已經沒有不盜的男，沒有不娼的女。同時，任何一人隨時都有失踪的可能。這些失踪者的下場，就是荒郊的萬人塚。不過，他們究竟是死後才埋到塚裡，還是生前就被活埋，我們還不甚明瞭，我們只知道一個萬人塚至少是埋葬三千人，中間也有埋葬四、五千人以上的。」

俄婦還說：「共產黨的字典裡，不止沒有自由、沒有人權、沒有人道、沒有友愛、甚且沒有父子、夫婦的愛」。伊還舉許多血淋淋的事例，來證實所言的非虛。我因此不能不信：共產黨統治下的俄國，實在已不再是人類的世界。

我對於共產主義，本無惡感，但來到哈爾濱之後，卻親眼看到一批又一批由鐵悶車裝來的難僑，是那麼狼狽可憐，親耳聽到歸僑及俄婦所述共產政權殺人如麻的實況，是那麼可怕，於是我就成為反對共產主義的一個人。我反對共產黨的慘無人道、奪盡人民自由，我更反對俄國共產黨的假借共產國際名義，來貫徹其自為主人而以他國為附庸奴隸的陰謀詭計。當時陸續從俄國回來的歸僑，差不多人人都已身無長物。儘管氣候那麼寒冷，但歸僑身上多半都只有一件短棉袍，沒有長袍，沒有外套，也沒有一頂不破的帽，沒有一雙像樣的皮鞋。他們在海參崴上車之後，就像貨物似的被關在鐵悶車裡。每天領到一個重約一磅又四分之一的黑麵包，此外什麼都沒有。直到車抵哈爾濱，才有開水和食物供應，但還不能立刻離開鐵悶車。因為對於這些歸僑，北京政府既不管，奉天的張作霖也不管，只有慈善團體出來救濟，但慈善團體能夠做到的事，僅限於臨時供應難胞的飲食，卻無法供應住宿，故除一部分有親友可以投靠的僑胞外，其無親可投、無友可靠的歸僑，則仍只有暫住鐵悶車中的一法。

因為難僑全是身無長物，而下車之後，食宿都成問題，《國際協報》便不能不替他們發出請求各界人士量力捐助的呼籲聲。雖幸而各界人士都不忍坐視這些千辛萬苦從俄境回來的僑胞流落於冰天雪地的哈爾濱，紛紛慨解義囊，多數歸僑始能獲得川資，重歸故里，但因為捐款與歸僑之比，畢竟是粥少僧多，每人所得不過十餘元，後到僑胞，還連十餘元都分不到，所以，在我們報館宣布結束募集捐款之際，至少仍有二、三百人，無法還鄉，結果還是再由商會及其他社團分攤若干款項，這項資助歸僑遇鄉的工作，才算做到「功德圓滿」。

報館所以不能在資助歸僑還鄉工作功德圓滿之後，再結束其募捐工作，是因為報館只擔任代收捐款，而將分配捐款的責任，交給歸僑所推出的代表，但後來若干歸僑則不信任代表，日有閒言，甚且抱怨我們過分信任代表。館中同事，於任勞之餘，又要任怨，未免不快，多主不再過問此事；故在末批歸僑到達之日，遂立將所收捐款尾數，交與歸僑代表，並會同代表把捐款分完後，立即宣布停收捐款，藉以免除一種由熱心公益而引起的麻煩。我為這件事，不歡經旬。我想不到那些歸僑會在自己推選代表之後，又不信任代表，甚且會由不信任代表而抱怨我們的過分信任代表。

幾件足以自豪的事

我在哈爾濱期的時間，不過四個多月，但因為年齡剛過三十，精神異常充沛，就也做過幾件自己覺得可以自豪的事。現在回想起來雖恍如一場幻夢，但在當時卻在《國際協報》館的內外，都激起一點小波瀾。

在《國際協報》館中，我除卻把從前板板六十四的新編排法略加改革，並將照相銅圖配合新聞，而且開了排花欄的端緒外，還在那一年的陰、陽曆兩個年底和新年，力持報紙應終年不休刊的主張，在東北創造了陰、陽曆年頭、年尾照常出版的新紀錄。

為了創造這個陰、陽曆年頭、年尾照常出版的新紀錄，真不知費了多少唇舌，耗了多少腦汁。我首先要說服張復生，請他實行這個終年不休刊的制度，其次要請同事們贊同這個連過年都過得不安閒的辦法，最後，還要向排字房、機器房說無數句懇求幫忙的話，作無數次的長揖，請他們為著《國際協報》的終年不休刊而犧牲新年休息的時間。儘管因為我要出這個終年不休刊的新花樣，弄得報館裡面人人都有啼笑皆非的感想，但古人說得好，「有志者事竟成」，我總算是終於在大家啼笑皆非的狀況下，接連闖過了民國十一年陽曆和陰曆的兩重年關，在東北創造了日報終年不休息的歷史記錄。

另一件在館內引起一個小波瀾的事，是我所發動的禁煙運動。我和林植夫，因為張復生和王戎都沉溺在鴉片的苦海裡，非援之以手，無法自拔，乃決定立刻伸出這個救援的手。我們決定：應出其不意，把他們的煙具、煙燈和煙膏，一掃而光。並決定：他們如果重振旗鼓，我們也再接再厲，不禁絕決不放手。

在做禁煙運動期內，我和林植夫是所謂「連襠碼子」，我搶了煙具、煙膏，就交給林植夫，林植夫用隨帶的報紙包好煙具、煙膏，出門向公園走去，然後我趕緊追上，去做他的眼線。因此時拿著煙具在街上走動是怕被警察發覺的，我們不能不小心翼翼，使煙具、煙膏安然到達公園，我們便裝作如廁，在廁所裡取出煙具加以破壞，然後連同煙膏傾到廁裡。我們搶煙具的次數，不過三次，兩次是從王戎家裡搶出來，一次是從張復生床上搶下來。王戎所入有限，家還有一位太太，經我們這強盜兩次光顧之後，委實沒有力量重新購置煙具，並且他知道我們確有再接再厲見槍即搶的決心。縱令能再購置，亦無法禁我們不搶，所以，他就很痛快的戒斷了煙癮。

我們援助王戎禁煙，雖很成功，但援助張復生禁煙，卻不曾成功。所以不成功的原因，在於他社交很廣，黑籍的朋友多，家裡煙具被搶，可以出外吸煙。同時，他的經濟狀況比較寬裕，煙具一套被搶之後，立刻可以補充一套，這也使我們感到搶不勝搶，終於放棄了有槍必搶的決心。

上述的王戎，就是後來在復旦新聞系執教鞭的王戎，當年的王戎，是個很瘦的小伙子，但三十三年他訪我於重慶黃家埡《中央日報》時，卻變成一個胖子，並且留著兩撇鬍子，使我不敢相信他真的就是王戎。他向我道謝，謝我從黑籍中把他救出來。我想起二十二年前的往事，不禁大笑，我笑我自己當年居然會有勇氣做那樣不憚煩的事。

我所引起的最大波瀾，是春蘭案。

春蘭是一個婢女，主人姓林，是《國際協報》最有力支持人之一，也是濱江稅局局長。有一天，王戎得到報告，說是林家婢女春蘭，已遭林太太虐待死去，其死狀之慘，實聞所未聞。王戎立即進行採訪，結果，知道確有其事，並知春蘭，係遭林太太擊斃，林太太擊斃春蘭後，屍尚未寒，即令人納諸薄棺，棄於郊外，外間還有一說：春蘭被納入棺中時，有人見其手足尚在顫動！我知道了這件事，立令王戎繼續作更進一步的採訪，除訪林家鄰人外，並尋覓仵作工人，詢以收屍日時，收屍時所睹實狀，最後放置屍棺於何處，訪得大略情形後，立用最大篇幅予以披露。同時，著論主張警局和地方檢察廳應該著手檢舉偵查，不要讓罪人逍遙法外。

那時候我的青春活力，是不斷活躍於紙上的，加以，藏於人心的「公道」，當時也還能鼓舞一些天良未泯的警界司法界中人，挺身出來，設法為一些無告的可憐人平反其冤抑。所以，《國際協報》把本案揭發的第二日，濱江地方檢察廳便發出傳票去傳林某夫婦，濱江警局也已作協助地檢廳偵查本案的初步準備。結果，這個春蘭案便成為當時最引人注意的一案。

但地檢廳發出傳票時，林某已畏罪潛逃，他的太太也不肯到案，於是地檢廳便改發拘票。拘票拘到林太太後，地檢廳即開偵查庭偵查，因其犯罪嫌疑重大，立予拘押，並開棺檢驗死者屍體，查其致死原因。檢驗結果，死者雖無生前窒息致死現象，然腦部有鈍器毆傷之跡，他處亦有傷，其為生前受毆擊，實無可置疑。

同時，鄰里和林家的人，都證明此案起因確在於林某姦污了春蘭，林太太則因此虐待春蘭，毆打春蘭。地檢處旋根據事實，提起公訴；刑庭亦隨判林某之妻徒刑二年，並發出通緝林某歸案的通告。

春蘭案結束之後，哈埠許多蓄婢的人家，便都不大敢虐婢。這可以證明：執法的官吏，如果不惑於利，不懾於威，能夠做到有犯必懲，就一定能夠收到移風易俗的宏效，如果，執法官都放棄職守，不敢得罪權貴，不敢為無告的窮民伸其冤抑，則社會各階層將皆不知法律的尊嚴究竟安在，社會也愈益墜入黑暗的深淵，不管是誰也就不能但憑一張嘴來改造社會的風氣。

不過，春蘭案的揭發，雖足使哈埠的婢女少受一點凌辱與虐待，但張復生對此卻不免有點啼笑皆非。因張復生不能說我的揭發林某夫婦虐婢致死為過分，但因此一揭發而《國際協報》卻失一有力支持人，並使其他支持《國際協報》股東也為之寒心，結果，報館的經濟勢將大受影響。

後來，我之終於又和張復生分手，離開哈爾濱前往北平，不能說和本案沒有關係。因張復生不相信報館能靠本身的廣告和發行而生存，並且深信報館要有有力的支持人才能延續它的生命。而我揭發報館股東林某虐婢致死，在他看起來無疑是拔去報館所賴以繁榮的木本，塞住報館所賴以發展的水源。

在上述三事中，創造終年不休刊的紀錄和從事禁煙運動，只在社內引起微波，至揭發林某虐婢致死一事，則除在社內造成了我和張復生感情上距離外，還在社外引起了不大不小的風波。在這風波裡，林某演了棄官潛逃的一幕，他的太太也進了監牢，人心為之大快。

此外，我還做了一件只在社外引起風波的事。那就是我費了一個月的時間，終於打倒了日本在哈機關報《大北新報》。

哈爾濱的《大北新報》，是瀋陽《盛京時報》、大連《泰東日報》的姊妹報，在組織上與《盛京時報》是聯為一組，而同受南滿洲鐵道會社及日本駐瀋領事館的支持。當我到哈埠之日，正是《大北新報》大吹大擂舉辦所謂「花選」之時，而其辦「花選」的目的，則在於要妓女替《大北新報》做推銷報紙工作。

日本用以侵略中國的開路先鋒有三：一黃色新聞，二妓女，三鴉片煙。這時候，俄國尚未完成統一，列寧政權不能分其大部注意力到北滿，日人遂生取俄人而代之的野心，因而有在哈發行《大北新報》之舉。《大北新報》因欲打開銷路，乃以舉行「花選」為號召，希望妓女們為著爭取選票而極力推銷該報。我看到《大北新報》啟事之後，立即決定向它開砲。我說：在這二十世紀三十年代，文明進步國家，都正在討論如何消滅娼妓、蕩滌人類社會污點的問題，但倒行逆施的日本報紙如《大北新報》者，卻在這東北心腹的哈爾濱，舉行所謂「花選」，盡其侮辱玩弄女性的能事，施其鴆毒痲醉人心的陰謀，使人心溺於鴉片、妓女，及誨淫誨盜的文化食糧中，以便日本的宰割。

應該不讓他們和這挑撥色情狂的大北新聞相接觸，你不能僅禁你子女吃黑色的鴉片，而忘卻「黃色新聞」這些毒性更大的鴉片正在逐漸腐蝕你子女的身心。因此，你們今天就應該把這黃色鴉片——《大北新報》丟出門外，不必等待明天。

當我對《大北新報》開砲的時候，《大北新報》中人因覺得我的聲勢，銳不可當，曾向《盛京時報》求救，但後來《盛京時報》的社長渡邊，雖帶一批人馬來哈助戰，然理直氣壯的我，依然是給它一陣無情的掃蕩，終於使他不能不鳴金收兵，並掛起等於無條件投降的免戰牌。

可是，我並不以《大北新報》的高掛免戰牌為已足，我非使它停刊不可。恰好哈埠商會邀我去演講，我便以「黃色新聞、鴉片、妓女，是日本侵略的先鋒」為題，講了一個多小時，並籲請聽眾立刻把大北新聞丟出門外，不再訂閱，不再在它的報上刊登廣告，使它無法支持。

哈爾濱商業大半握在山東人手裡，商會多由山東人主持，我在商會演說的那一天，聽眾十之八、九也是山東人。山東人最講義氣，只要你有本領引起他們的正義感，他們就一定能發揮正義感來支持你的主張。

因為他們聽了演說之後，立刻決定和《大北新報》絕交，不看它的報，不在它的報上登廣告，它送報不取費，也要把它丟到門外，它代登廣告不收費，也要打電話把它痛罵一下，於是《大北新報》就終於關門大吉。

像破落戶的北京

在哈爾濱我過了兩道年關，一道新的年關，又一道舊的年關。兩關都是在不甚愉快的心情裡過去。我所以不愉快，是因為我和張復生之間感情有了裂痕。我們間的裂痕，是由幾件小事湊合而成，最主要的一件事，是我到報館之後，雖使《國際協報》多銷幾百份報，但另一方面，卻也使報館增加了一筆不很小的支出。譬如：兩個年關多出好幾天的報，犧牲了一些紙張油墨，是無從取償的損失。社會版的銅版費一英寸付出二角五分，一個月合計，多則百元以上，少亦不會更少於百元，這也是大家所認為一筆樂得節約的支出。此外，更出乎意料的一事，是鉛條的消耗很大，每關一個專欄，或是排一點長短參差不等的新聞，就要鍘斷好些條鉛條，這些鍘斷的鉛條，下次並不一定剛剛恰好可以再用，結果多半都變成所謂廢鉛，這在報館也是一個漏洞。諸如此類算盤上的問題，使張復生和我的感情有了破綻。

除算盤面的問題外，還有算盤底的問題。我的揭發林某夫婦虐婢致死，張復生雖不曾說什麼，但報館會計員某君，卻曾和我談到這件事。某君說：「那位林某，是本報大股東之一，現在你把他打得半死，老闆好像啞子吃黃蓮，心裡自然有數。」這已經指出了我和張復生的衝突，實有其不可避免的因素。我知道，我走的路，是一條坦坦的大路，張復生所要走的路，卻是一條所謂捷徑。我是先建立報譽，改革報的表面和內容，去吸收大量的讀者，和廣告顧客，使報館能夠成為國民真正的喉舌，不受任何官僚武人的牽掣與束縛。張復生卻希望先有兩、三位有錢人，肯投資到報館，使報館的經濟基礎得以確立，然後再談改革報的形式和內容，並不算太遲。我們兩個人為了這點意見上的參差，感情的破綻也就逐日更加深刻。

人是感情動物，我和張復生間的感情既然有破綻，衝突自在所難免。結果十二年的元宵夜，我們便為了一件比芝麻綠豆還小的事，宣告了決裂。

那晚上我自己出去僱了一輛馬車，把行李裝在車上，再到會計處去結賬。我來哈爾濱四個多月，餘了一筆旅費外，從不曾一次支過三十元以上的錢，而我的月薪則為八十元，因此，我以為總還有一點錢可拿，不至於空手走路。不料會計處替我結賬的結果，我留在賬上的錢，卻不到三元，只等於一天的薪水，我拿著這不到三元的錢，坐上馬車，向著一家客棧走去，開好房間，付了馬車錢，攤開被褥就呼呼睡去。因為那晚上我的胃裡裝了相當數量的酒，使我能在微醺中安然睡去。

睡到接近天明的拂曉，我讓寒威驚醒了，原來這間棧房，是舊式房屋，客人所睡的匟，是木匟，不是土匟，匟底不燒火；而且並無像普通四合房那樣置有公眾可以享受的火爐，所以，當我酒意睡意同時消失之時，也就是寒威來襲之時，我也為此而驚醒。

酒醒中宵，原是平常事，但這一次的中宵酒醒，卻使我無法再睡，我自己問自己：「現在你想去什麼地方？如何籌措川旅費？」我想了三點鐘還想不出究竟應該去北平，還是去上海。因北平固然有龔德柏，上海也有許多故舊，論理這兩個地方實無所選擇，並且路程雖是北平較近，但論人地相宜則又以上海為第一，因為上海是住過四、五年的地方，在那裡決不會弄到沒有飯吃。

我自問自答到東方既白，終於得到一個最好的決定，就是：我應該邊走邊碰機會，在什麼地方碰到相宜的機會，我就去趁這機會。俗語說得好：「船到橋頭自然直」，應該深信而不疑。得到答案之後，我起身要茶房倒熱水洗面，還要他泡好一壺茶。茶房問我要不要炭盆，我先辭以不要，後來凍得難受就又要了一個炭盆，燒起木炭來取暖。我剛燒好一盆炭，林植夫已走進室內。林植夫告訴我：「張復生說：他最誠意挽留你，請你就回去。」我說，「謝謝他的好意，但我已決定西入北京，不想再住哈爾濱了。」林植夫問我：「有沒有盤費？」我說：「盤費不成問題，我沒有一個錢也能走遍天南地北。現在我身上雖然只有兩元多，但我卻一定能夠動身到北平，甚且能夠回到上海。」我說這話決不是瞎吹牛，是基於充分的自信。因為我雖別無長處，但用錢處總肯吃虧，做事時總肯盡力，卻是我的特長，我有這種特長，所以身上縱是不名一文錢，也能走遍天南地北。

林植夫知道我已決計西行，也就不再說無益的話，只約了再會的時間，逕自出門。林植夫去後，我開始寫信給北京、上海的幾個朋友，寫到十一點才叫飯吃，吃過飯，又開始寫信，我想請上海泰東書局的趙南公，替我籌措三、四十元，供我西行之需。然信尚未發，林植夫又來到報館。他轉送張復生贈送的二十元川旅費，並邀我到公園話別。我和他於是就到公園去談天。

哈爾濱的殘冬和初春，雖格外寒冷，但那一天的太陽，卻掃盡了飛霜，我們坐在草地晒太陽，倒覺得有點暖意。我們一面痛斥北廷的蹉跎歲月，毫無建樹，與夫各省封疆大吏的擁兵自固，刮民自肥，另一面則為著中山先生所領導的革命尚未成功而長嘆。我們的共同意見是：中國必須經過一番比較徹底的改造，才能夠去腐生新，從此走到富強的大道。我們對於一些畏憚激烈變動的不痛不癢的調和論，則均有深惡痛絕之意。我們深知：今日中國的需要，是一劑庸醫所不敢用的虎狼藥。然而可惜我們的國家命脈卻偏都握在著些庸醫手裡。我們談了兩小時以上，才揮手而別。

回到棧房，我吩咐棧房，明早替我買好南下的車票，我將前往長春。我恨不得立刻離開哈爾濱。

從哈爾濱到北京，要經長春南下瀋陽，然後西出山海關，再乘京奉路車前往。東行時間五十小時以上，車費三等票約需十二、三元。張復生送我的二十元，剛好可以用到北平，幾乎是一個不多。

我對於北平的第一印象很壞，我覺得它是一個破落戶，它這一家的人，十有九窮，實在可憫之至。

北平車站給人的印象，是流氓如鯽，車夫如林。車夫靠著流氓拉客，流氓靠著拉客拿佣金，凡是靠攏旅客，問你要車不要車的，全是流氓，它沒有車，他只靠一張嘴吃飯。

乞丐到處都是，中間還有從河北流入的災民。車夫告訴我：他們多半是遭了水災或旱災，無從覓食，因而結隊逃難，但大隊是不許進城的，所以那些要到北京求乞的難民。都先在郊外，化整為零，然後分途滲入。

我叫車夫把我拉到劉彥家裡，因龔德柏是住在劉家，我想先找到龔德柏再說。龔德柏看見我就說：你來得正好，有一件事正在等你接手。兩、三天後我就要交給你。不過，我們現在就要搬家，因為我和劉彥已經決裂，我替他譯的那部《中國外交史》，他不止用作講義，並且還用他自己的名義出版，然而約定每月付給我的二百元酬金，則從去年秋天起到現在止，只送來一個月，我自然不能不和他決裂。既和他決裂，當然不再住他家裡，因此，我們現在就非搬家不可。

龔德柏既要搬家，我也只好跟著搬。結果，我和龔德柏就都搬到一家旅館去住。那家旅館的費用並不便宜，我們兩個人，每日每人要付一元的房租，一元的飯錢，住和食每人一月就要六十元。

我到旅館之後，龔德柏告訴我，他已決計辭去《中美通訊社》漢文部總編輯的事情，希望我能去接手。他問我：「假如你願意去主持《中美社》的漢文部，你一個月要多少薪水？」我說：「我一個月最少也要一百元。」他聽說我要一百元，就又說：「《中美社》老闆宋發祥，恐怕不肯出一百元的，不過，你既開了價，我不妨和他打一次商量，他答應給一百元，自然很好，如果不答應，那我也不管這件事了。」

兩三天之後，我又找到成舍我。成舍我還是做《益世報》的撰述，住在大成公寓。我和他談到《中美社》的事，他說：「我知道宋發祥，宋發祥過去請編輯，連一元薪水都不肯出，請龔德柏時，龔德柏一定要有薪水，他總算第一次請了有薪水的編輯，現在你要他出百元，這就使他至少要費三天三夜來考慮了。」聽了成舍我的話，我知道這件事將有波折，於是立刻寫信告訴陳白虛、趙南公。我說：我再過幾天，將回上海，回上海時，將從事寫作生涯，先完成我的《孤芳集》。

做三個月的試用編輯

在二月底的一個中午，宋發祥請龔德柏和我到一個小館裡吃飯，一面吃一面談薪水問題。最初我堅持非百元不可，宋只肯出八十，談判幾乎無法繼續下去，後來他提議請我暫做三個月只有八十元薪水的編輯，做過三個月之後，重新再議，彼此間只要有一方不同意，便可分手。我勉強同意這辦法，遂約定把三、四、五三個月，作為試用期間，期滿之日，雙方倘不曾成立新的諒解，就可以爾為爾，我為我，各自實行自己的新打算。

三月一日，我到《中美社》去接龔德柏的手，才知道這個似乎有點信用的《中美社》，規模實在小得可憐。《中美社》名義上好像是中、美兩國人士合辦的事業，然事實上卻是宋發祥個人經營的通訊社，他所以把自己個人經營的通訊社，名為《中美通訊社》，是為了逃避政府的干涉和軍閥的摧殘。不過，他一方是要逃避本國政府的干涉，另一方也怕社內外籍人員的喧賓奪主，所以除了掛出《中美社》的招牌外，也並不向美國註冊。他把《中美社》分為兩部分：漢文部和英文部。漢文部供應平、津的漢文報紙，英文部供應平津的英文報紙。漢文部有一個總編輯，一個助理編輯，一個外勤記者，四個寫謄寫版的書記，此外還有一個特約記者。英文部只有一個總編輯，自編自訪還自己打字。宋發祥自己則以一身兼外勤記者和翻譯兩職。

這位宋先生，是外交界人物，曾隨五大臣出洋，如果不是因為追隨五大臣出洋之際，有附帶販賣地毯情事，那他便不會在一個不很短的期內變成賦閒無事的人，也不會出而經營這《中美通訊社》。

宋先生除卻經營《中美通訊社》外，還創辦一個華威銀行，經營匯兌，並發行鈔票。以六百元一個月的月薪，僱一個挪威人做華威銀行的行長，用以抵制當時政府攤派公債及軍警機關的強借款項。

通訊社、銀行之外，他還從事房地產的經營。他往往買進殘破房屋，加以改造，並增加新式衛生設備，然後待價而沽。其所得利益之豐，似乎是更在銀行之上。《中美通訊社》並不賺錢，但也不蝕本。他辦通訊社的目的，是要借找新聞的機會，和官場中人物取得連絡。當時，和他攪得很好的要人中，以馮玉祥為第一，馮玉祥想利用他的通訊社做宣傳工具，他想利用馮玉祥的力量來助成華威銀行的發展。

他有過人的精力，一天從清晨到暮夜，都為銀行、通訊社、房地產而奔走，然卻好像不知疲倦為何種狀態。他的英文英語都很好，只不善於運用本國文字。他的家庭很融和快樂，夫人和子女和他一樣是相當虔誠的基督教徒，早晚必祈禱，三餐必祈禱。其子女尤為可愛，既沒有富人子女亂花錢的惡習，並且還常常把父母給與的點心錢送給窮人。當十三年《中美晚報》出版的時候，他的公子有時還乘放學之餘，向報館批買一百份晚報，沿街叫賣，把賺到的錢充救濟災民之用。

我到《中美社》主持漢文部後，發現了使我深感不安的事。那就是打字機所發揮的偉大無比力量。我不是第一次看見打字機，也不是第一次才知道利用打字機可以節約許多寫字時間，然卻從不曾加以切實比較，僅僅知道打字機打字至少要比手寫快兩三倍而已。這次來到《中美社》，我才得到很好的比較機會。我才知道，打字機和人力的比例，最少要以一比十。

《中美社》英文部總編輯，名叫格德的那位美籍青年，只有一架打字機可用，漢文部總編輯的我，卻有一個助理編輯，一個特約外勤記者，還有四個書記，幫同工作，但英文部每日工作僅一小時，就打好許多通信稿，那位美籍青年把一條狼狗一嗾就走了，我那裡雖有助理編輯，外勤記者，特約外勤記者，四位書記，但每日卻至少要工作三小時才能發出稿件。事實證明：一架打字機一小時能打完的字，倘用人力來寫，那就要有二十小時才寫得完。換一句話說，打字機打字和人力寫字的速度比例，實是二十比一。並且打字和寫字的比例固如此，其他一切亦大都如此，現在我們中國人如果還不急起直追，走上工業化、機械化的路，那我們便將淪為所謂落後民族，不會有仰首伸眉的日子，我因此深感不安，有好幾天發了憂國憂時憂民族的神經病，不僅眠不安枕，食不甘味，並且常常和朋友談這問題，總要等他聽得不耐煩，顯出了不高興再聽的時候，才肯停止。

在我進《中美社》做試用編輯之前，英人辛博森，從曹錕、張作霖們身上敲了十筆竹槓，正準備出版他的《東方時報》，已聘龔德柏任總編輯。龔德柏邀我幫忙，我也就兼了《東方時報》漢文部的一個編輯。

《東方時報》也分為漢文、英文兩部分，漢文部總編輯龔德柏，另外輔以一位翻譯，一位編輯；英文部由英人李治主持，輔以約翰小姐；辛博森自己則兼總漢、英兩部之成。

辛博森是政府的顧問，居住華北多年，能說極流利的北平話，是出名的老滑頭，他這一次替曹錕、張作霖辦報的目的，除卻賺錢之外，似乎還想在曹錕和張作霖之間，替英國的對華外交政策做說客。他想先拉攏曹張合作，然後進一步拉曹張專走英國的路線。他告訴龔德柏：「《東方時報》對於時事可以自由批評，但最好是不要得罪那一方面。」這是一句圓滑得使人失笑的話。這等於告訴龔德柏：《東方時報》對於曹（錕）、吳（佩孚）、張（作霖）、段（祺瑞）的任何言論行動，都以不批評為是。

龔德柏是一尊大砲，我也是一顆炸彈，對於辛博森如此滑稽的要求，自然是相應不理。但報館老闆是辛博森，我們如果寫評論來批評曹、吳、張、段這些人的言行，自然是要和辛博森發生正面的衝突，就是專在新聞上面用力，從新聞裡面放出大砲，最後也總有一天是不歡而散。我們實在想不出又放大砲又要不和辛博森衝突的辦法，因此，《東方時報》創刊的前夕，我和龔德柏就已決定了應付辛博森的方針。我們決定：對於那些把國家政治弄得一團糟的軍閥們，還是要恣情抨擊。我們在《東方時報》一天，就一定不使那一天報紙變成軍閥們的傳聲筒。

當時，正是曹錕脫穎而出的時候。御用議員溫世珍為曹錕到處奔走，廣收議員，以為己用，吳佩孚、馮玉祥則準備以武力壓制反對者；一些天良未泯的人士，莫不疾首蹙額，認為北方政治將愈益黑暗的前奏。龔德柏和我，每談到政治，就恨不得把他送到「天橋」（當年槍斃死囚處）。我們都早已深知：復興中國無捷徑，要在舍其舊而新是謀。像曹錕這樣軍閥，如果不斬盡殺光，中國就永不會有復興的希望。現在他居然想過一次總統癮，又有一些不要臉的豬仔議員、無聊政客，為了一點金錢，甘供他的驅策，魑魅魍魎，攪在一起，不把中國前途弄得漆黑一團不止。

在這情形之下，我們之不能默爾而息，自不待言。現在《東方時報》落到我們手裡，我們決無不善為利用之理。儘管這《東方時報》是一塊很容易粉碎的玉，曹錕和他的狐群狗黨，好比是一隻老鼠，我們投鼠勢必忌器，但我們為著看不慣鼠子跳樑，就是明知忌器也只好投了再說。

當然，我們雖已決定投鼠不辭忌器，但我們既是報人，手裡如果沒有報就也耍不出什麼花槍，所以，我們走進《東方時報》的第一日，還想在編輯新聞的當兒，盡笑裡藏刀的能事，不寫劍拔弩張的評論，不發正面攻擊的新聞，但要儘量發掘不利於曹錕的消息，悉予披露，求能收到旁敲側擊的成效，而又不至立時結成忌器的苦果。

不過，理智和感情衝突的時候，感情總是勝利的。當時如照我們的理智，自以不走極端為宜，但若依我們的感情，則又以旁敲側擊為不足。結果，我們僅第一天是守旁敲側擊的方針，第二天起露骨反曹反軍閥的新聞就佔去《東方時報》要聞版的全部。

辛博森發現《東方時報》漢文版成為反曹、反軍閥特刊之後，當然是啼笑皆非，於是在《東方時報》出到第四號那一天，便宣布改組編輯部，改聘劉少少代替龔德柏。我是龔德柏的助手，自然也隨著龔德柏的退出而退出了。

我們退出《東方時報》的那一天，龔德柏收到一張三百元的支票，我收到一張一百六十元的支票。我們決計先搬一個家，僱一個廚子煮飯。因為我們兩個人住在旅館裡，一個月要付房飯錢一百二十元，實在有太貴的感覺。

新搬的家在東安市場附近，是一所四合房，院頗大，樹只有兩株，但可種樹蒔花的餘地相當多，租金每月是六十元。

我們搬入新房的時候，正值芍藥開花的三月下旬，但一瞬之間，卻已到了我做試用編輯期滿的五月底。我和宋發祥早已約定：我做滿三個月之後，薪水應重新商議，屆時雙方倘不曾成立新的諒解，彼此便可各自實行自己的新打算。當時因宋發祥沒有和我商量薪額的事情，我認為宋發祥大概是不滿意我的工作，所以至今還不和我商量薪額，便決定等做完五月三十一日最後一日的工作，便乘車南下上海。

龔德柏要我在出京之前，去和宋發祥告別，看他說什麼再定南下與否，我不以為然。我說：「宋發祥有許多地方很像外國人，他一定記得我和他所訂的口頭契約，我的南下，是在他意料之中，我自無須向他告別。」

原定六月一日離京的我，因為托人買車票買了六月二日的票，我便不能不多逗留一天。一日下午，宋發祥發覺我不到社，才想和我談薪水的問題。他找我不遇，只找到龔德柏，要龔德柏轉告我：「恕他健忘，不曾踐三月後再議薪額之約，今願加月薪為百元，盼即到社工作。」

我想：「他如果誠意加薪，何不早說？現在才說，可見沒有誠意。」於是告訴龔德柏：「請代謝宋先生：我不想再住北平了。如果他覺得我的服務精神、服務能力，還有可取的地方，可在三個月後來信邀我，屆時我必重來。不過，他要知道：我是不領津貼、不受賄賂、不敲竹槓的新聞記者，但對於薪水，卻要斤斤計較，假如他還想到我，那就請他預備支付百元以上的月薪。」

六月二日，我由北平到天津，再從天津乘藍皮的津浦車南下。

回到上海以後

從北京到上海，要乘三路火車：先乘京奉路的京津段車從北京前門車站去天津；次乘津浦路的藍皮車往浦口，到了浦口再乘滬寧路車向上海進發。三路車中間，京津段最壞，車壞，秩序更壞，一個連長階級的軍人，上車之前，要派兩、三個士兵佔座位，上車之後，要把所有行李放在坐椅上面，那種旁若無人的樣子，幾乎令人不能忍受。幸虧我不是他們的長官，所以雖然生氣，也毫無辦法，如果我是他們的長官，那我就一定先把這些橫行無忌的小軍官槍斃再說。津浦藍皮車最好，它的三等臥車比京奉路和日人經營的南滿路的頭等車並無遜色，並且秩序極好，軍人極少，軍人也非買票不能上車，這可說是各路火車中間秩序最好的車。不過這車一天只開一次，算是特快車，其餘各次慢車，情形便和京津火車完全相同，談不到秩序，普通旅客要受那些目中無人的軍人欺凌，尤以鄉愚為然，鄉愚往往因座位被軍人佔據，只好坐在地上。

車行不到兩晝夜，便到上海，時值初夏，沿途風景之佳，使人反而可惜車行太快，尤以車過豐台和浦口以南為然。豐台是北方的一個大花圃，此時芍藥和玫瑰正盛開，花光遙映，像白雪、像紅雲；但因為車行過速，那些白雪紅雲的浮光，一瞬即逝，只留下一些若有若無的模糊印象，供人追憶。此時我沒有權力發令停車，如果我有發令停車的權力，那我就一定下令停車，讓我飽餐芍藥、玫瑰的秀色。除豐台芍藥、玫瑰花光，引我特別注意外，浦口以南的優美的綠色，也往往使我目不轉睛，江南各地，不止田禾綠得可愛，那些垂楊修竹，梧桐柔桑，也都像綠色的紗羅。日間看去，固極悅目，月夜看去，就更怡情。因月光下面的一叢垂楊修竹或梧桐柔桑，都更像一隊披著薄紗的綠衣女郎，正在婆娑起舞。

不過，可惜這些美麗無比的夏景，都隨著火車的疾駛，變成片刻不可留的過眼煙雲，誰也無法多得一分鐘的鑑賞機會。

六月四日的早晨，我到了別來兩年半的上海北站，找到一輛馬車後，叫車夫車到四馬路的泰東書局，先把行李放在店裡，然後再乘人力車去訪趙南公、陳白虛。我原想先在馬霍路泰東書局編譯所中暫住一時，後來因為泰東編輯所已患人滿，我就決計再搬到陳白虛家裡去住。

搬到陳家不久，遇到田漢，田漢歡迎我去住，我就又住到田家。田漢本來是為著要替上海《時報》改革社會版排法而回國的，但《時報》主持人黃伯惠，聽說改革社會版每月要多開銷二百元，便決計停止改革的計畫，於是田漢就在左舜生推薦之下進了中華書局，做一個月領薪水八十元的編輯員，田漢告訴我：見到那位黃老闆的時候，黃老闆請他開一個最低的預算，他告訴黃老闆：最少要請一個相當能幹的外勤記者跑新聞，還要買一架外勤記者專用的攝影機，布置一間洗相片用的黑室，每月所需薪水，照相器材和製版費，不會更少於二百元。黃老闆聽說每月要增加二百元的開支，面色立變，隨即表示，將在從長考慮之後，再作決定，於是抱著熱烈願望想在《時報》一顯其改革新聞編排法的田漢，就無法踏進上海《時報》的門檻。

當時田漢住在中華書局編譯所附近的民厚里，是一所二樓二底的房子。田漢和易漱瑜住樓上客堂間，田漢老師易培基住樓上廂房，田老太帶著田漢三弟田洪、五弟田沅、幼孫田海男住樓下統廂房。我搬進之後，就佔領了樓下的客堂間。

田漢夫人易漱瑜，生海男之後，害了很嚴重的產後虛損症，每日除吃飯外都睡在樓上，所以伊的小寶寶海男不能不交給老太太照顧。

提起田海男，我就連帶想到了中國提痧的醫術。因當年七、八月之交，海男害了急驚風的病，田漢把在岡山醫科學醫的郭沫若和另一個留日歸國的兒科醫生曹某請來會診，郭、曹兩人看見海男眼睛直視，不時翻白，口不流涎、眼不流淚、欲哭不能出聲，而手足則抽搐不已，便斷言醫治業已無及。田老太太聽說幼孫已經不治，立刻把抱在手裡的海男，用「提痧」的方法，捏了幾下腿灣筋，並用瓷羹匙在背脊上刮了幾下。當老太太動手「提痧」時，郭、曹兩人均為老太太的不懂病理，捏捏刮刮徒苦病兒而嘆息，不料嘆聲未絕，海男卻哇的一聲哭了，接著眼睛恢復了正常，眼裡有了淚，口角有了涎，手足也停了抽搐，再過兩、三分鐘還能呷兩口開水。我在目擊田老太太的提痧能夠治癒小兒急驚風之後，頗信我國「提痧」之法，古代必甚完備，但可惜今已大半失傳，倘非大半失傳，則我國「提痧」的醫法，必能在現代的醫界放一異彩。

海男現在應該是三十八、九歲了，據說他已在大陸做了一個軍官，但究竟實情如何，卻是一個謎。不過這孩子很可愛，很聰明，當我住在田家時，我很喜歡抱他，他也暱就我，有時晚上還要跟我睡覺。抗戰期間，他考進了空校，我在桂林時曾看見他一次，此後因我進重慶，田漢仍留桂林，我就沒有再遇到海男的機會。

因為我在東京是月印精舍的大哥，所以在田家也就成為田家的大哥。田漢夫婦固待我如兄，田漢的兩弟也照樣呼我為大哥，老太太在家當柴、米、油、鹽發生問題時，更常常向我提及，伊差不多也把我看做田家一個的孩子。所以，我在田家也得到了「家」的溫暖。

當時我的生活來源，還是一枝筆，我除替泰東書局校正宋儒明儒語錄，標點《會真記》、《長生殿》、《長生殿》等書外，偶然也替商務印書館譯點日文。

我曾兩度到陳白虛家裡，試製雪花膏，但沒成功。因為陳輝漢替我買玻璃管和玻璃容器、漏斗等等，經我搬動幾次，差不多破碎了一半，剩下的部分，不夠用，勉強用它來製，其成品的色香都遠不如人，我不能不承認自己的失敗。我原想再接再厲多嘗試幾次，直到成功為止，但試製一次總要耗幾元的費用，既要買相當數量的阿姆尼亞、白蠟、香精等等，還要購買玻璃儀器，並且此時各書店和雜貨店都有廉價的雪花膏寄售，如果我所製成的雪花膏，色香不能壓倒他家製品，裝瓶花樣也不能獨步市場，那就不會暢銷，但要做到色香壓倒一切，裝瓶花樣也推為一時獨步，則恐非先耗一、二千元的試驗費不可。一個靠筆桿為生的我。那來一、二千元的試驗費？因此，我在試製兩次完全失敗之後，就斷了再來試製的念頭。其實，我這種畏難而退的想法是錯的。如果我能堅持不懈，一直試製下去，則在十二年年底，我的製雪花膏夢，一定會變成事實。

試製雪花膏失敗之後，自然是不勝懊惱，減少懊惱的唯一辦法，是和小孩子攪在一起。陳白虛先生的鄰居葛姓有一個三歲的女孩，很聰明美麗，口齒又非常伶俐，討人歡喜，因我常到陳家，伊和我很熟，所以我每次去陳家，總帶一、二塊糖給這小孩。這小孩因我常帶點糖果給伊，越發和我親熱，當我回到田家時，伊總是鬧著要跟我回去。

我曾和伊的父母說：這簡直是我的孩子，你們率性把伊送給我吧。這在我雖只是一句笑話，但葛家夫婦卻真的要出賣女孩。他們請陳白虛夫人做中人，要我出三百元買這孩子。我告訴陳太太：「我歡喜這孩子是真的，但我並不預備花錢來買。」從此，我不再撫摸這孩子，甚至不想再看見這孩子，然而心裡卻還很愛他。

正在這時候，潘廷幹先生歸自東京，我和他談試製雪花膏的失敗，也談葛家要出賣女兒的事情，他問：為什麼這樣愛小孩？我說：在早晨或傍晚，如果帶一個小孩到外面散步，不比踽踽獨行更愉快麼？在寫完一大篇文章時，有一個小孩在身邊要你去摘天上的明星或是去捉空中的飛鳥，使你忘卻疲勞，覺得好笑，不很好麼？在遇倒不如意事情時，有一個小孩供你撫摸，使你為著小孩暫時丟開憤怒、憂慮，不也是解憂的最好方法麼？總而言之：我現在的確需要一個小孩。我要和不識憂、不識愁、不識柴米油鹽的小孩同化，使我的憂愁能夠減少，歡樂能夠增加。潘廷幹聽了我的說法，就說：那麼我送一個女孩給你，你要不要？我說：當然要。別人怕帶小孩，我卻不怕。我要向小孩學習那種不識憂、不識愁、不識柴、米、油、鹽的做人風度。我寧可拜無憂無慮、不識不知的小孩為師，我不願和一些老於世故，一切以利害為前提的大人先生做朋友。潘廷幹這時已有兩個女兒，一個男兒，他願意把一個八歲的長女送給我。

過幾天，潘廷幹帶了女公子到田家，我欣喜之至，以為此後我可以帶這孩子出門散步或是和小孩談女媧補天、后羿射日以及嫦娥奔月的一些神話了，可是這種美麗的幻想，只過了兩天，便歸於幻滅。

這位潘小姐，年齡雖僅八歲，但其知識卻好像十來歲的孩子。我要送伊進學校，伊不答應，我和伊說話，伊也老是默不作聲，伊從衷心反對做我的義女。伊對田家的老太太和老三老五說：「我的爸爸是拐子，這裡王伯伯是騙子，他們一個把我拐出來，另一個把我騙到這裡。我沒有辦法回家，不能不暫住一時，將來有了辦法，我就要回去了。……王伯伯要我進學校，我無論如何都不會答應。今年、明年、再過一百年，我也不答應。」伊還說：「我不是不讀書，是要等到回到家裡再讀。」最初我還自信能用我的誠心誠意來感動這孩子，打破伊以我為騙子的成見，但日子一天天過去，我用盡了應有的甚且有點過分的慈愛，總不能換到伊的親近和歡笑。

伊常常獨坐凝思，若有所失。有人問伊：「你想什麼？」伊總是說：「不想什麼，我只想回家。」

大約經過約兩個月左右，我發現這孩子對我，不止沒有半點好感，甚且是有一種敵意，於是我決定請田家老三，把伊送回諸暨的潘家。

無愁天使的夭折

我托田老三把潘小姐送回諸暨之後，還想再抱養一個小女孩。這一次，我決定的條件是：我不要已經能走能說的孩子，只要坐不穩、立不定，口裡咿咿啞啞不知說什麼的幼兒。我不要這孩子的父母或兄姊和我往來，我要這孩子從到我身邊的日子起，只知道我是伊的爸爸，我的家也是伊的家。我作此決定，是因為潘廷幹送給我的女孩已經八歲，對於自己的父母，自己的家，都已有永不能忘的印像和情感，所以到我身邊之後，便不斷想念父母，想念家園，天天嚷著要回家。我想：假如我能抱一個坐不穩、立不定、口裡咿咿啞啞要說話還說不出的幼兒，那就一定很快就忘卻自己的父母，和自己的家，再也不會天天嚷著要回自己的家。

這時上海差不多到處都有可以無條件抱養的男女幼孩，我要抱養幼女消息由田家女傭傳出之後，立刻就有人願將一個生才三個多月的幼女送我做義女。我叫女傭抱到田家，看見這孩子又肥又白，眉清目秀，笑的時候頰上還露出小酒渦，實在可愛，田老太太也贊成我把伊留養，於是我便決定送伊父母一個包著二個銀元的紅包，立刻留下這孩子，再去薦頭店去找一個奶媽，來保育這孩子。

我名這孩子為無愁，希望這位無愁天使，能夠增加我的快樂，使我在結婚之前，就有一個很可愛的女兒。

當然我要抱養女兒，是要事先通知祥貞的，因為伊不反對抱養，所以，才把潘大小姐送回諸暨，便又抱來這位無愁天使。

無愁天使的確給我很多的快樂，我每天早晚和午後抱伊一次，伊終日笑口常開，從不啼哭，有人撫摸伊時，伊總是張著小嘴，好像要傾訴什麼似的。我私心正在慶幸這一次抱養義女的成功，並默祝伊的無災無難，但在經過三個月之後，這位無愁天使的小生命，卻送在上海中德醫院的庸醫手裡。

那是十二年十月下旬的事情。奶媽忽發現無愁吃乳時會嗆咳，好像有點不舒服。並且說：這孩子大便不通已兩天。我雖沒有育嬰經驗，但聽說孩子吃乳嗆咳，而且大便已兩日不通，便抱小孩到中德醫院去看。中德醫院一位二十多歲的醫生，替無愁量過溫度、看過口腔、摸過肚皮之後說：「孩子一切正常，沒有病。」我說：「孩子一向吃乳不嗆咳，現在一吃就嗆咳，這是什麼緣故？」他說：「體溫三十七度，是正常的，口腔裡面沒有生什麼東西，也是正常的，我不能說伊有什麼病。」我說：「孩子大便已兩天不通，也沒有問題麼？」他說：「大便兩天不通，問題並不大，只要多給一點果汁吃就好了。」我以為真的沒有大病，就抱回家裡。回到家裡之後，孩子嗆咳更頻數，並且每次嗆咳總是露出想哭的樣子，我心裡雖多少也感到不安，但因為中德醫院配有三包藥粉，總想等服下三包藥粉再說。不料無愁吃下藥粉，毫無起色，而且嗆咳更急，我才在第二天早晨到談老先生的大公子談峻民先生處求救，談峻民先生是留學德國的醫生，他一看就說：「這孩子患的是腎臟炎，早點發覺還有救，現在太晚了。」談峻民先生來時，是上午九時，這時無愁的病，已急轉直下，兩眼不斷翻白，知覺似已半失。近午，無愁大便忽自通，我大喜，以為病情或有轉變，然事實則適和我的希望相反。無愁在大便通後約半小時，忽張開兩隻小眼睛，東望望，西望望，接著露出笑容，但立刻，眼睛一翻白，卻永遠離開了這惡濁的人世。

無愁在我身邊雖僅三個月，然卻在我腦海裡留下深刻的印象。我現在還記得那一張又白又胖又清秀的臉，那個與笑俱來的小酒渦，那種不哭不吵的好性格，我後悔當時不該把伊送到中德醫院去就診，使這個可愛的小天使，死在庸醫的手裡。

潘小姐回了諸暨，無愁離開了人間，我帶一個小孩作伴的願望，就完全落了空。我雖還想再抱一個小孩來養，但陳白虛夫人頗不以為然。陳白虛夫人說：「喜歡小孩，為什麼不早點結婚？結了婚，還怕沒有小孩？」泰東書局的趙南公也說：「你要養小孩，還是養自己的小孩最好。我勸你不要再抱養別人的孩子。你應該知道：你抱別人的孩子來養，無論待他怎樣好，總比他父母差得遠，孩子不會比在自己家裡更自在，這對於孩子也有害無益。」我覺得他們的話，都言之成理，就只好放棄了繼續抱養幼兒的念頭。

不過，我雖放棄繼續抱養幼兒的念頭，卻不曾減少對於幼兒的興趣。遇到美麗活潑的幼兒，還喜歡逗著玩。我總覺得：一個幼兒，真是動靜咸宜；幼兒在靜的時候，是一部最神祕的無字天書，一塊最純潔的無瑕白璧；而在動的時候，卻是半天絢爛的彩雲，一江浩淼的秋水。你有這漾一本無字天書，自然會百讀不厭，縱令你永遠不識書中究作何語，你也能夠得到讀書不求甚解的樂趣，因為這一本天書，根本上是無法解釋的，從有人類以來就沒有人得到正解，更無論於甚解。

住在上海弄堂裡的人，經常藉著弄堂會議，交換意見，並聽取各方情報。田老太太和左舜生的老太爺老太太、太太，也常常召集這種會議，左舜生、田漢和我雖都很少參加，但有時也不期而與會，我在無愁夭折之後，為著要減少心頭的慘怛情緒，曾連續參加幾次。

在一次參加弄堂會議時，田老太太提到回長沙的事，伊決定在年內回長沙，使易漱瑜便於就醫，因為易漱瑜此時病情日益嚴重，在上海雖也可以就醫，但其代價之昂，將非田漢所能負擔，田漢當時月薪不過八十元，僅足供一家六口的衣、食、住，沒有餘力可供易漱瑜醫藥之費，如回長沙，覓得專治疑難雜症諸虛百損的醫生，則不僅醫藥費可減到最低限度，並且病人還可望迅速痊癒，實在一舉而兩得。

我知道田老太太將回長沙，民厚里非久居之地，就又搬回陳白虛家裡。我原想搬回陳家後，立即著手寫我的《孤芳集》，然而結果卻總是今天推明天，明天又推後天，一天推一天，一直推到民國十三年的春天，才寫成一個三幕劇《蔓蘿姑娘》，另一本小說《狗史》。

《蔓蘿姑娘》是三天寫成的，《狗史》卻費了七、八天工夫才寫完。現在《蔓蘿姑娘》和《狗史》，都早已絕版，我自己手裡也連一本都沒有了。《蔓蘿姑娘》是寫一個流浪的外國女性，劇本本身的情節，應受批評的地方尚多，但一篇自序自信是一篇有血有淚的文章。《狗史》是為著東京一條名叫丁東的小狗而作。我在東京月印精舍，曾和田漢、易漱瑜他們從高田馬場練兵場中拾得六條小狗回來，片刻之後，考慮到養狗亦殊不易的問題，立刻決定只留一條黃色的，其餘五條，均行送還，留下的一條，賜以丁東之名，意欲加以訓練，使它成為非常好玩的狗，然小狗離群，入夜嗚嗚長鳴，擾人清睡，結果丁東在月印精舍不到一星期就受了林、莊二人的打，最後還被逐出月印精舍。因此，我便把經過情形寫成了那本《狗史》。

這是十三年二月底的事。當時宋發祥已連來兩函，催我踐「來年再見」的約，同時告訴我：《中美晚報》，即將發行，希望我立即北上。關於待遇方面，他請我先做月薪百元的中美通訊社漢文部總編輯，等《中美晚報》出版，再請我兼任《中美晚報》總編輯，月薪增為一百六十元。

北京泥灰滿天飛，雨天地上全是爛泥，真是行不得也哥哥！但除此之外，好處也很多。當年北京物價之廉，令人驚異。一元銀元，可購豬肉九斤，或雞蛋九十枚，又或大白菜一百二十斤，一元銀元換銅幣三百七、八十枚，一枚銅幣可買三個小豆沙包，物價廉，人力更廉，女工一月工資僅二、三元，人力車跑一大段路不過幾枚銅幣。如果一個月有五十元的收入，四、五口之家，便不會遭遇飢寒的襲擊。其次，別的都市，住宅雖好，但多半是立體的，多數人必須上樓居住，這對於老幼，多少有點不便，又因為地價奇昂，只有少數富人的住宅有花園，多數平民住宅，僅堪容膝，連放幾個花盆的地方都沒有，更不必談什麼花園。北京則不然。北京是平面的，樓房稀如鳳毛麟角，居民都沒有登樓的麻煩，並且家家都有庭院，可以任意種樹蒔花，只要你有興趣，肯栽一點花樹，就可以享受那種紅烘衣袂、綠透窗紗的美景清趣。同時，北京可以遊目騁懷的地方。像西山、頤和園、三貝子公園等處，也都夠得我們作半日的清遊，遇到春秋佳日，不怕沒有地方可以遊覽。因此，我收到宋發祥第二信之後，就決定重回有些地方很像破落戶的北京。

舉行從簡的結婚禮

我既決定重赴北京，當然會引起是否立即結婚的問題。我的問題，簡單無比，只要我選定一個日期，就算完全解決。問題所以如此簡單，也有好幾個原因：第一普通人提起結婚，便會遇到聘禮的問題，但因陸家不要我的任何聘禮，我也不要陸家的任何賠嫁東西，兩家便都沒有這個為聘禮和妝奩而較論斤兩的麻煩。第二，布置新房，是要絞些腦汁的，我既決計結婚之後即去北京，便無須布置所謂新房。第三，一些人為著新郎、新娘的服裝，也要費許多心思，我和陸小姐卻不為服裝而忙，我們早就做了稱身的春服，其他裝飾品我們根本上買不起，也不是必需品，自無加以考慮的理由。第四，一些好舖張的人家，遇到辦結婚喜事，都要大張喜筵，廣招親友，耗了一大筆金錢，去換取一大堆上面搭著煌煌金字的綢緞立軸或紅紙對聯，損己而不利人，其愚實不可及；我如果不大張筵席，豈不省了這筆無謂的開支？我既無須支付這筆費用，也就不發生如何籌款的問題。

提到結婚日期，陳白虛夫人和趙南公如夫人雖都主張慎重選擇，但我並不理會這一套，我隨決定以三月某日舉行結婚禮，後三日就乘津浦路藍皮車往北京。陳白虛夫人翻開日曆一看，結婚日子既不好，出行日子也不吉，曾勸我變更。我說：「在這樣春日烘花，南風解慍的江南三月，那一天不都是有無限美景的良辰？我不想再變更了。」

定了日期的次一步驟，是決定結婚禮堂和臨時新房。那時候，趙南公先生和他的如夫人，住在法租界的禮和里，他擁有兩樓兩底的房屋兩幢，然只住四個人：趙南公及其如夫人，如夫人的一位弟弟，再加一個女傭，空房好幾間，除供堆書之用外，仍有一間樓上統廂房連客堂間是空的，於是我決定就借趙家結婚，把空房權作新房。

上海人習慣，家裡空房祇能租人做新房，不能無條件借人做新房。所以，我也立一張租約交給趙南公，並且隨著租約送上一份租金。租約倒和普通租約沒有什麼區別，租金卻是象徵的租金。租金訂明從遷入起到遷出止共計銅幣一枚。據說，這種習慣也是勉人自立門戶，自力生存，不倚賴他人的意思。

禮堂新房決定後的又一步驟是決定由誰證婚。陳白虛先生封翁時年已七十有二，年高德劭，自是最合適的證婚人。證婚人之外的介紹人，是陳白虛夫人陸蘭因和趙南公先生，男儐相是田家老五田沅，和趙南公如夫人的令弟，女儐相是陸小姐的兩位同學。

我不發帖請客，只預備了兩席酒菜，請參加婚禮的證婚人、介紹人、男女儐相飲酒。那天到場的人，除證婚人、介紹人外，僅十餘人，還多半是為著幫忙而來。其中一位是《中華新報》同事談老先生，另一位是謝敬虛先生的上海夫人。謝夫人、趙南公如夫人、陳白虛夫人，在我結婚前，都來替我舖床掛帳。謝夫人曾育一雙胞胎，當年已十歲。伊在掛帳時說：「我祝你明年也生一對雙胞胎」。謝夫人當時不過是說笑話，但在二十一年七月內子卻真的生了雙胞胎。

在結婚行禮的一剎那，司儀人請女家主婚人陸老太用印時，伊突然面向堂壁，表示不願，我頗為伊不肯蓋章在結婚證書上而擔憂，後來伊把圖章交由陳白虛夫人代蓋，我心裡的一塊疙疸，才平復下去。

結婚筵上的人本寥寥可數，但我那天還是喝了很多酒，雖未儘量，卻也已到微醺的境界。

我們住在禮和里趙南公先生家裡僅三日，便上了火車，再過四十小時我們已經到了北京。

宋發祥和他的夫人，都是基督徒，也多少都學得外國人的習慣，遇到從遠方來的朋友，招待頗為殷勤，他們知道我夫婦到京之後，立刻接我們到他家裡去住。他的家是一所由中式改造成為西式的房屋，每間房間都附有衛生設備、衣帽間，儼同高等旅館，是具體而微的「滄洲飯店」。不止住房清潔敞亮，而且庭院花木扶疏，頗饒清新風趣。當我夫婦成為宋家賓客時，一位十七、八歲的美國小姐，也住到宋家。我們中國人不是很喜歡鬧鬼麼？然這位美國小姐，也會有類似鬧鬼的動作。我夫婦搬到宋家的那天夜間，伊邀宋發祥夫婦、我和祥貞，參加伊的鬧鬼遊戲。伊用一個竹筒，放在一張圓桌中間，再放一枝竹筷入筒內，教我們圍坐桌旁，各以兩手按桌上，然後口中念念有詞，意在引鬼入室。俄而開始問鬼。先問：你是男鬼還是女鬼？筒中竹筷一跳，表示係男鬼。次問：你來從何方？是東方，是南方，是西方，是北方？竹筷三跳，表示來從西方。又問：你今年幾歲？竹筷連續跳了二十幾跳，表示他是二十幾歲。然此問答，歷二十幾分鐘，我發現那枝筷子之所以能跳，與其說有鬼，則不如說是自己的手使然，於是試將兩手離桌，以觀其變。又因恐僅兩手離桌，不生效力，遂示意祥貞，要伊兩手亦離桌。我夫婦的手全部離桌之後，美國小姐再來問鬼，竹筷便不跳躍。於是，我得到一個結論：鬼是人鬧出來，人不鬧鬼，鬼將無能為力。這個問鬼的洋把戲，和中國扶乩的把戲正復相同，我們中國乩筆之能飛舞，與此竹筒竹筷之能跳躍，亦同為人們在受催眠狀態下精神力量所發生的作用。

我既知道乩筆的飛舞和竹筷的跳躍，都是人們在受催眠狀態下精神力量所發生的作用，便連帶解決了幼年時代所無法了解的一個問題。我幼年時代，對於扶乩和類似扶乩的遊戲，都很高興參加，但總不知道乩筆、筲箕、掃帚之類，何以都能寫字？難道真是有鬼？現在我才知道，人的精神不僅貫注一身，還能夠貫注任何東西，只要你願意在一種類似受催眠的狀態來做鬧鬼的遊戲，則不僅乩筆、筲箕和掃帚都能寫字，其他任何東西也一樣能夠移動。俗語說：「有錢能使鬼推磨」，事實上，人的精神的確能使鬼推磨，金錢卻不會有使鬼推磨的力量。

至於所謂受催眠的狀態，就是由一種對於宗教或鬼神的虔誠心所形成的「祭神如神在」的心理狀態。譬如：你信仰關羽或岳飛，你去扶乩請神時，你一心一意以為關羽、岳飛即將降臨乩壇，揮動乩筆，並且相信降壇的關岳，對於你所憂慮的某事，或所欲得到答案的某問題，將有所啟示，你在此際如醉如癡又如在夢中的狀態，就是這裡所說的受催眠的狀態。這種受催眠的狀態，是鬧鬼的唯一本錢，你能進到這狀態，你就能做任何鬧鬼的遊戲。

我到北京的那一天，正是成舍我創刊《世界晚報》的前一日。成舍我籌到了三百元現金，準備創辦一家晚報，定名為《世界晚報》，社址設在絨線胡同原袁乃寬的住宅，是一所相當寬大的房子，草地的院子，像一大幅綠絨的地氈，雖院中甚少樹木，然仍不失其為難得的好院子。成舍我把房屋分為兩部分，前部做報館的編輯、經理、印刷三部，後部做自己的住宅。他和他第一任太太楊女士帶著還不滿一歲的女兒，就住在裡面。

我到絨線胡同訪問他時，他告訴我：「三百元的開辦費，現在是用光了，預定創刊的日期，就是明天，但今天此時卻還連買紙的錢都沒有。」接著又說：「你如果高興，我們可以合作，你可以來幫忙。」我說：「你簡直是等於用空手來辦報。這樣辦法，總有一些日子是像叫化子的日子，我怕過這樣的日子，恕我不奉陪。」他說：「現在辦一張有當日新聞的晚報，是夠當行出色的，因為《北京日報》雖多，晚報卻只有《北京晚報》一家，這《北京晚報》上的新聞卻幾乎全是當日早報上剪下的，決不採用隔日舊聞的《世界晚報》出版之後，便一定有其光明的前途。」我問他：「三百元的開辦費，你如何用法？」他又一五一十的都說出來。原來，房租一個月一百五十元，已是全部開辦費的一半，家具、裱糊、電燈、電話也在在需錢，所以三百元一到手就用得光光，白報紙還是連一令都不曾買。不過當時白報紙一令只要一元多，他計畫中的《世界晚報》，是日出四開一張，兩令報紙可印四千張，再打九折，也還有三千六百張，所以明天沒有白報紙，還不是他的真正難關，他的真正難關，倒在於創刊之後，如何實踐其決不採用一條隔日舊聞的諾言。因為對於這一點，他能堅持不懈，同時，他並不把《世界晚報》作為一塊敲開富貴門戶的敲門磚，所以，他就有了一帆風順的成功。

訪問成舍我之後，我還訪過龔德柏。龔德柏此時已決定和成舍我合作，為《世界晚報》打開更光明的路。他將以總編輯而兼採訪外交團消息的外勤記者。當時北京東交民巷的各國駐華公使，早組織了一個所謂外交團的團體，由駐華最久的公使做領袖，外交團開會時便由這領袖做主席。採訪外交團消息的中外記者，自然是以這外交團領袖為應首先訪問的對象。又因此時的英國正支持中國的曹錕、吳佩孚、孫傳芳這些直系軍閥，日本亦正支持奉系軍閥張作霖、張宗昌，於是中外記者就也以英日兩使館為應該訪問的次一目標。但外交團領袖也好，英使館也好，日使館也好，都因為北京一、二不肖記者，居然假採訪新聞之名，行伸手要錢之實，遂作不招待中國新聞記者的決定，表示了對中國記者的深惡痛絕。不過，他們雖已宣布不再招待中國記者，然對於極少數絕對不曾伸手向他們要錢的中國記者，卻還是照常招待，而龔德柏便是受到外交團領袖及日使館照常接待的一位中國記者。龔德柏之所以出而兼任《世界晚報》採訪外交團消息的記者，原因實在於此。

《中美社》馮玉祥

我到北京的第二天，即十三年四月十五日，就再進中美通訊社去做漢文部的編輯工作。這時《中美社》的漢文部，除卻我這個總編輯外，僅有一個編輯，一個外勤記者，四個書記。編輯月薪三十五元，外勤記者三十元，書記十至十二元。書記全是北大二、三年級優秀學生，他們所以肯接受每月只有十至十二元月薪的工作，多半是因為家鄉淪為戰區，學膳費都成問題，不得不從事這種聊勝於無的薄酬工作。

上次我做試用編輯時，對於宋發祥和美國駐華使館有無關係，《中美社》曾否向美國註冊，以至宋發祥和倒戈將軍馮玉祥有怎樣的關係，都不十分明瞭，然也並不設法打聽，但在這次重入《中美社》之後，就開始打聽，並且是作不厭求詳的打聽。打聽結果，我明瞭宋發祥和《中美社》的大概情形。我知道，宋發祥和美國使館毫無關係，《中美社》亦未向美國註冊，其所以名此通訊社為中美通訊社，並聘一個名叫格德的美國人主持英文部，一半為著要開拓英文稿的銷路，另一半是為著預防官僚軍閥的無理壓迫。我也知道馮玉祥和李德全結婚的介紹人，就是宋發祥夫婦，並且宋發祥夫婦和馮玉祥夫婦都是基督教徒，還有信仰相同的關係，所以，宋發祥和馮玉祥之間，自然是有一種超過普通友誼的結合。

我知道宋發祥和馮玉祥有那種超過普通友誼的結合以後，自然起了戒心。我雖深知，中美通訊社絕對無法不供馮玉祥的利用，然卻決計要在可能的範圍，阻止馮玉祥的任意利用，因此，馮玉祥方面送來的所謂新聞稿件，我都格外留意其真實性是否沒有問題，除卻我認為沒有問題的稿件，酌予採用外，如果認為有問題，我就把有問題的部分刪除，或是全部拋棄。遇到我把馮方稿件全部棄置時，宋發祥和我總要起一次小爭論。宋發祥必再三勸我：「姑予採用。」我也必反勸宋發祥：「不要為了替別人宣傳，自己剪斷了中美通訊社的生命線。」

我說：「利器不宜濫用，濫用利器的結果，必然是使利器終於挫折。所以，你如果愛惜《中美社》對外的信用，你就不應多採用馮方送來的宣傳稿。」宋發祥是又想儘量滿足馮方慾望，又想維持《中美社》信用的，我也就在這夾縫中間堅持《中美社》不應過分替馮玉祥說話的定見。好在那時候，定型的言論和新聞，尚未形成，定型的新聞記者，也未產生，無論什麼通訊社和報館，編輯部主持人的意見，都和老闆的意見一樣重要，在有所爭論時，老闆不能打官腔，強迫編輯人員完全服從自己的意思，如果老闆打官腔要編輯人員完全依照自己意見處理新聞，其結果必然是弄到「散夥」。在吃飯難的今天，輕言「散夥」，編輯先生自然是有失業顧慮，然在到處都鬧編輯人才荒的民國十三年，一個稍微眼明手快的編輯先生，就不會把「散夥」後的失業看做一個值得鄭重考慮的問題，編輯先生們在為著一個問題和報社或通訊社的老闆發生無法調和的爭執，勢須各行其是時，便會毅然決然說道：「士各有志，不可相強呵，老闆先生！」立刻捲起舖蓋，宣告「散夥」。「散夥」之後，編輯先生找職業總比報社通訊社老闆找編輯更容易十、廿倍。編輯先生找職業，需時最多是三日，報館通訊社老闆找編輯，則需時最少也在三個月以上。因此，當時各報社各通訊社老闆，對於總編輯先生的意見，總不能不予以尊重，在彼此意見相左時，老闆祇能用情商的手段，先由自己退讓一步，然後商請編輯先生作同樣的讓步，求能產生一折衷的辦法。如果所爭問題不大，則縱令編輯先生連半步都不肯讓，老闆卻只能默爾而息，以免引起「散夥」的麻煩。只有所爭問題，極關重要，編輯先生有其無讓步的理由，老闆亦有其無法忍讓的苦衷，老闆才會不惜以「散夥」來貫澈自己的意志。

報館通訊社老闆為什麼反而怕「散夥」？理由很簡單：眼明手快的總編輯人才，畢竟不可多得。有時雖「得來全不費工夫」，但普通總是「踏破芒鞋無覓處」。

報館通訊社老闆們既都因為眼明手快的總編輯不易得，非必不得已，決不輕言「散夥」，《中美社》的宋發祥，自然也不在例外。我既堅持《中美社》不應專替馮玉祥宣傳，所以，在我主編《中美社》漢文稿期間，馮玉祥及其幹部送來的宣傳稿件，就往往讓我擲入字紙簍中。

我當時所以厭惡馮玉祥，最大的原因有三：

第一、當時馮玉祥的國民第一軍所用一切口號標語，差不多全是共產黨的語氣，他把「不勞動的人不應吃飯」、「打倒資本主義」、「消滅剝削階級」……這一類的標語，貼滿南苑他的司令部中；他也學當時的吳稚老，採取了極端親共的態度，軍中收容了不少共產黨分子及其同路人，讓他們展開宣傳工作。我因知道俄國共產革命的結果，是替俄國人帶到長期的飢餓和大量的死亡，所以，我雖上無一瓦之覆，下無立錐之地，具有無產階級的本質，然卻非常厭惡共產革命，對於具有共產傾嚮的馮玉祥，也極其厭惡。

第二、馮玉祥沽名釣譽的做作，指不勝屈：譬如：他為了要作不勞動不吃飯的示範，曾自己領導種西瓜、白菜之類，但他第一天和士兵一起掘土播種之後，以後就不再動手，只坐待收穫；他為了提倡人道主義，下令禁坐人力車，結果，是使絕對沒有錢坐馬車、汽車的士兵，縱令遇到疾病不良於行，也只能力疾步行；他為著要宣傳自己如何愛護士兵，曾偶到軍醫院浴室替一、二傷病兵擦身，擦過之後，立由幹部極力向外宣傳；把自己比做古代為士卒吮癰的吳起……就都是極好例證。

第三、他要部屬都把他當做神聖，無論何時何地，士兵如果聽到他的呼喚，必須立正敬禮，高呼「總司令萬歲」，就是在戰壕中聽到他的電話或傳令兵傳到的電話，也要照樣立正，高呼「總司令萬歲」。他幾乎相信整個中國就是馮家的天下！

我到過南苑，也到過張家口。在南苑馮玉祥的司令部中；我很討厭他那種故意賣弄節儉的陳設。他的客廳中，只有一張粗製的木方桌，幾條粗製的木長凳，一桶開水，十幾個大粗碗。那意思就是請來賓自己拿大碗向桶中取開水當茶。當宋發祥帶我到客廳時，我就為他這種故意的賣弄平民化和節約而生憎惡之心。我覺得：講平民化也好，講節約也好，都不應存賣弄的成心，如果存了賣弄的成心，則所謂平民化，所謂節約，便都失去它的真正意義。還有一點，我們要提倡平民化，就不應做一個唯我獨尊常受部屬高呼「萬歲」的土皇帝，而今他一方是要在南苑做土皇帝，另一方面卻用粗製木桌、木凳和粗碗待賓客，表示其平民化，則其所謂平民化，豈不等於娼妓的高談貞操？再進一步來說：我們中國在踏上工業化一階段之前，富貴的人們，固應愛惜人力物力，不宜窮奢極侈，暴殄天物，但也不必故意重返半原始的時代，使人人以粗桌、粗凳、粗碗為唯一最佳的用具，而今他在客廳陳設了粗桌、粗凳和粗碗，作為節約的極致，就不過是表示他有重返半原始時代的意思而已，那裡談得到甚麼節約！

馮玉祥除在南苑陳列粗桌、粗凳、粗碗作為他的

「櫥窗」，供人欣賞外，還曾在張家口陳設另一個「櫥窗」，供人欣賞。我在他的一次正式招待中，曾到張家口去看他的「櫥窗」。那「櫥窗」似乎是比南苑時代文明一點，但其虛偽的做作，卻還是一樣。

當他在張家口養精蓄銳意欲待機再舉時，曾一面和國民黨合作，把方聲濤、李烈鈞兩先生請去，待以上賓之禮，另一面又與共產黨往來，把若干共產黨徒作為自己的幹部，就中最為他所信任的包世傑，就是最活躍的準共產黨員。

包世傑在民國八九年曾任上海《中華新報》撰述員，開口「德謨克拉西」，閉口「德謨克拉西」，《中華新報》的人都把他叫做「德謨克拉西先生」，後來不知是誰把他薦給馮玉祥，馮玉祥委以察哈爾交涉員的職務，使他和馮軍中的外交處長宋子良共負招待外賓的責任。包世傑成為馮的重要幹部後，立即開始向各方遊說，希望向來反共的人們都停止反共的活動。他因為中美通訊社和《中美晚報》的主編人是我，而我卻是連吳稚暉都不能使其放棄反共意志的人物，曾特到北京向我作兩小時以上的遊說。他的遊說，是相當巧妙的。他首先向我報告：國民黨、共產黨、已經成為一家的經過，和馮玉祥與國民黨合作的情形，然後要我瞭解當時的形勢是：國民黨、共產黨、馮玉祥已打成一片，變做一家人的形勢；最後則請我放棄反共的意見，免得發生兄弟鬩牆的不幸現象。他以為《中美社》的宋發祥既和馮玉祥有往來，我也一定就是馮玉祥的黨羽，所以用免得兄弟鬩牆的話來打動我。但我早就和宋發祥說過：「我來做《中美社》的編輯，對於你所不能不勉為敷衍的人，雖應加以敷衍，但敷衍不能沒有限度，所謂限度，就是可以替人隱惡而揚善，然如昭昭在人耳目的惡，便沒有再掩的理由，在無善可揚時，我也不能贊揚無可贊揚的善，至於出賣良心顛倒黑白的事，我決不肯做，相信你也不會強迫我做。」因此，我又對包世傑說：「我們雖是老朋友，但在政治思想上卻還不是一家，既不是一家，根本上沒有鬩牆不鬩牆的問題。現在對於共產思想，我是站在反對一方，馮玉祥和你，如果都贊成共產主義，那你我就不妨分道揚鑣。我決不勸你來反共，你也不應勸我停止反共，此外恐亦無話可說。」包世傑聽了這幾句話，怏怏而去。我由此，深知馮玉祥是從十三、四年起，就和共產黨有不可告人的勾搭，也更覺得：這位倒戈將軍，真是一個老奸巨猾。

手口耳目並用的工作

宋家住了兩、三天，我開始尋覓住宅。提起北京的住宅，至少要分七、八等。最好和次好的西式住宅或是半西式住宅，都貴得使人咋舌，就是中等房屋；也都不合小家庭需要，凡是合乎小家庭需要的小屋，庭院都嫌太小，結果，我就只好決定先搬到公寓去住一時再說。

公寓只有兩種，一種專供西人和高等中國人住的，有抽水的衛生設備，有冷熱水的供應，還替旅客預備中西餐，租金很貴，大約一套房間連兩客包飯，每月約五百元。這與其說是公寓，那就不如說是旅社。另一種是專供國人住的，普通都是中式房間，沒有抽水衛生設備，沒有浴室，睡是木床，有包飯可吃，但也可以自煮，公寓只供應洗面用的熱水，房租一間最貴不會超過四十元，三十元已是很好的房子，最小的一間，則月租僅十五元。我所選擇的當然就是這一種公寓。

我原想在宋家住三天就搬，因為宋發祥夫婦很誠意的挽留多住幾日，結果我們在宋家竟住了七日，才搬進南河沿的大純公寓。

大純公寓的最大房間，面積約等於日式十七、八疊，月租三十元。我夫婦住西院正房靠東的一間，南窗對著小院，院外一樹酸梨，穿過小院，有一排坐南朝北的房間七間，每間面積等於八疊，房租只十五元。其中住有一個日本新聞記者，一個俄國小姐，還有一位好像河北籍的魔術師，其餘都是學生。那位俄國小姐能說幾句不甚流利北京話，常找祥真談天，問長問短，幾乎使人懷疑伊是間諜。伊的年齡不過二十一、二歲，然力大如牛，能一手挾起體重約一百三十磅的祥真，在西院四週走廊上跑了兩三圈，面不改色。

公寓的東院，地方較大，房間也較多，但不免稍微嘈雜，朱樸夫婦就住在這院裡。這院裡有一顆大棗樹，農曆三、四月之交，棗實已連綴滿樹，似乎正和西院結實纍纍的梨樹競賽。公寓賬房特別愛護這顆樹；他幾乎是和每一個房客都訂了口頭契約。他說：中秋節前三、五日，要來打棗，打下之後，除要履行約束送一擔給房東之外，其餘將分送旅客，大約一位客人至少可分一斤棗。

不久，陳芷町夫婦也來北京，住進大純公寓西院我隔壁的正房，我夫婦便和芷町夫婦組成極簡單的伙食團。當時北京一元錢可買九斤五花肉，一角幾分錢可買一斤小牛肉，魚雖較貴，但最貴的一斤魚也不超過四角錢。因此，我們伙食吃得相當好，就請潘廷幹來幫吃魚肉的忙。

這位早稻田大學出身的潘廷幹，當年是在民國大學坐冷板凳成為領導學生運動的人物，酒量相當好，飯量也不差，領導學生運動的本領更是一等一，十四年北京天安門的學生大請願，就是他領導才能的一次大表演。他後來在交大做了十三年的訓導，一部黨義背得滾瓜爛熟，對於我國地方自治法規，也幾乎是集其大成。他本有做官的興趣，十六年曾做過安徽懷寧縣長和宿遷縣長，尋因任他做縣長的安徽省主席張秋白遇刺殞命，他也跟著下台，去坐交大冷板凳。他之能爛熟黨義和地方自治法規，便是在交大坐冷板凳做訓導的收穫。

抗戰後期，他還曾到湘鄂邊區過了一年多的游擊生活，因為他體格魁偉，而且孔武有力，故在打游擊時，也成為湘鄂邊區名副其實的游擊領袖之一。抗戰結束，上海聞人杜月笙掌握下的總商會，聘他做上海商業職業學校的校長。三十八年他害了嚴重的風濕症，已經到了寸步難移的險境，但共產黨軍隊渡過長江之後，上海之必不守，實無疑問，他和我都想走，然交通工具卻成為問題，輪船、飛機多半已由政府各部門分別控制，供疏散官吏之用，我們老百姓是很難買到一兩個位置的，幸而他在交大坐過十三年冷板凳，四月中旬有一艘由交大學生做船長的運輸船由上海開台灣，把他背到船上，還把他的太太和兒子帶上船，他才不曾淪陷在上海。他來台之後，風濕倒醫好了，但生活卻成為問題。他曾和幾個朋友合夥成立一個農業合作社，在圓山附近領了幾甲地來種菜，後來因內部意見參差，又散了夥。四十年秋天，他應高雄市長陳寶泰之招，到高雄去做一個小學校長，後來又轉任縣府祕書。他今年（四十五年）已六十二歲，前兩年春天我在台中市車站因臂部打風濕針打進了脂肪不良於行，他還能背負我越過鐵道上南下的火車。記得我五十九歲那一年，曾欲試提百台斤一袋的米，結果卻提不起，但五十九歲的潘廷幹，還能背負一人走路，毫無困難，他這種老當益壯的身體，至少就還有十年能勝繁劇的事務。

我在大純公寓住到十三年農曆年底才遷移，遷的地方是東安市場附近的一所獨院小屋。裡面有房四間：最前一間算是房，可容傭婦居住，中間正房兩間，算是一廳堂一臥室，後面還有一小間，算是下房，但事實上只能堆置一些煤炭和廚房用具。租金二十四元，不算貴，不過院子小得可憐，並且沒有樹，多少總覺得有點缺陷。我所以在年底搬家，是因為祥真生產在即，不能沒有人照顧，但若在公寓裡僱用女工，便非另租一房供居住不可，一筆房租十五元，再加上工資飯食，非二十五元左右不辦，二十五元在當時不是很小的數目，這就使我不能不作搬家的打算。我搬了一個家之後，房租廿四元，傭婦工資三元，飯食六、七元，所費總和僅等於大純公寓，大純公寓房租三十元，還要加付三元賞錢，也是三十三元。

新搬的家坐北朝南，院雖不大，卻不嘈雜，雖也不算太壞，但大純公寓的那顆酸梨，卻經常在我的記憶裡，留下很深的印象。那顆酸梨，當年結實幾百顆，差不多有一半是由我摘食。我每天下午打下幾個又香又嫩的酸白梨，放在桌上，先享受那種無比的清香氣息，然後一面寫稿，一面享受又酸又香又甜的梨味。在由秋節到農曆十月半的兩個月中間，我的書桌上就沒有一天斷過酸梨的供應。因此，我搬出公寓之後，總念念不忘那顆無比清香的酸梨樹。

在我寄寓大純公寓期內，是我每日拿筆桿時間最多期間，最初我每日只用不到三小時可以了卻中美通訊社的編輯工作，到七月《中美晚報》出版，又加上兩小時半的拿筆桿時間，合為五小時半。比《中美晚報》稍後不多時的《大同晚報》，是龔德柏發行的第一張報紙，它的副刊由我主編，每日上午要付出兩小時去換取四十元的月薪，這一來，我每日拿筆桿時間就到了七小時半。接著《申報》駐京特派員秦墨哂，希望我替《申報》寫通信，加以其時潘公展先生又在《申報》編輯部，我就又接到了《申報》特約通信員的任務，平均每週寫通信兩次，每次需時一時半到二時，每週平均需時三小時又半，於是我每日工作所需時間恰為八小時。

這個八小時的工作，兩手和耳、目、口、舌並用的時間是佔了三分之二。因為在《中美社》編晚報也好，編通信稿也好，總是左手電話、右手筆，眼睛看自己寫字，耳朵聽外勤打來的電話，在對方說話不清或聲音太小時，還要用口舌發問。在兩手和耳、目、口、舌並用時，每一小時普通要寫一千四、五百字乃至二千，尤其以編輯晚報時為然，因為晚報要爭取時間，普通都要在二時至二時一刻出版，再晚一點，零售報份便大受影響；但晚報既不能不在二時一刻以前出版，所有新聞來源卻都要在午餐以後才如潮湧至，並且十之八、九，全從電話而來，接電話的時候，如果接一小時寫不完二千字，那你所編的晚報就一定會耽誤出版的時間。此外，在通訊社編新聞稿的時候，其工作緊張情形，亦復如此。只有編副刊，寫寄往上海的通信稿，算是比較輕鬆的工作。

除卻這八小時固定工作外，每月還替陳旡我先生的《世界新聞社》寫二、三篇通訊，在山東臨城棗莊抱犢崮做盜魁的孫美瑤行劫津浦車綁去中外旅客多名那一月，我並曾兼任《東方時報》的總編輯。

上述固定工作的報酬，雖不算豐，卻也不算十分菲薄。就中以中美通訊社的月薪百元為最多，次為《中美晚報》的六十元月薪，第三是《申報》的五、六十元稿酬，第四是《大同晚報》每月四十元編輯費，末了是《世界新聞社》每月約二十元的稿酬。五者合計月入在二百七、八十元之間，而當時我的支出則並不超過百元，所以就家庭經濟來說，我是綽綽有餘裕的一個小家庭。

我在孫美瑤臨城劫車那一個月，所以又兼任《東方時報》的總編輯，是因為英人辛博森和對龔德柏的印象，比對劉少少好得多，並曾請龔德柏復職，因龔不允，又約我去談話，我去訪辛博森時，辛博森希望我去主持《東方時報》漢文部的編輯部，我覺得我再抽出三小時來編一張報並不成問題，也就答應了。但答應之後，適遇臨城劫車案發生，辛博森和《東方時報》英文部主編李治都大為憤慨，連發兩篇社論，主張要求北政府劃津浦路兩旁各若干里的區城為緩衝區域中立區，由各國共管，藉以保證津浦路車的安全，並譯為漢文，刊於漢文版，更請我表示意見。

我看見這種荒謬絕倫的主張，就告知辛博森：「你要我發表意見，我很願意，但我不能完全以他人的意見為意見，如果你能尊重我的意見，我將立即著筆。」辛博森以為我總也和其他媚外的中國人一樣，決不會提出和他完全相反的意見，便說：「你儘管發表好了。」我當夜草成一文，針對辛博森的劃界共管論，予以無情的痛駁。我說：臨城劫車案發生，真是不幸之至，但如果因臨城劫車案的發生，竟主張劃津浦路兩旁各若干里之地為由外人共管的緩衝區，以策津浦路行車的安全。則假如這個共管區再發生一劫案，豈不需要在共管區之外，再設一外圍共管區？如此充類至盡，那就非將整個中國都作為共管的緩衝區不可。我相信，解決臨城劫車事件，乃至解決類似臨城劫車事件的最好辦法，在於各友邦不再干涉中國內政，讓中國南北的統一能夠實現，使中國自己有充分的力量足以消弭一切盜匪，而不在於幸災樂禍乘機強割中國的領土以為共管的緩衝區。我發表這篇社論之後，不消說是再度退出《東方時報》。因此，我的重編《東方時報》，歷時雖比上次的四天為長，但也僅止於一個月。

安寧的誕生

我夫婦在東安市場附近的新居，過了一個農曆乙丑的新年，不久就生了長女。這孩子生日在農曆是正月二十三日，但在國曆卻是三月二日。當命名時，我預料再過幾年那孩子的弟妹必接踵而來，便決定用安寧和平四字做孩子姊妹的名。孩子本身名安，弟妹依次名以寧、和、平。

安兒滿月後，我們又在王府井大街找到一間四合房的屋子和陳芷町夫婦同時遷入。這一所房屋，包括南上房三間，東西廂房各二間，北面客廳三間，另外還有一間門房，一間僕室，一間電話室。在四合房中間，有相當廣大的舖磚庭院。每月租金六十元，等於我和陳正町在大純公寓所付的租金。

搬到這所屋子之後，我和芷町分住南上房的東西兩房，中間作為客廳，原有朝北三間一排的客室，則用以堆置雜物。東廂房用一半作廚房，一半作僕室，西廂備几榻，供招待朋友之用。門房和原來的僕室，則改為停放人力車及車夫的臥室。

為著美化這房屋，預備種些花木，我拿起鋤頭，把大片舖磚庭院，掘成一田字，除周圍各留二尺寬的磚路外，其餘全部崛起。掘磚並不困難，兩個上午完全掘好了，我正在想買點樹來栽，買點花來種，不料再一看下面的泥土，卻發覺這是一塊瓦礫堆積場，並不是一塊普通的泥地。而且瓦礫堆積的深度，是在三尺以上，掘了一點多鐘，拿鋤頭的手已經起泡，還只掘成一個和面盆差不多大小深約二尺半的瓦礫洞，掘出來的東西，除了瓦礫破磁，便是拌過石灰的黃沙。

這種瓦礫堆是栽不活花樹的，當然非掘去瓦礫填入泥土不可，於是我決定用愚公移山的精神，來做掘地的工作。本來，我每日除照例的工作外，不是打幾圈衛生麻將，便是下兩局圍棋或象棋，再不然也要和一、兩個朋友，到中央公園看看花，使自己的精神更感愉快，但為了要完成這掘地工作，就整整半個月工夫沒有出去打過一次麻將、下過一局棋，也沒有和朋友到過公園。每日總是除卻吃飯、睡眠和照例的工作之外，其餘時間全部都放在那瓦礫堆中。

在我每日都為瓦礫堆而流汗時，祥真和朋友們勸我僱人來做這工作，我堅持不可。我說：「我是親眼看過一些河北、山東人在東三省開墾荒地的，他們把荊榛滿目、猛獸出沒的一片荒地，墾成熟地，豈不比我來開墾這小小庭院更費力千百倍？然而他們卻都有生地不變熟地決不中途停墾的毅力。我的毅力，縱不如人，但開墾這一塊不到一畝大瓦礫地的毅力，總是有的，不信，過幾天再來看好了。」我誇下海口之後，終於在半個月裡面挖出院裡大量的瓦礫，然後再用竹箕把上房後面泥地裡的泥土挖來傾入已挖成「田」字的院中。接著買了幾顆八、九尺高的桃、李、梨、棗來栽，再搭起瓜棚，種了許多苦瓜、絲瓜，一個月之後，桃李成蔭，瓜籐緣棚而上，聳翠漸近窗紗，兩個月之後，瓜棚成為理想的青幕，絲瓜條條下垂，不可勝食，不能不用以餽贈朋友了。

住在王府井大街的時候，我和祥真經常到贛寧會館邱果軒（珍）先生處，陪果老或邱老太太打麻將，因陳芷町太太是果老的愛女，芷町夫婦常到贛寧會館，陪兩老打麻將，我夫婦也喜歡打麻將，所以常和陳芷町同往。當時，我們家庭經濟都很寬裕，我的收入固多於支出，芷町收入也很豐，他每月除在楊永泰主持的「善後會議籌備處」領一份薪水外，還可從上海《新聞報》領到七、八十元的通信稿費。我們都有一輛「包車」（人力車），也都僱有女傭，在用過晚餐洗過澡之後，陳太太抱了長子，祥真抱了長女，坐上自己的車，芷町和我再各僱一車，頃刻間就到了贛寧會館。在贛寧會館打了八圈麻將，回到家裡，還不到十二點，並不耽誤睡眠時間；所以，這種麻將，可說是真正的衛生麻將。

我除卻到果老處打麻將外，在贛寧會館，還可找陳仲擊先生學圍棋。陳先生的棋不過一段左右，然在北平已經是可以靠下棋吃飯的一個人。他歡迎人和他賭棋，訂有規則，一子輸贏銅幣一枚到四枚，在一枚到四枚內則聽人自擇。假如你和他約定，負一子付銅幣一枚，那麼當你下完一局負去十子時，便要付他十枚銅幣，他也就靠這贏來的若干銅幣過活。他是辛亥以前回國的留日音樂專校學生，然因無聘請音樂教員的學校，他就不能用其專長，最後竟潦倒不堪，靠著下棋贏銅幣過活，這實在是出乎意料的一件事。

我們第二個常去的地方，是中央公園。在中央公園，喝喝茶，看看花，遇到熟人談談天，不遇到熟人，自己逗著孩子玩，聽孩子咿咿啞啞，也是樂事。

在春秋佳日，我們雖也到若干勝地遊覽，然也不外遊覽西山、故宮、萬甡園、天壇、十剎海這些地方。我們到西山遊覽，必入碧雲寺瞻仰一代偉人中山先生的靈柩，必訪香山慈幼院的兒童。

孩子是日長夜大的，安兒呱呱墜地時不過十一磅，在六個月後，已重達二十幾磅，我夫婦出遊時，縱令是輪抱，然時間如果超過三小時，卻也會覺得有點吃力。可是，儘管吃力，我夫婦總不肯把孩子放在家裡讓女工去照顧，因為我們目擊若干女工照顧孩子的辦法，是不管食物適宜與否，只要孩子吃了不哭，就儘量拿給孩子吃，我們為了避免孩子吃進過多不消化或是不清潔的食物，每次外出，總是把孩子帶在身邊。抱著孩子遊覽，不止吃力，並且少了出遊的次數。

另一個使我們不多出遊的原因，是王府井大街那座房屋相當的好。那房屋坐北朝南，夏涼冬暖。經過裱糊之後，煥然一新，院中新種桃、李、梨、棗，很快長出成蔭的綠葉。苦瓜、西瓜也迅速爬出瓜棚，替我們織成一幅鮮豔無比的天幕，我們早晚坐在棚下，喝喝茶、抽抽煙、看看報、翻翻書，或是把孩子抱來，和孩子作咿咿啞啞的唱和，這種樂趣也不稍遜於出外遨遊；因此，我們在家裡度過的春秋佳日也很多，而在祥真再度懷孕之後，就幾乎是除贛寧會館果老處和中山公園之外，沒有到過別的勝地。

祥貞再度懷孕，是在十四年十月，農曆還是九月，而我們則在十二月到西山作半日遊之後便沒有再作郊遊。在那次西山之遊中，安兒已經能走幾步路了。當經過香山慈幼院時，裡面有個約三歲的女孩，和安兒一見如故，不忍分別，使我們幾乎也不忍強把安兒抱走。我們因那女孩看見我們要抱走安兒時眼裡滾出了淚珠，曾佇立多時，加以慰藉，但千百句安慰的語言，都無法安慰這位小女孩的心靈，最後，那女孩雖知道安兒不可強留，但仍要求我們再暫把安兒放在草地上讓伊有片刻的歡聚，我們只好照辦了。照辦後幾分鐘，我們抱著安兒盤山而上時，卻分明聽到那女孩嗚嗚哭聲。至今這哭聲還在我耳際。

不作郊遊後的我們，打麻將時候便較多，以前我們雖也打麻將，但只在邱家打。後來在家裡也打。在家裡打的時候，龔德柏是一個搭子。提起龔德柏，我覺得他的打麻將，還是一個小學生。有一次，我們打麻將，我誇下了海口。我說，有時我能知道別人手裡要什麼牌，龔德柏不服，說這是吹牛。我笑道：「你不相信麼？你手裡的四張牌，我已知道了。」龔德柏說：「你知道是什麼牌，快點說出來」。我說：「你手裡的四張牌是一對北風。一對八索。」龔德柏跳起來說：「這，這，這牌你全認完了，我還和你打什麼！」一面說，一面把手裡的牌摔在桌上，帶著憤怒回去，我們的牌，也打不成了。後來龔德柏又問我：「你何以知道別人手裡的牌？是不是牌上有什麼記號？」

我說：「知道別人手裡的牌並不難。只要你能注意某人打出的每一張牌。到了十三、四張，你便會知道他那副牌的大概情形，倘你能再進一步看看全桌上的牌，你便會知道他所需要的是什麼，此時你再留意他的出張，更會確知他所要和的究竟是那幾張。縱令也有不中的時候，但不中總也不遠。再換幾句話來說，就是：你打牌打到第十三、四張，你手裡的牌，已經有百分之五十等於攤在桌上，別人如果再留心看看桌面情形，略加推測，那你的牌就有百分之七十成為明牌，此時你所繼續打出的牌，如再被人注意，那你所要和的牌，在別人心裡自然是瞭如指掌了。所以，我說：知道別人手裡的牌並不難。」我還解釋那一次我所以知道他手裡的四張牌，是北風和八索各一對，原因是：北風始終不出來，我當然猜他有北風，他在打七索時，更略一躊躇，而桌面已有六索、七索和九索，並無八索，則他手裡顯然是有八索，加上他面前進牌的規範，是湊一色對對和的規模，所以，我斷定他手裡必定是北風和八索各一對。

龔德柏是打小牌的好搭子，他生氣不打之後，我們便不再在家裡打牌，縱是出外打牌，也只是偶一為之。因為我們的打牌，算是行樂，本已抱定「人不熟不打」主義，然熟如龔德柏，卻也會因手裡的牌被我猜透而發火，我就不願再為這行樂而自尋煩惱。

另外一個使我們不打牌的原因，是北方政局的變化。北方軍閥的翻雲覆雨，正像小孩子鬧的兒戲。吳佩孚、張作霖、馮玉祥、張宗昌、孫傳芳等等，都是翻覆無常的人物，故其悲歡離合的狀態，亦朝成而暮改，而尤以馮玉祥為然。馮玉祥背叛吳佩孚之後，正在夢想造成一個國民第一軍的天下，而吳佩孚、張作霖、張宗昌、孫傳芳，則結成一討馮同盟，終於十五年的秋天，從北京逐出了馮玉祥部下的鹿鍾麟，使馮軍全部撤出南口，退守張家口。我在所謂直奉聯軍從津浦路北上的十五年四月，得到了張作霖、張宗昌已經發出黑名單，將捕殺若干新聞記者，而我也已列入名單中的消息，便辭去中美通訊社、《中美晚報》的編輯，也停止了對上海《申報》和世界通訊社的通信。想在北京靜觀一時，再定行止。尋因龔德柏相信《大同晚報》社是有名的反共報紙，張宗昌們諒也不致打著討赤旗幟而摧殘反共報紙，認為《大同晚報》社可以暫住，於是我夫婦便搬到《大同晚報》社去住。當我夫婦搬到《大同晚報》社去住時，褚玉璞軍隊業經到了北京，北京已在張宗昌的玩具式飛機轟炸之下；此時我們也當然沒有打麻將的興趣了。

搬到《大同晚報》的我夫婦，是和龔德柏夫婦同住報社最後進南上房，龔德柏夫婦住南上房的東邊，我夫婦住在西邊。這房子雖是錢能訓舊宅，非常寬大，但因為建築的設計不良，南上房後面和左右兩邊都不開窗，住在那裡面，令人有悶熱不可當之感。

寧兒是在《大同晚報》社誕生的。他誕生的日期，是十五年八月三十日，即丙寅年七月二十四日，出生時體重是十一又四分之一磅，比他姊姊出生的體重，更重四分之一磅，也是一個又胖又白的孩子。

北京的張宗昌恐怖

寧的誕生，是北京已入恐怖時期之後。當時張宗昌督戰司令王琦，做了憲兵司令，司令部布置甫就緒，就伸出了殺人的血手。首當其衝者，是《京報》的邵振青（飄萍）先生，次是《社會日報》的林白水先生。又次，幾乎是要輪到成舍我先生，我雖倖免於難，沒有吃到王琦的「長壽衛生丸」，也不曾受到較多的虛驚，然也已成驚弓之鳥，幾乎是連《大同晚報》的大門口都不敢多站片刻了。

邵振青、林白水兩先生的慘遭槍斃，都是十五年八月初的事，大約邵振青先生是在八月六日遇難，林白水先生則在七日遇難，林白水先生遇難前兩日，王琦的憲兵先光顧了《中美社》，指名捕我，社中人告以某已離社多時，現在不知去向，憲兵遂將《中美晚報》的助理編輯樊友德先生捕去做替罪的羔羊。樊友德是北大畢業生，已經娶了太太，十四年七月做了《中美社》的《中美晚報》助理編輯，月薪僅三十元。其被捕日期雖比邵振青先生更早兩日，但王琦卻不曾餉以「長壽衛生丸」，僅僅把他審了兩次，關了一天一夜，就放出來。幸虧我平日對於同事，除編輯工作上有所督促外，其餘絕無苟求，並且就在編輯工作上，我的督促方法，也總是抱定先同事而工作、後同事而休息的宗旨，當同事工作叢脞時，我必在可能範圍，予以助力，我不辭一手包辦編輯工作，也不辭拿起謄寫板寫社稿，甚且還不辭替工友印刷通信稿，所以王琦憲兵到《中美社》捕人時，沒有一個人把我的住址說出來，連被捕的樊友德也情願被捕，始終不肯說出我的住址。

王琦所以要捕我，當然是因為奉張的黑名單中有我，而奉張之所以把我列入黑名單中，則因我係中美通訊社和《中美晚報》的總編輯。這傢伙以為中美通訊社、《中美晚報》都是馮玉祥的機關，我既是中美通訊社、《中美晚報》的總編輯，便必然就是馮玉祥的代言人；所以，儘管我和馮玉祥毫無關係，並曾與馮玉祥的親共幹部發生摩擦，曾為攻擊外語專門學校學生的赤化運動而觸怒吳稚老，但那些沒有頭腦的軍閥，卻硬把我當作一名赤色記者，想把我送到天橋去槍斃；幸而我的平日為人，還不太討人嫌，所以當時仍能安居《大同晚報》社，後來也還能從容離開虎穴狼窟的北平，始終沒有一個人去告密邀功，否則當時的我，也許是更先於邵振青、林白水兩先生要到天橋去吃「長壽衛生丸」。

樊友德釋出之後，邵振青、林白水兩先生，即相繼被捕遇難。林白水遇難後一日，即八月七日，《世界日晚報》創辦人的成舍我又被捕。奉張要槍斃的赤色記者，除邵振青，林白水外，還有宋發祥、我和成舍我。因宋發祥已潛匿不出，我亦匿居《大同晚報》社，故王琦在槍斃邵振青、林白水之後，便又去捕成舍我。成舍我被捕的翌日八月八日黎明，成夫人楊女士來找我，告知成舍我被捕，命在旦夕，請我幫同設法營救，最好是由我去找王士珍，請王士珍打電話給張宗昌。我告訴楊女士：「為舍我的事奔走，是義不容辭的，但我和王士珍連一面之交都沒有，我不能去求他，我向不走權門勢家，也不能求別人。舍我平日認識的人較多，誰和舍我的友誼較深，又有力量，你還是立刻直接去找他，事不宜遲，請你就走。」楊女士似有所悟，立即回頭外出。後來，我知道楊女士當日已往見十三年曾任曹錕的國務總理的孫寶琦，孫則告知楊女士，昨晚已得報館電話，且已請張宗昌釋放舍我，今雖尚未釋放，但頗有希望。我得到這消息，才替舍我放下一顆忐忑不寧的心，但接著宋發祥出奔的消息又到，據說，宋發祥已逃往天津，暫避張宗昌亂殺的焰。

因為成舍我被捕，宋發祥出奔，龔德柏也慌了。他問我：「你看我該不該避避鋒頭？」我說：「你的反共已出名了，如果以「討赤」為號召的傢伙，會來捕你，那豈不等於自詡孝悌而弒其父兄？」他說：「那些傢伙的『討赤』，和我們的反共，是風馬牛不相及的，我們反對的對象是共產黨，他們討伐的對象是一切不把他們當作聖明天王來歌頌的人。所以他們如果開開我們的玩笑，把我們當做赤黨來討，也算不得自相矛盾。」他似乎已經下了出奔或潛匿的決心。

我當時雖自幸已是漏網之魚，然仍時存戒心，每日除參加《大同晚報》的編輯工作外，很少走出《大同晚報》的大門。閒著無事覺得有點難受時，就去參加處理銅幣的工作。當時《大同晚報》的收入幾乎完全是銅幣，銅幣四百枚換龍洋一元，萬枚僅值二十五元，《大同晚報》一個下午的批發收入，最少是二萬餘枚，最多則在六萬枚以上，普通總是四萬枚左右，四萬枚銅幣的價值，雖僅五十元，然處理工作卻不很輕鬆，必須一枚一枚的數，一橛一橛的包，數好，包好，再裝布袋，上汽車，送到錢莊作為存款，用時再從錢莊取出。所以要存進銀行，不是為著利息，是為著要換銀元。

正在《大同晚報》度著這樣無聊歲月的時候，最令人興奮的消息也接踵而至。譬如：七月九日蔣中正先生的出就國民革命軍總司令，誓師北伐，十一日北伐軍的攻克長沙，十月十日的攻克武昌，生擒劉玉春、陳嘉謨，十一月六日的攻克南昌，就都是令人鼓舞的消息。因為令人鼓舞的消息不斷湧至，我雖蟄處《大同晚報》社中，對於時局的看法，也極樂觀。我預料明歲新春將有更令人歡欣鼓舞的消息，足以消滅華北所有的烏煙瘴氣，使華北看到青天白日。

但時局前途雖至光明，北京的新聞記者，卻好像是置身於最陰鬱的幽谷。誰也不敢寫一篇評論攻擊奉軍和張宗昌那種破天荒最專制最暴虐的暴行，甚且不敢發表一篇坦率的新聞。張宗昌衛隊為了供應張宗昌洩慾的需要，經常當街抓美女，甚且包圍有名的東安市場，把在裡面買東西的美麗少女、少婦七、八十人，全部裝進卡車，送往張宗昌的司令部；還有一次是在女高師附近布了如臨大敵的哨，把從女高師出來的學生擄去若干人。這些被擄的少女、少婦，有三、五日放回的，也有十天、半月才放回的。其中有市長袁良的女公子和兒媳，某部長的女公子亦在內。風聲所播，美麗的少女、少婦，都不敢出大門一步，年齡較長女生亦均不敢上學。但北京所有的新聞記者，都只好熟視如無睹，不敢說半句不滿意的話。

北京各報既都不敢說半句話，大家也就懶得看報，更懶得看晚報，《中美晚報》因之停刊，《世界晚報》、《北京晚報》和《大同晚報》的銷數，也逐漸減少到幾乎連三千份都賣不完的地步。本來，《大同晚報》曾因營業發達，預備再在天津紫竹林設立分社，發行天津版的《大同晚報》，我還曾和龔德柏前往天津籌備了三天，印出了天津《大同晚報》的樣張，並已訂期正式出報，後因時局急轉直下，所謂「直魯聯軍」打進了京津，他們高揭「討赤」的旗幟，卻實行其摧殘輿論，屠殺報人，公然姦淫婦女的獸行，龔德柏只得擱置了發行天津《大同晚報》的計畫，專心一志，坐辦北京的《大同晚報》，不料一轉瞬之間，這個曾有一個時期風行一時的北京《大同晚報》，卻也陷於一天連三千份都賣不完的絕境。龔德柏自己也不能不暫赴天津，轉往漢口。

《大同晚報》發行份數銳減之後，我看形勢不對，不得不退出《大同晚報》，以減輕龔德柏的負擔。因為我在參加《大同晚報》編輯部的工作後，每月拿了一百二十元的薪水。這在《大同晚報》每日都有大批銅幣存入錢莊時，雖無問題可言，但在報館收入比支出為少時，卻是一個相當沈重的負擔。

退出《大同晚報》的同時，又和史奎光、陶因，在西直門大街合租了一所花園住宅居住。史奎光後來做了立法委員，今已逝世，陶因回安徽時做了安徽大學的教授，抗戰發生後，音信隔絕，現在何處，則無從知道。那所西直門大街的房屋，也是一所四合房。南正房三間，東西廂房各三間，北面客廳二間，門房一大間。中間庭院是一半花圃，一半草地。北面客廳舖了很好的地板，是新漆的，如果打點地蠟那就可供跳舞之用，因此，我就住了這間。陶因因為孩子多，住了東、西廂，史奎光和他的未婚妻，則住南正房。南正房方向好，冬天暖，但每間房都有一土炕，並且是磚地不是板地，客廳朝北，方向壞，然有很好地板，頗配合南人愛好；東、西廂房方向也壞，地又是磚地，但房間多，除留出一間堆煤炭外，還可住下七、八人；所以三家合住西直門大街的房室，分配很平均，可謂各得其所。

我們是十一月底遷到西直門大街屋內的，其時北伐軍早已攻克南昌（十一月六日），國民黨中央執行委員會亦已決定遷政府到武漢（十一月二十六日），若干黨員多奉令南下參加北伐工作；我們三個人自然也都希望及早南下，去分擔一部分我們力能勝任愉快的工作。於是我們三個人甫遷入新屋，卻已作來年二、三月分途南下之計。

結果，我夫婦在十六年三月底到天津乘日本輪船回上海，陶因一家同時經上海轉安慶，史奎光及其未婚妻王女士則定於四月間南下。我夫婦南下時，椅桌睡床托史奎光出售，後來售是售了，但和無條件送人並無區別，因史奎光售與他的朋友，他的那位朋友當時沒有錢，過了兩三個月則已他往，從此消息杳然。

我夫婦離北京南下之日，北京天津間的交通秩序，已不易維持。火車上擠滿了所謂「直魯聯軍」的士兵，幸虧送行的朋友幫忙，我夫婦和兩個小孩才安然上了火車。在幫忙的朋友中，胡春冰先生是最得力的一位。我夫婦到了天津之後，只等了一天多就搭一艘日本船往上海。到上海後閱報才知道：北京、天津間的班車，在我夫婦行後，因為軍運關係，曾停開多日，從天津南下的海船，也只剩了日本和英國的寥寥幾艘，中國船不是已被所謂「直魯聯軍」扣充軍運，就是逃到上海，去避被扣之難。幸而我走得快，否則必遇到赴津無車，赴滬無船的厄運，縱令這厄運不過是使人多花十天半個月的旅費，但也總等於無罪受罰。

北京的報業和報人

在這裡，我將談談北伐前夕的北京報業和報人。

當時的北京，一方面是報業和報人的天堂，另一方面卻是報業和報人的地獄。從其作為報業和報人的天堂這一面來看，則的確有若干點是至今還引人羨慕的。最可羨慕的一點，是辦報的完全自由。無論何人，要開報館都無須等待政府的核准登記，祇要發刊以後送一份給郵局，郵局便會承認你的報紙是「新聞紙類」，照著寄遞新聞紙類收取郵費。並且，北政府不止不限制開報館，而且除袁世凱、段祺瑞、張作霖及張宗昌外，都絕不干涉言論和新聞的自由。黎元洪有「菩薩」之目，不消說是不會干涉言論，就是馮國璋、曹錕這些人，也都不敢為著言論或新聞而得罪一報館或一通訊社，縱令有些報紙的言論和新聞，顯然都已觸犯刑法上的誹謗罪，但黎、馮、曹那些人，卻也總不肯提起訴訟。故在黎、馮、曹成為北京總統府主人時，北京報業和報人的自由，是充分的，並且是有「處士橫議」的自由。其次，當時外國白報紙可以自由輸入，那一家報館一天要出幾張，就出幾張，從不發生購買外國報紙要申請外匯和報紙張數要受限制的問題。又次，當時沒有像《中央社》這樣規模的通訊社，也沒有像新聞局這樣規模的政府發言人，各報每日重要新聞，都由各報自己設法採訪，甲報所有的新聞往往為乙報之所無，丙報之所無，又可能為丁報之所有。因此，各報都不靠「配給新聞」來填篇幅，很少有「官報」或「官方消息」的氣味，絕對不會弄成各報重要新聞完全相同的局面。

這種出版、言論和新聞的絕對自由時代，大約是始於袁死黎繼的民國五年六月，終於張宗昌恐怖時代開始的民國十五年六月，整整佔了十年的時間，但因為種種關係，卻沒有一家報館能夠擁有一萬以上的訂戶。中間稍出人頭地的日報，只有《北京益世報》、《晨報》、《京報》、《黃報》、《社會日報》、《北京日報》和創刊不久的《世界日報》。晚報在民國十三年以前，僅《北京晚報》一家，十三年四月多了《世界晚報》，六、七月又有了《中美晚報》和《大同晚報》。

這些稍出人頭地亦曾風行一時的日晚報，在張宗昌恐怖時代倒了四家：一邵振青的《京報》，二林白水的《社會日報》，宋發祥的《中美晚報》，龔德柏的《大同晚報》。

在張宗昌恐怖時代來臨的前夕，是晚報的黃金時代。四家晚報都有相當多的銷數，也都曾稱雄一時。最初《北京晚報》因「只此一家」的關係，自然有錢賺，十三年四月，《世界日報》打著「不抄隔夜新聞」的旗幟，出而競爭，就把專抄隔夜新聞的《北京晚報》銷路分去一大半，接著《中美晚報》，《大同晚報》相繼出版，《中美晚報》以多刊軍事消息見長，《大同晚報》以露骨反共見長，就也都有相當銷數。在十五年春夏之交，《中美晚報》裝了四架平版對開機印報還是不夠用，當戰事迫近北京時，四架平版印機，以每架每小時平均八百張的速度，由下午二時半印到晚上十時半，才發完批發的報，盛況可謂空前。接著《大同晚報》也有一個多月的全盛期，全社所有人員都參加發報和收錢的工作，仍嫌人手太少，其忙可想而知。但不幸《中美晚報》和《大同晚報》全盛時代都很短，過了這短暫的全盛期，便是無疾而終的停刊。

張宗昌恐怖時代到來後的北京，雖當然沒有人再在北京開辦新的報館，但在張宗昌恐怖時代開始之前，卻有許多人要在北京辦報。這些要在北京辦報的人，自然多半是想辦一家很像樣的報館，但想辦一家滑頭報館的人卻也不少。

事實上，在北京要辦一家滑頭報社，易如反掌。你只要製一塊××報社的招牌掛在大門口，然後加入「聯合版」的組織，刻就一塊××日報的報頭，買一令白報紙，再攤一分極有限的印刷費，每日印三十至六十張的報紙，用一半貼在指定的貼報處，四分之一送給你所認為可能送你一份乾薪的大人先生，留下幾份放在身邊，用以表示你的確是曾經辦過一個報館的新聞事業者。這種報在街上是沒有的，所以有人把這種報叫做「鬼報」。當時北京，就有四、五十家這種報紙。

這種報紙主持人，每月所花本錢，約為二十元，最大的開支，是聯合印刷的一份費用，大約是十五元左右，白報紙二令約二元五角，剩下的二元五角，也夠做貼報和送報的開支。這種報紙普通都是對開的一張，一令白報紙交給印刷所，算四百六十五大張，切成對開就有九百三十張，你如果一天印報三十張，一令報紙便可印報一個月；一令報紙在當時的代價，上等瑞士貨不過一元二、三角，日本貨只一元一、二角，那你一年所付出的白報紙，代價最多也不過十五元。這種報紙的印刷，是由一家印刷所包下的，包費大約是一個月四、五百元，由所有參加這聯合版的報社共同分攤。包印合同簽字之後，印刷所除應照各報所開份數排印外，還要讓出一間房間供各報編輯之用。各報事實上都只有一個社長，這社長則以一身兼編輯、主筆、經理、採訪、校對、發行、廣告、會計、出納各項人員的所有職務。社長們採用了輪流編輯辦法，每天上午由兩、三人到印刷所做編輯，他們到所之後，第一件事是把各報所交到約三百字顯然有作用的特載或論說，發到排字房，然後再將當日北京報紙上的新聞剪下一堆，陸續發排，排好之後，值日編輯，便通知排字房，某篇特載，某篇論說是某報用的，於是拚版工友，按著次序，把「鬼報」報頭和花邊特載或論說，拚成了版，交給機器工友，機器工友印了三、五十份之後，把原版交回拚版工友，拚版工友立刻將甲報報頭和甲報特載抽了出來。再把乙報報頭和乙報特載拚進去，一直這樣抽了又拚，拚了又抽，直到所有鬼報都印完為止。

但當時的北京，雖是出版、言論和新聞非常自由的天堂，卻也有其適與天堂成為對比的另一面，而這一面我們應該把它名為報業和報人的地獄。

本來，我們中國人的大患，是物質的貧乏。因為多數人患貧乏，所以一般人多不能自拔於貪污的狂流，報人當然不在例外。報人既亦不能自拔於貪污的狂流，野心政治家就有了最簡便的操縱報人方法。袁世凱、段祺瑞下至曹錕，就都曾慷國庫之慨，用金錢來賄買報人，從而造成若干報人視金錢重於人格的頹風，也開了有錢就能包辦輿論的新局。

賄買報人方法是日新月異的，首先行賄的袁世凱，倒很乾脆，把金錢和槍彈放在一起，請你選擇於兩者之間。到了段祺瑞手裡，就多了一個花樣，是把升官、發財和封閉報館三條路放在你面前，謂你自己決定走那一條。他的新花樣，是在金錢賄賂之外，再在他所主管的國務院設置一些顧問諮議的員額，供收買「雜仔報人」之用。如果你願供他利用，則除可得他經紀人按月或是一時的現金贈與外，還可得到國務院的一紙聘書，請你做他的顧問、諮議乃至於參議。萬一你不願做等於奴隸的「雜仔報人」，而且不惜與他為敵，他就要封你的報館。

在我們中國歷史上一次封閉報館達八家的人，就是這位段祺瑞，他曾於民國七年三月四日，以國務總理名義，著京師警察廳封閉八家報紙。封閉的原因，在於八家報館主持人，都不肯做「雜仔報人」，對於段的媚日賣國行為曾作辛辣嚴厲的攻擊。被封閉的報館是《晨鐘報》、《大中華日報》、《大中報》、《中華新報》、《國民公報》、《亞陸新聞》等。就中北京《晨報》前身的《晨鐘報》，和梁啟超有深切的關係，先做保皇黨的言論機關，後來就做研究系的宣傳工作，當梁啟超一度入段閣做財政總長時，《晨鐘報》對段的態度還不太壞，尋因梁啟超被排出閣，《晨鐘報》就和傾嚮國民黨的各報一致攻擊段氏；因此，段在七年三月封閉大批報館時也把《晨鐘報》加入封閉之列。這種一次封閉八家報館的紀錄，不僅滿清政府所不敢為，就是專制魔王型的袁世凱亦不敢為，故在我們中國歷史上，實在是一筆空前的紀錄。

段祺瑞發明可用升官、發財、封閉報館三種手段，來對付報人之後，聘報人做顧問、諮議、參議的風氣，便彌漫於北京。總統府、國務院不消說是在所必聘，財政部、交通部也照樣要聘，後來聘得濫了，有些機關還在聘顧問、諮議之外，加派「額外祕書」。所謂顧問、諮議、參議的薪水，普通是月支二百元，額外祕書月支百元，在十三、四年政費無著時，發薪成數在四、五成之間，二百元薪額實得八、九十元，百元薪額實得四、五十元，這也就是「雜仔報人」的身價。然甘為「雜仔報人」者，卻並不乏人。那些甘為「雜仔報人」者，以報社、通訊社的總編輯佔大多數，次為報社、通訊社的主持人。報社、通訊社主持人中間甘為「雜仔報人」者，除上述的「鬼報」社長外，也有一二「唯錢主義」的人物如宋發祥之流。宋發祥之流所以也夾在「雜仔報人」中間，最大原因之一，在於他有一種不正確的認識，他不以為這種接受一紙聘書坐領乾薪的行徑，就是「雜仔報人」的行徑，卻以為這種不勞而獲的乾薪，是有力報人所應享的一種特權。

因為若干機關有送乾薪的惡例，有些報社、通訊社主持人，便利用這惡例的存在，實行又要聘編輯又不給薪水的怪制度。《中美社》的宋發祥，就是曾經實行這怪制度的一個人。宋發祥在聘請龔德柏做《中美社》漢文部總編輯之前，《中美社》漢文部的總編輯，是沒有薪水的。總編輯沒有薪水將如何生活？答案是：總編輯可以自由向各機關爭取乾薪，用以代替薪水。

乾薪之外，還有津貼。曹錕用五千元買一個「豬仔議員」投票選他做總統時，也發一些津貼給「雜仔報人」，希望「雜仔報人」不要揭發他的賄選黑幕。替曹錕散發津貼的人，是跛子溫世珍，他自己就是第一號

「豬仔議員」。

發津貼最多最普遍的一次，是十四年夏天段祺瑞要開所謂「善後會議」的那一次。經手人是籌備善後會議的楊永泰先生。這位楊先生是夠得上雄才大略的評價的，是向以廉能取人的，然在十四年卻為段祺瑞而以大批津貼分與北京各報及各通訊社，多者每月六百元，少亦三四百元，一時領取津貼人數竟達三百人之譜。有許多原已越過「金法郎案」、「曹錕賄選」及王克敏的節敬等關的報人，又有一大半顛仆在「善後會議籌備處」的關口上面！我不能不說：這件事實在不像楊先生做的事。因為這種發津貼給報人的行為，足以誘致一些報人的墮落，和楊先生一向以廉能取人的作風實不相稱。

除上述的乾薪津貼外，還有王克敏的「節敬」。先是，王克敏慷財政部之慨，逢年過節，總送一分禮物代金給和自己有關係的報社、通訊社，後來新聞界全知道了，就有一些所謂「拳匪」，逢年過節，都到財政部坐索節敬。「拳匪」往往坐到子夜不肯去，除搗毀窗門椅桌、摔破茶壺茶杯、向部中工友示威外，並著人送寢具入部，表示如不得錢，即將宿於部中。最後王克敏一面著人送到二、三千元，請拳匪自推代表，主持分配，一面則通知軍警機關，做奉命驅逐的假戲，於是那些本來志不在小的「拳匪」，也只好把王克敏送到的二、三千元匆匆分配，一哄而散。

這種坐索節敬的醜態，可以說是丟盡報人的臉了，但還有比這坐索節敬更丟臉的勾當，也發生於北京。北京的東交民巷，在戰前是所謂「使館界」，其實質等於租界。就中英美德法日義等國使館，不時都有新聞發表，中外外勤記者每日也都要到各重要使館及所謂「領袖公使」那裡去訪新聞。尋因外勤記者中間的「拳匪」，也有伸手向外國使節要錢的情事，外國使節因不勝其煩，先則決定今後不再招待中國記者，後來改為非經各使館認為正當新聞記者不予招待。於是乎新聞界「拳匪」的丟臉，就丟到外國人的面前。

不能忘的人與事

我第二次在北平做新聞記者的時間，是從十三年四月到十六年二月，歷時不過兩年又十月，然卻閱歷了許多政治上翻雲覆雨的變局，遇到了若干至今不能忘的人與事，今特乘此機緣，將至今不能忘的人與事拉雜記之如左：

一、天才作家胡春冰

我在北平最大發現之一，是從《大同晚報》副刊撰稿人中發現了天才作家胡春冰先生。十三年秋天《大同晚報》出版，我受龔德柏先生之聘，兼編《大同晚報》的副刊。編副刊的自然辦法，是先從許多撰稿人中去發掘突出的人才，然後再把這突出人才作為副刊的基本支柱；所以，我編《大同晚報》副刊時最著重的一事，就是留心發掘可望成為副刊最好作家的人物。發掘結果，首先發現胡春冰先生的文字，是簡潔而不生硬，敘事有乾脆明白的長處，又有清新雋逸的餘韻。他的作品，是合五分人工五分天賦而成；最令人心折處，是他的造句特別活潑可喜，他不墨守前人造句成規，無蹈故襲常，陳陳相因的短處。有一次，他寄到約二千字的短篇小說，我因其意境深遠，文筆勁秀，曾為文介紹，文長三千字，是我所寫文藝批評中最長的一篇。

他的筆蹟最怪，每一個字都像一隻短腳蜘蛛，筆力墨汁多半集中在核心，因而自成一種短小精悍的風格。

當他替《大同晚報》撰文藝稿時，年僅十九歲，在北大是三年生，此時他寫作的習慣，似乎是順著天性發展，想得快，寫得快，不大欠文債，尤其不欠《大同晚報》副刊的文債。抗戰期中的他，已接近中年，寫作的習慣，有很大變換，最大的變換，是有非到最後一小時決不清償文債的習慣。二十九年、三十年之間，他在香港《國民日報》做撰述，主持《國民日報》的副刊，有時也寫評論，遇到我醉酒的日子，總是由他代交評論的卷。

這時候的他，想和寫都比學生時代更快，而且更好，然而卻已有了非到最後一小時決不準備交卷的習慣。他和電影公司訂著作劇本契約時，普通都是以三個月為交付劇本之期，但總是要等到時間只剩兩三日，才開始著筆，有時在開始後幾小時，還要拿到旅館裡去寫。原因是坐在家裡寫，小寶寶們總難免要抱要糖鬧個不清，會搗亂寫作的寧靜情緒。這時候，他往往一晝夜能寫成一部電影劇本，其迅速實堪驚人。

同時，他控制每一篇文字字數的力量也很可驚。若干報紙雜誌請他撰稿，只要說一聲希望全文在若干字以內，或者最多不超過若干字，他總是不多不少交給你一篇恰如其量的文稿。有一個時期，他寫一篇二千字左右的論文，沒有一個錯字，也沒有需要潤飾的一句；這也許就是他在文字技巧上到達頂巔的一期。在這期中，正是中日戰爭將近結束的時候，也是我和他同時服務於《中央日報》社的時候，所以他在文字技巧上的登峰造極，給了我不可磨滅的印象。

他從二十八、九年起，雖已著力於電影及話劇的編劇和導演，但他的真正願望，卻是坐進一個研究室，讓他靜靜地專心致志，研究一種學術的工作。他在醉後，往往為著自己離開學校之後，不能再進一步去研究專門學問而痛哭；他覺得如果生在公、私立研究院到處都是的國家，那他就一定能夠成為某一種學問的權威學者。他對於話劇界、影劇界所給與的尊敬和讚美，並沒有喜色。他還覺得自己雖是若干悲劇的著作人，也是若干悲劇的導演人，然而自己卻正是這個時代悲劇的主人翁。所以他每在醉後，便為自己的身世而痛哭。

關於胡春冰先生的事，因為以下有好些地方都要觸及，所以這裡只說到他的醉後自傷身世為止。

二、亦仙亦佛盧師諦

盧師諦號錫卿，是四川革命領袖之一，六年九月十日，中山先生在廣州就任大元帥，宣布以戡定內亂、恢復約法為職志後，即任盧為第四軍軍長。盧膽大氣豪，在川經數十戰，皆親赴最前線指揮，且均獲小勝，中山先生信任有加。惟盧以文人而握軍符，與湖南譚延闓（祖安）、江西李烈鈞、福建方聲濤（韻松），雖無二致，但其用人，則遠不如譚李方的知人善任，且盧每數月必出川，或赴粵，或赴滬，一去兩三月始歸。行時，委其參謀長某代理軍務，習以為常。其弟盧師諤，號燮卿，當時亦在軍中，諗知參謀長某將取其兄之軍長而代之，曾私告錫卿，請為之防，錫卿不聽。九年春夏之交，盧的參謀長某，果在軍中展開驅盧運動，私向桂系投靠，於是盧失軍權，成為光棍軍長了。

盧遭此變，遂赴滬，後以中山先生由滬返粵，亦追隨赴粵。此後，並遍歷湘桂等省，至十一年六月十六日，陳炯明叛變，圍攻總統府，中山先生脫險抵海珠司令部號召北伐軍回師靖難，而靖難之師又失利，中山先生乃由粵回滬，盧亦再行回滬。十二年二月，中山先生因滇桂軍克復廣州，陳炯明敗走惠州，始復回廣州，設置大元帥府。中山先生回粵前數日的一月二十六日雖曾與赤俄代表越飛發表聯合宣言，認共產主義及蘇維埃制，均不能施行於中國，但若干敏感的國民黨員，則已知以陳獨秀為領袖的共產黨，實係第三國際的第五縱隊，盧亦有此預感，故在十二年十二月十二日中國國民黨發表改組宣言前後，盧氏對於共產黨之將以國民黨為踏腳石而赤化中國，實係有最高警覺的一人。盧氏這種最高警覺，為中山先生十三年十一月十三日轉滬北上之前，於特派汪兆銘為隨員之餘，復派盧氏為隨員，授以親筆信，使當聯絡國民第二軍胡景翼、第三軍孫岳及北方反共同志的重任。

可是，盧氏雖具遠見，且負如此重任，但其抵平後的動定，則不免令人失望。在若干失望的人們中間，以我和陳芷町先生為最。我和陳芷町先生在他到達之前，都得到他好友陳白虛先生和他貴介弟盧燮卿先生的函電，囑托在宣傳上予以助力。但他抵平之後，卻似乎並不亟亟的反共。除曾西行訪問胡景翼及孫岳算是交卷外，其餘好些日子，則均付與八大胡同，飲酒、吃鴉片、談仙佛。追隨他左右最得他歡心的徐堪，則除陪他逛胡同、飲酒、吃鴉片外，還陪他談仙佛的奇蹟。我和陳芷町先生雖因受陳白虛和盧燮卿兩先生之托，不能不常到東方飯店看他，但當我們到東方飯店時，他不是尚在夢中，便是正和面上經常薄施金粉的徐堪（可亭），談仙佛和娼妓恰到津津有味的時候，結果，我們和他不是沒有見面，便是說一兩句應酬話就無話可說，只得告別。

有人說：盧氏在京所以日與娼妓、酒食、鴉片結不解緣，並且只喜談娼妓、仙佛。是怕汪兆銘會對他下毒手，我也只能姑妄聽之而已。

三、逼宮的滑稽劇

十三年十月二十三日，倒戈將軍馮玉祥演了一幕逼宮的滑稽劇。當時奉直兩軍對峙於長城各口，馮玉祥守的是喜峰口，不知道幾時孟光接了梁鴻案，這位倒戈將軍卻和張作霖勾結起來，悄悄地從喜峰口一帶把軍隊撤回北京。撤兵後的第一著，是重演一幕逼宮的歷史，把曹錕逼黎元洪出奔的那一套辦法用到曹錕身上。曹錕逼黎元洪出奔的辦法，是先包圍總統府，剪斷府裡的水管和電線，但仍留一條出路，聽其逃生。黎出奔之後，再由高凌蔚等發出一道電報，說是「攀援弗及，泣涕如雨。」倒戈將軍除在包圍總統府、剪斷水管和電線這一點，是以曹錕之道治曹錕之身外，還更進一步，幽禁了曹錕，拘捕了曾毓雋、張敬堯和李彥青。李彥青原係浴室修腳匠出身，是曹錕最親信人物，也是不出面的財政部長，貪賄貪到非賄賂到手連曹錕所屬各軍軍餉也要留難不發的程度，對於馮軍軍餉，當然也是要先行賄賂才肯發給，馮因此恨之入骨，所以，馮在十三日子夜捕得李彥青之後，十四日未明便予以槍斃。馮的槍斃李彥青，主因儘管是因李彥青經手的餉項非賄不發，但也總算是一件大快人心的事。馮槍斃李彥青後，便釋放了曹錕和安福係健將曾毓雋，僅把張敬堯押送張家口。張敬堯是每一個湖南都認為可殺的人，馮把他押到張家口不久，卻放他出去，這當然是因為他已對馮貢獻了一筆款項。

逼宮歷史重演後的又一幕，就是張作霖、馮玉祥們擁戴段祺瑞出來，段祺瑞則採章士釗的建議，組織「執政府」，自稱「執政」。段氏出而自稱「執政」時，我曾問章士釗：「段的執政從何而來？現在中國沒有帝王，誰能封他做執政？現在中國也已經沒有合法的代議機關，誰又能選他做執政？執政，執政，豈不成為無根的芝草，無源的醴泉？」章不能答。章要和我談教育，我也無心再聽。

馮玉祥演逼宮滑稽劇的同時，還從故宮逐出坐在宮裡做皇帝的溥儀。溥儀被逐出宮後躲在他生父家裡，當我以新聞記者資格去訪問時，他給我說了一大套的話。那些話似乎是事先準備好的。他說：「外面的人以為我是想做皇帝，其實我很願意做中華民國一個國民。現在我沒有別的希望，只希望用以祭祀的祭器，能予以發還，同時能將積欠的優待經費先發一部分，以便遣散從前的執事人等。」我問他：「你有沒有求學的意思；」他說：「如果有機會，我也喜歡出國求學？」、「喜歡到那一國？」他想了一下說：「美國」。那時的溥儀，才十八歲，但其言語舉止，卻都像二十幾歲的人。他雖新從故宮逃出，卻沒有一點不安的神色，當時往訪他的人共四人，我和《北京晚報》的劉某，是新聞記者，鹿鍾麟是京畿衛戍司令，張壁是京師警察總監。當溥儀提到優待經費時，鹿鍾麟、張壁都說：「優待經費，已因六年七月的復辟而自然消滅，現在不應再提。」但溥儀仍嘵嘵辯解、要求發給一部分，同時更再三要求發還祭器。使我深深感覺：溥儀背後一定還有若干攀龍附鳳的人，正在鼓勵溥儀出來爭取所謂優待皇室經費，和所謂宗廟祭器。我也意識到：如果不設法把他送到美國或類似美國的國家求學，使他有變換思想和環境的機會，他的做皇帝慾望總有死灰復燃的一天。

四、保管故宮與盜寶

馮玉祥從故宮逐出溥儀的第二日，就組織了保管故宮古物委員會來點收故宮古物。被聘為委員的人物，是李石曾先生和易培基等十餘人。溥儀方面辦移交的代表，則為陳寶琛。不過，李石曾先生雖被聘為保管委員，恐怕也只是名義上的保管委員，事實上負保管責任的人卻是馮玉祥所信任的鹿鍾麟。鹿鍾麟掌握故宮各部分的鎖鑰，李石曾先生們在形式上把宮中所有璽冊、書畫、金銀、古瓷、器皿一一點收之後，雖仍封存以待整理，但負責守衛故宮的士兵是鹿鍾麟的部屬，只有鹿鍾麟及鹿鍾麟所特許的人，方能隨時入宮，一些保管委員，則僅日間能自由出入。所以，後來故宮發生盜寶事件，畏罪潛逃大連的易培基，嫌疑固極重大，而馮玉祥本身所盜竊寶物則必十倍於易培基。

點收古物那一天，我跟著點收委員去點收，頗有琳瑯滿目、美不勝收之感。就中，玉璽若干方，尤為無價之寶。但在後來開放供人參觀之日，一塊青玉璽卻已失去踪影。同時一些歷史古物的書畫大半也已無影無踪。這些字畫，不是馮玉祥帶走，便是易培基帶走，現在馮、易都已離開人世，所攜字畫恐怕也大半散失了。

五、段祺瑞腳腫病

段祺瑞最為國民黨員所不滿的一點，是連公祭中山先生之日自己都不親祭。因中山先生靈柩由中央公園移往西山碧雲寺的前一天，段曾通知護喪人員，說「執政」即將往祭，但通知之後，因有人阻止，便決定不去，但又不再通知護喪人員。護喪人員屢用電話詢段宅：「執政何時來祭？」段左右先答以「執政正洗腳，洗畢即來」；少頃改答：「執政洗腳後，腳腫，不能著鞋，請稍待？」最後答稱：「執政腳腫未癒，不能往祭。」護喪人員聞之大譁，有將逐段之代表者，後為和事老所阻，段所派代表，始得代祭而去。從此，段的「腳腫病」，遂成為笑柄。

六、緣慳一面的楊永泰

段祺瑞在民國七年，雖曾一次封閉八報館，但在十四年卻又大舉賄賂新聞界。段祺瑞十四年的大舉賄賂新聞界，雖不知是由何人提議，但負責執行人是楊永泰先生，幫楊先生造冊列表以便考核何報何人已領津貼，有時並代發津貼的人，則為陳芷町先生。陳芷町先生當時在楊氏主持的參政會中是文牘能手，同時又是上海《新聞報》駐京特約記者，所以楊氏要他幫聯絡新聞界的忙。楊氏自己雖看錢不重，並且一向是以廉能取人，但似乎很相信只要有錢，便不難買盡北京新聞界。當他替段祺瑞主持所謂「善後會議籌備處」時，即將北京新聞記者分為三等，一等月給六百元，二、三等各遞減二百。發津貼之後，自然要查閱一次支領表，如果榜上有名而其人不領，也自然要查問原因。有一天，他看了表，發現《中美通訊社》、《中美晚報》總編輯的我，沒有領津貼，當問陳芷町：「你知道不知道那個人？」陳芷町告訴他：「他和我是同居，但他是不要那筆錢的。」楊微露驚異之色道：「北京也有不要錢的新聞記者？」接著還要芷町代表致意，希望有一次晤談的機會。他的意思，當然是希望我去訪他。但當時的我，並沒有去看他，也只請芷町代道感他錯愛之意。後來，到二十六年我想去漢口看他，並已定行期，但他卻死於刺客之手。

七、《蔓蘿姑娘》的演出

《蔓蘿姑娘》這劇本，是我十三年春天為換取結婚費用而作的，費時不過三日，字數號十萬，實則不足四萬，不過因為印刷所計算字數法，是把每頁中間所有空格計算在內，所以就號稱十萬字。這劇本由泰東書局出版後，銷路不惡。兩三個月工夫，賣出了六千本，在當時要算是行銷最佳的新書。

十三年五月，北京女師大前身女高師的應屆畢業生，因欲籌集一筆款項，決定演劇賣票，選定了《蔓蘿姑娘》劇本，請陳大悲導演。演出之日，送花樓票邀我夫婦往觀，我最初相當高興，但在看完之後，因劇本後半部有一部分受了修改，和我的意思，有很大距離，頗覺不快。我曾請以上演《蔓蘿姑娘》徵求同意的潘廷幹去詢問陳大悲：「何以不和我商量卻將劇本中重要動作予以變更？」陳大悲的答覆是：「舞台上的要求和劇本上的要求，未必盡同，舞台上要求有使人眼睛應接不暇的動作，劇本上則不妨有毫無動作或極少動作的一、二場，這一次所以有些地方不照原劇本演出，就是因為要適合舞台上的要求。」我說：「如果為了適合舞台上的要求，竟將意味最深長的情節加以變更，豈不是削足適履？」於是我在第二天就登了一個廣告鄭重聲明：「從此以後，不許非我所同意的人導演蔓蘿姑娘。」

《蔓蘿姑娘》劇本，上半本的文字和意境，似乎沒有多大缺點，下半本文字意境則多少有點問題。我在二十六年曾在各舊書攤覓得兩本，想把下半本加以修正，再行出版，但不久「七七」、「八一三」的戰事接踵而至，我想修改那劇本的興趣也完全沒有了。勝利歸來，舊藏本，已無覓處，自然談不到修改不修改。如果藏有這劇本的人，肯借我抄寫，那我就一定要在短期內予以修正。

八、張家口的蘿蔔

一個蘿蔔重二十斤，這在北平以南是新聞，但在西北的張家口，二、三十斤一顆的蘿蔔，卻到處都是。張家口大蘿蔔，普通都是二、三十斤，較大的可到七、八十斤，最大者達百斤以上。因此，從張家口南下的火車車廂裡，到處都裝著一顆重二、三十斤的蘿蔔。因為南下的人，為供人欣賞大蘿蔔，幾乎每人都要帶回一兩顆。

九、琉璃廠的鬼市

北平琉璃廠的鬼市，據說是民元以後才有的，鬼市多在夜半開始，到天明收市。到鬼市賣東西的人，多半是竊盜，少半沒落的故家。沒落的故家要出賣書畫磁器皮衣，羞見親友，故多在夜間到黑市求售。買的人則各色俱全，且不乏精於鑑別古物的名人。抗戰期間，重慶較場口亦有類似的鬼市，但出售衣物的人僅兩種：一竊盜，一專做假古董的人。

十、正陽樓烤羊肉

北京正陽樓的羊肉，是以切得好著名。它的切肉師，切得大而薄，能剔除所有咬不碎的筋，使吃的人有吃羊肉如吃豆腐的感覺。因為切得好，切價等於肉價，本來售二角一斤的羊肉，就賣到四角，然還有供不應求之勢。但我最喜歡的，是正陽樓的烤羊肉。它的烤羊肉特別香，秋冬之際，午後烤羊肉時，香聞里許，我切二角烤羊肉回家夾烤麵包或是燒餅，再輔以煨白菜，覺得勝過最好的筵席。但烤羊肉，只限於平津，或平津以北，更南則無論怎樣好的烤手和切手，都不中用。因為羊肉以口外綿羊為佳，且少羶味，故遇好烤手好切手，則相得益彰，離口外南下，羊瘦且羶，好烤手好切手，亦無法變換其既瘦且羶的本質。

十一、張宗昌的玩具飛機

十五年張宗昌用以轟炸北京的飛機，在當時算是轟炸戰鬥兩用機，但事實上是一種最小的飛機，由流亡在中國的俄人駕駛，只能容一飛機師，再加十來顆小炸彈。我無以名之，名之為玩具飛機。

十二、吳稚老的革命三段論

吳稚老在十四年上半年，受了共產黨的包圍，曾寫替北京共產黨學生辯護的文章，題為〈斥《中美社》〉。

稚老從他同鄉陸世益處，已知宋發祥的《中美通訊社》漢文部及《中美晚報》，和美國人毫無關係，也已知《中美通訊社》漢文部和《中美晚報》的反共，全是我的主張，但仍把美國人痛罵一番。並且把革命分為三段：初段是國民黨的三民主義革命，第二段是共產主義革命；第三段是無政府主義革命。他主張應該允許共產黨從事共產革命運動，斥反對共產革命運動的人，為古德諾博士之流。後來稚老雖轉而反共，並且反對無政府黨的自立門戶，但北方一些青年之受稚老影響而投共產黨懷抱者，南方一些青年之受稚老影響而從事無政府主義運動者。卻不因稚老的幡然改圖而轉變其主張，所以稚老那篇革命三段論的發表，如用歷史的眼光來看，那就不能不說是已產生了最惡劣影響的論文。

十三、東安市場的糕餅秤

東安市場賣糕餅的秤，是隨時變動的。最初十六兩算一斤，後來十二兩算一斤，愈後兩數愈少，到十五年，四兩就算一斤。這是銅幣貶值的結果。在銅幣一枚值十文時，糕餅的秤是十足十六兩才算一斤，此後銅幣充斥於市面，一枚銅幣僅值七、八文，再降為四、五文，最後降至二文半，糕餅店遂亦隨時改變一斤的分量，終且改為以四兩當一斤。但這種四兩當一斤的秤，僅糕餅店為然，其餘各業均不採用。至糕餅店單獨採用這一怪制度的原因，據說是由於糕餅賣價以制錢計算，由幾文、幾十文、幾百文以至幾千文，均指制錢而言，銅幣每枚算十文，由有銅幣以至一枚銅幣實值降至二文半，市場中仍以十枚銅幣為一百，百枚銅幣為一千，糕餅店既不欲在表面加糕餅的價，又不願做蝕本生意，所以想出這種用四兩當一斤的辦法。

十四、徒擁虛名的十剎海

十剎海是北平名勝之一，事實上只是一個面積很小的蘆花蕩，還有一座樓房、幾株楊柳點綴於其間，倘欲名副其實，應改為十剎蕩。

《三民週報》的創刊

我回到上海，革命軍已克杭州，接著又攻克上海。革命軍克上海的日期是二月二十二日，但事實上革命的精神卻早在攻克杭州之前，佔領了整個的上海。當時一般人知道革命軍已到杭州，無不大喜，尤其一般讓房租壓得透不過氣的一些所謂小市民，更欣喜欲狂。他們相信，革命軍到上海之後一定會拿出一套節制資本辦法，從房東壓迫下救出被房租壓得透不過氣的市民。而最感恐慌者，則為房地產業主。一些房地產業主找泰東書局的趙南公先生，要他設法和緩當時一般房客反對房東的風潮，也要他向黨人疏通，希望不要頒佈一套使房地產資本家無飯可吃的辦法。趙南公告訴那些業主：要做這兩件事必須設立一個辦事處，請兩三位了解三民主義的人來主持。業主們立即表示同意，並撥出一所位於南成都路的房屋，作為辦事處。至於主持人則請趙南公代為聘請。趙南公立即徵求陳白虛先生和我的同意，要我們來做這工作。我和陳白虛要趙南公去問房地產公會主持人：房地產業主對於房租問題有無讓步的準備？如願讓步，究竟願作怎樣的讓步？趙南公隨即請房地產公會的某君，和我們見面，結果極圓滿；房地產業者的表示是：業者方面準備作最大的讓步，凡房租超過房產總值千分之五者，願減為千分之五，其因地價過高關係，房客仍無力負擔千分之五的房租者，則得斟酌減至千分之三。我們對於房地產業者這種表示，非常滿意，於是立即欣然接受這種替房地產業者保全飯碗的工作。我們覺得，那些房地產業者既願讓步到只收房地總值千分之五的房租，決不算是過份的剝削，革命的目的，在於大家有飯吃，房地產業主也是人，我們要替他們留下一碗飯。

我們正擬著手去做這件對業主和房客都有利的工作，上海已克復了。隨著上海的克復，東路軍總司令部指揮部的政治部主任陳群也到了上海。陳群在民國八年以福州求是報代表資格參加全國報界聯合會時，和我們晤談的機會很多，所以陳白虛和我都曾往訪陳氏，詢以：黨軍首先要做的是些什麼事情？對於共產黨問題將如何處置？對於上海新近發生的房東房客不斷發生糾紛的現象有何意見？他很簡單的告訴我們：「此時黨軍第一件要做的事，是清除共產黨，其餘問題暫時都可以不管，等清了共產黨之後，再來做其他要做的事。」我們雖曾告陳氏：「人心所嚮、人望所歸的黨，所到之處，如果不能做一兩件如解倒懸的事，就會失去人心和人望，今天上海既然是黨的天下，對於在房租重壓下的上海市民，不能沒有一種大快人心的行動，假如沒有，那就會造成上海人的大失望。」但陳群卻說：「我們要做的事實在太多，此時談不到實行民生主義的節制資本問題。」於是我們就無話可說。

陳群對於上海一般人幾乎忍無可忍的房租問題，既表示不管，我們便也決計不再做調和房東與房客利益的工作。在黨軍到達上海前夜，那些恐怕黨軍將不許房東收取千分之五房租，並且將勒令一些房東交還過去濫收租金的業主，是個個都在顫慄，人人都自願合理減收租金的，但黨軍到達之後，卻不過問這件事，於是那些大業主就又施展業主的威風，並利用「租界」的地位，對於所有尚在糾紛中的加租案件連絲毫都不肯讓步了。

我們決定不做調和房東房客利益的工作以後，便計畫集資千餘原來發行一種闡揚黨義的雜誌，曾就商於趙南公，趙南公已允負擔印刷和發行的責任，但頗引以這刊物的銷路為憂。他擔憂的理由，相當充足。他說：此時黨軍尚未到北方，北方是不許有關黨義書刊入境的；故北方各省的銷路將無法打開？其次，現在南方各省黨軍已到了的地方也就是黨義書籍已到的地方，這些地方的人，要看黨義的書，當然是買總理的遺著，誰還來看你們的雜誌？所以，這種以闡揚黨義為號召的雜誌，銷路必然不廣。可是，我們當時因為共產黨故意歪曲中山先生的學說，並經常作斷章取義的剿襲，對於中山先生所說「民生主義就是共產主義」這句話，宣傳尤力。我們覺得有根據遺教加以痛駁的必要，就想拿出僅有的一點錢來辦雜誌，藉以澄清民生主義和共產主義的異同。我們沒有靠這個賺錢吃飯的意思，我們只想做一個保衛三民主義的義勇軍，欲使中山先生的學說，不因共產黨惡意的剿襲而受魚目混珠的損害。至於銷路的暢不暢，則不在考慮之列。後來趙南公提到了銷路問題，並且告訴我們：如果每期銷數不滿三千，就要蝕三、四十元的本，不滿兩千，有蝕本百元的可能；這就使我們不能不再三考慮是否可以不顧一切先把一點僅有的錢來賠本的問題，考慮結果，決定不管三七二十一，先把自己的錢供創刊雜誌之用，其餘問題都等將來再說。

我們下了決心之後，立刻夜以繼日的研究遺教，一面研究，一面寫論文，擬在三月半出版第一週的《三民週報》。我還準備拿出從北京帶回的五百元，供蝕本之需。

然當第一期稿件付印時，陳群突遣人送信邀陳白虛談話，陳白虛前往東路軍指揮部時，陳群詢以：願否替政治部辦一反共雜誌？因陳白虛欣然允諾，陳群立刻交付現金三千元，請其儘速著手。於是我們就在薩披賽路租一所兩上兩下的房屋，做《三民週報》社的社址，並成立一個由三人組成的編輯委員會，除將創刊號的發刊詞略予修正外，還立即著手準備第二、三期的稿件。編輯委員會的編輯，是陳白虛先生和我再加一位蔡公時先生。委員月薪定為二百元，供宿不供膳，其不願宿社中者聽便。陳白虛先生和我都有一個家，當然是在家裡宿，僅在上海無家的蔡公時和一個工友住在社裡。

不過原定三月中旬出版的《三民週報》創刊號，後來因清黨的幕尚未揭開，為著慎重起見，就延到四月十二日發刊。《三民週報》發行後數日，上海清黨的行動，雖已在租界方面展開，但無法禁絕共產份子的活動。共產黨每日都送一封恐嚇信到社。送信沒有定時，從黎明到深夜都是他送信的時間，並且有套在公式信封裡擲進的，有捲在報紙或夾在一本舊刊物裡擲進的，我們雖也留意尋覓送信的人，但因我們不能丟開一切事情專做偵伺這個送信人的工作，所以直到《三民週報》七月間停刊為止，我們始終不知道那個每日都要送一封恐嚇信給我們的究竟是怎樣的一個人。

《三民週報》由四月十二日創刊起到七月間結束止，東路軍政治部雖發了三次三千元的經費，但經手領款的陳白虛先生，在辦理結束時，將餘款三千餘元退還陳群。陳群收到三千元餘款時對陳白虛先生說：「你退回這筆款，簡直是增加我的煩惱！因為政治部的收支表早已填好送出，現在又要辦一道補送餘款的手續了！」同時，陳群四月間告訴陳白虛，要《三民週報》每期送一千本，以便分發，但後來陳白虛卻親眼看到我們辛辛苦苦辦的十幾期《三民週報》，是從第一期到末期，都原封不動，堆在政治部的一間空屋裡，同時，還有若干的小冊子，也遭遇同一的命運。這情形我是從陳白虛的信中得知的。因《三民週報》社從正式成立到解散的四個月中間，我在社中做編輯委員的時間僅兩月。六月間因何公敢、林植夫和龔德柏三先生要我去南京主持革命軍總司令部的國民《革命軍日報》編輯部，我覺得做日報記者比做週刊記者更有趣，遂前往南京。

在《三民週報》社的兩個月中間，我想把中山先生三民主義的演講和其他有關民生主義的理論，作一次條分縷析的整理，希望能從這一次的整理中間，得到更多的瞭解。我每日總是一面閱讀遺教，一面把我所認為最重要的部分抄錄下來。抄錄到我離開《三民週報》為止，共得五百餘條。我原擬再做一點摘記工夫，然後連這五百餘條，加以整理，存其異，去其同，使其成為最便於檢查的一種資料，讓我根據這資料試寫一本《民生主義的真諦》，替遺教中若干非片言所能盡其深意的要點作一註釋。

但因六月中旬有南京之行，在京兩月，回到上海，馬上到上海《勞工日報》社幫忙，不久僕僕奔走於福州、香港、廈門之間，中間還害了一次極嚴重的腦三叉神經炎，這就使我決定暫時放棄整理和闡揚遺教的志願。不過，我雖一度被迫放棄整理和闡揚遺教的志願，但在《三民週報》社所摘錄的五百餘條遺教，仍妥為儲藏，並且還不斷把新摘錄的資料加入，擬在事實允許我來做闡揚遺教工作時，再著手寫作。

六月中旬，我應何公敢之招，前往南京，接辦國民革命日報時，《三民週報》的編輯委員，只剩下一個陳白虛先生。因社中三編輯之一的蔡公時先生，先我半月到濟南去做山東交涉員，到六月中旬我又入南京，社中就只有陳白虛先生一個人了。

陳白虛先生體弱多病，年未五十，腰腳已不如人，握管構思，亦往往因頭昏而擱筆，故我臨行除趕編一期付印外，並將若干可用稿件，挑選出來，加以整理。我決定在半個月裡面找一個有興趣研究三民主義的反共同志，來幫陳白虛先生的忙，務使《三民週報》不因我入京而停刊。

不過，當我入京的六月中旬，《三民週報》的問題還只是人的問題，但在我入京之後十餘日，《三民週報》卻又發生了經費的問題。因《三民週報》經費曾由東路軍前敵總指揮部政治部月給三千元，六月下旬，陳群離去東路軍指揮部政治部時，這個由陳群經手的三千元經費，隨而取銷，《三民週報》便不僅要解決人的問題，同時還非解決錢的問題不可。

為著要解決錢的問題，曾任江西民軍總司令的董勤甫（福開）先生，曾兩度攜帶一批《三民週報》晉謁胡漢民先生，希望胡先生設法維持。這位董先生是《三民週報》最忠實的讀者，《三民週報》每一篇的論文，他都讀了又讀，直到讀得爛熟為止。當《三民週報》即將停刊的消息傳到他耳畔時，他立刻放下手頭一切要做的事，由上海到南京去見胡展堂先生，請胡先生設法維持，並希望我能放下國民《革命軍日報》，回到上海去辦《三民週報》。後來胡先生對於董先生的請求撥款維持，雖未允諾，我也無意立回上海去坐辦《三民週報》，但董先生的那種熱忱，卻在我腦海裡留下最深刻的印象。

董先生是陳白虛先生的同鄉，個子不很高，但很胖，是一位武裝同志。他對於陳白虛先生和我所辦的《三民週報》，具有深切的同感。他往往為了三民主義中間一點疑問，和我們作半月以上的討論。他對於我們《三民週報》上所作區別民生主義與共產主義的努力，極表贊同，並且希望我們每週能夠發出五千到一萬份的贈報，藉以澄清一般人把民生主義和共產主義混為一談的錯誤觀念。

十六年六月底，董先生除兩度自往南京請求胡展堂先生撥款維持《三民週報》外，還拉我同去謁見一次。當時胡先生一面吃飯，一面和我們談《三民週報》的問題。我告訴胡先生：這問題並不簡單：錢固然是問題，人也是問題。人的問題比錢的問題更急待解決，如果沒有人，徒然有錢，那用去的錢就也會成為無代價無意義的犧牲。對於我的意見，胡先生頗有同感，但董先生卻以為這是我的過慮。董先生似乎相信：只要有錢，便能使《三民週報》成為最好的刊物。

我們從國府出來時，董先生抱怨我不該在胡先生面前，提到人的問題。他說：「你提到人的問題，胡先生自然會覺得我們的請他幫忙解決錢的問題，是荒天下的大唐，他也自然不會作撥款維持的決定了。」我說：「我不提人的問題，胡先生也會提的，因為他對於《三民週報》社之人的問題，已問過了。他已知蔡公時業經到濟南去做交涉員，也已知我業經受命入京主持國民革民軍日報，我又何能不提人的問題？」事實上，當時我和董先生的見解是完全不同的。董先生以為有錢便不怕沒有人，我則以為有人便不怕沒有錢。就當時的情形來說，我的意見，是絕對正確的。因當時到處都在尋人，尤以黨的刊物更患人荒，人的問題如不先解決，則一切都不必談。

做了中校總編輯

我到南京是六月中旬的事。事前我原無意離滬，後因何公敢、林植夫先生一定要我入京去接辦國民《革命軍日報》，並且總政治部宣傳處長是何公敢先生，宣傳處中所抱擁的人物，除林植夫外，還有龔德柏、田漢、阮湘、羅竹秋這些人，全是曾在日本睡過地席的朋友，這就使我動了進京看看新氣象的念頭。

我決定進京之後，便先和張若谷、倪貽德、胡春冰、林小均等作初步的洽商，嗣後又遇黃大琳、魯少飛，再加上一位唐槐秋的堂兄唐某，所以在總政治部派我做國民革命軍中校總編輯的公文到手之前，我已組成了一個新的編輯部，另外還派了一個經理。編輯部的職務分配是：我自己和胡春冰先生合編除國際新聞以外的一切新聞，林小均編各省市黨部消息，張若谷每日寫一段和革命有關的文藝稿，倪貽德和魯少飛畫漫畫。工作重點是放在我和胡春冰先生的肩上。我和胡春冰兩個人，從早晨做起，要做到過了子夜一、二時方能休息。

這個國民《革命軍日報》，是五月底創刊的，經手創刊人是龔德柏先生。龔先生因當時南京印刷技工甚少，並且技術極劣，不得不作因陋就簡之計，僅日出四開一張。到了六月，龔德柏要到河南去招撫紅槍會，總政治部又決計擴充篇幅，日出對開紙一張半，龔德柏和林植夫便推荐我去執行這擴充篇幅的任務。

當時總政治部主任名義上是吳稚老，但吳稚老並不管事，管事的人是副主任陳銘樞和劉文島。我到南京的當日下午，曾和陳銘樞作兩小時又半的談話。言論方針，編輯技巧，校對和排印，無所不談。談到都有了粗枝大葉的結論之後，我告訴陳銘樞：我要在南京作兩日的遊覽，再來工作。他說：你要遊覽不妨遲兩、三天到社，但到社之後，希望能趕快使這張報紙成為像樣的報紙。我說：「報紙的成年，不是很容易的事，不過，我總要盡我的心力，使這張報紙能夠令人滿意而已。」

和陳銘樞談話後，龔德柏陪我去訪參謀長朱紹良將軍。朱將軍很客氣，請我隨時過去接洽，並且允在有可以發表的新聞時，即行奉告。接著又到祕書處訪問，然後才到報館。報館設於舊撫署西花廳，其東就是總司令部。西花廳分為前後兩部，報館設在坐北朝南的後部，房子相當寬敞，但因建築的設計不良，其熱無比，我們常常把椅棹搬到院子裡工作。院子很大，又有幾十株大樹，倒是理想的工作處所。報館前面，坐南朝北的一部分房屋，是軍事委員會的辦事處，軍事委員們日間在此開會辦公，晚上往往只剩一、二人守屋，雷嘯秋先生便是經常坐鎮其中的一人。

到過報館，便在秦淮河畔小飲，飲罷僱船和田漢夫婦（當時的田漢夫人為黃大琳）、唐槐秋們同遊秦淮河。夜半回到旅館，接到總政治部的公文，派我做國民《革命軍日報》中校總編輯，公文上雖蓋有正主任吳敬恆名章，然我卻已知吳先生並不到部辦公，不過徒擁虛名而已。

當時各地報館遭遇的最大難關，是印刷技工用以束縛報館的條件。有些技工知道新聞事業和印書業性質不同，所提條件，還不苛刻，但另外一些技工所提條件，卻是不管報館死活的條件。因此，我到社的第一件大事，便是把印刷技工的代表找來，和他們開一次歷時近三小時的談判。在談判中，對於排字機器兩部分的人數和工資，我完全依照他們的提議，絲毫沒有還價。他們要有三十四個技工另加兩個學徒，我立刻答應了。他們要分別比照少尉、准尉和上士支工資，我也立刻答應了。我所要求於他們的三點，則經三小時以上的磋商，才得到他們的允諾。我所提的三點是：第一，要聞版截稿時間，延長到次晨一時半；第二，當日新聞標題的出號字如果缺少，必須全部趕刻；第三，要聞版從此應改排花欄。就中對於截稿時間的爭論，是幾乎決裂的，因為照南京印刷工會當時的規定，做夜工不許做過夜半十二點，然而站在報人地位的我，則截稿時間愈遲愈好，最好是能在次晨三時以後，所以雙方都不能不力爭。不過，爭來爭去，他們多少也怕弄成僵局，所以終於接受我的要求。他們為什麼也怕弄成僵局？是因為當時上海印刷技工的工資低而技術水準則遠較南京為高，恐怕弄成僵局之後，我會到上海去找一批技工。

印刷問題得到初步解決之後，我想解決外勤記者的問題，但一時卻想不出什麼人是適當的人選。我找何公敢先生請他物色，何公敢也提不出一個人。不過，人儘管沒有，工具總要先預備齊全。我請先買一輛汽車，一架攝影機，以備應用，何公敢答應之後，我立即編入預算。

編預算時，倪貽德、張若谷、林小均及經理唐某，均比照少校支薪。胡春冰、黃大琳則比照上尉支薪，其實，如果以工作和能力論應得的酬報，胡春冰是應在倪、張等之上的，我所以使胡春冰比照上尉支薪，是因為當時他似乎是全社人員的小弟弟，待遇上吃點小虧，決不會損害他錦繡的前程，不過，為了這件事，他總是耿耿於心，覺得受了一次最大的委曲，直到相隔十七、八年的三十八年，他還不曾忘卻胡春冰三字曾和「上尉」兩字聯成一氣的故事。

不過，胡春冰先生對於上尉待遇，雖耿耿在心，但當時卻未表示任何不滿的意思，並竭忠盡智為革新國民《革命軍日報》而盡最善的努力。因此，我們到館之日，就很順利的完成了擴充篇幅、革新報紙面目的初步工作，直到八月二十日我離開南京為止，只發生一次的錯誤。那次錯誤，出在黨務消息欄內，因主編黨務欄的林君，誤將雲南報紙上所刊雲南省黨部消息轉載過來，而當時雲南省黨部則為共產黨分子所盤踞，國民《革命軍日報》之不應轉載其決議案，則無待煩言。

除卻犯了這一次的錯誤以外，其餘可以說都差強人意。尤其是報紙版面的革新，標題的採用出號字，花欄的代替固定欄，文藝作品的滲入新聞版，是開了報紙編排革命的先河。凡是看到擴充後《革命軍日報》的人，無不向我道賀，賀我改革報紙編排方法的成功。但這次的成功，胡春冰先生的貢獻最大，因為他在《革命軍日報》編輯部中，是唯一最能幹也最肯苦幹的分子，如果沒有他的幫助，那我就幾乎要唱獨腳戲，無論如何，總未必能夠在那樣短促的期內，完成報紙編排方法的初步革新工作。

完成報紙編排方法的初步革新工作之後，我當然是想再進一步，來做充實報紙內容的工作。我原已擬就充實報紙內容的初步方案，想向宣傳處提出，但八月十四日國民革命總司令蔣介石先生的辭職，和中央的決定歡迎汪精衛、唐生智，使看不慣政治家們翻雲覆雨的我，不能不一走了之，這就使我沒有機會再作充實報紙內容的嘗試。

辦了一次入黨的手續

十六年六月以前的國民革命軍總政治部，是採取門戶開放主義的。部中工作人員，固多黨員，但非黨員也不少。宣傳處尤其幾乎是非黨員天下。就中，處長何公敢、科長林植夫、阮湘，都是辛亥武昌起義前已回國的東京帝大學生，雖曾加入同盟會，然卻不曾加入中華革命黨，也不曾加入十二年的中國國民黨，十四年並自組「孤軍社」，而以何公敢為領袖。科下面的股，如電影股長田漢、戲劇股長唐槐秋等，就更不是黨員。此外，主持國民《革命軍日報》的我也是因不加入中華革命黨而失去黨籍的一個人，其餘由我帶到報社的胡春冰、倪貽德、張若谷、黃大琳等，則在參加工作之前，和國民黨亦復毫無關係。因此，政治部中就有人攻擊宣傳處是以孤軍社為中心的國家主義派的工具，何公敢、林植夫、阮湘們，為著表明態度起見，旋即決定：第一，立即發表解散孤軍社宣言，第二孤軍社分子全部加入中國國民黨為黨員。何公敢在解散孤軍社之後，除勸孤軍社分子一致加入中國國民黨外，並勸宣傳處工作人員加入。我本來還是要再考慮一番的，但因本身業經在政治部中擔任主持國民《革命軍日報》的工作，如不入黨，實無以自圓其說，也就跟著大家辦一次入黨的手續。

這一次何公敢所領導的集體入黨，是完全失敗的。失敗的主要原因，在於中山學會的某些分子，以為允許何公敢這一批人物加入國民黨，將是黨的心腹之患，所以，當一批申請入黨表格由總政治部送到中央黨部之後，就成為一塊沉在大海的石頭，誰也不知他的下落。

對於這件事，我至今還覺得：當時中山學會的某些分子，那種替黨拒人於千里之外的作風，絕對不是為著黨的利益，而是為黨樹敵。因為有些人因為入黨受阻，不免又顧而之他，而中山學會則正是為叢驅雀的鷹鸇。

中山學會把總政治部宣傳處所屬各單位的集體申請入黨一案束置高閣之後，孤軍社的何公敢和林植夫，都把中山學會某些人的作風，付諸一笑；我也感覺：黨內既然有這種以少數人把持黨內組織的現象，我的不能取得黨籍，安知非福，並且，中山學會儘管把我的申請入黨案束置高閣，這又何損於我？我早就決定不做官了，凡是我的朋友也無不知我是老黨員了，我為什麼稀罕一張對我毫無幫助的黨證？因此，後來有人勸我入黨，我總是報以一笑。我笑什麼？當然是笑那些辦黨的人，一面把一些願為實現三民主義而奮鬥的人推出黨的大門，另一面卻把一堆又一堆的人渣人滓迎進黨裡；如此辦黨，豈不等於毀黨？

不過，我在發現中山學會一些人正以私意把持黨務之後，對於黨的成為鼠社狐城，雖深為惋惜，但對於國民革命的前途，則並不灰心。我相信為國民革命而奮鬥的黨，縱令有一些社鼠城狐，跳樑作祟，總不會變成完全由一些社鼠城狐左右的黨，也不會變成和北方軍閥一樣糟的集團，其所標榜的三民主義革命也決不會不付諸實施。

惟「慶父不除，魯難未已」，國民黨在肅清跨黨的共產黨之後，必須進一步去肅清這些社鼠城狐，方能保持黨的清潔和健康，則為顯而易見的事實。

我既沒有把中山學會某些分子的把持黨務當做一件大事，所以對於發展國民《革命軍日報》的工作，還是盡了最大的努力。我建議於宣傳處：為求國民《革命軍日報》組織的合理，應將過去編輯、經理兩部均由宣傳處直接指揮的多元制度，改為宣傳處直接指揮總編輯，主筆、經理則由總編輯指揮的一元制度，以免內部的互相牽制。我並請宣傳處，設法聘請主筆，使《革命軍日報》論壇內容，更能適合當前宣傳的需要。我之所以有此建議，是因為《革命軍日報》編輯、經理兩部職員，均由宣傳處委派，直屬於宣傳處，我無權過問經理部的業務，然而宣傳處對於經理部的業務卻又唯我是問，我自不能不作統一事權的打算。

對於我的建議，何公敢的答覆是：（一）再給我一紙通知，委我以總編輯兼總經理，一面另對唐某發一通知，著其遇事秉承總經理辦理。（二）決定聘陳布雷先生擔任《革命軍日報》總主筆。不過，陳布雷先生當時正是總司令蔣公最得力的智囊和祕書，所以，何公敢所作聘請布雷先生主持《革命軍日報》筆政的決定，也就變成一個不切實際的決定。

布雷先生不來之後，坐在報館裡一天做到晚幾乎連睡眠時間都不充分的我和胡春冰，工作的負擔是有點過重的。因為工作的負擔過重，七、八月的南京天氣又炎熱非常，結果，我在七月底發了一次高熱，躺在床上睡了一整天，第二天勉強爬起來，頭上長了幾十顆大小不等的熱瘡，其痛無比，但仍不能不照常工作。因為事實只有寥寥可數的幾輛汽車，司機非到上海僱不到，汽油五百加侖，宣傳處所付代價約二千五百元。那時南京從上海買來的，同時，還從上海帶來正副司機兩人，汽車，簡直是替自己找麻煩！如果沒有這一輛汽車，我一天至少可以多過半小時以上不費唇舌的安靜生活。

這輛使我費去不少唇舌的汽車，是唐槐秋替報館無法阻止他們的強借。此時我才發現，我的請求購買汽點鐘不肯駛回，我既不能不為此而大費唇舌之後，還是聞用的。」但話儘管這樣說，車開走之後，總非三、四交還，決不會再誤你們的事，我知道你們的車，是跑新們每次來借車，總是說：「這一次真的不到半小時一定唇舌。就中為唐槐秋、孫師毅而費的唇舌最多，因為他過一、二小時才肯交還，這就使我不能不為汽車而大費裡的人要坐，宣傳處裡的人也要坐，一坐上去又至少要央宣傳部的指示寫評論，此外，因報館的一輛汽車，館

當時我除要做編輯部的一些事情外，還要按照中的時間都沒有，還談什麼休息幾天！」

我休息幾天，我說：「現在幾乎是連到醫院向醫生請教

我力疾視事不過四、五日，滿頭都是潰瘍，朋友勸負擔加諸春冰先生肩上。

上，我做不完的事，春冰先生都要做，我實不忍以我的

非到上海買不到，物以罕而見珍，所以，宣傳處電影股和戲劇股的同志都爭著借車。為了他們的借車，我賠了唇舌不算，還得罪了許多朋友。每一位借車借不到的朋友，都說：「老王這傢伙，不是可以共享富貴的人！」其實，我那裡有什麼富貴可與朋友共享，我當時不過一個中校待遇的宣傳工作者而已。

除主筆聘不到，使我不能不兼寫評論；一輛汽車許多人爭著要坐，使我不能不大費唇舌外，還有編輯部的一種割據狀態，更使我傷透腦筋。

編輯部為什麼發生割據狀態？這不是因為龔德柏和我安排的不適當所造成，而是總政治部副主任陳銘樞自作聰明所造成。原因是當《革命軍日報》創刊的時候，政治部裡的國際問題研究會，要出版國際問題的刊物，附在《革命軍日報》發行，陳銘樞既不問這刊物的內容究竟是怎樣，也不把這刊物和《革命軍日報》的關係弄個明白，便一口答應下來，交宣傳處照辦，宣傳處也云云等因的交《革命軍日報》執行，遇到國際問題研究會主持人羅家倫先生所派編輯這刊物人員，又懶，又沒有新聞頭腦，又要打官腔，於是乎就造成了使人無法忍受的割據狀態。

本來國際問題研究這刊物，應該是專家發表意見

的園地，不應和國際新聞混在一起，但擔任編輯的先生們，因為沒有論文，就把國際新聞來充數，這已經和國際問題研究會創辦這刊物的原意相差很遠了；加以那些大編輯，是沒有新聞頭腦的大學畢業生，並不知道昨天的新聞，就是今天的歷史，也不知道爭取新聞是新聞記者生命力的表現。當時南京沒有供應國際新聞的通訊社，要看國際新聞，就要等從上海運到的報紙。上海報紙每日下午七時後到南京，但國際問題研究會停止辦公時間則為下午六時，而其編輯國際新聞時，更往往是在下午五時以前，故其所編國際新聞，全是昨日上海報上的新聞。把上海昨日的新聞編入刊中，這已可說是荒天下的大唐，更壞的，是在剪報時，只顧亂剪，連所剪新聞的字數和自己刊物的容量，都不計算一下，盲目亂剪，剪後便發，往往一段新聞要三、四天才登完，使新聞變成了歷史。

同時，他們另發國際新聞，又不許我們下手調整他們所發的新聞，這就使《革命軍日報》的領域內，有了一個獨立的國際新聞王國。

對於這件事，我一再商諸何公敢，何公敢總是搖搖手說：「這是碰不得的問題，你還是不碰他的好。」為什麼碰不得？我雖不很明白，但龔德柏也不敢碰這問題，卻是事實。因為龔德柏如果敢碰這問題，則在龔德柏手裡這問題就已經解決了，何至到我接事之後還成問題？

不過我這人也有一點傻氣，大家越是認為碰不得的問題，我就越要碰一碰。我在何公敢表示不管這件事之後，立即動手來碰。我把國際問題研究會所剪送的新聞稿收起來，另外把當日上海申、新等報所載國際新聞剪下發下去。

在我一碰之下，國際問題研究會的編輯先生，就興了問罪之師。那位大編輯先生來質詢：「何以不用會中所送稿件，卻另發稿件？這責任應由誰負？」我告訴他：「不用會中稿件的理由，在於會中所送稿件，是舊聞，不是新聞；事是我做的，責任當然完全在我。」他和我辯論良久之後，竟問我：「你守不守紀律？你服從不服從上級的命令？」又警告我：「你應該知道你在這裡的地位只是中校總編輯，國際問題研究會主任委員是羅家倫少將。論階級你不能不服從。」

我說：「紀律當然要守，命令當然要服從；但政治部賦予我的職權，我也不能不行使。論職權，我是《革命軍日報》總編輯，有指揮全館人員的全權，羅家倫先生是《革命軍日報》國際問題專刊的編輯，自亦應受我的指揮。」這一次的辯論中，表面上，彼此雖然是半斤八兩，不分勝負，但我說的「會中所發稿件，是舊聞，不是新聞」這句話：似乎已發生了一點攻心的作用。因為那位大編輯，對於其他各點，雖力爭不稍讓，然對於這一點，則表示歉意，承認有設法改正的必要。

後來彼此又經數度接觸，才得到一種不徹底的折衷解決辦法。這辦法是分研究論文和純粹新聞為兩個領域，國際問題研究會主編的國際專刊，以刊登研究論文為主，在論文不足時，亦得刊登國際新聞，但所選國際新聞，應為見於當日上海報紙的新聞；《革命軍日報》新聞欄，則以刊登見於當日上海報紙的國際新聞為主，非遇特別情形，不刊研究國際問題論文。

可是，這辦法，後來還是不能解決彼此的爭端。因為那時候拿得動筆桿又寫得出國際問題論文的人，都做官去了，國際問題研究會找不到專家寫論文，就又用新聞填篇幅，用新聞填篇幅，我和他們之間，就又發生了你要用舊聞，我要用新聞的衝突。

焦頭爛額別南京

這一年八月初的南京，是勞軍熱達到沸點的時期。總司令部祕書處人員，總政治部宣傳處人員，都用全力來做這件事。他們定於八月中旬演劇，把賣票所得供勞軍之用，但在七月底即已分組出動賣票。票分五元、二元兩種，每組每人最少要賣四、五百張，這就使賣票同志跑腫了兩隻腳，也使各機關人員掏空了腰包。

那時南京只有中央黨部、國民政府、軍事委員會下的總司令部和總司令部下的總政治部這些機關，好賣幾張票，除此之外，芝麻綠豆大的機關，人員寥寥可數，自然無票可賣。因此，那些賣票同志，跑來跑去，都只跑這幾個機關。《革命軍日報》館址就在總司令部內的西花廳，總司令部祕書處的賣票同志，自然更多光顧，同時，這報館又是總政治部宣傳處一個單位，宣傳處賣票同志，便不斷光臨。最初我和同事，以為買票總不過一次，每人應買票數也總不過一張，便很慷慨的按照人數買了十幾張票，讓編、經兩部分人員每人各出一票的代價。但買了之後，接二連三又來了幾十位賣票同志，並且，每一位同志來時，似乎都抱定只許成功不許失敗的決心，這就使我窮於應付。在第二、三次我還各買五張？表示勞軍決不後人的意思，第四次以後，我拿定主意，來一個買一張，但請他無論如何不要再向編、經同事賣票。就是這樣一張又一張的買，買到八月半，已是一大疊。前後付出的票價，比一個月中校的薪餉更多出二十幾元，再加上買票以外的捐款，實在三百五、六十元，勞軍卻勞去三百五、六十元，這是一句上海話「奇數」。幸虧我從北平南下時，身邊還剩一點錢，從上海到南京時，帶了一百五十元，兩個月吃飯零用，所耗不過五、六十元，所以遇到這「奇數」，還能勉強應付，如果當時是靠一名中校的薪餉為生，那就非喝西北風不可。

當時為勞軍而耗去全部薪餉的「新官」，幾乎到處都是。總司令部和總政治部中一些芝麻綠豆大的主管，都為「勞軍」而欠債。宣傳處的一位中校科長，因為為自己不是老油條無法賣票，把領到的二元票一百張賣給自己，除交出一月薪餉外，還賣了一套白嗶嘰西裝，一支康克令鋼筆，才湊足二百元的數字。

在勞軍將近尾聲時，孫傳芳集結在江北的五萬大軍，潛渡大江，企圖進襲南京和上海。另一方，武漢方面的汪兆銘、唐生智等，對於胡漢民先生們的敦促棄嫌合作，竟提出若干條件，大有目的不達決不罷兵之勢。條件雖至今尚未完全公布，但當時傳遍南京的條件要點。則一為國府及軍事委員會的改組，二為總司令蔣公的下野。這兩點雖都足使整個局勢，陷於危疑震撼，但士氣仍極旺盛，人心也安定如恆，一些從事政治工作的同志，也沒有一個人失去革命軍必能擊潰孫傳芳軍隊及阻遏唐生智軍隊向東南進展的信心。大家都相信在這些不祥消息的後面，一定是有大快人心的捷報。

可是大家正在等待捷報的當兒，前方卻傳來了「三軍不發」的惡耗。「三軍不發」的結果，孫傳芳軍即向南京疾進，砲彈一顆顆打到南京的下關。在蜂起的謠言中，還有何應欽、白崇禧兩將軍也堅請總司令蔣公下野的一說。

我們報社的人雖到處奔走，探聽消息，但看到的人，都噤若寒蟬，沒有一句話。我走到隔牆總司令部，想向參謀處或祕書處探聽消息，這兩處我所熟悉的人，都已離京他往。我到政治部去問，政治部所有工作同志，也和我一樣，像遇到丈八金剛，摸不著頭腦。若干同志因為《革命軍日報》是黨的宣傳機關，必知時局真相，多從外埠來京，到館詢問，然結果卻是問道於盲，毫無所得。

當時指揮宣傳戰的主要人物是胡漢民先生。時局雖在醞釀變化，但小心翼翼的胡先生，卻不肯對參加密議以外的人透露一些消息。他每天督導宣傳部人員對《革命軍日報》發宣傳指示，也每天親到《中央社》核定新聞稿的標題。在所醞釀的時局變化未到可公開發表之前，他絕不變更宣傳方針，以免被人看出破綻。譬如寧漢合作一事，是早在七月十五日武裝實行清黨之際就開始接洽進行的，但他的宣傳方針，則直到八月十九日才完全改變過來。在八月十九以前，他每日發到《革命軍日報》的宣傳指示，總是要《革命軍日報》繼續攻擊汪兆銘的反覆無恥，取巧投機；發交《革命軍日報》刊登的標語，也總是「打倒汪精衛」、「打倒唐生智」之類，直到八月十九那一天下午，他才對《革命軍日報》發出了相反的指示和標語。要《革命軍日報》著論歡迎寧漢合作，還要《革命軍日報》刊登「歡迎汪精衛」、「歡迎唐生智」的標語。這便是胡先生在時局醞釀變化未到可公開發表時絕不變更宣傳方針的最好例證。

寧漢合作的發表，是八月十九的事情，總司令蔣公下野消息的傳布，則在八月十七日。八月十七日總司令蔣公下野消息由上海逆輸到南京時，總司令部各部分都顯出警衛森嚴的狀態，也都予人以鴉雀無聲的感覺，我到參謀處換了一個新的出入證回到報館時，宣傳處通知報館須立即遷移新址的公函已經到館。它所指定的新址，是奇望街。我們正為總司令蔣公的下野而驚愕，又為報館的必須立即遷移而略感忙迫。我們已意識到時局即將急轉直下，連《革命軍日報》的館址也要讓給新貴做賓館了。

我們正在疑團滿腹，宣傳處已派人到館告訴我們：「這個舊撫署西花廳，中央已另派用途，《革命軍日報》最好能趕於明天遷移。」我問來人：「我們的宣傳方針，有沒有變動？如果有變動，又是怎樣的變動？」他想了幾分鐘才答道：「宣傳處和《革命軍日報》是一樣的，宣傳部有指示給我們，就也有指示給你們，你們照著宣傳部指示去做總不會錯。」但他的意見雖如此，我依然很擔心會出岔子。因為這幾天時局變動如此之速，誰也不能保證宣傳部不會臨時改變宣傳方針；如果宣傳部半夜忽然改變了宣傳方針，明天的《革命軍日報》已經來不及重編、重排、重印，這又怎麼辦？不過，我雖很憂慮會出岔子，結果十八日還是平安渡過，並未遭遇任何的意外。

十九日，《革命軍日報》搬了家，搬到奇望街的新址。雖然這次的遷移，是意料以外的匆遽，但我卻有金絲雀已飛出樊籠的感覺。因為當報館以舊撫署西花廳為館址時，館中人員一出一入都要向我們舉槍立正的衛兵，舉手加額，表示還敬，從報館大門到館裡，距離不過百步，然卻要經過三道守衛的崗位，後來又增為四崗，一向沒有受過武裝衛兵舉槍立正敬禮的我，看到衛兵立正舉槍，心裡總有一點不自在，現在館址移設奇望街，出入可以免去一番無謂的還禮，穿衣服也不必戎裝佩帶，裝做所謂「長官」，這在我的確是有金絲雀飛出樊籠的愉快感覺。

在奇望街把編經兩部安排停當，已是午餐時候。中央宣傳部發來的指示，還和昨天一樣，標語也還是「打倒汪兆銘」、「打倒唐生智」。我看了指示，心裡雖有點惶惑，但仍強為鎮定。我請編輯部同事，照常工作，縱令砲彈落到館裡，我們只要不死，就要繼續工作。那時我和館中全體同事，都抱著革命軍必能扭轉時局，使它轉危為安的信心，也都有縱令砲彈落到報館裡我們也要出報的勇氣，我們什麼都不怕，只怕革命軍各領袖的團結有問題。我們認為：如果革命軍各領袖的團結沒有問題，則孫傳芳五、六萬無紀律、無主義的軍隊，實不堪一擊。所以，我們此時唯一的希望，是繫於前方各將領的是否團結一致。

可是，我雖已下縱令砲彈落報館也要出報的決心，但中央宣傳部午後五時許發來的一道緊急宣傳指示和標語，卻推翻了我的決心。中央宣傳部發來的緊急指示，是要我們擁護寧漢合作，同時還要我們刊登「歡迎汪精衛」、「歡迎唐生智」的標語。這和過去一個多月的宣傳指示，固完全相反，和當日上午的指示，也完全是自相矛盾。我接到指示時，一篇評論才寫到一半，便無法再寫下去。我心裡想：你主持宣傳的人，可以很輕鬆地把「打倒汪兆銘」、「歡迎唐生智」的標語，一改改成「歡迎汪兆銘」、「歡迎唐生智」，但我們書生的頭腦，卻不會活潑到如此地步。我們書生恥為朝秦暮楚的娼妓，也恥作劇秦美新的文章。我不承認這種翻雲覆雨的玩弄政治，就是革命，我也決不會把墨漬未乾的「打倒汪兆銘」、「打倒唐生智」標語，改為「歡迎汪兆銘」、「歡迎唐生智」，要「歡迎汪兆銘」、「歡迎唐生智」，你們自己去歡迎吧，我不忍污我的筆，我不做這一名中校總編輯了。

我決定不幹之後，立刻寫了最簡單的辭職書送往宣傳處。當晚雖仍從事編輯工作，然對於宣傳部所發的緊急指示，則佯為不知，也不把「歡迎汪兆銘」、「歡迎唐生智」的標語來代替「打倒汪兆銘」、「打倒唐生智」的標語，我決定明天起把一切應辦交代的事，交代清楚，離開南京。

二十日清晨，我和經理部結清薪水的賬，要他負責代辦經理部分的移交手續，一面請胡春冰先生權代總編輯，以待宣傳處的後命。

交代完畢，我和春冰先生同赴火車站。在將到下關的路上，一顆砲彈落在車前丈餘的路上，把路炸成寬尺許長二尺許深約半尺的一個洞，另外還有兩顆落在車後不滿一丈的路上，但沒有炸。

到車站後，買好了票，卻無法上車。因為先上車的人，怕後來人多擁擠不舒服，把車門都關了，不許別的旅客上車。

春冰先生看這情形不對，先把我舉起從一扇車窗送了進去，然後再慢慢地把行李一件一件地擲入。那時的我正滿頭滿面都是潰瘍，經這一次爬窗之後，便更由焦頭爛額的階段，轉到了頭破血流的階段。

「九一談話會」

我放下編《革命軍日報》一枝筆時，既擔心政治部或將因我的不待上級批准辭職逕行離職，對我有所處分，也擔心中央宣傳部或將因我的違抗中央意旨，拒登「歡迎汪兆銘」、「歡迎唐生智」標語，要查究我的責任，所以直到離開南京以後三、四日，心裡還是忐忑不寧，不知道究竟會不會發生教人啼笑皆非的不愉快事件。

不過，心裡雖像井裡十五隻吊桶七上八下，但身上已沒有一天到晚都要工作的負擔，所以，由南京帶到上海的滿頭滿面潰瘍，很迅速的痊癒，在八月底，頭面已只有疤痕，沒有瘡癤，不再是焦頭爛額人了。

我八月二十日回上海；這一天革命軍和由江北渡瓜州襲擊南京的孫傳芳殘餘軍隊，正開始惡戰，我從奇望街到下關車站的路上，車前車後都落有砲彈，車站附近也落彈不少，前方戰事的劇烈，可想而知。就在這兩軍惡戰開始的當兒，總政治部忽渙然解體。副主任之一的劉文島，在總政治部解體之日，還發表一惜別談話，表示各同志雖暫時分手，但後會之期決不在遠的意思。此後，工作同志飛鳥各投林，紛紛離開了自己的崗位。我從報上看到這消息，才放下生怕政治部或宣傳部對我將有所處分的一顆心。

總政治部的解體，和龍潭大捷的捷音，幾乎是同時到了上海。隨著政治部解體和龍潭大捷消息而來的，則為一些乘興而往，敗興而回的政治工作同志。但政治部雖解體，《革命軍日報》卻沒有停刊，胡春冰先生也還在奇望街《革命軍日報》館裡面。過著唱獨腳戲的生涯，中間還曾因刊載較突出的一項消息，被請到衛戍部坐了一個晚上。

宣傳處的何公敢、林植夫、阮湘這幾位先生，也都是敗興而回上海的一份子。他們決定乘這身上沒有任務的暇日，先把總理遺教，分門別類，然後由一些有興趣研究的朋友，每人認定一、二類，加以研究，在著手研究時，不怕只有一絲一毫的心得，都可以提出討論，到研究完畢時，則應提出書面正式報告，如果大家公認報告有價值，即設法印行。他們邀我參加這工作，並於九月一日召開第一次談話會。

談話會會址，在狄思威路何公敢家裡，也就是原孤軍社的社址。參加談話的人，除何公敢、林植夫、阮湘和我外，還有六七、位原孤軍社分子。談話會每週開會一次，由何公敢先生召集。並以何宅為通訊處。因第一次會議日期為九月一日，遂定談話會名稱為「九一談話會」。在談話會中，我擔任研究的門類，一是建國大綱的實行次序，二是民生主義與共產主義的異同。我們預定在半年裡面把一部遺教加以條分縷析，並將我們研究的結果公諸世人，用備參考。我認這件事是我們應該做而且能做的事，所以欣然參加，並且希望自己能夠及早完成這工作。

對於民生主義與共產主義的異同，我在《三民週報》社時，是曾經下過一番研究工夫的，當時選了這題目，自然是想繼續做完入京以前未做完成的工作。

為了想完成這件工作，我買許多可供參考的書，還花了許多時間看書，並摘錄書中的要點。

但我雖極高興專心致志，來做研究遺教工作，卻也不能不顧到自己一家的生計問題。因我由北京南下時，雖有些微餘款，然從三月到九月的半年間，僅四個月有收入，而在有收入的四個月中間，就有兩個月中校總編輯的薪餉，充了勞軍捐款還不夠，故實際上有收入的月份只有一個多月，其餘四個多月的一家衣食住，則全由餘款項下開支，這在我不能不說是大傷元氣，我當然應該設法來補救這種入不敷出的缺陷。因為想補救入不敷出的缺陷，我著手翻譯一本日本某名人所著的各國地方自治史，打算每日上午翻譯這本書，下午從事研究遺教的工作。

那時候，雖然也有像我這樣閒在家中研究遺教、從事譯書的人，但國民黨卻因為軍事進展迅速異常，幹部不敷分布的緣故，不得不大舉「拉夫」。「拉夫」的手到處飛舞的結果，當然也會偶然觸到我這閒人，但在觸到我身上時，我總是避之如不及。因為一些「拉夫」的人，大抵都是要走馬上任的新官，他們需要祕書、科長、科員、總幹事、幹事這一類的助手，我則不希罕這種芝麻綠豆大的一官半職，我寧可挨餓做文丐，決不肯跟著那些新官去做官場的沉李浮瓜。

當然，我也不是懸而不食的傻瓜，如果「拉夫」的手是拉我去做新聞記者，我就一定欣然允諾。所以，在上海《勞工日報》請我做編輯時，我馬上就進了《勞工日報》編輯部。

因為有了一個《勞工日報》編輯的位置，我的家計已無問題，於是我又改變計畫，先將才譯七、八萬字的各國地方自治史，擱置一邊，就用上午翻譯的時間來做研究遺教的工作，下午休息，有時打幾圈麻將，或是訪朋友，晚餐以後的時間便付與《勞工日報》。

我到《勞工日報》是十月初的事情，但「九一談話會」也就在此時宣告解體，解體的原因，在於何公敢、林植夫的離滬赴閩。何公敢、林植夫、阮湘、羅竹秋這些人，因在總政治部宣傳處做了幾個月，其廉能為陳銘樞所激賞，故陳銘樞奉令率部赴閩之日，就把這些人都拉到福州，當時福建省主席楊樹莊以艦為家，把省政交由方韻松先生代理，方韻松先生也需要一些才能出類的人做幫手，恰好陳銘樞把何公敢、林植夫、阮湘這些人都帶到福州，便請何公敢以省府祕書長兼福建鹽運使，於是以何公敢為召集人的「九一談話會」便自然解體了。

「九一談話會」的解體，使我研究遺教的興趣打了折扣。我本來是用一個下午來做研究工作，「九一談話會」解體後，我就逐漸放鬆這工作。我為什麼放鬆這工作？是因為「九一談話會」解體之後，共同研究遺教的朋友，就少得可憐，在研究進行中如果遇到需要朋友幫忙解決的難題，便成為無法消解的癥結。所以，何公敢、林植夫們離滬赴閩之後，我的研究遺教興趣，隨而大減，並且逐漸放鬆了研究的工作。

如此《勞工日報》！

我十月初剛踏進上海《勞工日報》編輯部時，就覺得這張報似乎很奇怪。報是中央辦的，負責督導的人據說是馬超俊先生，馬先生所委的一位總編輯某君，首先對我表示：「這次來主持《勞工日報》，是出於不得已。因為本人非常的忙，無暇兼顧辦報的事情，然又不能辭，所以只好姑且擔任。」接著又說：「好在這報是送閱，銷路不成問題，工會新聞由總工會供應，新聞來源也不愁缺乏，所以本人十天中間倒有七、八天在南京，只有兩、三天在上海。」末了，他指著一位茶房說：「我不在上海時，我的事情一部分就由他代辦。他做過多年的衛署書記，字寫得不錯，文筆也清通，編新聞不會出大亂子。」他這幾句話，使我有莫名其妙的感覺。我很奇怪，為什麼他不在上海時，茶房能夠代辦總編輯一部分的事情？我更奇怪，中央為什麼會派這種忙人來主持《勞工日報》？

編輯部的成員不過三人，除卻這位總編輯外，還有兩位編輯，他自己編上海工會消息，另一位編各地工運新聞，我編普通國內外新聞；國內外新聞所佔篇幅，約為全篇幅十分之四，在一張對開報紙中，是佔一面十分之八；這一面其餘的十分之二篇幅，則為評論地位。不過與其說是評論地位，則不如說是轉載他種刊物論文的地位；因為某君認為自己多寫論文是吃力不討好的事，不如轉錄他種刊物論文更省事也更少生是非。

我進報館的第二天，某君就沒有到社，坐在他椅上替他發稿的那位茶房，則一面做代理總編輯的工作，另一面做茶房所應做的事情。據這位代理總編輯的茶房先生說：「報創刊才十幾天，但總編輯要他代發稿件的日數，則已在十天左右。」

這一次，某君入京僅兩日，又回到上海。我拿報紙給他看，指出其中需要改革的地方，問他：「有無改革的意思？」他坦然告訴我：「這張報是神仙都辦不好的，改革不改革，實在都沒有關係」。這張報為什麼連神仙都辦不好？

他的解釋是：目前上海勞工思想都已惡化，都不肯看我們的報，所以根本上就是神仙都辦不好的報。他的解釋，使我更莫名其妙。我知道中央之所以要辦這張《勞工日報》，就是為著要糾正上海勞工逐漸惡化的思想。現在這位先生居然抱著失敗主義來辦《勞工日報》，豈不是徒然虛耗一筆有用的金錢？因此，我到館工作四五日之後，就向介紹我到《勞工日報》擔任編輯的陳白虛先生說：「《勞工日報》的情形，如此惡劣，我實在無法再幹下去。」因白虛先生勸我最少做兩、三個月再走不遲，我礙於白虛先生情面，不便就走，所以我雖非常不滿意某君那種敷衍塞責、包而不辦的辦報態度，但結果還是做了一個多月的編輯，直到十一月初才斷然退出。

八月下旬，我由南京回到上海的時候，心裡雖已因黨內爭端的不易平息，頗感不安，但對於國民黨必能在最短期間統一全國，完成建設三民主義新中國大業的信念，則並不動搖，惟在上海進了《勞工日報》之後，我的信念，便打了一個折扣，我覺得這個擺在大家面前的上海《勞工日報》，就是國民黨一些高級幹部辦事糊塗、用人不當的一個鐵證。國民黨此時正面的敵人是共產黨，為遏阻共產黨傳播赤化種子於工界而辦的《勞工日報》，何以會交給沒有時間、沒有興趣、沒有責任感、更談不到鬥志的某君主持？今既付托某君主持《勞工日報》，某君竟經常請茶房代理職務，黨中對於某君宣傳作戰的不力，卻不稍加糾正，則負責幹部的糊塗顢頇，也就可想而知。黨中既有如此糊塗顢頇的負責幹部，建設三民主義新中國工作之不能在短期內完成，實無待於辭贅。

從上海《勞工日報》的人事來看，已使我發現黨的高級幹部中確有若干糊塗顢頇的分子存在，但若再從福州謝瘦秋和林壽昌間不擇手段的鬥爭來看，則更使我不能不為黨人的自相殘殺而傷悲。

謝瘦秋和林壽昌的鬥爭，是隨著清黨而起的。在中央採取清黨行動時，福州也展開了清黨的鬥爭。在清黨的鬥爭中，謝瘦秋意欲先乘機打倒林壽昌，林壽昌遂亦欲打倒謝瘦秋，於是兩個人便展開了你死我活的惡鬥。

惡鬥開始時，雙方都號召工人，來壯自己的聲勢。謝瘦秋號召了部分電燈公司工人和印刷工人，罷工遊行，以打倒共產黨及土豪劣紳為口號。林壽昌則動員南門外的碼頭工人、舢板舵工暨茶廠工人，與謝對抗，亦以肅清共產黨為口號。事實上，謝瘦秋所欲打倒的共產黨是林壽昌，林壽昌所欲肅清的共產黨則為謝瘦秋。這種為親者所痛，仇者所快的惡鬥，雖各地皆有，要以福州為最烈。福州在這次惡鬥中，先死了一個中山學會的健將謝瘦秋，事隔幾年之後，又死了一個早已洗手作好人的福州聞人林壽昌。

平心而論，謝瘦秋也好，林壽昌也好，都是黨中的反共健者，其所以會走到自相殘殺、終於兩敗的一途，是福建省黨部的領導無方。因為當北伐軍事節節勝利的時候，多數國民黨員願為革命而獻身的情感，都進到如火始燃、如泉始達的狀態，如果省黨部能夠把握這種如火始燃、如泉始達的革命情感，各個賦予適當工作，使英雄各有用武之地，同志皆分工而合作，則類似謝瘦秋和林壽昌的自相殘殺現象，便根本無從發生。然福建省黨部當時卻幾乎沒有把如何推行三民主義和如何安排各同志工作這兩件事，作過通盤的籌劃，結果，謝瘦秋、林壽昌所代表的兩種勢力，就都擠在福州「勞工運動」的工作裡面，因而發生各不相讓的僵局，終於都為爭取工運工作而犧牲其生命。所以，我以為福州謝瘦秋和林壽昌的互鬥，是省黨部的領導無方。

繼謝瘦秋、林壽昌爭奪工運工作而互鬥之後，林植夫和李大超也展開了福建《民國日報》的爭奪戰。李大超也是中山學會的健將，當時是福建《民國日報》總編輯。省黨部裡面的人，說他經手買印刷新機器的錢，已分由省政府省黨部各領一次，然新機器的影子都看不見；而《民國日報》上的言論和新聞，又多與省黨部的意見齟齬；故有立刻免去他總編輯職務的必要。於是發出兩道公文，一道給李大超，要他即辦移交，一道給林植夫，要他前往接收。李大超接到省黨部公文，認係林壽昌等從中搗鬼，頗為不平，當即揚言：「省黨部的亂命，我沒有接受的理由，不問是誰來接收，都要他先看看我的手槍！」但李大超雖有拒絕移交之意，林植夫卻非接收不可。林植夫聽說李大超真的攜帶手槍到《民國日報》，拒不移交，便也向十一軍借了一支手槍，衝進報館，要求李大超即辦交代。李大超原以為林植夫是不敢冒險進報館的，今見林植夫握一手槍有不惜相見以槍之意，方自行離館。謝瘦秋死後，中山學會在福州工界的勢力，已經瓦解，到得李大超退出福建《民國日報》，中山學會在福州便陷於無地立錐的狀態。當時福建省黨部所以不為中山學會中人稍留餘地，原因雖不一而足，但其最大原因則有二：一為當時福建黨的元老黃魯貽（展雲）先生，已許福州聞人林壽昌棄暗投明，為黨服務，並已薦之為省黨部委員，然中山學會的謝瘦秋等，則堅持非打倒林壽昌不可，黃對此頗不謂然。又其一，為何公敢、林植夫們已解散孤軍社請求加入國民黨，但××學會中人則將何等的申請入黨束置高閣，因此，何公敢、林植夫們也都覺得中山學會中人實為黨中的社鼠城狐，有此二因，所以林壽昌能乘清黨的機會，槍決謝瘦秋，林植夫也能利用十一軍入閩的機會，趕走李大超，而中山學會的勢力，也終於不得不完全退出福建。

不過，林植夫雖握著手槍去接收《民國日報》，接收之後，即又交還省黨部，省黨部要他接辦，他堅辭不允，幾經磋商之後，省黨部接受他的建議，聘我回閩主持《民國日報》的編輯部。我得到通知，一則以喜，一則以懼。喜的是，省黨部能容納林植夫的建議，給我一個為故里新聞界服務的機會，使我可乘機回到別來二十年的福州；懼的是，福州顯然已經成為中山學會與林壽昌派暨原孤軍社分子爭奪的中心點，目前中山學會的謝瘦秋雖已遭槍斃，李大超雖亦已退出《民國日報》，顯然是一旅偏師，已告覆沒，但其在中央的雄厚勢力，則可能捲土重來，修怨問罪，一旦中山學會分子捲土重來，大興問罪之師，福州就要再演一次為派系鬥爭而流血的歷史。派系鬥爭，同志自相殘殺，國民黨革命建國的大業，也就不能不頓挫於中途了。

我正喜懼交集，催我回閩的電報又數至，還有一位朋友來信說：「林植夫為了你才去接收《民國日報》，現在被《民國日報》絆住了，自己的事不能做，卻不能不管《民國日報》編輯部的事，實在太痛苦了，你如果不立即回閩，那就對不住像林植夫這樣的朋友。」我接到這些函電，遂決計立即回閩。

福建《民國日報》的改革

在決定立即回閩時，是否帶眷同行的問題雖隨而發生，但也只經過幾分鐘的討論，便得到圓滿的答案。答案是：由我先回福州，等在福州租好房屋再來接眷。

我是十一月初動身的，動身之日，上海已是可以穿皮衣的初冬，馬路旁的法國梧桐，葉已盡落，只有少數私人庭院裡的棕樹，還垂青眼向行人。我想到此身行將到達四時皆春的福州，眼裡便好像看到一些翠色襲人的榕樹和橘樹，其歡欣鼓舞之情，幾非言語文字所能形容其萬一。

船行兩日兩夜，到了別來二十年的福州。我以為這二十年的闊別，福州一定有很大的變動，可是，事實上，福州的一切，似乎都還停滯在二十年前的狀態裡。不止閩江口的馬尾、羅星塔，南門外的大石橋、夾著閩江的旗鼓二山，都還是老樣子，就是「曲蹄」（曲蹄為蜒戶的稱呼，因其行時兩足為八字形，故稱為曲蹄）的生活方式，也依然如故，所稍稍不同者，則為頭上插著三條大銀簪的鄉姑，已不多見。後來才知道，三條簪鄉婦不多見的原因，在於市黨部和公安局人員的嚴禁。市黨部和公安局每日都派人守著各城門，遇到頭上插著三條簪的婦女，即出而勸導，一些鄉婦因怕遭遇勸導人員，才把這些又闊又長的三條簪收藏起來，只有少數最頑強的鄉村婦女，則依然插戴。據說：這些婦女都是無諸族人，無諸族人雖在唐代即已被漢人征服，但一部分住在深山的無諸婦女，卻仍保持其原來裝飾，這三條簪也就是無諸族婦女原來裝飾之一。

另一件二十年沒有一點變動的事實，則為民間的迎神賽會。當我由大江汎沙灘走到江邊時，便有一隊吹吹打打，頂著長頸鬼和大頭鬼出來遊街的神棍，浩浩蕩蕩奔向南門大街。據說，因為當地今年多患霍亂傷寒，所以出會迎神，用保平安。

我上岸後，先到劉愛其主持的一個船公司，休息片刻，然後才僱人力車到東門大街的福建《民國日報》館。到館吃過晚飯，把行李搬進臥室，和經理陳建東作半小時的談話，才完全知道報館的環境和內部急待改進的事項。

從陳建東的談話中，我知道是省黨部、省政府、陳銘樞三方面都有人想使《民國日報》成為自己的宣傳工具。省黨部方面，林壽昌是有利用《民國日報》的野心的，雖因黃展雲先生不許他的一派攫取《民國日報》，只得暫時忍耐，但其伺機攫取的心，總不會死。省政府方面，何公敢先生的最大希望，是《民國日報》的言論能和省政府的措施相配合，他和方韻松先生一樣，並不想攫取《民國日報》，僅僅希望在省政府有劃時代的新猷時，《民國日報》能好好地替他宣傳一番。此外，陳銘樞是最想利用《民國日報》的一個人。他奉命率十一軍入閩，任務是剿匪，但當他駐軍閩南時，卻強迫農民種鴉片，坐收煙苗捐，因而備受閩南各界人士的譴責，不僅不自悛悔，反而希望《民國日報》能夠代為辯護。

我知道了各方面情形之後，立即決定今後言論新聞的方針：第一，我將站在最超然的立場，為黨為福建而作最善的努力。第二，對於省政府的措施，好的加以讚美，壞的加以糾正，絕不模稜兩可。第三，對於陳銘樞的勒迫閩南民眾種煙，當立即開始抨擊。

對於《民國日報》，我也定了初步改革的計畫。我決計請省黨部撥款購買五號字銅模，和由頭號到七行頭的少許現成鉛字及備用鉛塊。然後先用五號字來代替過去的四號字，使報紙刊登新聞的數量得以倍增，並使過去死板板用二號字標題的時代成為過去。等這初步計畫完成，即再進一步，改呆板板的欄數為花欄，並延長發稿時間，使若干到達福州較遲的消息，能夠刊入。

我決定了應付省黨部、省政府、陳銘樞的方針和添置報館印刷的設備後，又把最近一個月的《民國日報》翻閱一次，才就寢。

第二天，省黨部的黃魯貽先生、翁侃女士、林植夫先生都到報館，我和他們略談添置報館印刷設備的計畫。他們問我：「大約需款幾何？」我說：「款固多多益善但目前的急需，則不出八千元。」黃魯貽先生說：「不超過萬元就好辦，現在黨部已經有七、八千現成的錢，隨時可領。」我聽了很歡喜，當日便叫工房領班，要他開出所需添置印刷設備的細目。然事出意外，那位領班聽說以後要改排五號字，竟提出反對的竟見。

反對的最大的理由之一是：「我們福州自有報紙以來，用的是四號字，現在排字工人所能排的也都是四號字，如果《民國日報》要改用五號字，福州的排字工人未必能排。」我說：「你這理由很好笑。你要知道：路是人開出來的，不開如何會有路？若說福州報紙用的都是四號字，現在不應改五號字，則試問先生：福州以前沒有報紙，後來何以會有？福州以前何嘗有四號字，後來何以也會有？所以，你的理由完全不成立。」他又說：「現在福州還沒有五號字的字架，這又怎麼辦？」我說：「沒有字架不會叫木匠來做？」他說：「普通木匠未必會做？」我說：「普通木匠不能做，我們不會到上海去買？」他又說：「上海的架子和福州的架子不同，買來也未必合用。」我說：「這更是笑話。上海字架和福州字架的不同處，不過是字的排列次序而已。字的排列次序不同，如果不便於排，儘可按照福州字架的排列法來排列，這不過一舉手之勞，把字架加漆一次，再寫幾千字在格子上面而已，有什麼了不得的麻煩！」工房領班反對改用五號字的理由，全被我駁倒之後，雖不再說反對的話，但那種不服氣的神情，卻在我眼裡留下很深的印象，我知道他一定會再想辦法來阻止《民國日報》改用五號字的計畫。

果然不出所料，當日傍晚就有一位同事告訴我：「工房領班已經決定在五號鉛字和字模買到時，即行怠工。」這位同事要我注意工人們的動態，免得激成怠工。我說：「你們放心。那位領班，將來如果真的為了改用五號字怠工，那報館就有理由請他走路」。同時，我故意擬一個公函稿，函請省黨部撥款購買印刷器材及僱用上海印刷工友川資，並和總經理陳建東商酌川資的款數，然後放在編輯桌的抽屜裡，使館中同事都知道我有從上海請印刷技工到館工作的準備。

三、四天之後，我將請上海技工來福州的消息，連館外的人都知道了，於是我又和那位領班開延長時間的談判。本來，本埠新聞下午五點半截稿，我要延長到下午九時，幾經爭辯，彼此讓步，定為下午七時截稿。要聞原為下午九時截稿，我要延長到夜半十二時，爭來爭去，也折衷為下午十時。談判結束後，領班問我：「究竟要請幾個上海工人來福州？」我說：「現在請不請，還不能決定。不過，不請則已，如果要請，當然至少要請十幾位。上海工人來福州，對福州有益的。因為有了上海工人，可以比賽一下究竟是誰的技術高明，可以收到觀摩的效果。」他們聽了我的話，越發相信我有聘請上海工人的意思；同時對於我的要求，像再行延長一點時間和擴大一點花欄地位之類，都樂於同意。因此，我並不費多大氣力和時間，就完成了改革《民國日報》編排形式和截稿時間的初步工作。

向十一軍放了一槍

我到福州不過半個月，就有人告訴：陳銘樞的十一軍，在閩南各地勒種鴉片，強徵煙苗捐，其行為與土匪絕無二致。另一面報館也收到閩南各地通信，指出陳部某團某營在某地，勒種鴉片，某團某營在某地強徵煙苗捐的詳情。我問同事：「究竟實在情形，是否如此？」同事都說：「確是如此。」我除立將通信發刊外，還寫了一篇評論，意在勸告十一軍從速轉換勒種鴉片及強徵煙苗捐的作風。我強調遺教中間的話：「有敢向鴉片下旗息戰者，便是反革命。」今某軍以號稱革命的軍隊，而師土匪的故智，勒種鴉片，強徵煙捐，這豈止是革命軍之羞，實亦全體革命同志之恥。我們希望從此以後，不再有這種可羞可恥的行動。

十一軍軍部祕書處看了這篇評論和當日新聞，立刻寫了一封措辭非常嚴峻的信給我個人。信的大意是問：十一軍沒有領到中央的餉項，也沒有收到地方的供應，已經幾個月了，在這情形之下，如果不收煙捐，又將何法生存？是不是要讓部隊譁變來騷擾地方，才是正當辦法？我得到這封信，多少動了一點肝火，馬上再寫一篇評論，針對來信內容，予以駁斥。我說：中央不發餉，你們應該向中央催，地方不供應，你們應該請地方定出供應的辦法，現在你們既不向中央催餉，又不正式請求地方供應，卻做出這種連軍閥都不敢公然來做的強迫種煙的事，則革命之謂何，豈不成為疑問？

第二篇評論刊出之後，十一軍祕書處，不再來函詰問，我想：他們大概也已知曲在自己了。

在我為了十一軍勒種鴉片、強收煙捐而放筆槍之後，就有人把十一軍在閩南各地勒種強徵之下，已發生了逼死人命的慘劇。還有人告訴我：何公敢為了十一軍的勒種強徵，曾和陳銘樞大吵一次，吵的地點是在劉家花園。我問林植夫：「有沒有這件事？」林植夫說：何陳為了勒種鴉片，是爭論過的，不過爭論並不到「大吵」的程度。爭論的地點，確在劉家花園，當時好些人都在裡面浴溫泉，何公敢提到十一軍在閩南強迫種煙的事，問陳銘樞：「能不能立即停止進行？」陳銘樞笑著說：「你真是書生！你不想想，十一軍此時除卻徵收煙稅，還有什麼生路？」何公敢說：「勸你停止勒種強徵，實在是革命者的遠見，你以為是書生之見，那就錯誤了。」爭論到此為止，並沒有再發展下去，不過，何陳之間，感情上已有了裂痕。

上面所提到的劉家花園，原名好像是「蘧園」在水部門外，裡面有一個完全日式的溫泉浴池，還有一間完全日式的更衣室，浴池溫泉係汲自井中，其汲取泉水設備，亦係購自日本。建溫泉的劉家兄弟，在福州算是有數的實業家。他們都是從日本留學歸國的，老五創辦了福州的電燈公司，老三設了一個採煤公司，劉愛其經營海運事業，手裡有一個輪船公司。就中老五號稱「電光五」，經營頗得法；劉愛其的輪船公司，則為頻年戰爭，輪船不得不充軍運，支出甚鉅而收入甚少，經常叫苦連天；老三開了一個煤礦，產煤之豐，出人意表，然因交通不便，運到各城市發售，售價只抵得運費，採煤成本完全沒有著落，其採煤事業亦已頓挫於中途。他們所經營的「蘧園」，原係專供自己家人夏日入浴納涼之用，並不開放，後來因為劉家的人在園入浴納涼者無多，而親友多欲入浴，始為其親友而開放。我曾與何公敢、林植夫、阮湘先生等十餘人，越竹籬入浴，守園一老人代汲溫泉注入池中，並供香茗。他告訴我們：「過去此池，每日均有若干嘉賓蒞止，但今則門前車馬漸稀，最近已數日無人入浴，盛衰之無常如此，令人感慨繫之。」我們聽了看園老人幾句話，也不期都起了一陣不可名狀的惆悵。

大家為著劉氏「蘧園」之盛衰無常而惆悵的時候，不知是誰，忽高聲說道：「園猶如此，國何以堪！」我雖知道說這話的人，必有所感，但當時卻沒有追問。後來品茗坐談，談到『電光五』，有人說：「『電光五』才氣縱橫，然剛愎自用，人緣很壞，「蘧園」最近的衰落，就是『電光五』人緣不佳的一種反映。」也有人說：「蘧園」浴池不收費，地方又如此幽靜，比普通浴池實在好得多，然因為『電光五』人緣不大好的緣故，人就不高興進來，可見就是有恩惠給人，也不容驕傲，驕傲就是眾叛親離的張本。」不過，平心而論，『電光五』本人倒說不上驕傲，夠驕傲的人，是他的親戚。他有一位親戚，替他管不少的事，也替他得罪了許多人，看園人背地稱『電光五』這位親戚為「國舅」，但究竟是母舅還是妻舅，姓某名誰，我也無暇打聽。我倒想知道曾高聲說道：「園猶如此，國何以堪」的人究竟是誰，命意何在，後因劉愛其也來浴溫泉，那位為「園猶如此」而嘆息的人，便不肯出面自承，因此，直到今天，上面那兩句話，究竟是誰說的，他說這話的意思何在，還是一個謎。

我在劉家花園浴溫泉的那一天，和同時入浴的朋友，曾作兩小時以上的長談。我們從國民革命的前途，談到建設新福建的工作，都深感其中有若干幾乎不可克服的障礙。

談國民革命的前途時，我當時最擔心的問題有五：（一）黨內各派別，不易團結一致；（二）若干像謝瘦秋、林壽昌那樣的生龍活虎，竟為爭奪工作走到自相殘殺之途；（三）像陳銘樞這樣的新軍人，也公然做起勒種鴉片，強徵煙捐的事情，則革命軍縱令能夠統一中國，恐怕有些地方也只是以暴易暴；（四）我們的革命現在顯然是傾全力於武力革命，其餘政治、經濟、社會、教育各方面都還沒有革命的影子，這實在不像革命的作風。由此可見我們黨內人才是懂得軍事的較多，懂得政治、經濟、社會、教育的則較少，所以這一次的北伐，也只限於軍事的北伐，並沒有實行政治、經濟、社會、教育的北伐。如此簡單的北伐，實不足以適應國人期待國民黨革新庶政的人心。（五）許多軍閥官僚搖身一變，都變成了革命要人，有的做了省主席，有的做了軍師長，這簡直是把革命當做兒戲了。我本來是深信國民黨必能在最短期內建設一個新中國的，但在此時，則感覺前途並不許我們過分樂觀。

對於建設新福建的問題，據林植夫說，楊樹莊倒是有頭腦的，這次他自己不來做主席，卻堅請方韻松代理；主要原因，就在於要讓方先生用革命手腕來建設一個新福建。據說楊先生深知當時海軍勢力，是最腐敗最惡劣的勢力，並深知這勢力就是自己附骨的癰疽，無法割除，所以把省政交與方先生，不許海軍系人物再來過問省政，至於方先生，則的確有建設新福建的雄心和勇氣，然可惜自己夾袋中並沒有幾個有計畫、有膽量、有魄力的人物，上臺之後，最得意的傑作，是請何公敢以祕書長兼鹽運使，然而一個何公敢又能幫他多少忙？

何公敢曾提出一個印行印花稅票的建議，意在剔除中飽。其法為收取任何稅捐，均應如數以印花稅票交與納稅義務人，稽徵人員所領取的印花稅票，付出一元，即應繳款一元，並擬有防範偽造印花稅票辦法。何公敢自己對我說：「今日的急務，是先建設一個廉潔政府，要建設廉潔政府，必先肅清貪污，貪污的淵藪是稅收機關，若干稅收人員，往往收入百元，報繳十元、二十元不等，此已是公開的祕密。今若行印花稅票法，使納稅義務人每繳一元稅款必索一元印花稅票，並定一防止偽造印花稅票之法，則必可減少稅收機關人員以多報少的流弊。稅收人員的貪污風氣，倘能因此轉移，則其他機關的貪污風氣自易於肅清，我們建立廉潔政府的理想，也就可望先在福建實現了。」但何公敢這個發行印花稅票的建議，結果是在孤掌難鳴之下，被省政府束置高閣。

福建當時的問題，除卻如何肅清貪污之外，還有如何肅清土匪一問題。但省政府委員中主張綏靖土匪的人，實佔多數，這就使如何肅清土匪的問題，變成了如何綏靖土匪的問題。因為有主張綏靖土匪的委員，土匪便更有恃而無恐，福建一省，也就幾乎有一半以上是土匪的世界。在土匪世界中，談什麼建設新福建，就當然都是白費。

狂風駭浪中的除歲

福建《民國日報》編排方面改革，有了頭緒，發稿時間問題也已獲初步解決之後，我決定到上海把家眷搬到福州去作幾個月的小住。

因為打算在福州作幾個月的小住，就先在東門河邊街租一所木屋，請大哥先搬進去，大哥是在台灣過了十幾年賣畫生活才回到福州娶大嫂的，此時已有了一個五歲的男孩，這孩子雖僅五歲，但已能負重二十幾斤，毫不費力。另一方面，則絕對不喜讀書識字，大哥買了幼稚園用的看圖識字圖片教他認字，教了好幾個月，卻認不到兩、三個字。

我胞兄弟三人是早就羈旅各西東的。我以丁未到瀋陽，大哥以戊申赴台灣，三弟則在師範畢業後，即應巴達維亞一華僑中學之聘，去過吃粉筆灰的生活。我們中間好些年音訊都不通；我直到十六年年底才見到大哥，並和三弟通信，我們兄弟為什麼多年不通信？是因為癸丑討袁之役，我因參與關外討袁軍的關係被捕入獄之後，旅瀋同鄉長老勸我不要和兄弟姊妹通信，免得連累他們。關外討袁軍是一百零四人的一個革命團體，但在不到一年裡面；被張作霖以「亂黨」的理由槍斃者，包括總司令伍指芳（在望）、副司令陳運閭在內，整整百人，其被捕入獄倖免於死者，只有沈縵雲、涂少虎、章佩萱和我四人。有些籍隸東北同志，除自己犧牲生命外，還累了父兄，父兄或則被捕入獄，禁錮數月，始得釋放，或則傾產行賄，身雖得保，家則已毀。旅瀋同鄉長老，勸我勿與兄弟姊妹通信，就是因為這緣故。

除大哥三弟之外，還有一個姊姊，是七叔父唯一的女兒也看到了。姊姊早嫁陳姓，姊夫是畫師，死於瘋狂症，有一個男孩，時年才七、八歲。姊夫這一家，似乎有患瘋狂症的傳統，他的母親，他的叔父、嬸母，都死於瘋狂症，他本身也死於瘋狂症。再隔幾年，我的姊姊又死於瘋狂症。瘋狂症不是傳染病，何以十幾年之間，一家竟有五人死於瘋狂症，這是一個至今留在我心裡的一個謎。有人說：他家的瘋狂症，是妖狐為祟的結果。並且說：陳家老太太生前即患狐祟，瘋疾發時，往往裸體狂奔，且力大如牛，非數人合力不能曳之入室。姊姊也證實了這類似神話的傳說。不過，我不解狐可以能夠使人發狂？

此外，還有人相信，陳家男女的連續發狂，和建築房屋的土木匠有關。據說，土木匠都有一套手法，能替屋主招致禍害。如果屋主在建屋之際，過於吝嗇，他們就使出手法，使屋主常受某種疾病的侵擾，或使屋主常遭破財之厄：甚且使屋主及其家人相繼死亡。這個陳家的老太爺，是業醫的，吝嗇異乎尋常，當建屋時，對於土木匠連一杯茶都不供應，所以土木匠用他們的手法，替陳家招致了男女相繼發狂的禍害，當然，對於這一類傳說，我都不過姑妄聽之而已。

兄弟姊妹有的見了面，有的通了信，自是一樂，但姊姊和一個外甥將何以為生的問題，就也隨而發生。大哥是自顧不暇的；三弟此時固略有積蓄，但姊姊已替他選定了弟媳，要他即刻回閩結婚，結婚之後，有了家累，對於姊姊也就無法儘量接濟；至於我，將來能否經常予以接濟，也只有天曉得；因為我有我的意見，一個報館主持人的意見，和我一致，我才做得下，如果主持人的意見，和我相左，我就會和他說一聲「再見」，立刻離開報館；在這情形之下，我如果一年裡面有三、四個月失業，便也不足為奇；一年裡面可能有三、四個月失業的我，顯然是無法經常接濟姊姊的。我曾一度想接姊姊回家和我們同住，但因自己還不知能在福州住幾時，就又不敢作此決定。

我等大哥搬進河邊街新屋後，便上了向上海進發的輪船。下船時，省黨部交給我八千元的鈔票，要我向上海商務印書館購買一部新對開印機，一副五號字銅模，和若干鑄字所需要的材料，此外還要我向《新聞報》購買若干標題用的大字。當時的鈔票，又大又厚，票面值又小，實在累贅，省黨部交給我的鈔票中間，十元票極少，五元票倒佔百分之九十以上，八千元裝在一個較大的手提箱中，恰好滿滿一箱。本來，中國、交通兩銀行，在民國四、五年就發行過百元、二百元面值鈔票的，不知何故，十六年的福州，卻連一張大票都找不到。

船定於農曆十二月二十六日早晨開，我在二十五晚上出南門僱一艘曲蹄船去馬尾，再下海輪。落船時已逾午夜，但船上還在裝貨，旅客也正在陸續落船。船上的人說：「船最遲明早七點開，廿八日天明到上海」。這和我預定的計畫，完全相符。我想到上海後的第一件事，是先到商務印書館交付買印字機模的錢，接著再到《新聞報》交付買標題鉛字的錢，並通知何公敢介弟何崇齡去接收這些機器字模鉛字之後，就安安逸逸地在家裡吃年夜飯，等過了新年，再回福州。

廿六日晨還不到七點鐘，船就開行了，同房間的人說：早開早到，這是趕辦年貨的商人，所最歡迎的。

但船行約五小時之後，大霧佔領了海面，對面看不見人。船無法前進，便在一個小島附近抛了錨，並且不斷的敲鐘，經過十二小時後，大霧漸散，船主下令起錨開行，旅客們一顆怕輪船發生意外的心，才得到安堵。大家都說：「幸虧大霧只延誤了半天的航行，不礙我們的事，如果大霧此時還不散，那我們可不能在上海吃年夜飯了。」

可是，霧散不久，海上起了狂風，巨浪打在船舷，好像山崩，船在海中掙扎到廿七日凌晨，就又在台山的附近抛錨，抛錨後不久，海上又起濃霧。於是，狂風、巨浪、濃霧便聯合起來，向著我們所乘的輪船進攻。

這一次我因買票較遲，買不到艙位，結果花了官艙的代價，住進船上的賬房間，賬房間放著三袋米，在風浪最猖狂時，都跳得很高。我不時抬頭看看外面，只覺得四顧茫茫，一切的島嶼船舶，都讓濃霧吞沒了。

風、浪、霧三路敵軍，向我們所乘的船，作連續兩日兩夜的進攻，使船上魚肉蔬菜和淡水的供應，都成為問題。為了維持煮飯、泡茶的用水，經理和茶房籲請旅客，儘可能節約用水，早起洗面，只供不足一磅的熱水，中午和晚上，不供熱水、亦不供冷水。飯雖照常供應，但在二十八日的下午，便請大家自己備菜。

除夕那天，風浪雖大，但霧已半散，船又起錨航行。旅客們在濃霧、狂風和驚濤駭浪中悶了兩天，這才吐了一口悶氣。那一天晚上，儘管船上不備菜，但大家卻照樣的吃了很豐富的年夜飯。同舟共濟的旅客們，都毫不吝惜地拿出所有的酒、罐頭和水果來歡送舟中的除夕，兼迎接瞬將來臨的新春。

酒後，賬房提議打麻將，我也湊一腳。海上的波浪雖曾兩、三次推翻了桌上的牌，但我們還是打完八圈才睡覺。

第二天農曆正月初一的下午五時半，船到了上海浦東，我從浦東渡江由金利源碼頭上岸，再乘人力車回到富康里家中，已是萬家燈火了。

願為福建除三害

上海人的重視農曆新年，比其他城市，有過之無不及，從元旦到初三夜整整三日三夜中間，大家都忙著拜年、飲酒、看戲或從事各種各式的遊戲和賭博，要到初四接過財神才照常做事，所以我雖帶了八千元鈔票到上海，也要等到初四才送往商務印書館及《新聞報》館。在八千元現鈔票換到收據時，心裡頓覺「無錢一身輕」，可以不愁鈔票的不翼而飛。

鈔票付出後，自有何崇齡替我去和商務印書館去結賬、收貨，再轉運赴閩，於是，我就更進一步成為「無事一身輕」的一個人。為了「無事一身輕」，初四和初五一整天就都在飲酒打牌中度過，初六早晨便和祥真帶著安、寧二兒，上了開往福州的輪船。

這一次登輪赴閩，海上日麗風和，沒有霧，沒有洶湧的波濤，僅僅經過四十小時，就到了福州。到後立刻進報館，免得請假逾期。我本來是該休息一天再開始工作的，但因為過去有一位同事請假逾期，我曾說過幾句含有教訓的話，恐怕他會反唇相譏，所以剛上岸就走進報館。

把商務印書館和《新聞報》館的收據交給陳經理，陳經理請我開赴滬川資旅費的清單，以便照發。我想了一想，開了一張收到赴滬輪船官艙票一張價款八元的收據給他。他問我：「為什麼不開買來回票的錢？」

我說：「這一次大半是我自己要去上海接家眷，不是專替報館帶鈔票，也不是專替報館買機器、銅模，領了八元的單程船票費做車錢，已經綽綽有餘裕了，那能再求多？」論理，我不止替報館省了一筆匯水，還替報館接洽一些買機器、字模、鉛字的事情，縱令支取二、三十元川資，也不算過分，我為什麼只要一張單程的船票價呢？是因為想在《民國日報》作一次公私分明的示範。

《民國日報》的前任總編輯，有大手筆的外號，他自己會揮霍公款，他的夥計們也會揮霍公款，當林植夫拿手槍迫他移交時，他雖然走了，賬卻不曾交。省黨部裡面的人告訴我：「李大超手裡經手的款項，除經常費外，還有兩筆臨時費，一筆是省黨部交付的，一筆是省政府交付的，都是買機器、銅模、鑄字爐、鉛字的錢，兩筆合計是一萬五千元，但後來，這兩筆錢既完全沒有著落，就是經常費的賬，也是真正糊塗賬。」我聽了這些話，深深感覺：本黨同志中，寒士太多，寒士天不怕，地不怕，只怕遇到金錢關；經得起金錢考驗的人，百中不過一、二，跌倒金錢關下的人，則百中恆佔九十八、九。這恐怕就是各省幾乎無官不貪，無吏不污的根本原因。同時，我還覺得，造成廉潔風氣，是真正革命者無可旁貸的責任，我自己倘不能臨財不苟，又何能責他人的假公濟私，受賄舞弊？所以我必須處處示人以公私分明，臨財不苟。

可是，我這種公私分明、臨財不苟的示範，並沒有收到任何的效果。因為在我領取八元船費之後，督運印機、銅模、鉛字的何崇齡，卻領了六十三元的川旅費。他本來是住在上海的，但他卻開了在上海住旅社的旅費。我的示範，對於報館同事，尚不發生絲毫影響，則其不足以影響報館外的任何人，也就可想而知。

因為這件事，我曾和黃展雲先生作三小時的長談。我以為：「如果我們不能在最近期內，肅清貪污，造成廉潔風氣，更以餘力掃蕩煙毒，敉平匪患，那我們之所謂『建設新福建』，便將是欺人自欺的美麗名詞。」黃先生完全同意我的見解，我則希望黃先生能領導閩省同志，除此閩省當前的三害：貪污、煙毒與土匪。

黃先生分析當時的閩省局勢，頗為悲觀。他認方韻松先生一方既受海軍勢力的包圍，另一方面又有十一軍的負累，無論如何，都沒有方法一展其長才。這是很深刻的觀察。因為當時的福建，幾乎可說是海軍的勢力圈，不管是誰做主席，都不能不用大批的海軍系人物，而這些人物，則為腐敗官僚的代表。另一方面，福建是土匪的世界，閩南、閩北和閩西，都有大股土匪，那些土匪，備極狡詐，往往朝受撫而暮攻城，就是一時受撫，也還要私設稅卡，勒索買路錢，並假禁煙之名，行其勒種之實。

在這種情形之下，欲靖閩難，自非清剿土匪不可；然剿匪需要軍隊，而當時入閩的十一軍，則既非方韻松所能指揮，又正假借籌餉的名義，逞其土匪勒種的暴行，這種軍隊，為禍地方雖不如土匪之烈，但若靠它剿匪，那就真是笑話。所以，不提陳銘樞的十一軍也罷，提到陳銘樞的十一軍，我就只能說它是福建的贅疣。當時的福建，既有腐敗的海軍勢力，又有勒種鴉片的十一軍，和若干股土匪，方韻松只是一位代理省主席，則其不能一展長才，自係極明瞭的形勢。

此外，韻松先生，本身也有弱點。他的鴉片癮，從十三年到北京吸了馮玉祥供應的煙土之後，逐日加深。當他代理福建省主席的時候，每日在煙榻時間差不多要佔十六小時以上。普通是，上午二時開始在煙榻批閱公文，一面吞雲噴霧，九時後，起身吃早點，如果省府有事，到省府走一趟，否則回到煙榻睡覺，下午二、三點，起來吃午飯，飯後再到省府一次，接見賓客和僚屬，事畢回公館，等八、九點鐘吃晚餐，餐畢就寢。他批閱重要公文或決定重要事項，多半是在上午二、三時之間，省府祕書長何公敢，要等他處理重要公事完畢，才能回家就寢。韻松先生的日常生活習慣，既如上述，則欲其夙夜匪懈，為建設新福建而盡最善的努力，實非易事。

楊樹莊對於一些必然的事勢，看得清清楚楚，所以他自己不出來主持閩政；並讓方先生以軍事廳長兼代省主席，使韻松先生能夠不受海軍系人物的包圍，而達成其建設新福建的理想。另一方，韻松先生因楊樹莊虛懷若谷，待人以誠，答應不管省府行政、用人，便真的完全不管，極為感動。很想振作精神，好好的努力一番，做出一點成績，求能無負楊氏及地方人士的厚望。因此，林植夫對於方氏之終將有所建樹，也有很大的信心。

不過，鴉片和革命，始終是相剋的，鴉片已不知毀了黨中多少英雄豪傑，鴉片癮日大的方韻松先生，為著鴉片，也走到了毀滅的邊緣。當時的他，雖也想在福建做出一點成績，然而鴉片癮卻使他纏綿煙榻，變成了不滿現狀而又不想用力去改造現狀的懶人，在煙榻上談建設儘管談得條條是道，然到了省府辦公室，那些條條是道的建設計畫，卻都沒有勇氣拿出來付諸實施。並且，自己沒有勇氣從事新建設倒也罷，還要把責任歸到中央，說是由於中央的不曾賦予較大權力，甚且時時掣肘，所以任何建設工作都無從進行，他似乎害了嚴重的歇斯的里症，當遇倒不如意事情時，就把滿腔怨天尤人的情緒，淋漓盡致地發揮出來。

他中了共產黨和左派的宣傳毒，滿口都是反對當時國民革命軍總司令蔣公的論調，曾草就列舉十大理由的「反蔣宣言」，準備徵得十位黨國元老簽名之後，予以發表，後來因為發出徵求簽名信之後，十位黨國元老中僅有一位覆信表示贊同，其餘均不置答，而表示贊同的某元老，亦不允公開發表其姓名，他的「反蔣宣言」，才終於胎死腹中沒有露面。

我明白韻松先生自己就是黑籍中人，又有姨太太招搖納賄之後，雖已深知韻松先生絕對不能替福建清除貪污、鴉片和土匪的三害，然仍希望以何公敢先生為重心的原孤軍社中人，能在除三害方面，作孤軍的奮鬥，也希望黃展雲先生能以黨中長老和教育界碩望的地位，出來領導教育界，和何公敢先生協力除害，但當我和他們談到這些問題時，他們都是一面贊成我的意見，另一面卻又說自己沒有力量，也沒有羽翼，實在幹不出了不得的成績。這就使我覺得，他們革命的銳氣，似已失去一大半，不能做除三害的開路先鋒了。

不過儘管韻松、展雲、公敢這幾位先生，都不是能替福建除三害的人物，我卻不相信貪污、鴉片、土匪這三害真是割治不了的附骨癱疽。我決定用不計成敗利鈍的精神，先為除三害做一點宣傳的工夫，替有魄力有肩膀的同志，肅清除三害的道路，並且決定先對主張綏靖土匪的軍事廳開砲。

威武不能屈的勝利

十六、七年的福建，差不多至少有一半以上的地方是土匪的天下。土匪究竟有多少，雖無法知道，但和土匪對峙的官軍，則約在二萬之譜。官軍是合四種軍隊而成：第一，直屬省軍事廳的保安教導旅，約四千人；第二，林忠統率的海軍陸戰隊一旅，約四千人；第三，閩南張貞統率的陸軍一師約七千餘人；第四，閩北盧永祥統率的陸軍一旅四千餘人。就中，保安教導旅是散兵游勇及少數智識青年的結合體，也是方韻松先生唯一可直接指揮的部隊，但因裝備不足，訓練欠周，且無對土匪作戰的經驗，故在事實上，這一旅的官軍，實等於零。其次，林忠所統率的海軍陸戰隊，係為「緝私」而設，專管取締食鹽走私的事，部分官兵都和鹽梟有勾結，甚且要和普通土匪作買賣，把槍枝子彈賣給土匪。又次，盧永祥旅長，本身就是綠林中人，所部原是他的綠林兄弟，受撫之後，儼然成為閩北王，對於勢力圈外的一些土匪，多半締結了互不侵犯的「友好條約」，是絕對不肯為剿匪而盡力的。除此之外，僅有閩南張貞的一師，在剿匪安民方面頗有貢獻，然終因閩南大股土匪甚多，此剿彼竄，甚難肅清。

官軍除上述的四部分外，還有十六年秋天入閩的十一軍。十一軍的入閩，是何公敢的主張。他因為福建土匪如毛，非先剿匪，談不到一切建設，遂建議於方韻松及楊樹莊，歡迎十一軍入閩剿匪，方、楊二氏覺得他的建議適合當時福建的需要，乃請於總司令蔣公，蔣公允諾，於是陳銘樞便率部入閩。但何公敢的建議歡迎十一軍入閩，是希望十一軍能為閩省除土匪之害，而陳銘樞的私意，則在於假道福建伺機入粵，去經營可成為自己政治資本的廣東，並無使用十一軍為福建剿匪的意思。所以，入閩的十一軍，實一種「假道」的軍隊，他們得意之作，是在福建大舉勒種鴉片、大力強徵煙捐，撈一筆黑錢，做自己的政治資本。

因為官軍只有張貞所部差堪一用，但尚不足以肅清閩南，十一軍來到福建，又入了勒種鴉片的歧途，那些似乎要替土匪打開出路的省府委員們，就大半傾嚮於綏靖政策。恰巧韻松先生意欲出巡上游，實地觀察閩北一帶的地方治安情形，於是乎軍事廳就提出了請撥公款十萬元供方代主席作出巡費用專案，軍事廳廳長原係方韻松先生，所以提案人也就是方韻松自己，各委員對於這個由方韻松署名的提案，既不便反對，而代表方氏出席軍事廳人員又明告各委員：這一筆出巡費，用在川旅費方面的，將不及十分之一，用在收買土匪的，則將佔十分之九以上；於是這個撥款十萬元名為出巡實則用以綏靖土匪的專案，便通過了。

由公庫撥款十萬元作為方代主席出巡費的議案通過之後，我立即決定開始抨擊軍事廳，並對省府各委員表示不滿之意。

我在評論中問省府各委員：方代主席出巡何以要用十萬元的出巡費？一次出巡費用竟達十萬元，這是慷什麼人的慨？省庫的每一文錢，都是全省民眾的脂膏，你們在取於民眾時是錙銖必較，但在用的時候卻揮霍如泥沙，試問如何對得住福建民眾？

對於軍事廳，我問：軍事廳教導旅是為剿匪安民而設的，如果是為剿匪安民而設，則在省內土匪蠭起的今日，何不出動剿匪？第二，軍事廳長出巡要省庫負擔十萬元的費用，這是什麼理由？如果是借出巡費的名義，把十萬元充賄賂土匪的費用。則軍事廳對付土匪根本政策，豈不是抱薪救火？抱薪救火的害處，是薪不盡，火不滅，軍事廳如果採用這政策，如何對得起負擔軍事廳經費及教導旅餉項的民眾？最後我說，教導旅不能剿匪，留著無用，不如遣散。至於向土匪行賄，商民之所優為，用不著軍事廳費心，故軍事廳本身亦在應解散之列。

這評論刊出後，軍事廳召開臨時會議，廳中所有人員，全部出席，出席人員都憤激非常，恨不能剝王新命之皮、食王新命之肉，結果，決定全體人員武裝質問王新命。接著推定了領隊隊長，商定了質問的措辭，然後由隊長發令，許隊員先回各科室，靜候集合的號笛，號笛響時應即在大門口集合準備出發。

另一方，省政府也開了一次臨時會，討論如何改正十萬元巡費紀錄的問題。因為他們在通過十萬元出巡費一案時，並不覺得一筆十萬元出巡費，是不近人情的巨數，也想不到通過這一案是無法對民眾辦交代的荒謬舉動，經我指摘之後，他們羞惡之心隨而觸發，部分委員覺得省府有此決議和紀錄實係省府的恥辱，必須立予補救，所以特開臨時會議，希望能夠商獲一比較妥當彌縫的方法，那天的會議中，除主席楊樹莊照例不到，代理主席方韻松尚在夢中外，餘如財政廳長陳培錕、教育廳長程時煃、建設廳長馬超五、農工廳長黃展雲、祕書長兼鹽運使何公敢等，全都到會。討論的結果，是先把昨天會議錄上的「決議通過」，改為「俟聽取軍事廳詳細報告，再行決定」，然後再在本日臨時會議紀錄中，寫下「關於撥款十萬元作代主席出巡閩北費用一案，查此時無此必要，應即作罷」一筆，表示該案經過兩日討論的結果，是已作罷論，外傳省府會議曾予通過，實係傳聞之誤。

軍事廳開會時，《民國日報》的外勤記者陳逸雲先生，兩度打電話通知我，勸我離開報館。他說：「秀才遇著兵，有理說不清。和他們簡直無話可說，還是暫避他們的鋒芒，省得吃一次眼前虧」。我說：「謝謝你，我知道了。不過，我有坐待他們來館質問的勇氣，你不必為我擔憂；最好還是設法通知他們：要來就早來，不要姍姍來遲。」繼陳逸雲之後來電勸我暫避的人，是黃展雲先生，他勸告的理由，也是怕我吃眼前虧。

此外，還有二、三位同事，也勸我不要和那些武裝同志硬碰。他們說：「和那些武裝同志硬碰，無論如何總要吃一點虧。因為罵人和打架，是他們的家常便飯，我們沒有那種罵人的本領，也沒有那種打架的勇氣，對付他們最好的辦法，是不和他們對罵，也不和他們對打。但不和他們對罵對打的前提，卻是不和他們見面。」我說：「你們不知道另外的一種道理，所以勸我走避，其實，他們雖蒙一張老虎皮，何嘗真的什麼都不怕，其所以平日敢於隨便罵人、隨便打人，都是因為估定別人不敢和他硬碰的緣故；如果別人敢和他硬碰，他也不敢隨便罵人、隨便打人了。現在我決定坐在這裡，恭候他們的武裝質問，他們來時看見了我，便會覺得我有和他們硬碰的勇氣，心理上就要先輸了一著，如果彼時我更能從容應付，使他們無所用其罵，無所用其打，那我豈不是無虧可吃？」

我平日總是上午十一點三刻回家吃午飯，下午一時左右再來報館，這一天因軍事廳的武裝同志要來質問，怕錯過教訓他們的機會，便決定就在報館叫麵當午飯。但結果，直到黃昏，質問的人還不來，不過，每隔約三十分鐘總有一個人打電話問：「王新命在不在館裡？」等我拿起電話筒聽話時，那邊的電話卻又掛斷了。這分明是軍事廳的武裝同志開的玩笑。他們似乎在對我進行神經戰，想在這神經戰中擊敗他們的敵人。

可是，我既已決心恭候軍事廳人員的武裝質問，便當然不肯半途變卦，因此，這一天，我不止沒有回家吃午飯，連晚飯也在報館叫麵吃，直到深夜，還在編輯室外的天井裡，踱來踱去。

當我在天井裡踱來踱去時，黃展雲先生來館看我。黃先生這一天真的著急了。他屢勸軍事廳人員，不要作集體的武裝質問，軍事廳人員的答覆是：「我們若要質問，就非去質問不可，沒有妥協的餘地。」他勸我暫時走避，我的答覆又是：「我要在館裡恭候那些武裝同志的集體質問」。在這情形之下，黃先生一整天都為著這件事不知將演成怎樣的結局而提心吊膽，一直等到深夜一時半，知道軍事廳武裝同志所作武裝質問的決議原係虛聲恫嚇，後來才知道虛聲嚇我不倒，便只好取消所謂全體武裝質問的決議；黃先生才放下一顆忐忑不寧的心。來報館慰問我，勸我回去睡覺。我因為當日一整日坐在報館恭候武裝質問的勇氣，事實上已經戰勝了軍事廳的全體官佐，就和黃先生分道回家就寢。黃先生在和我分道時，拍我的肩膀說：「此之謂威武不能屈！」

《民國日報》的暫行停刊

黃展雲先生在回家途中，遇到何公敢。何公敢正要到方公館辦公，黃先生說我夜深還在館中等候質問，何公敢便又告訴方韻松。韻松先生聽了很高興，他說：「像這樣威武不能屈的人，正是此時此地的需要」。他要何公敢來勸駕，勸我到省府服務。何公敢也準備辭去省府祕書長，就把祕書長一職請我擔任。

第二天，何公敢約我吃晚飯，把他和方先生的決定告訴我，希望我能接受省府祕書長的職務。我沒有答應。我告訴何公敢：「我決定不做官，是因為深知自己的性格。我的性格，做新聞記者還嫌太剛直，做官那就連三天都做不成，所以我早就決定不做官。對於方先生的盛情，我很感激，但我還是不做官」。何公敢說：「方先生說：我們今天要硬幹，然非有魄力的人更多幾個，就硬幹不了，所以誠心誠意請你幫他的忙。」我說：「不是我不幫忙，實在是沒有多大力量可幫方先生的忙。仍請代謝方先生。」以後同席的人問我：「你既想替福建肅清貪污、鴉片、土匪三害，為什麼不做官？」我說：「能不能替地方除害，和做官不官，是沒有關係的。因為這是一個人自己的決心與勇氣問題。不是做官不官的問題」。

當時中央已經派了新的省黨委，新黨委托何崇齡留我，希望我不反對他們。有人問我：「你是去還是留？」我說：「合則留，不合則去」。但酒後看到新黨委的名單，我決定暫時離開這父母之邦的福建。

為什麼要離開福建？理由很明顯：新黨委大半都和中山學會有關係，他們的回閩主持黨務，分明就是中山學會的勝利，我不能再在福建辦報。

新的黨委中間，一位姓魯的中心人物。黃展雲先生、翁侃女士們告訴我：「他是一個鴉片鬼！」中央派鴉片鬼主持省政已經是有點糊塗了。現又派鴉片鬼主持閩省黨務，簡直不成話。我和黃先生談了片刻，決定表示反對，並繼之暫時停刊。

在《民國日報》刊出反對中央委派魯某等為閩省委員的評論後，中央宣傳部幾乎每日都有一道糾正的公文到館，中央似乎也知道黨部的移交尚有所待，所以公文直接寄到報館。當時葉楚傖雖做中宣部長，但事實上中宣部的事，全是中山學會中人來管，葉楚傖不過畫行而已。我曾作書欲寄葉先生，尋以中宣部來文愈劍拔弩張，便又把寄葉的信，棄擲字紙簍中。

半個月以後，黨部辦了移交，我也發出了暫行停刊的宣言。停刊宣言說：「我們編這張報，是在貫澈為建設新福建而宣傳的理想。現在既有人爭著宣傳，我們自然要告退。我們沒有兼人的能力，也沒有兼人的食量，我們沒有擠在這裡的必要。」

發了宣言，我準備走香港去做《新中國日報》的總撰述。《新中國日報》是早就來信聘請的，社長涂開輿，湖南人，也是孤軍社的一分子。

我決定走香港時，廈門《江聲報》新主人許卓然先生也來找我，他要我到廈門，先做三個月的《江聲報》。那時候的官場，雖擠得使人喘不過氣，但新聞界卻還是到處都在等人。廈門《江聲報》就也是正在等人的一個報館。

提起許卓然先生，我的一顆心至今還覺得有點歉然。這位先生，是我生平所遇到的奇人之一。他是泉州人，幼年沒有讀書，長成後也未入學校，然卻認得不少字，並且知道每一個字的用處。他很早就加入同盟會，經常奔走南洋各地，手裡一有了錢，總是要先替泉州做點有關公益的事。泉州最初的一個高等小學，也是由他創辦的。任何公益的事，只要他有出面提倡，都可以立刻成功。地方人士不論是舊派還是新派，都很敬重他，把他喊做「許大哥」。張貞先生常說：「他這一個人的力量，抵得一團兵。」事實上，他的力量實比一團兵更大得多。他在十七年初，用很少的錢把廈門《江聲報》頂了過來聘陳紹虞先生主筆政，頗受讀者歡迎，後來因為陳先生回到湖北；所以許先生特來福州聘我。我告訴許先生，已有香港《新中國日報》之約，他非常悵惘。他希望我先到廈門三個月，再去香港，我無法應命。我告訴他：「我這次去香港，時間不會比三個月更多，因為那是陳銘樞拿廣東省政府的錢交給涂開輿辦理的，涂開輿請我，我應該去，但我和陳銘樞的意見倘有所衝突，那就只好回來。我和陳銘樞意見的衝突，必然不會超出三個月之外，所以我在香港辦報，大約不會超過三個月，三個月後，將回到廈門。」

後來，我在香港約三個半月，果因意見衝突，回到廈門，替《江聲報》編了半年多的報，因患腦三叉神經炎，住進鼓浪嶼美人主辦的救世醫院裡一個多月，中外醫生一致勸我不要再做新聞記者，於是我回到福州，帶著家眷去上海。在上海住半年，許先生又來勸駕，我沒有去。我告訴許先生：「經過那次三叉神經炎之後，我的頭腦有點壞了，現在需要一個長期的休息。」最後，許先生請我無論如何撥一個月時間去整理一下《江聲報》，我也予以拒絕。

又過幾個月，許先生在由鼓浪嶼到廈門的渡船裡，遇到刺客，被刺身死。我才知道：那一次他來滬後的離別，是生離死別合為一體的離別。他很看重我，並且知道我在像廈門那樣地方主持筆政，是最適當的安排。但我在患三叉神經炎之後，他只要我再《江聲報》服務一個月，我都沒有答應，那實在是無法彌補的歉疚。

在赴港前夕，朋友為我餞行，曾談到做官不做官的問題。我告訴朋友：「樹高招風，人在較高處也最易被人打倒，我不爬高，人就無從把我打倒。」

我準備在香港住三個月再到廈門，去做《江聲報》的主編，但家眷還是要同行。這次同行的人多了一個。因次女和已於十七年五月二十日誕生，我已有了二女一男。

在將赴香港的前夕，我想去祭父母的墓，但大哥告訴我：「父母的墓現在沒有了，看墓人的孫子還在，但他已不知墓的所在。」父親是葬在北門外丞相坑那地方的，父親逝世前一年，在丞相坑買地時，我曾隨同前往，還在預定的墓穴上看了好一會。那墓地遠望可見洪山橋，左右前後都異常開闊。據一位帶父親和我前往看墓地的鄭先生說：「這墓的風水，好到無以復加，將來你們之飛黃騰達，實絕無可疑」。當日父親在墓旁跌了一跤。跌的地方是平地。一位林姓的老伯母說：「你父親平地跌跤，你們非留心不可。」這句話卻不幸而中，到第二年五月九日父親棄我們兄弟而長逝了。

父親的墓找不到，原因自然是在於看墓人。我猜：大概是看墓人因為我家式微，又把那墓地出賣給別人。但看墓人的祖父母、父母又都死了，這筆賬如何算法？因此，我在好幾天中間，都茫茫然不知如何是好。直到今天，還是引為遺憾。

我去香港，是和林植夫先生同行。林先生有一位哥哥林赤民，做過省政府委員兼民政廳長，因為船行經過大鵬灣，遭海盜擄去，海盜通知他的家屬往贖，植夫先生前往贖票，遂與我同行。那次他帶了幾千元錢，送給海盜，幾天後就贖回了他的哥哥。

邱神仙、「六十會」

在福州西門大街，有一個命相名家，姓邱，年約七十歲，大家都叫他「邱神仙」。那位邱神仙，看相有奇驗，對於過去，能說得清清楚楚，就是對於將來，有時也有靈驗。他在福州看相已經三十年左右，誰都知道他是一位最好的命相專家。有一次，何公敢赴友人湯餅之會，記起了十七年前邱神仙看相的故事，立即邀約幾位朋友同到邱神仙那裡去看相，被邀的人有林植夫、陳時、翁侃、阮湘和我。我帶了三歲的安同去。何公敢告訴我們：他今天吃的湯餅，是十七年前就註定的。十七年前他的一位朋友，自己四十三歲，太太也已三十幾歲，結婚之後，沒有兒女，曾到邱神仙那裡去看相，邱神仙告訴他：你到六十歲，才有兒子，六十歲以前不會有兒女。現在那位朋友正是六十歲，他太太生了一位胖胖白白的男孩，由此足徵：邱神仙的確有一種本領。

邱神仙住的地方是一所木屋，外面一間是客廳，裡面一間是相室。我們進門時，已有一位兵士坐在外面，裡面也有人。不久，邱神仙一面請我們進去，另一方面打發那位看過相的人出來。邱神仙說：「現在你只能走西北或東北，不能再走東南」。那人問：「相錢多少？」邱神仙答：「不要你的錢，你不必給錢」。邱神仙看相沒有定價，相值多少他就要多少，但多也只要十來元，有時卻不要一文錢。那位看過相的人，就是邱神仙不要一文錢的一個。

我問邱神仙：「你為什麼不要他的錢？」，邱神仙說：「他是失業幾個月的軍官，現在差不多連吃飯都沒有錢了。」那位看過相的人，衣服穿得很好，並且滿面紅光，從外表來看，並不是一個窮人；他出相室之後，便帶了兵士走出大門；看樣子那兵士就是他衛兵。他自己曾在王永泉手底下做過團長、營長之類的軍官。

邱神仙的看相，又有他的一套。他看相以氣色為主。他看你的氣色，就知道你的生活狀況是否良好，並且知道你的動定。

坐中翁侃是從南京上海回到福州的，邱神仙立即指出伊的面額都有海洋氣，並且說伊是曾經拿過一顆方印的人，那顆方印在手，就有殺人的權力。最後斷言，伊必為血症而死。翁侃曾經做過革命法庭庭長，當時確能殺人。

他斷何公敢，將來必發洋財。但要在六十歲以後。對於我，他猜是一直吃筆墨飯的人。他說安兒是男相，將來手裡必然提有方印。

最後，他說我們這些人，除翁侃外，都有六十歲以上的壽命。我的壽命是六十八歲。看完相，我們問邱神仙：「要多少錢？」邱神仙說：「每位二元吧！」我們便付二元而去。

我們對於邱神仙的說法，雖並不十分深信，然因為某君的六十生子，不出邱的預料，就也持「姑妄聽之」的態度。我們約定：在我六十歲時，一定要召集一次「六十會」，把當日邱神仙相館看相的幾個人，集在一起，為什麼要等我六十歲再幾會？原因極簡單：因為在看相的幾個人中間，除翁侃和安兒外，以我為最少。

「六十會」第一次召集期，定為民國四十年六月，第二次會期則在第一次會中決定。但四十年六月，大陸已經變色，誰也沒有召開什麼「六十會」的閒情逸致了。

邱神仙、「六十會」之外，值得一記的，是三弟的結婚。三弟的結婚，係在十七年春天，他的太太叫做陳聯珠。結婚後不久，三弟又去巴達維亞，把太太送到上海讀書，在兩江體育學校畢業後，就在上海做小學教師，後來三弟回國，恰好我正在上海接辦一個中小學，於是他夫婦就都在校裡教書。

三弟的朋友大抵都是福州師範的同學，當時大半都在福州市黨部，也有在教育界。中間有一個叫做李挺蒼的同學，患傷寒逝世，這對他是一個大損失。因為他和李挺蒼是最好的朋友，李挺蒼則為市黨部領導人，如果李挺蒼不死，他在福州，便不會孤立無援的一個人。李挺蒼死後，他的朋友，多為衣食奔走，自顧不暇，對他自然是沒有多大的幫助，他因為失去這種朋友密切的幫助，性情多少變得更喜孤獨，對人也更多猜忌。

他在他們三兄弟中間，是最篤於兄弟之愛的。但兄弟在都有一個家的時候，無論如何總難免因為過分接近而發生不快事件。因為兄弟之愛與夫婦之愛不同，與父子之愛亦不同，在夫婦之愛或父子之愛，與各自成家的兄弟之愛有所牴觸時，則兄弟之愛，總要比夫婦之愛或父子之愛，稍遜一籌，故當兄弟過分接近期間，總有一些不快事件隨而產生。

所謂過分接近，就是生活在一起，家住在一起。生活在一起，妯娌之間，必因尺有所短、寸有所長而發生齟齬。妯娌起了齟齬，兄弟也就不能不耿耿於懷。

我和三弟之間，在戰前是頂融洽的，戰後才偶起齟齬。齟齬的原因，起初內子與陳聯珠之間。因在抗戰期間，我在重慶，眷屬在上海，住在學校裡面，三弟夫婦及姪兒也住在學校裡。戰時生活是艱苦的，而在最後一年，則尤其艱苦。因最後一年，南陽路的校址，忽遭房東收回，校中圖書，幾全部散失，椅桌床之類，也損失不少，剩下的則暫寄於民光中學。這時候，內地和上海的匯兌不通，在上海的三女六男和祥真，就靠著三弟維持。三弟當然不會覺得怎樣討厭，但弟媳陳聯珠則多少不能沒有彼此之分。這彼此之分，也就是戰後頓起牴牾的基因。所以，我覺得已各成一家的兄弟，生活在一起，並不是幸福，最好是稍有距離。稍有距離，則彼此生活上的長短參差，便不相刺激，妯娌之間不會有牴牾，兄弟之間也不會有什麼意見。

三弟是三十五年秋天回福州的，三十九年春天來過一封信之後，彼此消息，遂告斷絕。以後我不便寫信給他，他也沒有信給我。他對政治一點都不感興趣，只想置身教育界中，做一個無名英雄。他不入黨，不從事任何黨團活動。有三個孩子，兩女一男。長女彝孟今年二十七歲。

除三弟一家都淪陷大陸外，大哥一家也陷在大陸。大哥更沒有政治興趣，除偶然賣畫外，別無所營。他的長子，今年三十五歲，長女在二十五、六歲之間。他的長子幼年不肯讀書，長成後雖不是完全的文盲，然識字卻極有限。他雖然有力，但也不大肯賣力。

《新中國日報》關門大吉

我們到香港，已是八月中旬。到岸後，立即前往荷里活（即好萊塢）道中的《新中國日報》館。《新中國日報》左鄰有兩間空房，是第一、二兩間，月租四十元，我們因為它貼近報館，出入便利，當時就租下了。

當時的荷里活道，是木屋世界，也是臭蟲世界。我安好了家，立即開始檢查木壁的狀況。檢查之後，我為著房中木壁全是臭蟲窩而顫慄。我雖儘量消滅，看見一個就要弄死一個，但也無法清除乾淨。因木壁固有臭蟲，天花板乃至地板，也都有這種最討厭的吸血臭蟲。不過，臭蟲儘管是到處都是，我們則除努力肅清之外，別無應付辦法。我們只能決定：每日付出一小時以上的時間，來和臭蟲作戰。

肅清臭蟲的武器，是開水與煤油，有時是石炭酸。因當時還沒有DDT。我把二張床和椅桌，都潑足煤油，有時還加潑一些開水，然臭蟲依然不絕。往往坐在椅上寫評論，寫到文思湧發，不能自止時，臭蟲咬了手腕或臀部，奇癢難忍，不能不卸衣尋見。香港政府一年總實行大掃除一、二次，每次都用大盆滲有石炭酸的藥水，教住戶把床桌、椅、櫃等放入洗滌，但樓高物重，只有住在最下一層的人，才能夠把床椅器具放入洗滌，住在樓上的人，則多僅將帆布床和板凳放入浸透，其餘較大物件，都無法放進；因此，住在荷里活道木屋裡的人，更終年都要受臭蟲的騷擾。

家裡有臭蟲，報館也有臭蟲，在家寫稿固常因臭蟲的跋扈而卸衣捕捉，就在報館寫稿，也常因臭蟲的活動而卸衣。每次卸衣，總捕得一蟲，我也總把一蟲燒死或是壓死。

臭蟲除怕開水和石炭酸液外，還怕煤油。不過，煤油倘不浸透臭蟲全身，臭蟲還不會死，必須能浸透臭蟲，臭蟲才會死。臭蟲伏在沉靜而又黑暗的隙縫，伺機而動，當它聞到肉香汗味時，便迅速鑽出隙縫，進行吸血工作。當它吸血未飽燈光忽然普照時，就又會迅速地鑽進隙縫裡。所以，我在覺得臭蟲來襲時，總是立即卸下衣服進行尋見，免得它逃之夭夭。它的警覺性比人幾乎更高，當我們發覺它在吸血要來捕捉時，它往往能潛伏不動幾分鐘，以觀動靜；你如果沒有什麼動作，它才迅速離去，你若有動作，它便向暗處狂鑽，它所最懼怕的現象是：動盪與光明。

提到《新中國日報》，就不能不提前三十年的中國日報。前三十年的民國前十三年十二月，中山先生曾令陳少白先生在香港發行中國日報，這就是《新中國日報》的前身。《中國日報》發行後三十年的中華民國十七年，《新中國日報》才又在香港的荷里活道發行，如果三十年算得一世，那《新中國日報》和《中國日報》就相隔一世了。

《新中國日報》經費是廣東省政府撥出的，每月撥出的數字是二萬元港元，當時港元價比內地銀元價貴約百分之六、七，每百港元可換大洋一百零六七元。因此，省府所撥經費每月為二萬一千三百元之譜。

這時候，陳銘樞假道福建入粵的目的業經達成，除卻軍隊已分布廣東的東路，自己做東路綏靖專使外，還兼任了廣東省的主席。廣東綏靖區有四，除東路由陳銘樞的十一軍綏靖外，其餘各區也派有綏靖專員。不過，綏靖儘管綏靖，各區土匪還是很猖獗。各綏靖專員似乎都想吸收一點土匪來擴張自己的勢力，從無大舉剿匪的行動。報紙上土匪蠢動的消息，像長江黃河的後浪推前浪，源源而來，不可中絕。《新中國日報》所載廣東新聞，也幾乎連篇累牘都是土匪蠢動的消息。

對於土匪，我主剿不主撫，尤其反對所謂剿撫兼施。我覺得所謂剿撫兼施的政策，就是培養土匪的源泉。因為剿撫兼施政策，是給了土匪一條退路，使土匪在窮極無聊時可以來一次受撫。土匪有了退路，做土匪的就更要做，不曾做過的也要學做。所以綏撫的政策，在引誘好人做土匪這一面最有效。

各路綏靖專員，對於到處蠢動的土匪，似乎都沒有嚴剿的興趣。每當一股土匪竄擾一個鄉鎮，地方民眾向專員告急時，專員總是答應派兵鎮壓，但它的派兵行動，卻極緩慢，結果當官兵到達某一鄉鎮時，土匪則早已離去兩三日或四五日。官兵和土匪之間，好像捉迷藏，不相值的時候遠較相值時為多。

官兵和土匪的捉迷藏，使若干富饒鄉鎮受了最大的災害。土匪來了，做好做歹，地方要送一筆錢，土匪去了，官兵跟著蒞臨，老百姓照樣要來一次勞軍。送土匪一送就是十萬八萬，勞軍一次也是三、五萬。民力是有限的，由於官兵和土匪的捉迷藏，若干富饒的鄉鎮，就慢慢地窮了。

我看前幾天的《新中國日報》，看出了這些情形，立即寫信通知許卓然先生。我說：「我已到了香港，但香港不是我所能久居的地方，大約最多能住三、四個月，《江聲報》如果在這三、四個月，還找不到適當的人，我就一定來服務。」我知道，以我的性格，來主持權力握在陳銘樞手裡一張報紙的言論，無論如何是無法維持三個月以上的。

我雖深知不能在香港多住，然仍抱最樂觀的心理來處理編輯部的事務。我首先是再三和工房辦發稿時間的交涉，終於多少延長了本埠新聞和國內要聞的發稿時間。其次，是和各同事商定了工作的程序，立即依照所定程序辦理。我除一天寫一篇評論外，還兼編國內外要聞。當時編香港本埠新聞的，是莫××先生，編副刊的是羅竹秋先生。莫先生籍隸廣東，羅先生籍隸湖南，羅先生是涂開興先生的同鄉，日本帝大畢業生，當我到香港的時候，他正陷入失戀的深淵，並且幾乎為著失戀而自殺。

陳銘樞第二次到港，是在十月底，他正式備帖請《新中國日報》幾位人員赴宴。我雖感覺他已較前講禮貌，但還不知道他的用意，在赴宴之後，我才知道，陳銘樞這次的邀宴，完全是為著要收買報館編輯部的人心。

那天晚上，陳銘樞對於報館情形，職員待遇等等，幾乎都是「打破砂鍋問到底」，並且當場作了結論。他決定從十一月起，每月加撥一萬元給報館做經費，同時提高報館職員的待遇，特別還請我多多休息，少寫文章。他說：報紙是無須天天有評論的，如果一週中間沒有什麼大事，則縱令沒有一篇評論也很好。他勸我每週只寫一篇，多留一點休息的時間。

宴罷歸來，我問涂開興：「你看我是不是應該立刻離開這報館？」涂先生說：「你且息怒，他並沒有請你走路的意思，他不過希望你不再批評廣東綏靖土匪的狀況。」我說：「他請我走，我應該走，他不請我走，我也應該走。因為他顯然怕看我的評論，希望我能做一個緘口的報人。」

涂開興最後說：「你如果決定要走，那我就定關了報館的大門。現在我的希望是：大家暫時都不走，等到有機會大家再同走。」我說：「涂先生！對不起，我的決定是：走。但我不希望你來關報館的大門。我只是報館的一個職員，不是主持人，我走不走和報館的開不開，沒有關係，所以我現在就要走。如果涂先生關了報館的門，則責任並不在我。」

我們談到夜深，終於決定請陳銘樞派員接收報館，並籌備舉行一次最不惜費的聯歡會。

聯歡會是在金陵大酒家開的，全館職員及眷屬完全參加，下棋、打牌任憑各人所好，從下午一時許進去，直到晚上十點後，才盡歡而散。

為了要大家盡歡，所以報館即將關門的消息，並不宣布。有人問涂開輿：「今天準備多少錢？」涂開輿說：「你能飲多少，請儘量飲！能吃多少，請儘量吃！報館有的是錢。」他這話是真的。因為報館方面過去每月都有餘款，累積起來，實在足夠同事們一次儘量的狂飲，儘量的大吃。

聯歡會開過之後一日，涂開輿宣布《新中國日報》的停刊，館中同人才知道這一次盛大的聯歡會，實係一次惜別會。

報館關門的第二天，我帶祥真和安寧二兒，到公園玩了一點多鐘，然後再乘纜車登山遊覽，我們在砲台下的山腰走了一圈，才重由纜車下山。這是我到香港後第二次的登山。第一次是和林植夫同登，沒有帶小孩，並且是匆匆登山，匆匆下山，身在山中，心在山下的報館裡，不像第二次的悠閒。

登山之後，是買布。當日香港的花布，普通都是一元六碼，比上海便宜三分之一，比福州幾乎是便宜一半。我為著小孩多，貪便宜，一口氣買了五十元左右的花布。

對於粵省各綏靖區那種土匪猖獗，官軍畏縮的情形，我感到了失望。每隔兩三天，總發表一篇請各區綏靖主任注意剿匪任務的文章，請他們用一點力量，從倒懸的狀態中，救出一些憔悴於土匪虐政的民眾。我說：「爾俸爾祿，民脂民膏，你們做官吃祿的大人先生們，不要專在花天酒地做綏靖的文章，騙中央，騙民眾。」

陳銘樞看到這種督促剿匪的文章，立令左右，予以剪貼。他本曾命令左右常將粵港和京滬報紙的某些新聞和評論加以剪貼，以備參考。所以，他的命令左右剪貼《新中國日報》上督促剿匪評論，就也無人注意，他的左右不過覺得又替自已添了一分工作而已。

九月半，陳來香港，找涂開輿先生，詢問《新中國日報》社內情形。他對涂開輿先生說：「報館的王先生，把廣東綏靖情形，說得太糟了！如果照他的說法，那我們主持綏靖工作的人，就都犯了應予槍斃的罪」。他說這話時，手裡就拿著一疊剪報。涂先生看得清清楚楚，那疊剪報，都是《新中國日報》上面剪下來的評論和新聞。不過，涂先生當時雖聽到陳銘樞的牢騷話，也看到陳銘樞手裡還握著從《新中國日報》評論欄及新聞櫃剪下的資料，當時卻沒有告訴我，直到最後我自動請辭，他才向我和盤托出。

陳銘樞來香港，住在跑馬地他一位姨太太家裡，涂開輿先生曾問同事，去不去看他？我首先表示：不必去。同事們因我不去也就都不去。因此，他這次來到香港，僅僅會到涂開輿先生，卻沒有會到《新中國日報》的第二個人。

我不想去看陳銘樞的最大原因，是受了何公敢的影響。何公敢在九月初經港赴粵係應陳銘樞之招，但陳銘樞找到何公敢之後，卻沒有適當的位置可以放得下何公敢。乘興而來的何公敢，就只做了幾天清客，又敗興而回福州。何氏當時雖還是福建省政府祕書長兼鹽運使，但他所擬整頓稅收、改革鹽政的辦法，卻無法付諸實施，這就使他覺得非常煩惱，頗有赴粵試謀發展之意。然陳銘樞總覺得這位先生是純粹的一個書生，只想把他放在顧問參議室中聊備裝飾，故數電邀請之後，還是只能讓何先生敗興而去，我對陳銘樞的在閩勒種鴉片，本抱有反感，這一次又看何公敢的敗興而去，就更覺得陳銘樞決不是能夠肩負革命重任的人物，也沒有容納特殊人物的雅量，所以不想再去看他。

但《新中國日報》編輯部同仁雖不去看陳銘樞，陳銘樞因欲軟化《新中國日報》編輯人員「吃硬」、「碰硬」的心理，卻在第二次來港時，請報館同人吃了一席盛筵，並且宣布將立即增加報館的經費和編輯部人員的薪水：他說：「最少將由粵省每月加撥一萬元，津貼《新中國日報》，總撰述的薪水最少應有三百元港幣，其餘的人亦應分別加薪。」他似乎覺得：懷柔一些拿筆桿的朋友，總不出升官、發財兩途，你也許不做官，但你在金錢關日不會不低頭。然而他這種想法，在《新中國日報》同人看起來，卻是最落伍的一種想法。

最近香港不是鬧水荒麼？事實上香港之水荒，並不是最近幾年才有的事，遠在民國十七年的秋冬，香港就鬧過一次令人有深刻印象的水荒，始於七月底，延至十月底還不曾解決。當時香港人口不過八、九十萬，但水庫供水力則僅及六十萬人。香港當局，曾欲建一大水庫，作一勞永逸的解決，因建築需時，十七年不能完成，這一年的香港，還是不免於水荒。水荒初期，當局每日停止供水數小時，逐漸全日停止供水，每條街留一、二水管供居民使用，這水管最初是日夜供應，後來改為定時供應，凡是樓上的人家，便非派人到水管旁等候接水不可。人多，時間短，加以賣水為生的人逐漸增加，於是每一條街就都擺出一長列的水桶陣；為爭水而打架的事，也每日都發生幾十起。香港當局為減少爭水打架案件起見，曾派船前往廣州等處借水，借來的水亦售與居民；水價最高時，每擔計四角，然杯水車薪，實亦無濟於事，不過，碼頭上的用水可以不再在道頭水桶長蛇陣中苦擠而已。在水荒期間，我家女傭和二房東的孩子，每日都在街上水管邊，等候半小時以上，才接到幾桶水，有時還要等一小時以上，才接到水。

在水荒中，二房東的孩子對我們是有幫助的，他幫助我家女傭排隊接水，使我們省了一點氣力，也省了一點金錢。我們所用以抵抗水荒者，不過是一個大水缸和幾個煤油箱做的水桶。水桶每家都預備好幾個，每人可以拿兩個排在水桶陣裡，徐徐向前推進，接到了水，便退出桶陣頭，再加入水桶陣尾。我家二房東孩子多，每人提兩個水桶排陣，一半是為自己，另一半卻是為了我家，所以當時我並不大受水荒的害，只是不敢恣意用水，免得無水為患。

那位二房東姓區，家裡有五個孩子，一女四男，均未成年，一個已出嫁的女兒是長女。女婿是一個做進出口生意的商人，駝背大頭，但很有錢。區君就在女婿行裡做事，女婿的行裡有汽車六輛，撥一輛供岳父乘坐，所以區君也就成為出入都是汽車的一個人。不過，他雖有汽車可坐，但因月薪不過百元，自己嗜酒如命，五個孩子也要入學讀書，所以家人生活還是相當困苦。他的太太想出許多方法，來維持家計，但都歸於無效。因區君也除每日午餐和晚餐都要飲酒外，每日上午九、十時下午三、四時之間，還要出外飲茶一次，自己賺的百元月薪，只夠這兩項費用，家裡還有一妻五子，就只能過著比乞丐稍好一點的生活。他們生活的來源有三：第一、每月由大小姐送四、五十元；第二、收房租六、七十元；第三、區太太自己做點女工賺二、三十元。就中房租的收入，僅抵房租的支出，只賺個白住。住的地方，也只有一間光線不很好的三房，再加上房外的一段走廊，可謂侷促之至。

區家的吃，也很儉約。他們每日買菜的錢，普通和買酒的錢相等，如果用一元買菜，則亦用一元買酒，有時是用一元買酒，五、六角買菜。菜中有固定的一味，就是鹹鴨蛋白。鹹鴨蛋的蛋白，是糕餅店售的。糕餅店用蛋黃製糕餅，剩下的蛋白出售，一碗價一分，實是最廉的食物。

衣著除區先生本身外，都是最粗糙的布衣，連二小姐也沒有例外。

孩子們倒個個都入學讀書，學費則取於大小姐。

區家對於我夫婦和孩子很好，經常把我們應該知道的事情告訴我們。區太太尤其喜歡和祥真談天。區太太告訴祥真：「區先生什麼事情都不大管，一天到晚只管飲酒、飲茶兩件事，賺來的薪水，剛夠自己飲酒飲茶。」區太太對於駝背的女婿，也不很滿意。因駝背女婿最初曾允不娶妾，後來卻娶了兩妾。娶了兩妾之後，雖曾付與大小姐港幣兩萬元，然其愛大小姐之情已不專，大小姐也常常回到家哭訴所受精神上的虐待。

我家女傭是區太太代僱的，係所謂十姊妹之一。年齡十八、九，容貌頗秀麗、會帶孩子，也很能幹，工資月十元，比普通貴兩、三元，但伊肯加入水桶長蛇陣替我家解決水的問題，僅僅這一點，每月已省了我十元以上的挑水錢。區太太告訴我們：香港的十姊妹，多半終生不嫁，也多半鬧同性戀。這在廣東的廣州、中山、順德一帶，是司空見慣的。如果十姊妹中間，有一個中途決定嫁人，則必先徵同盟姊妹同意，方能出嫁。有時兩三人同嫁一夫，亦不為奇。我留心細察我家女傭行徑，發現伊在晚上總和一個姊妹同睡。狀頗親暱，但此外則亦無異常人。

報館同事告訴我：十姊妹最盛時代，是在清季，辛亥革命以降，十姊妹之風已衰。因十姊妹的結合信條極簡單，是在蘭譜寫上：「某年月日某某等結為異姓姊妹，自此以往，有福同享，有禍同當，如負此盟，天誅地滅」，每人各執一紙為憑。手裡有此一紙，一旦失業不能自給，即可傳食於各姊妹，萬一有病，各姊妹應設法予以醫療，如客死他鄉，各姊妹須設法收屍埋葬。其本質實與海外華僑的互助會無異，不過人數較少，團結力更較互助會為強固而已。其後，不知是誰，硬把這互助會本質的十姊妹，變成了一種同性戀的不嫁同盟，這種不嫁同盟，委實不近人情，和尼姑差不多，所以後來結盟人數漸次減少，遠不如清末之多。

他們又說：出外傭工女子，在中山、順德一帶，被稱「撈女」，社會地位更較普通婦女為高。如非十姊妹，則享有擇偶的充分自由，父母兄姊不能干涉，嫁到夫家之後，夫家中人亦予以尊重。因在習慣上「撈女」非衣錦不還鄉，一經出外謀生，勢必在四、五年後回鄉，彼時囊中必稍有積蓄，父母固分其餘光，夫家亦受其惠澤，所以大家都刮目相看，因而提高了「撈女」的社會地位。

香港的形形色色

我這一次在香港雖僅作三個月的勾當，但當我回到福州時，卻還留著一些磨洗不去的印象。

一、為食街

香港的為食街，等於今日台灣圓環的攤棚區。其不同點，在於為食街全部是飲食店，而台灣圓環的攤棚背後則尚有一些非飲食店存在。為食街飲食店，專售廉價的飲料和食品，顧客百分之百是平民，但少數流氓亦滲入其中。飲食店中，除卻香檳酒、五蛇羹或三蛇羹，清燉山瑞之類以外，差不多是應有盡有。價比普通酒家茶肆廉宜得多。其中粥類更多，什麼鴨粥、魚粥、牛肉粥、豆粥等等，色色俱全，倘住在為食街附近，早粥實可取給於攤頭，無須自己動手去煮。

二、阻街女郎

香港的所謂「阻街女郎」，就是上海沿街拉客的雛妓。「阻街女郎」如被捕，不過罰款數元即得釋放，故以沿街拉客為生的私娼，皆肆無忌憚，早上才把罰款繳進，晚上即又出現街頭。幸而這種沿街拉客的私娼為數無多，故不成一大問題。

三、中秋燈節

廣東習俗是以中秋為燈節，香港亦然。香港店中所售燈，有十餘元一盞者。我在香港過中秋，也買了近十元的燈，中間一個走馬燈就花了五元港幣。中秋除看燈外，還吃月餅，我曾看到二百元一個的月餅，可以說是生平所見最大的一個。因在十七年之前，十七年之後，都沒有看過更大的月餅。

四、吃龍蝦

在香港，吃海鮮，是最理想的地方。菜市場裡的海魚、海蟹和海蝦，一半是活的。我們在別處吃不到的活龍蝦，香港各菜市場都有，並且很便宜。普通一隻一磅重的活龍蝦，價不會超過一元。我曾購得一隻重約二磅的大龍蝦，價僅二元。買回家讓小孩玩了半日，才把它煮了下酒。一隻不到磅重的小龍蝦，在小食店只賣幾角錢。

五、椰子

椰子在香港水果攤中，也是珍品，一枚售價四、五角，剖開後先喝裡面的椰汁，再吃椰肉。椰肉粗的部分多，嫩的部分少，只有嫩的部分好吃。椰汁卻清香可口，一個椰子可得半磅到半斤的汁，這就是它的精華。但到了製餅店，椰汁便遭遺棄，被採用部分反而是很粗糙的椰肉。

六、下水道與鼠穴

香港老鼠之多，似不亞於黔桂各省。但普通人家卻極少鼠穴。鼠在日間均伏於水道中，傍晚即出水道而入人家。故香港下水道如不設法改善，香港鼠患亦將無法消滅。下水道應予改善的地方，在於沿途及屋內的溝蓋。必須沿途及屋內溝蓋，均能阻鼠子出入，以下水道為穴的鼠子，方能滅絕。

七、日光的價值

日光在香港的價值特高，原因在於香港房屋狹長，且房屋數幢或數十幢鱗次而建，除頭尾日光充足外，中部則甚黑暗，故日光在香港的價值亦特高。酒肆茶樓及旅館，有日光房間固皆故昂其值，普遍住宅的頭房和光亮尾房，租金亦約為二房、三房的一倍。《新中國日報》同人曾在金陵酒家聚餐，帳單上所列茶資為每位四角，較他客多一倍，他客僅二角，我問過同事後，才知道茶資二角，因我們佔了日光，加二角，所以每客要四角。

八、爛仔

香港「爛仔」和上海流氓差不多。他們生活來源，約如下述：（一）引人看房屋或貨所得的鞋金；（二）引人看私娼介紹費；（三）無攤位小販所給的紙煙錢；（四）夥設路旁賭攤的收入；（五）其他詐欺取財。他們和上海流氓不同之點，在於上海流氓幫口大、人多，故敢公然到各弄堂人家收年節費，香港「爛仔」幫口小、人數也較少，所以不敢公然向居民索費。

九、奇罰

十七年港幣對國幣的比值，為港幣一元可換國幣一元零六、七分。惟此港幣僅指紙幣而言，若為硬貨，則港幣與國幣同價，並無差別。因香港硬幣價較低，納稅人均搜羅硬幣納稅。港府見硬幣數量日增，遂令收稅人員於收到硬幣時附記某戶所繳稅款為硬幣。適有紳士數人繳納稅款均用硬幣，而此數人又均任職於港府各部門，於是港府下令著以硬幣發此數人之薪，並向新聞界宣稱：港府對於以硬幣納稅的納稅人，當以其人之道，治其人之身。

十、半山築屋之禁

香港在十七年還是禁華人在半山建屋，如有在妙高台以上建屋者，那就必是西人。這禁令不知何時解除，在抗戰期間，妙高台已有若干粵中名人住宅，如毛邦初住宅、胡木蘭住宅等，均建於妙高台以上的般含道中。

十一、高等華人

在香港，十七年起，即有指某人為「高等華人」者，最初我以為這大約是由來已久的一種譏諷他人的稱呼，後來遇到一件新聞，港府傳令禁華字報紙刊登，然卻不禁英字報紙刊載，傳令人員解釋禁止華字報紙刊登而准許英字報紙發表的理由是：能看英字報紙的華人，都是「高等華人」，有些新聞「高等華人」看了並不發生問題，但非「高等華人」看了卻可能發生問題，所以港府有些新聞禁華字報紙刊載，然卻准英字報紙發表。據說；香港之有此習慣，是從十六年開始。十六年二月十九日，國民革命軍收回了漢口英租界和九江英租界，港府不許華字報紙刊登消息，專讓英字報紙發表。於是香港華字報紙地位遭抑降，而能閱英字報紙者，遂被目為「高等華人」

進了廈門《江聲報》

我回到福州，廈門《江聲報》催我赴廈的信已先到兩日，許卓然先生希望我能立刻赴廈，去重振《江聲報》的聲譽。我翻開福州報紙看船期，知道某公司的廈門船期，就是明天，於是立即決定明天下船去廈門。

廈門這地方，在潮水來時是一個島，在潮水退時卻好像是和大陸相連的半島。因廈門和大陸之間。距離極近，有些地方，當海潮退時，水深僅及人腹，不善游泳的人亦可涉水往來，所以幾乎可說是和大陸相連的半島。

這很像半島的廈門，是福建南部最優良的港口，它背倚漳泉二州，成為漳泉二州物產的出路，也成為閩南各地吸收外國貨物的口岸。閩省人士多從此處前往南洋各地，還有從此處前往歐美各國的。凡是從此處出洋的人士，十人中倒有九人是靠三把刀為生。所謂三把刀，就是剃刀、剪刀和廚刀。他們靠著理髮、裁縫和烹飪，賺養家的錢，也替國家彌補了年年貿易入超金錢大量外流的缺陷。

廈門背當鷺江口，故又名鷺江。當年並有鷺江日報在廈出版。左邊是鼓浪嶼，成為外僑與歸國僑胞的住宅區。它與廈門間的交通工具。是舢板，水程不過十五分鐘。十七、八年中間舢板數約一千五百，這一千五百的舢板夫，結成了一個很堅固的團體，包辦了廈鼓間的水上運輸。曾經有人計畫設置渡船，定時開行，以利交通，終因舢板夫反對而作罷。前面是金門，當年還是一個不大有人理會的漁村，裡面居民，寥寥無幾，除卻因賣魚來到廈門外，差不多都在金門過著最簡陋的漁村生活。

因為廈門鼓浪嶼間，僅有舢板，舢板索費起碼二角半，須載四人方允開行，有急事的人，便只好付費一元，故在廈門或鼓浪嶼居住的人，行的費用，不免昂貴，窮朋友為了交通費的昂貴，就把探親訪友，看做一件難事。但廈市政府卻因舢板夫的反對，直到十八年年底還不敢設渡以利行人。

我到廈門立將行李搬到報館。報館是一所新建房屋，形式和香港房屋差不多，臨街店屋都有騎樓，騎樓下面人行道也相當寬，但屋內卻沒有廁所，也沒有溺器，大、小便都要到外面公廁去解決，這就使人感到最大的不便。

報館的經理楊挺生先生，是倦遊歸國的華僑，代理總編輯的陳一鳴（一民）先生，就是陳三郎（紹虞）先生的介弟。我們三個人談話片時，已近中午，他們要我到街上吃飯。我辭以胃病未癒，不能奉陪，只吃一碗鴨肝麵當午餐。餐後繼續商量言論、新聞的方針。結果決定：在新聞方面，儘可能的爭取新聞，不惜一切工本；在言論方面，儘可能的發揮勸善懲惡的宗旨，用深刻辛辣的筆調，來抨擊社會的黑暗面，並促進社會光明面的擴展。陳一鳴先生告訴我：《江聲報》老闆是許卓然先生，這位許先生是善惡必分，是非必明的，除非有背這原則，他對報館編輯不會有一絲一毫的干涉。我聽了很高興。我想：只要《江聲報》有言論自由，我很願意替《江聲報》作長期的服務。

《江聲報》給我的薪水，每月一百七十元，等於福建《民國日報》，雖比《新中國日報》略少，然我已很滿意。因當時我自己所耗飯錢和零用，最多不過三十元，福州的家約需百元，一百七十元的月薪還可剩下四十元。此時我所努力爭取的最大目標，不是豐富的金錢酬報，而是發紓自己的言論。只要《江聲報》允許我發紓自己的言論，則每月一百七十元的薪水，就不算菲薄。

下午二時左右，楊、陳兩先生陪我去看許卓然先生。許先生是從泉州趕來的。他要和我談談報館的事情，馬上就要到福州去報告漳泉方面十一軍去後的禁煙情形。因為他是禁煙委員會委員之一。也對陳銘樞在閩南一帶勒種鴉片的措施，也不勝疾首痛心，陳銘樞入粵後，他就發動地方團體力量，從事禁種，當時正擬將禁種情形，製成報告，帶往福州，因祕書某君住在廈門，故特來廈門定稿。

我們到許先生所住旅館時，許先生一面招呼我們，一面仍在斟酌報告中文字。許先生自己不能寫，但祕書替他擬的稿，卻須經他刪改核定，他所刪改的字句，都在非刪改不可之列，所以他的祕書也很欽佩他的刪改。他的辦公事的過程，約如下述：第一，由他說明大意，請祕書記在紙上；第二，祕書把他所說大意重說一遍，倘有不符之處，再由他加以訂正；第三，祕書擬好公文稿，先念一遍給他聽，然後由他一段一句加以斟酌，遇到必須刪改處，即立予刪改。刪改再唸一遍給他聽，他認為妥善，始予繕發。

許先生告訴我們：《江聲報》從陳三郎先生來主持編輯部之後，收支雖平衡，但基礎仍未絕對強固；現在好像是逆水行舟，不進則退；希望報館的新舊同事們，能再把這艘小舟推向更安全更順利的航線。如果有需要本人出力的地方，本人一定肯出全力，他行裝已備，等公文繕好就要攜帶進省，於是我們也就告別。

這一天恰是國曆十一月一日，我決定立即執行總編輯的任務。同事雖都勸我休息一、兩天再到編輯部工作，然我卻不肯偷懶。我說：「我的人生觀很簡單。」我覺得：「人生就在工作中，除卻工作再也沒有人生，今天我到了《江聲報》，我就應該開始工作。」

我立刻再召開一次編輯會議，分配工作。結果，我擔任了下面各部門：（一）每日的評論，（二）編輯本埠新聞，（三）整理外勤稿件，（四）電訊要聞，（五）看大樣，暫編文藝版。因為《江聲報》是一個沒有錢的地方報，整個編輯部只有五個工作人員，除了我這總編輯之外，還有四位工作人員。其中一位是陳一鳴先生，擔任編輯國內、外及閩南各地新聞，其工作重心，在於剪取南京上海等處報紙上為人所注意的新聞，並修改漳泉方面記者的來稿。一位是邵元凱，原是本埠新聞編輯兼採訪記者，我把他改為專任的外勤記者。此外，還有一位副刊編輯和校對。副刊編輯當時僅數日到館一次。

但編輯部人員雖寥寥無幾，每日卻照樣要編出兩大張的報紙。我每日的工作時間，最少是十六小時，多的時候常常超過十八小時。最後看大樣的時間，初為上午五時，後來逐漸延長，終於延到上午六時十五分。看大樣時間所以逐漸延長，是為著爭取最後的上海電訊。《江聲報》的上海專電，係和鼓浪嶼《民鐘報》合用的，上海通信員由上海發電到鼓浪嶼的《民鐘報》，《江聲報》則由廈門僱舢板到鼓浪嶼向《民鐘報》去取，在海平浪靜時，最後一批電報，可於四時半以前取到，如果海上有些微風浪，那就要到五時至五時半以後方能收到最後一批，我們看大樣的時間就非在上午六時以後不可。

不過，工作時間雖常常超過十八小時，然因同業競爭激烈，每篇評論，每條電報，以及副刊本埠新聞的內容，都在競賽中，而且是不停不斷的幾乎可說屬於永久性的競賽，人在工作競賽中，是不會感覺疲倦的，所以此時的我，也絕對不感疲倦。我每日早晨，總是看到第一張印出的報紙，才去洗面，吃點心，再到發行處看發行報紙，當我看到銷數日益增加時，心裡總多少感到勝利的欣慰。

看過發行後，帶著喜悅的心情，回到寢室就寢，時間已近七時半。睡足五小時，到十二時半起來吃午飯，飯後立即編輯副刊，編好付與字房，約為下午三時。後來因副刊編輯陳荻帆先生，已到館工作，副刊稿件我僅略看一看就發下去，發稿時間便改為下午一時。

副刊稿發後的次一步驟，是看報。廈門本地各報，不消說是要看，上海報、南京報、福州報、北平報……也在閱看之列。遇到菲律賓、巴達維亞或曼谷等地報紙到達，更要作走馬看花式的看。這種看報，雖算得粗略，但遇到突出新聞和評論，還是要一一不遺的由頭一條看到最末的一條，有時還把他的新聞，整篇剪下，予以轉載。因為《江聲報》的銷路，大約三分之一是在海外，海外僑胞雖很注意國內新聞，然也未嘗不注意海外各地所發生的一些突出新聞，所以海外各地和僑胞社會有關係的突出新聞，《江聲報》都予以轉載。

看完報，開始看稿。各縣來稿，看了還要改，本報記者下午採訪的稿也要邊看邊改。看完改完，時鐘正是四點半。距離晚餐時間還有一點半，我把它消磨在訪友、下棋、談天裡。遇到天陰下雨，就去作兩小時的睡眠，藉以彌補睡眠不足的缺陷。

六點半起來進晚餐，離開餐桌又到編輯桌，在七點到八點之間，先寫好一篇一千二、三百字的評論，八點後發《中央社》的普通稿，改本埠記者下午採訪的新聞稿。接著，把陸續收到的電訊，加上標題，陸續發到字房。從此時起，到明天上午六時止，在編輯部的工作中，不是發稿，就是改稿，再不然也是看各版的版樣，直到最後看到大樣，在大樣上簽了名，等看到第一張報紙，這才能夠退出編輯桌，去看發行，洗面吃點心。

《江聲報》的言論方針

《江聲報》也和其他地方報一樣，是以編輯為重心，言論和新聞的方針，完全取決於編輯的意見。所以，我到《江聲報》之後，《江聲報》在事實上也就成為我個人的報紙。不過，《江聲報》雖在事實上變成我的報紙，我卻從不曾把《江聲報》當做我個人的傳聲筒，隨便發表一點不成熟的意見。遇到要發表一種意見時，總是先在下午閒談時或晚餐時便提出問題，詢問同人：有何意見。詢問後，如同人意見和我的意見，有根本的差異，便立刻展開辯論。等得到結論，才決定發表。假若辯論後，問題僅得到局部的解決，我便只能出於變更論題或放棄自己一部分意見的兩途。

在下午或晚餐的辯論會中，十次有七、八次是無異議贊成我的意見，二、三次有人提出一、二點修正意見。所以，辯論會儘管每天開，卻不會有很激烈很多的衝突。

參加辯論會的人，除陳一民、邵元、楊挺秀和我外，秦望山先生也偶爾加入。這位秦先生是許卓然先生最有力的朋友，自己雖是無政府黨，但對於《江聲報》所採反對無政府黨的立場，卻從不提異議，對於報的言論方針，也從不表示意見。事實上，他在會中不過是坐著聽取我們的議論。辯論會中，經常觸及的問題，雖以每日評論題材和內容為主，然對《江聲報》當時所應堅持的基本方針，亦曾詳加研討。研討結果，除無條件贊成反日、反共、反軍閥割據的中心方針外，還決定了抨擊無政府黨、抨擊縱匪殃民、勒種鴉片及蓄婢惡習的方針，對於閩南各地特別多的械鬥及迷信鬼神的習俗，則主張努力開導，造成一種潛移默化的輿論力量。

方針決定之後，我們便由一日一會改為數日一會。除卻遇到新鮮論題外，我們不再作多餘的討論。

不過當我們不再每日討論方針歷約數月之後，曾發生過百密不免一疏的弊病。這次弊病是從外勤記者邵元而來。因為有人送他一條新聞，向他發誓：是親眼目擊的事；並保證新聞中的被害者即將提起告訴。邵元看了新聞，信以為真，便交給我。我把新聞改好發下之後，曾問邵元：「新聞是否屬實？」邵元即拍胸擔保絕對不是捕風捉影，我於是發交字房去排，接著還為此新聞寫了一篇評論。這新聞的內容是：廈門某寺和尚圓瑛法師，某月日時，在某地強姦了一個叫做某某的少女，現在被姦少女決定出而告訴，但圓瑛法師徒眾數千，聽到少女有告訴意思，已對少女及其家人展開威脅的手段，少女因失身又遭無理威脅，曾潛至附近山間自殺，然又為其家人救回，今幸得某律師之助，將向法庭提起告訴。

新聞和評論刊出之後，圓瑛法師和另外一個和尚來館訪我，先問我：「發表此新聞之前，有無經過一次調查？對於其中所指少女某某，律師某某等有無接觸？」然後要求即用當日評論和新聞的地位，予以更正。圓瑛很會說話，他說：「目前做盡壞事的和尚，雖不乏人，但本人則決無一如新聞中所載的行為，並且本人無其他要求，僅要求報館實行調查一次，並將調查所得實情，予以發表，以免誤會。」在他這種要求下，我不能說「可」，也不能說「否」，我只能作不三不四的答覆。我說：「發表新聞之前，我們外勤記者已作初步的調查，但我們內勤人員今天才能從事調查。至於調查結果應如何刊載，雖是問題，然報界卻沒有把它刊在社論地佔的先例，因此，我們今天只能答應，立即前往調查，調查後即照調查所得實情，予以披露。」我沒有完全答覆他們的質問，也沒有完全應允他們的要求，但他們卻堅持在調查後必須用評論和原來的新聞地位來登載調查的結果。

雙方力爭約兩小時，和尚和我都動了肝火，和尚悻悻而去，我也怒形於色。和尚表示將提出告訴，我告和尚：「告訴不告訴，隨你的便！」

這天下午起，廈門寺裡和尚以及從同安、晉江、南安等處趕到的和尚約七、八百人，分成一百多組，每組四、五人至七、八人不等，沿途散發油印未乾的傳單，指《江聲報》的刊載為蓄意誣衊。第二、三天，各地和尚來的更多，聲勢也更浩大。最初我還怕他們在報館門口和左右，採取挑釁的行動，曾通知公安局，請其注意，然三日以後，街上的和尚，卻已絕跡，僅圓瑛法師已向地方法院提起告訴。

法院公堂對簿之日，法官僅用簡潔的語言，勸告雙方自行和解，勸告無效後，乃宣布改期再審。這改期再審，實係從此擱置的代詞。

經過這次糾紛後，我們曾用全力來調查事實的真相。調查結果，才知道向邵元報告這一新聞的人，是一位流氓，他所稱被姦的少女及將助少女告訴的律師，都是「無是公」。他之所以要造圓瑛和尚強姦少女的謠言，實在是想借端敲詐圓瑛。

我最初不等調查屬實，竟予刊載，實在是一種不可饒恕的錯誤。我很後悔：當日不該免去一次辯論會，如果當日還開辯論會，則不致在調查屬實之前，即行刊載。

圓瑛的控告《江聲報》，雖使我不能不在廈門地方法院做了一次被告，但閩南各地的人卻反而更增加其愛護《江聲報》的熱誠。《江聲報》在不到半個月裡面，在閩南竟增加了幾近四百份的銷數。這可說，真是因禍得福。

除圓瑛一案，曾使整個廈門鬧得滿城風雨外，還有幾篇評論，也引起了很大的風潮。就中引起最大風潮的一篇評論，是為婢女打不平。那就是有名的「紅花案」。

紅花是廈門綢緞業公會理事長林某家中的婢女，兒時父母俱亡，被人售與林家為婢，初時林婦未有兒女，加以家道富裕，故待遇尚不惡。到了十七年年底，紅花年十八，林某乘其妻外出時私與紅花通，事為其妻所知，妒火中燒，遂虐待紅花，甚至用燒得通紅的火鉗烙紅花陰戶，紅花無可告訴，遂吞大量生鴉片自殺。紅花自殺後，林夫婦立購薄棺收殮，並著人抬到公地埋葬。事隔三日，收殮紅花的仵作，忽告其鄰人，謂林家婢女入殮時，手足似尚微微顫動。於是謠言百出，有謂紅花係遭活埋者，有謂紅花係遭林夫婦毆斃者。謠言到了我的耳邊，我請外勤先到公安局去查。因公安局無案，就又由外勤到林家鄰里方面去查，查的結果，鄰里都只知紅花已死，不知其他，我們乃轉而尋覓收殮紅花的仵作。仵作告訴我們：死者入殮時，手足是否尚能微微顫動，我不能說，但死者實係服毒致死，則絕無可疑。仵作告訴我們的話雖與告訴鄰人的話不符，但林家在紅花死後三日，尚未通知公安局，此中自有可疑之處，我們還是要向這可疑之處去找新聞。

找了幾小時，才發現一個破綻。因為案經外間傳播之後，公安局警察便到林家去調查，林家告以死者係病死，警察問以死者病中曾否服藥，林家告以曾請某醫生診病，並開方配藥。警察索藥方，林家告以業經遺失。其後問醫生，醫生卻說當時並未開藥方，未開藥方的原因，是三日前到林家時，病者已死，回生乏術，故不開方。至於死者形狀，則顯係服毒，因為醫生斷係服毒，林家卻說是病死，且死已三日方對警察說出，這就分明是有隱情，於是我便開始對林家放筆槍，說紅花致死之由如為服毒，則定係忍受不了林家的虐待而出此。另一方面，我籲請廈門法院的檢察官能和公安局警察合作，進行檢舉，並儘速開棺驗屍，以證明其致死之因。

這篇評論博得了許多人的讚美，公安局和法院檢察處，立即開始進行檢舉，並立即開棺驗屍。驗屍時還出票拘傳林某夫婦到場。結果法醫證明：死者確是服鴉片致死，身上雖有被毆傷痕跡數處，但均非致命傷，唯陰戶有瘀血痕一塊，長一寸，寬五分，或即受火鉗烙傷之處。

驗屍時，《江聲報》全體人員均前往參觀，林某夫婦在十目所視十手所指中，看到死屍而顫慄。當法醫宣布驗屍結果時，有人以小石子擲林某，似為義憤所激而然。法官及警察因秩序不易維持，乃草草結束驗屍的一幕。過幾天，審判庭判決：林某姦淫養女，又予虐待，雖否認有幫助自殺情事，但其姦淫及虐待實養女紅花自殺的主因，故應以幫助自殺從重處刑。

這案件從檢察官自動檢舉，到刑庭判決歷時僅十日，在類似的案件中，實開最迅速的紀錄。

案結之後，《江聲報》聲譽壓倒了廈門同業，發行為之激增。

另一方面，廈門及閩南蓄婢女之家，莫不震慴一時，唯恐其奴役養女虐待養女情事為人所知，故對於養女的待遇，亦大有改善。

若干看到《江聲報》評論的青年學生，寫信告訴我：他們看到評論和新聞，都為紅花的遭遇而涕淚交流，現在他們除感激《江聲報》和廈門地方法院都已為已死的紅花張目外，還希望《江聲報》能為保護一些未死的紅花盡最大最善的努力。

一次最激烈的論爭

紅花案發生時，《民鐘報》始終保持緘默。但這一次的緘默，卻替《民鐘報》帶到了銷數大減的損失。《民鐘報》銷數，本與《江聲報》相等，但紅花案發生後，廈門及各地《民鐘報》讀者，都改閱《江聲報》，變成了《江聲報》的讀者。《民鐘報》主持人李碩果決定先對《江聲報》作吹毛求疵的挑剔，在覓得一點瑕疵時，立即大張旗鼓來撻伐《江聲報》。

有一天，我在一篇評論裡，提到了國家社會主義問題，摘了中山先生幾句話，來證明中山先生並不反對國家集產主義，也不反對把一些礦山、鐵道、森林等收歸國有。我所引的中山先生遺教，是上海民治書局出版的，其間關於中山先生贊同國家產業主義的一句話中，漏去了「產業」兩個字，因而國家產業主義便變成了「國家主義」。我一時大意，把他照抄下來，刊在報上。李碩果看見這個，如獲至寶，立即集中力量，大舉向我攻擊，說我是國家主義派，不是孤軍社的代言人，便是醒獅派的代言人。我看了他的評論和副刊中文字，再翻開遺教一看，還是國家主義，再取別家書局出版的遺教來對，才知道民治書局出版的遺教，的確是漏去產業兩字。於是便寫很簡單的一段文字答覆《民鐘報》。我說：「吞了總理『產業』的人，是民治書局，不是王新命，王新命不會吞沒總理的產業，也不是什麼孤軍派或獅子派」。

《民鐘報》既已向我挑戰，我也立即應戰。我指出了兩點，用以證明我決沒有為國家主義派而故意改竄黨義的存心：第一、《民鐘報》所指摘的改竄遺教的一點，事實上是上海民治書局所印遺教的錯誤，不是由於我的改竄。第二、《民鐘報》因我所引用的「國家產業主義」，變成了「國家主義」，因而斷言我是國家主義派，甚且因我曾在南京主編《革命軍日報》，而《革命軍日報》屬於何公敢所主持的政治部宣傳處，便認我與何公敢所組織的孤軍社有關聯，定係孤軍社的一分子，再不然也是獅子派的一分子；事實上，我只是一個純粹的三民主義者，你們在找出可以指證我是孤軍分子或醒獅分子之前，不應出此惡控栽贓的口吻，來討便宜。我還說：《民鐘報》經常刊載一些闡揚無政府主義的文字，我倒很懷疑《民鐘報》的主持人及其重要人員或者都是無政府黨分子。

但《民鐘報》方面對於我所列舉的兩點，始終佯為不曾見及，每日仍就「國家產業主義」與「國家主義」的異同，作連篇累牘的解釋，並再三指摘我之以遺教中「國家產業主義」改為「國家主義」，決非偶然的錯誤，實是獅子派宣傳「國家主義」的存心改竄。

因為《民鐘報》是用「掩耳盜鈴」法對我攻擊，我不免也偶用偏鋒還擊，結果這一場筆戰便漸漸離開了主題。

不過，論戰雖離卻主題，戰鬥卻越發激烈，雙方都不惜吹毛求疵，來延長論戰時間，結果論戰延長了近一個月，始告停止。

這一次論戰，實毫無意義可言，然因閩南及南洋各地閩僑，都喜歡看報上筆戰的文字，所以，《江聲報》銷數多少也增加一點。

論戰發生的時間，正是十八年酷熱的六月，從六月到七月的一個月中間，我除卻要照常做許多工作外，還要為爭取論戰的勝利而蒐集可供利用的資料。這就使我不能不更減少睡眠休息的時間。睡眠休息時間的減少，便嚴重的影響到了身體健康，因而害了便祕的病。我本患胃潰瘍，再加便祕的夾攻，於是便觸發了腦三叉神經炎舊病。

我第一次患腦三叉神經炎，是在亡命大連的民國三年。當時兩面三叉神經都發炎，三叉神經附近小血管全部炸裂，積血成兩瘤，瘤大如鴨蛋，經英國皇家醫生某君用猛烈瀉劑治愈之後，病雖告痊，但神經多少總受了損傷，好在年紀輕，僅是三叉神經受了微損也沒有大關係，不料事隔十五年，又因操勞過度，舊病復發，不止劇痛難忍，並且醫生都斷定非就醫並長期休息，則將發生極不幸的結果，甚且變成白癡，於是我在同事的勸告下，就進了鼓浪嶼的救世醫院。

鼓浪嶼的救世醫院，是美國基督教會辦的，主持人是一個長於外科的醫生，內科由一個姓王的中國醫生主持。院址在海濱，醫院背後和左側是海灘，灘上潮汐的往來，和海面鷗鷺的翺翔，織成了一幅變化無窮的活圖畫，倒很適宜於養病的病人。

我在院裡住的房間，約佔十五、六席的面積，兩面臨海，坐在臨窗的床上，可以看海，睡在床上也可以靜聽海潮澎湃的聲音。在腦三叉神經痛稍減時，更可以閒步海灘去看螺蟹的生活狀態。

鼓浪嶼海灘所產小黑螺，俯拾即是，據說很好吃，但我僅常拾，卻不曾吃。灘產的小蟹，多穴居沙中，色澤鮮艷，爬行如風，惟不能吃，因為蟹太小，又五色俱備，大家都懷疑它是有毒的一種。

灘上潮退時，還可在海水淺處，覓得小鱆魚。鱆魚在日本是名貴食品，但在我們中國卻沒有人吃。這魚生於灘泥中，是一種能捕食水裡小動物的怪魚，魚的形狀像一叢葱，除身體貼在沙泥上面外，有八條像葱管的觸手，身體和觸手都能吞吐海水，吞飽海水時，每一條觸手，都和墨魚鬚一樣，吐盡海水後，便立刻縮小變成像破布條一樣的東西。吞水似較緩，吐水則極速，遇有危險，立即吐水，以避免危險。

和鱆魚同樣能引我注意的，是小海馬。小海馬是兩棲動物，普通棲息於沙灘隆起處或是礁石上。小海馬長不及寸，但跳躍卻極迅速。它在遇到危險時，即躍入水中，我曾用半日的時間，捕得一匹小海馬，想研究海馬所以跳躍極為迅速的原因，但研究復研究，直到那隻小海馬死在玻璃瓶子為止，還是得不到結論。因為海馬只有一個扁形的尾，沒有足，其跳躍全是靠尾的力量，要研究便只能研究它尾部肌肉的構造，何以會有那麼大的彈力，但我卻沒有這種可以從事研究的機械，也沒有研究的基本智識，我不過想像海馬的尾部肌肉一定是像橡皮那樣富有彈性而已。

我從最初入院到最後出院，和瀉藥結了不解緣。醫院給我吃的瀉藥，是以石膏為主、再滲入其他潤腸劑的一種。最初一日二十四小時中，最少要瀉七、八次，後來逐漸成為三、四次。瀉過幾天後，三叉神經痛雖似乎減去三分之二，但所餘的三分之一，再經二十幾天，仍不能全消，直到一個月以後，還是有點痛。我問醫生：「有沒有消痛特效藥？」醫生說：「藥是有的，但對於腦三叉神經發炎症我們總不敢隨便用藥，所以現在還只能請你多吃一點瀉劑。」我說：「如果只能吃瀉劑，那我在院外吃瀉劑也方便，何必再住醫院？」於是我決計離開救世醫院，回到福州去靜養。

在離開醫院的前夕，醫生很詳細的檢查我的身體，結果，發現我的血管有點硬化，血壓比同一年齡的人高出二十幾度。他再三勸我放棄新聞記者的職業，以便休養。

放棄新聞記者的職業，倒沒有什麼大問題，但放棄新聞記者的職業以後又將如何，這就成了問題。因為我沒有任何財產，並且早已決定不再在官場中吃飯了，倘再丟了這枝新聞記者的筆，又將如何養活自己和妻子，豈不是一個很難解決的問題？

當我為著深恐腦三叉神經炎終將使我失去思想的能力時，我不能不決定暫時離開新聞界，但常我想到生活問題不易解決時，又覺得不能丟去這枝新聞記者的筆。因此，在將出醫院的那兩天中間，我成為心緒重重，坐臥皆不自得的一個人。

一度退出了新聞圈

在職業問題佔領了我兩晝夜時間之後，我決定先辭去《江聲報》的職務再說。我想：各人頭上都有一方天，不做官不做新聞記者的人遍地皆是，他們也都能夠好好的生活，我為什麼不能？現在我既非休養一時不可，我為什麼又為這職業問題大傷腦筋？一句很好的俗諺是：「船到橋頭自然直」。我這艘生命之舟還不曾到達橋邊，我又何必考慮舟到橋頭能不能安然過去的問題。想到這裡，一切憂慮，隨之消解，立即整理行李，算清醫院費用，回到報館，宣布定於兩日內前往福州休養。

當時是重陽已過、文旦上市的時候，我買了八十幾個同安文旦，裝一大簍，帶回福州。南方各省雖均產文旦，但以廈門文旦為最佳，而廈門文旦又以同安文旦為主，買點同安文旦做秀才人情，確是價廉物美的禮物。

同安除文旦享盛名外，橘也享盛名。同安橘比別處的橘貴得多，別處的橘，當時每斤最貴不過一角二分，但同安橘一斤卻要賣四角，一元龍洋只能買兩斤半。因為同安橘身價太高，產量又不多，所以僅能在廈鼓兩地出售，廈鼓以外的人都吃不到這名貴的橘。不過，橘雖名貴，卻以一二兩月入市，年底入市的半生橘，還是一樣的酸澀不堪入口。我買了半簍半生不熟的同安橘回家，除次女和不怕酸吃了一些之外，其餘都成為垃圾箱的垃圾。

文旦、橘之外，同安產的鐵觀音，更名貴。同安產鐵觀音，每兩售十五元左右，每兩分七、八包，每包售二元，稱為一泡。若干閩南紳商，有因嗜此茶而傾家蕩產者。我在廈門歷時九閱月有奇，僅買過一泡，因為二元龍洋買一泡茶，實在太貴，加上要飲這種貴茶還要用紹興紅泥小茶壺和茶杯，而茶壺茶杯則愈舊愈好，然有舊壺舊杯的人家卻不肯出借，所以，我在買過一泡之後，再也沒有興趣來買。惟我雖不買，然仍常飲，鼓浪嶼正德女中校長邵慶之先生，就是最嗜此茶的一個人。朋友到他家裡，他最少要泡兩三泡請客。他每月賺的薪水和稿費，幾乎不夠付茶錢。我在將別廈門時，曾到他家坐了半天，飲了三泡茶。至今茶味似乎還在齒頰之間。

同安茶的餘味，固似歷久猶存齒頰之間，廈門薄餅的精美，也值得一提。報館同事，曾特備薄餅，為我餞行。餅就是春餅，但係閩省春餅，其薄如紙，厚度僅普通春餅的一半。故以薄餅為名。吃薄餅的配菜，與普通春餅配菜雖相似，但比普通春餅配菜的內容豐富得多。配菜七、八碟，有切絲的笋、菰、蝦、雞、肉、蛋、火腿之類，再佐以特製的花生芝麻醬、蒜頭醬，吃時取薄餅二張，夾好配菜，再加醬料，然後捲成一捲，拿在手裡，分幾口吃下，這比吃火腿三明治固然好得多，比吃普通的春餅也更好。我在這以前沒有吃過那麼好的薄餅，在這以後也沒有吃到那麼好的薄餅。至今偶念及，還是饞涎欲滴。

下船的那天晚上，我收到一份珍貴的禮物，是泉州一位姓陳名正已的青年讀者寄來的，禮物是泉州最佳的印泥，重量約一錢五分到二錢之間。印泥裝在一個牛角盒裡，盒外裹以黃緞。這位姓陳的青年在信裡說：「印泥是泉州的特產，它是合珍珠、寶石、金箔再加硃砂而製成的，印在紙上，色彩光鮮，永遠不變，我所以特地寄一點贈你，藉以表示我對你的敬意。」我拿印泥給同事看，同事都說：「這印泥在泉州比黃金稍貴，一錢值十元以上，印在紙上，自然會顯出它的珠光寶氣，贈這印泥的人，所贈雖不多，但實值則約為二十元左右。」我聽說它的價值比黃金還貴，便決定予以退還，不過，當晚時間已不許我再在岸上耽擱，我就只能把它帶到船上。

下船後，我再仔細看這位讀者的信，知道他是一個故家子弟，已讀過高中，當時正徘徊於升學與就職的歧途，其所以購此珍品相贈，是希望我能把他帶進新聞界。我當即寫就回信，準備到福州時即將回信寄出。我告訴陳君：我很感你的盛情，但我用不著這樣好的印泥，所以退還你。你想踏進新聞界，我勸你三思，我們中國的新聞界，此時還是一塊未熟的荒地，在這裡面耕耘的人，不一定有應得的收穫，我現在因為身體健康的理由，今天就要去福州，作短期的休養，將來是否再進新聞界，等將來再說。你希望我在新聞界替你找一個練習的機會，我現在只能記在心裡。

當船由廈門開往福州時，鼓浪嶼和金門，在腦海裡都成為突出的島嶼。鼓浪嶼和金門，都是鄭成功抗清的據點。鄭氏在鼓浪嶼設有水師台，訓練水師，在金門也設有營地，集合義師，現在將近三百年的時間雖已逝去，但廈鼓婦孺卻都在口碑上記著這位民族英雄的抗清事蹟。

我曾到鼓浪嶼水師台舊址，台圮已久，片瓦無存，到此憑弔的人，都只看到台址前面的海水正為英雄可歌可泣的事業而嗚咽。我記得一塊山石上面刻有「水師台」三字，但已忘卻究為何人所書。台址後面不遠處，有一條窮巷，據說若干年前有一隻猛虎從廈門背後泅水而來，在這巷尾伏處三日，終為人擊斃，其後又有一豹泅水至此，亦為人擊斃。

金門我沒有到過，是因為當時這地方，已經衰落，僅有少數漁家住在島上，並且島上沒有淡水，居民飲的都是積存的雨水，水貴如金，尤以天旱時為最，使我鼓不起到金門一遊的興趣。不過，我雖不曾一遊金門，但以鄭成功曾設營於金門，並且在廈、鼓時每日面對金門，所以船離廈門後，我一直望著金門直到金門離開望眼半小時以上，我還是凝望不置。

船行一日夜有奇，到了福州。上岸第一事，是到郵局去寄在船上寫的那封信。寄了信總回到東門大街的家。

這次我從害病入院到出院，既沒有通知祥真，決定辭職休養，也沒有通知，所以當我突然出現在大門口時，祥真幾乎懷疑自己是在夢中。後來我把經過情形都說了，伊才知道我已辭去《江聲報》的事，回家休養。伊向我保證：我可以放心休養三四個月，還有川資可以去上海。我得到伊的保證，才知道伊在最近一年間，每月都在「做人家」，所以有錢供我休養。

我原想丟了寫評論編新聞的筆立即換上譯書賣文的筆，免得全家生活發生問題，但因祥真保證我可以休養三、四月，我就也真的休養下去。我決定等到沒有可供休養的錢，再去上海。因為要譯書也好，要賣文也好，都只有上海才有主顧，不去上海就不能靠著譯書或賣文為生。

可是，我雖決定休養到無錢可供休養時再去上海，結果在年底卻已成行。所以提前赴滬原因之一，是因為腦三叉神經已不再作痛，神經炎顯無復發之虞，我已可去上海；又其一則為馮玉祥和唐生智先後叛變，江西剿匪軍事又日益緊張，我雖判斷中央的剿匪、討叛，都操必勝之券，然閩滬間輪船，多遭扣留運兵，交通有斷絕之虞，我不如趁早離閩，免得將來欲行不得。

這次，重到上海，我已成為四個孩子的父親，因在十七年的五月二十日，和兒誕生，十八年的秋天，平兒誕生，當我們再回到上海，和已牙牙學話，平還未離母親的懷抱。

譯書、賭三十六門

我們是在臘鼓聲中到上海的，行李先被一家叫做新匯中旅館的跑街接去，我們只好也到新匯中旅館，這家新匯中旅館，是出名的滑頭店，它的跑街因我們帶了四個小孩七、八件行李，連搶帶勸把行李搬上預備好的板車，那情形就等於強搶。我們到飯店後本欲立即僱車把人連行李都送到富康里陳家，再作租屋居住的打算，但旅館夥友們又開了一個房間請我們進去洗面休息。我們洗了面，要旅館開賬單，結果是被敲了一下竹槓，使我們白費了十元的房錢和力錢。為了十元錢，我和旅館賬房夥計，吵了半個鐘頭，還是照樣要付。上海雖是流氓世界，我總以為他們硬敲軟詐都敲詐不到我的身上，不料這次卻吃了他們的一竹槓。

付了冤枉錢後，再把行李搬到陳家，恰巧陳家對門樓上出租，我們就搬到對門樓上去住。房租每月三十元，另外再貼兩、三元的電費。二房東是靠做交易所經紀人起家的，他來上海時，雙手空空，做了幾年交易所經紀人之後，賺了幾萬元，已成交易所中有力分子之一。

租好房子之後，我和祥貞再計算一下餘錢，已僅足二個半月的生活費用，於是我決定立即開始翻譯日文書的生涯。

我首先把早經翻譯過半的一本《各國地方自治》，用最大的速度譯完，想把它賣給泰東書局的趙南公先生。但譯完之後，卻發現趙南公的泰東書局已走到了淒慘的下坡路。這時泰東書局已不出新書，只靠著過去出版的一些餘書賣錢。它的狀況是坐吃山空。

泰東書局在民國八、九年之間，是上海出版界的翹楚，發行了不少新書，除設立編譯所外，還設了一個總管理處，幾乎是想和商務印書館、中華書局爭一日的短長，但因趙氏家庭糾紛屢起，店務陷於一國三公的狀態，這就使書局蓬蓬勃勃的營業狀況，漸漸轉到幾乎門可羅雀的衰落狀況。

泰東書局營業漸次衰落之後，局裡老職員都在外面開起自己的店。那些老職員都有自己的積蓄，這時就都用自己的積蓄來做生意。他們一面是自己做起老闆，另一面卻還做泰東書局的夥計。每日替泰東書局做事的時間不過兩、三小時，剩下的時間就替自己做事。因此泰東書局雖在日益衰落之中，還要養五、六個這樣心不在泰東書局的老夥計。

夥計的自己開店，自是泰東書局的損失，但趙家的三槍手，即是泰東書局的致命打擊。所謂趙家三槍手，就是趙南公先生、趙先生的長公子、趙先生的如夫人「老九」，他們都有鴉片癮，都要伸手到店裡賬房取錢，店裡有錢自然只有照付，到得每日收入不足應付支出時，便不能不借債，借債是要還的，於是便不能不出賣店裡的附屬財產。店裡附屬財產之一是馬霍路編輯部的房屋租賃權和家具及總管理處的家具，次是趙家隔壁禮和里房屋的租賃權，及其值錢存書，又次是趙家的紅木家具，最後是把四馬路泰東書局雙開間的店面讓租一半。到得店面讓租一半，趙南公先生十七、八年的經營，也就只剩一塊招牌了。

當我發現趙南公的泰東書局已衰落到只剩一塊招牌時，一方面深惜趙南公一家都捨不得丟開煙槍以致拖倒泰東書局，另一方面也深感自己的譯書生涯，已失去一有力的後盾。

因為泰東書局的衰落，譯書為生的興趣不免大減。我不想要朋友替我兜攬譯書的生意，也不再譯書，每日都只在陳白虛先生家裡談談革命軍發展的形勢，看看醫書和命相的書籍，再走走輪盤賭場，有時也拿二、三十原來試壓三十六門，生活的閒散無聊，殆為有生以來的第一遭。

當我最閒散無聊時，三弟從巴達維亞歸來，把一張一千八百餘元的支票給我，供我休養期中之用。當時的一千八百餘元，可買一幢小住宅，如果作為我一家六口衣食之資，也至少可以支持一年，這就使我有了可以不譯書也能坐吃一年的本錢。

論理，我是應該好好利用這本錢，把身體養好再出來做事的，但環境卻正在引我投身賭博場中。此時陳白虛先生和他的若干朋友，每晚都以賭場消遣其閒暇的光陰，我老早就已和白虛先生同去試玩三十六門，身上有了錢，便更想去碰碰一下偶然的好機會。於是我就也由逢場作戲的賭博，變成了夜夜鑽在賭場裡的賭徒。

但賭博為害之烈，我是完全知道的，所以，我雖有好幾晚都在賭裡裡，然下注的時間卻不多，不過有時買二、三十元籌碼，試壓久久不出現的號數，輸了就不再壓，贏了就玩個痛快，決不在籌碼輸完之後再買籌碼，以免大輸。

這種賭法雖使我免於大輸，但每日卻也總輸去二、三十元，輸了十幾天之後，我把在賭場裡抄的號碼，加以研究，研究結果，覺得三十六門的輪盤中，不論壓那一門都沒有一定中的把握，只有壓紅黑或單雙，則並無連壓八次還不中的例，假定我們用二百五十五元做本錢，去壓紅或黑，單或雙，都可以壓八次，第一次是一，二次二，三次四，四次八，五次十六，六次三十三，七次六十四，八次一百二十八，九次二百五十六，壓到九次斷無不中之理，中了就贏一元錢，如能在輪盤邊坐下三、四小時，則每晚可贏八元、十元，絕無問題。研究好了之後，我把二百五十六元交給吳某，請他替我去坐賭場，並約定贏來的錢，彼此平分，車錢由我每天付一元。這位吳先生是白虛先生的同鄉，也是輪盤邊的朋友，外貌非常誠實，使我相信他一定能夠替我贏回過去所輸的錢，祥真雖再三阻我委托吳某代賭，我卻毅然決然的把二百五十六元交給吳某。我所以自己不入賭場卻委托吳某入場代賭，理由有二：第一、在賭場裡很容易動肝火，肝火一動，就要輸錢，我自己不去，自然可免動肝火輸錢的弊病。第二、我能坐在家裡不動，這對於養病，實至適宜。

可是，這位替我去壓單雙的吳某，把我的二百五十六元錢拿去之後，當晚沒有到我家裡報知賭單雙的勝負，第二天也不再到陳白虛先生那裡，直到第三天下午才到陳白虛先生家裡報信，說他只壓兩次，第一次贏了一元錢，第二次便全部輸光，因為那天輪盤上出現了奇數，有十次全出單數，壓雙數的他就全輸了。

我本已輸去四百餘元，吳某又替我輸去二百五十六元，輪盤這隻老虎一共吞下了將近七百元的鉅款，我當然很懊惱，也有一點一不做二不休一定再進賭場一次的意思。我想了幾天之後，終於再帶一百元走進賭場。

這一次本來是只想贏回一、二百元的，但頃刻之間卻被我贏了三百幾十元。我心滿意足想退出賭場，保此勝利，但同時進場的兩、三位朋友都不想走，並且勸我喝一杯茶再走，於是我只好坐下喝茶。喝完茶，站到輪盤邊，不覺見獵心喜，不知不覺間，又拿錢去換籌碼，重新加入賭局。加入賭局之後，籌碼變成肉饅頭，輪盤變成一隻餓狗，我放下十元，它就吃下十元，放下二十元，它就吃下二十元，真是肉饅頭打狗，有去無來，贏的三百幾十元輸了，自己帶去的一百元也輸得精光。

得了這次的教訓，我決定從此不再進賭場。過去我總覺得我能控制自己感情，不至於因賭大破財，此時方知自己是感情的俘虜，進了賭場就要為感情的衝動而傾其所有。

譯書、掮客、《正報》

賭場興趣完全消失之後，抱小孩或是到對門陳白虛先生家裡縱談天下事，便是日常的逍遣法，如果還有空閒時間，就付與醫藥和星相書籍。陳家醫藥星相書籍特多，我也很想從那些醫藥星相書裡獵取一點過去所不曾深切了解的學理，因此別來數年的醫藥星相書籍，就又成為良伴。

在重新閱覽醫藥星相書籍約兩個月之後，我對於醫藥書中的陰陽五行說和星相書中的干支五行說，總感覺它是尚待發掘的礦山。尤其是對於星相家以干支與五行配合而產生的宿命論，認為必須再下一次發掘的工夫。但這發掘工夫非廣拓深鑽不能完成，單純研究書籍，決得不到圓滿的結論，必須在書籍之外，去做一大段調查統計的工作，方能略得其端倪。

然當我想到必須在書本以外去做調查統計工作時，一顆熱如熾炭想發掘星相祕密的心，就又逐漸灰冷下來。

理由很明白：宿命論的出發點和歸宿點，都在於干支五行和命運的聯繫，他們相信：人的出生年月日時所屬金木水火土，足以決定人的一生命運，故生於某年月日時的人，當他呱呱墜地的剎那，其貧富、貴賤、壽夭、以及婚配子女，都已有定數。但這一說有何根據，卻需要進行一次確實的調查。因為照他們的說法，則凡是生於某年月日時的人，都應該保有同一的命運。如果事實證明：凡是生於某年月日時的人其命運確均相同，或大都相同，則宿命論即可成立。反之，若是生於某年月日時的人，其命運完全不同或不同者竟佔大多數，則宿命論即根本不能存在。所以，我們為著要明瞭同一生年月日時的人其運命是否完全相同，便不能不先做一大段調查統計的工作，等調查統計工作做好之後，再用統計來證明宿命論的能否成立。

宿命論經不起調查統計的考驗便罷，萬一調查統計的結果，證實同一年月日時出生的人，確有大部分保有同一的運命，則宿命論便有幾分可以確立的理由，我們也應當再進一步去研究五行生剋說和每一個人生死日時的關係，究竟是怎樣的密切。

不過，這種調查統計工作，是無法進行的。因假定全世界人口是二十四億，每年出生率最少是百分之三，每年便應生七百二十萬人，每日約二萬人，每兩小時應為三千三百三十三人，這三千三百三十三人是散布在全世界的，我們個人固當然無法調查，縱令再縮小調查的範圍為一個中華民國，更假定我們的人口是四億五千萬，每兩小時的出生數是六百人，但也非運用政府力量不能完成調查工作。然而政府是不會去做這件事的。因為政府應該做的事多如牛毛，決不會有餘暇來調查同一年月日時出生的人是否保有同一的命運。

調查工作既無法做，就談不到統計。沒有統計數字，又有什麼方法足以證明同一年月日時出生的人是否保有同一的命運？若同一年、月、日時出生的人，其命運是否相同，竟沒有方法可資證明，則宿命論豈不是無根的芝草、無源的醴泉？我又何必為此無根的芝草、無源的醴泉，來耗費許多研究工夫？想到這裡，就失去再為宿命論而窮根究底的興趣。從此以後，我不再看命理的書，縱令閒得無聊，也寧可看《聊齋》、《閱微草堂》或《子不語》，藉以消遣時間。

在我把前人筆記來消遣時間的當兒，林寒碧先生的族弟林詩拿了一封介紹信來看我，介紹信是商務印書館一個編輯鄭某寫的，我雖不認識林詩，也不認識那位寫介紹信的鄭某；但因林寒碧先生的關係，就予以接待。林詩告訴我：此來目的，是請在翻譯日文上合作。因為最近接了大批譯件，限期極短，一個人實在翻譯不了，一時又找不到幫手，所以找你合作，希望你能抽出一點時間，幫我應付一批的譯件。我問：譯的是什麼書？他說：我所接的是譯件，全部是社會問題，實在好譯。他並且告訴我：譯費千字二元，譯完後三日能夠收到稿費。我正為無人請譯發愁，這種送上門的生意，當然是欣然接受下來。

這位林詩，最初很好，每送一點譯件到來，總約明取件日期，到期之日，必親自來取，取去三日後，必把譯費送到，毫不屬延。過了三、四次之後，雖也有譯費延期送到情事，然不出日十或半月，還是送來。

最後，他送來一本約十二萬字的譯件，請我翻譯，我用二十天工夫譯完，送到他住的地方，請他在最近期內，把譯費送來。可是，這一次，他收了譯稿，卻吞沒了全部的譯費，我找他好幾次，他總用空言搪塞，說是書店欠了譯費。

因為他所說的書店中，有新開的華通書局，是陳群開的，陳群是很熟的朋友，我決定去訪陳群，問有無待譯的日文書籍。我想：華通倘有待譯的書，陳群是會交給我翻譯的。

我訪陳群，說明來意之後，陳群告訴我：華通有限的本錢，都放在一本書上面了，要等書賣出去，才能夠重新買稿出書，現在忙辦一張小型報，請你先來編輯。

陳群所說的一本書，叫做社會問題大綱，全書總在二百萬字左右，大半由林詩擔任翻譯，林詩除自己譯一小部分外，其餘則分與他人翻譯。由我替他翻譯的部分約為二十五萬字；他在這二十五萬字的掮客生意中所賺的錢，比我更多一倍。因華通書局給他的譯費是千字三元，他有十三萬字，千字只給我兩元，還有十二萬字不曾給我一文錢，故其所得實倍於我。

陳群所說的小型報，叫《正報》，和民國八、九年之間孫伯蘭先生所辦《正報》，是同一型的四開一張。紙雖小，但絕對不刊黃色新聞，不提倡色情文學，與孫伯蘭先生所辦《正報》，實同工的異曲。

《正報》社址設於三馬路，十九年六月出版，編輯有三位，除由我編第一、二版外，三、四兩版，另有人編，陳群自己也每日到社，供給由日本報紙雜誌摘出的新聞。

這報從誕生到停刊，不過一個多月。停刊原因在於杜月笙。杜月笙對於陳群的《正報》，本無所可否，後因有人憂慮陳群將用《正報》來反中央，勸杜轉勸陳群及早停辦，杜以為然，《正報》遂以十九年八月停刊。

《正報》的停刊，我覺得很可惜。《正報》的編輯時間，對我極方便。它是每日下午一時半到五時半的四小時。

普通地方報的工作時間，最少六、七小時，多則超過十小時，比《正報》多了一半；並且，普通地方報工作時間，總是晚上八、九點開始，直到次晨四、五點為止，腦三叉神經炎痊癒不久的我，實無法擔任如此漫長的夜工，《正報》則除工作時間不過四小時之外，還把工作時間排在一個下午，這在我真是最輕鬆的工作，我之不辭重新踏進新聞圈，就是因為《正報》所佔我的工作時間，是如此之短，而又無須熬夜。因此，對於《正報》的停刊，我不勝惋惜之至。

但當時的我，雖為《正報》的停刊覺得可惜，不久之後，卻又慶幸《正報》之能及早停刊。因陳群反中央的傾嚮，隨著馮玉祥叛軍的南下而益顯，《正報》倘不及早停刊，陳群便必然利用《正報》來做反中央的宣傳工具，那時候，我和陳群便不能不因意見的相左，而發生無可調和的爭執，現在《正報》既迅速停刊，我和陳群之間，就無須為政局而爭論了。

《正報》停刊的前一天，陳群到報館兩次，一次是照例的，另一次卻是宣布後天起停刊。我問陳群：何以忽作後天起停刊的決定？他說：本來是應該明天停刊的，因為連停刊啟事都不曾發就停刊，未免不像話，所以明天還是出報，以便發出停刊啟事。我又問：究竟是誰主張停刊？是不是杜月笙？他笑了一笑，沒有回話，那意思是笑我的問話有點多餘。

後來一位管發行的某君告訴我：今天力主《正報》立即停刊的人，當然也就是出錢辦《正報》的人。出錢辦《正報》的人，不是陳人鶴而是杜月笙；杜月笙現在怕陳人鶴用《正報》做反中央的工具，所以決定立即停刊。某君還說：華通書局也是杜家出錢開的，陳人鶴用杜家的錢，已超過三十萬元。

對於陳群辦書局辦報資本完全取自杜家的說法，先時我不過姑妄聽之而已，後來遇到華通書局經理，才知道陳群在主持革命軍東路總指揮部政治部期內，的確不要錢，然卻納了六位姨太太，下台後，如果不是杜家贈與三十萬元，那他就連六位姨太太都養不活，更談不到開辦書局和報館，所以，杜家要他關《正報》的門，他不敢不關。他一雙滾圓的眼睛，早看上了杜月笙的潛勢力，準備予以利用，使它成為自己政治上經濟上一塊最有用最有力的踏腳石。所以，他從政治部出來之後，就脫去長衫，去參加杜家每日的會議。

杜家是在華格臬路，每日下午四時後，都開一次會，參加的人以大徒弟為主，還有一、二學生；被待為朋友的陳群，亦在其列。與會人數不過十餘人，以交換政治和經濟情報為主，間亦對某些特定事項作贊否的決定。凡是與會的分子，夏天不穿長衫，冬天不穿長袍，是表示杜家的社會基礎，並非長衫階級。陳群既進了杜家，並且參加每日下午的會議，自然不能穿長衫，所以，每日下午三點左右，就脫去長衫，準備去參加杜家的會議。

平兒的夭折

《正報》是七月底停刊的，《正報》停刊後數日，平兒口腔生了類似白喉的白瘍，一個不很懂兒裡病理的北平籍醫生說：這沒有白喉那麼危險，吃一點藥就會好，無須打針。我信賴這位醫生，就照他所開的藥方去配藥。但吃了藥之後，第二天從孩子的面上痛苦的表情來看，從孩子的體溫來看，都不像無關重要的輕症。從孩子面上痛苦的表情來看，可以知道他大概是每五分鐘體內就起一次痛苦的高潮，使他無法安靜，從他的體溫來看，是已由昨夜的三十八度半，升到了四十度。每當痛苦的高潮來時，他咬著牙，雙手緊緊握著媽媽的衣，顯出了痛苦即將吞噬他生命的樣子。我慌了，又去請醫生。醫生拿聽筒聽一聽說：這孩子患的是急性肺炎，在昨天病起時可以打針治療，到現在醫藥就無能為力了，因為他的肺已全部發了炎。這時已經沒有了眼淚，也沒有了口涎，奶一口都不肯吃，兩眼漸漸直視，看樣子也知道他已將向人世告辭了。

到了下午二時許，他突然安靜起來，全身緊張肌肉都放鬆了，兩隻眼望著母親，喊出一聲：「媽」！我和祥真正大為快慰；但再看孩子的眼睛，已突然失神，兩隻手已失去握力，體溫也已降到三十六度以下。儘管我們還希望有什麼奇蹟能夠起死回生，但他卻已從此悄然長逝。

平的夭折，使我為之多時慘怛不歡，直到今天，我還覺得有點歉然。因為這孩子生在福州，是在我去廈門期內生的，出世數月，我才看見，看見之後，就來上海：我來上海又因為要靜養，就把所有照顧孩子的事情都推到祥真身上，但祥真是四個孩子的母親，我家又不曾僱傭婦，這就使孩子們得不到應有的照顧，不論是精神的或物質的方面，孩子的所得，都嫌太少，而平兒則幾乎沒有得到絲毫的父愛。

我還記得：平兒得病的那一天的下午五時許，我從外面回家，正伏在外祖母肩上的平兒看見了我，立即伸手索抱。祥真告訴他：「你爸爸才從外面回來，要休息」。我也沒有伸手去抱。他在一剎那間，流下了眼淚。他的外祖母就抱他進了廚房。從這天到長別的那一天，時間距離不過三日，然而我卻已無法償還這一抱的債。

平的棺材，由他舅父代購，相當的好。因為棺大人小，我把兩條大棉毯，一條小棉被放進去，還把他的所有小衣服都放進去。蓋棺的一剎那，我夫婦都掉下眼淚。我看他那副完全和病前一樣討人歡喜的面目，曾萌去借攝影機為他留最後一影的念頭，但又沒有做到。他棺材送到同善堂的停棺室時，室中已停有多具大小棺材，強半是薄板釘成的白棺，其中屍首似多已腐爛，以到室中充滿屍臭。我在平兒棺旁站了十分鐘，才淒然離去。我說：「安息罷，孩子！從此，我只能在夢中看到孩子了！」

平兒夭折後約半月，祥真叫了一個瞎子來算命，問流年。說也奇怪！那個瞎了把和祥真出生年、月、日、時一算，便算出我們父母的生死存亡，也算出了我們當年必失一子，又得一子。他算我的壽命是六十八歲，和福州邱神仙的說法完全相同。他還斷定我死的時候只有兩個兒子送終。

我本已不想再研究命理之學，但在聽到瞎子的瞎算之後，又覺得命理一定也有它的道理，我們如果因為對同一年月日時出生的人是否保有同一命運，無法調查統計，便把它看得一錢不值，那就未免有點過分。因此，我在覺得無聊時，就又去探究命理的祕密。

送平兒到同善堂的停柩處後，我惘然若失。我知道這次的別離是死別，平兒再過一、兩天就又被送到曹河涇一帶，握進荒山。此後我夫婦和平兒之間，就兩不相知，只剩下一些回憶的資料！

我想為平兒寫篇文章，但一提筆就覺得滿腔都是酸楚情緒，便又放下，終於不曾寫一個字。

過了一個星期，陳群送到一本日文的《救助論》，叫我翻譯，我才拿起筆來翻譯下去。這本《救助論》是新著。但還相當的客觀。它把歐陸、英、美和日本的救助制度編在一起，還把制度的起源和演變加以敘述，使人可以一目了然於各種救助制度的產生和演變。

這本書我是早就翻譯了的，但華通書局卻直到二十二年才出版。

另外，我還譯了兩本書，一本是法國泰爾德的《社會學》，另一本是：《中國哲學史》。都是九一八日軍進攻瀋陽北大營之前譯成的。

譯成上述兩書前的十九年舊曆十二月二十四日，健兒生於上海，應了瞎了失子得子的瞎話。瞎子是根據五行生剋論推闡命理，然卻能有奇驗，真是奇怪之至。

健的誕生，舊曆是十九年十二月二十四日，陽曆卻是二十年二月十一日。這一年日軍從瀋陽進攻北大營，造成了「九一八」的事變，再過不久，二十二年的一月廿八日，日軍又在上海造成了「一二八」的事變。兩次事變，使上海的失業人數，日益增加，直到五月中日先在上海作局部和解，失業潮才開始消退。

當失業潮澎湃時，若干失業的朋友，都向我告貸。最初我身上有錢，朋友來要就多少都給它一點。後來，身上乾了，自己靠著譯著的收入生活，就還是要得罪朋友。

廿一年三月潘公展先生偕徐則驤先生訪我於富康里。潘先生告訴我：決計在上海辦一張報，現在在進行中，不久當有消息奉告。我聽說他要辦報，非常歡喜，便和他談到北平、南京、福州、廈門和香港的辦報經驗，還和他談最近的生活情形。他問我：「最近有沒有什麼創作。」我說：「有。」立刻拿一本小說給他看。他看了一下，就拿去賣給商務印書館。

過幾天，他又來告訴我：要我做一個主筆，兼編本埠新聞。新聞貴精不貴多，凡是不重要的消息，可以儘量删，我們自己認為重要的稿件，可以儘量登。我們將在一張對開紙內，編出他們所不能編的新聞。他要我在四月二十日前往報館，辦一次試報。

我說：「好，好！我一定能『在動中力求其靜』並『在靜中力求其動』。」我答應他：四月二十日一定到報館試報。

四月二十日，我到三馬路望平街的《晨報》館，會到了館裡的經理宓季方先生，也會到了潘公展先生，他們已經出了兩三次的試報，現在是等正式出版了。

《晨報》正式出版的日期是五月一日。五一是勞動節，但對《晨報》卻沒有影響。因《晨報》公司與印刷公司是分開的，《晨報》出版是交與印刷公司，印刷公司接了《晨報》去排印，表面上兩公司絕不相關，所以五一節《晨報》也照樣能夠出版。

《晨報》的誕生

《晨報》的創刊，使心猿意馬的我。恢復了安定的地位。我正一直想從翻譯界或著作界，先佔一個小地位，然後再從小地位打出去；現在是只想暫時做一名的記者，先安定自己的生活，然後再作其他的打算。

《晨報》創刊的前夜，《晨報》編輯部人員全體上班。潘公展先生和宓季方先生，還有何西亞、曹志功、曹蔔成、徐維潘、許性初、徐則驤、湯增敭諸先生。我的主要崗位是本埠新聞，但因為採取混合編輯的關係，須將日軍交還佔領地的紀錄，讓與何西亞，這就使我所編的新聞地位。大感寬暢。

新聞地位寬暢的結果，我就實施預定的計畫。預定計畫之一，是獵取認為可登的文藝新聞，其二是搜集漫畫和配合漫畫用的漫畫；其三，是儲備一些使人覺得不討厭的詩歌。

為著獵取可登的文藝新聞，我曾自己到菜市，到虞洽卿路的醫院接兒箱旁，到法租界的傷兵醫院，去覓取新聞。這時侯的我，跑得最快，跑畢一段路了，還能再跑。我寫菜市、寫接兒箱，還寫傷兵醫院的傷兵，就將這些印象寫給千萬的讀者。

在發表後，也有發生問題的。譬如，那篇描寫傷兵的素描，發表之日，顏惠慶就到館辦交涉，否認男、女學生有不理傷兵卻去調情的情事。我也為此而發生很激烈的衝動。我覺得：像顏惠慶這種人來辦傷兵醫院，雖有其名，並無其實，而今自己做了徒擁虛名的院長，卻要求報紙不刊登醫院醫生和護士調情的新聞，真是糊塗！

但顏惠慶雖糊塗透頂，《晨報》還是給他一點面子，許他來函訂正，沒有給他過不去。他也很識相，佔了一點面子就算數，不再發牢騷。他似乎也知道：如果再發牢騷，那就一定買得報館的反感。

顏惠慶這流人雖也找報館的麻煩，但報館卻還正向外發展。發展最大的地方，是菲律賓，次是巴達維亞和曼谷這些地方。這些地方報館的發展，使我們更深信：報紙的社會基礎，是能夠擴大的，只要我們能作不停不斷的努力，則社會基礎即將隨而擴大。

這年的八月半，正旦上海最熱的季節，我為著孩子買了些乾餅，放在報館裡，準備帶著回家給孩子吃。一天晚上，我先下樓，坐在車裡等何子恆先生同走，等了一些時候，何才下來，我因為忘記拿乾餅，便又跳下車，想上去拿，不料路上有了西瓜子，左腳踩在西瓜子上面，跌了一交，再也爬不起來。

報館叫了救護，把我送到上海工部局設立的仁濟醫院，驗了傷，是左腳肢骨斷了，需要兩個月的療養。

當我跌傷進醫院時，大腹便便的祥貞還來看我。伊的分娩期是八月二十日，壬申年七月二十一日，兩隻腳腫的像水桶木樣大，然而每日還是按時來看我，直到八月二十日那一天，仍帶著安兒同來。連同居人的勸阻，也毫無效果。

我在九月十七、八，回到了富慶里的家，是抬回來的。因身體已上石膏，沒有再住醫院的必要。回到家裡的我，雖還是動彈不得，然卻等於獲得意外的解放。雙胞胎放的身旁，一邊一個，看看摸摸，房內好像就是天堂。

為了雙胞胎，我們僱了一位奶媽，來餵大孩子的奶，小的由祥貞自己餵。大的我們叫他康兒，小的叫做定兒，康定二兒，一模一樣，誰也分不出他們的長幼。只有十分留心他們異同的人，才知道他們兩個人中間，康的頭髮邊緣，有一處捲起來，另外還有一顆小黑痣。

他們兩兄弟在七、八月中間，害了同樣的回歸熱。醫生總分不清誰是弟弟，誰是哥哥。醫生限制他們的食物為每日吃三次菜湯，每次一個雞蛋黃，孩子雖餓得很，但仍不能不限制，直到過了限制期，我們才敢給孩子吃的東西。

當我在家看小孩時，報館已經有了小變動。這次變動是：本埠版已不需要我再編，我只要為《晨報》寫社論，帶編輿論版。

我往報館時，先還架著醫院給的支架，因為那支架實在難看，才改了司的克，從此時起，司的克和我就締結不解的良緣。我最慣用的一枝司的克，是十七年底從香港帶回的藤棍，除卻抗戰期間沒有用外，其餘時間，身體全靠藤棍的支持。

當時，我曾發憤寫詩，刊於《晨報》，詩為五言體，多用時事，少用典，如〈畢業歌〉、〈接兒箱〉、〈清田賦〉、〈棄兒行〉……之類，多則七、八百字，少則二、三百字，敘事明確，斐然成章，杭州有個中學，把它集起來付印。

廿二年的我，習慣上算是四十二歲，事實上是四十一歲。一個人到四十歲還是無所表現。自然是一種恥辱，因此，我決定為新聞文化事業而獻身。

正在這當兒，潘公展先生邀我參加上海的幹社，我欣然加入。幹社是上海市黨部的核心，由潘公展主持，以丁默邨為總幹事，更以丁默邨、陳白虛、童行白、蔣建白、方煥如、唐惠民和我為七幹部，一切行動由七幹部決定實行。

然幹社雖定由七幹部決定一切付諸實行，但實質上還是由丁默邨和唐惠民商量好之後，便付諸實施。他們都說：民主的集權，比取決於多數的民主好得多，現在我們要行的就是民主的集權。

他們遇到的第一件事，就是中公的改組。丁默邨是希望做中公校長的，然因潘公展的關係，又不得不讓出中公校長一職給潘，自己卻做了中公副校長。他做了中公副校長後的一個出手是聘教授。在他聘教授的時候，我也接到一紙聘書，去教各國自治法規。

各國自治法規這本書，我早就譯好了，這時才拿出來教。但我自己也只教三、四課，便讓給王懋和先生去教。我把譯的一本書交給他，由他去分配時間。

這一年的夏天，我開始伸一隻腳到了教育界。湯增敭、徐則驤合辦的濱海中學，讓給我來辦，我冒冒失失地接收了，把它從辣斐德路搬到黃家沙花園路，自己做了校長，王懋和做教務主任，徐渠成訓育主任，王慎甫總務主任。

提到了辦學，我至今還是很寒心。因我在辦學之前，月入二百五十元的薪水，還有一些外快，像稿費之類，家裡開銷是綽綽有餘的，到得辦了一個學校，就發生了入不敷出的狀態，收入雖不菲，然終無法取得收支的平衡。直到二十六年，我決定去江西，還是欠了祥貞五百元的一筆債，在辦學期間，雖也到處籌款，然所得亦殊鮮少，最後，在二十六年我到漢口，陳芷町先生要給我一筆錢建校舍時，我因校地尚未購就，也就沒有拿回上海。

這位陳芷町先生，在我所有朋友中，是最慷慨的一位。那時，他做了中央禁煙委員會的會計長，月薪八百元。他問我：「學校需要多少錢」？我說：「要很多，最少也要十萬八萬。」他立刻說：「十萬、八萬可以設法募，一萬八千立刻有，現在我就拿得出幾千，你不妨先拿幾千去。」我沒有拿，我不拿的理由是：學校購地尚在進行，造屋還茫無頭緒，我不應拿他的錢來浪費。我決定等到建設計畫確定之後，再向他拿錢，也向平素很願意幫忙的人拿錢。

那時的我，好像是另外一個世界的人，對於一切事情，總以為可以等待再過幾年來做，並不太晚，然而抗戰的洪流，卻已衝動了時代，時代動了，一切也隨著變動，任何人的任何事情，也都不能有任何的計畫。

一年間的嚮心運動

《晨報》出版後的第二年五月，即二十二年五月，陶百川辭去了《晨報》總撰述，由陳澤華繼任，六月底陳澤華再辭，由我繼任，直到二十四年十二月底《晨報》奉命停刊為止。

當我繼任《晨報》總撰述時，《晨報》是正在發展的途中，除銷數已越過二萬份外，所出版的《新夜報》，更取得了領導的地位。主筆室要做的事，關於評論本身的很少，多半是評論外的事情，像出版事業之類。

當時主筆室的陣容，是陶百川、陳澤華、何子恆、梅龔彬和我。何子恆每週寫兩篇，我也寫兩篇，其餘則各一篇。如果輪到自己寫，寫不到兩小時總寫好了，如果是別人的稿，有的僅看一遍就發了，有的最多是花半個鐘點，把它改好，發出，就算完事。

我除卻辦了主筆室本身的事務外，普通是做出版部的審查工作。出版商的審查工作，本不易做，再加他是《晨報》的出版部，這就更難於應付。有些投稿人是把半生不熟的新詩，送到部裡請予出版，有些投稿人是把「計畫經濟論」送來審查，還有的人則稿費早已領取，現在是把著作大綱送來備查。我沒有辦法處理這些來稿，只好按照來稿次第，加上應有的批評，放在館裡。他們來索取稿件，便把它送還，不索取，則暫行靜貯館中。我知道這些投稿人，多半是嘗試撰述，對於所撰文字的出版與否，並不十分注意，不過，我若退還太快，那他們就一定是覺得這個出版部的主持人，對於來稿，真是連看都不看，所以，必等他們來函索取，我才把它退還。

這時候的《晨報》是正在迅速發展的過程中，讀者數量增加之速，出人意表。他們喜歡這報紙的編輯法，也喜歡這報紙的專欄文字，對於它的畫報，更是一種近乎狂歡的資料。《晨報》的畫報，是葉淺予編的《王先生別傳》，傳中人每期都換一個生活方式，畫得相當好，頗值一笑。

因為畫報頗值讀者一笑，故在畫報出版的週日，

《晨報》發行部就非禁止專以批發畫報為事的報販購買不可。禁止的辦法，最後是照平日的發行量再加二成。就是凡平日批發一百份的人，到了週日，可以批發一百二十份。最後辦法定出之後，一切爭端都隨而瓦解，一切批發《晨報》的報販，就都照著最後辦法實踐，再也沒有爭執。

這一年的五月廿一日，軍事委員會委員長南昌行營成立，接著三十一日中日塘沽停戰協定在塘沽簽訂，七月十八日廬山軍官訓練團行開學禮。這一切，都表示以蔣委員長為中心的力量：是正在加緊訓練中。上海市黨部為了適應這一種趨勢，當即出而領導擁護中樞的運動。

在領導擁護中樞的運動中，幹社盡了很大的力量。幹社幹部們對於一些多少有背離中央傾嚮的人士，莫不努力勸誘，勸其擁護中樞。他們坦白的說：「在現在這樣危急的局勢下，不管如何，總應該先集中所有力量，為反日反共而奮鬥。我們不能再使自己的勢力，變成雞零狗碎。如果我們的勢力真是雞零狗碎，不堪敵人的一擊，那我們的國家力量便無所附麗。到得國家力量無所附麗，我們個人又何所憑依？」他們都承認當時的政局並不十分健全，也承認依附中樞的一些人都不是基於國家社會的真正需要。

幹社另外再設一個忠實同志的小組，仍以丁默邨為主持人，每一位同志凡被認為忠實可靠者，均被邀加入，加入的手續是宣誓蓋章，聲明願受黨的任何指揮，去做任何事情。這究竟是誰出的主張，雖不得而知，但各縣市中被認為活動分子的人，便都在搜羅之列。就中，活動的青年黨員，尤其多半被搜羅在內。

那些活動青年黨員，多在各校做互相攻訐的工作，吳醒亞手下的學生和潘公展手下的學生，即在交通、復旦等校對峙起來，甲指乙為共黨，乙指甲為共黨，丙、丁則又指甲、乙為共黨，彼此都想用共黨兩字打倒對方。

對於這矛盾的現象；一些人雖均欲設法克服，然愈欲克服，便愈形矛盾。因為，若干學校在只有一個小組時，總都覺得無事可做；在有兩個小組時，便有了鬥爭的對象；到得又有第三、第四小組時，則甲、乙、丙、丁之間，便有一場令人生厭的爭鬥，這種令人生厭的爭鬥，雖終於不了了之，然已使青年學生之間，有了甲、乙、丙、丁的派別，成為不兩立的敵人。後來，上海學生的反日、反共陣線，所以幾乎無法組成，其最大原因，實在於此。

這一次上海的嚮心運動，所以不能深入於青年學生之間，最大原因之一，是所有從事運動的領袖，不能開出一張大家所認為需要的支票。唯其，大家手裡沒有支票，只勸青年學生們乖乖地聽政府的話，做應該做的事，所以，多數青年學生和國民黨員間，便處於貌合神離的狀態。

一些領導者所以不發支票，有兩種原因：其一、關於外交，在動員之前，不能具體的說明，以免發生不幸的誤會。其二、關於內政，政府實絕無計畫，多言無益。然青年黨員們，卻不是如此想。他們總以為自己是黨員，不能不知道黨的祕密，如果黨對青年黨員還有祕密，那這黨便是少數特殊人的黨。他們對此不勝憤慨，他們多以為：自己是已被出賣而不自知，因而憤憤不平。

忠實同志的小組，是隨丁默邨勢力的崩潰而解體的，丁默邨在二十二年夏天，因領導權力問題，和吳醒亞發生衝突。吳醒亞除奪去丁默邨的事實上的領導權外，還要他交出民光中學，同時，忠實同志小組也就隨而解體。

在忠實同志小組解體之後，黨是由結集步向開放。這時最時髦的論調，是敞開大門，讓那些中立的人進來。就是：不論遇到什麼事，都不應由黨人出而領導，應讓無黨無派的人來領導，以免外間的人說某事又已由黨包辦。這論調後來一直維持若干年，直到上海最後失去為止。

當時，有些人是反對這論調的。他們說：敞開大門讓那些中立的人進來，原無不可，但不論遇到什麼事，都不應由黨人出而領導則不可，因政治不過是領導，黨如果不爭領導，那就不成其為黨。

事實上，敞開大門，讓中立的人進來，是陳果夫和立夫兩先生的主張。當時的他們，是因為有些人不願意頭上戴著黨的帽子來做事，所以決定敞開大門，讓他們進來。不過，這論調雖夠時髦，也並不發生多大效力，後來不過是何炳松之流，因有此論調，遂攫得暨南大學的校長一席，如此而已。

中國本位文化運動

二十三年是最平靜的一年，是廬山軍官訓練團開學後日本方面沒有動作的一年。這一年的十月，共匪主力西竄，到十一月十日，剿匪軍收復了瑞金是當時的臨時赤都，共匪的退出瑞金，是表示共匪的武力已無法在江西立足。

剿匪軍克復瑞金後，發現瑞金和它的鄰縣，都只剩了半空城。人呢？男的死光了！女的還有一些，但已無人形。《晨報》把詳情刊出之後，一些左傾人物，都懷疑那種情形，決不是共產黨社會所應有。

這一年年底，孫寒冰、章友三、陳高傭、樊仲雲這些人，都約我商談發起一種文化運動的事，我們談得很好，幾乎立刻有了一個宣言的草稿。孫寒冰推我做起草人，他自己就去找署名人，我草稿成了，他的署名人也決定了。我們便在孫家推敲宣言的內容，推敲完畢之後，即以我、何炳松、章友三、陳高傭、陶希聖、孫寒冰、薩孟武、樊仲雲、武育幹及周××的十人名義，在上海發表。發表宣言那一天，是二十四年一月十日，遂名之為「一十宣言」。

「一十宣言」的主要內容，是主張我們中國的文化運動，應以中國為其本位，不要離開自己的國家。自己國家有什麼特色，應該讓他黏著自己的文化上面。

宣言發表後，由文化協會發行的「文協」，刊登贊成反對的雙方文字，另由文協出而主持每週的談話會，以大三元酒家或美而廉為談話所在。一直到二十五年春夏之交為止。

在這期中，暨南的改組問題發生，陳立夫先生決定把校長送給何炳松先生，我們毫無意見，我們僅僅希望暨大經過這次改組之後，能利用公款，設置一個研究室，使我們有一個研究的機關，能做一點研究的工作。對於校長是誰，根本就不注意。

但我們的這個希望，並沒有實現。因何炳松做了校長之後，是敬我們而遠之，前後僅到談話會一次，說是：「一切尚待籌劃，一俟籌劃就緒，自當有以報命。」從此以後，誰也不曾再看見他的出席，他和談話會就絕緣了。

當何炳松和談話會絕緣之後，談話會還請葉青先生參加。這位葉先生是反共的，也是中國本位的，他對於我和寒冰們的揭起中國本位文化運動的大旗，有無限的同情。他發揮了很多的理論，認為我們所揭櫫的「中國就是中國」這一點，很重要，擴而充之，便將是中國本位文化的運動。

要做中國本位文化運動，是要從三方面著手進行的：其一、是發掘古代的文化。其二、是發揮固有的文化。其三、是容納嶄新的文化。然而我們卻沒有發掘古代文化的資本，我們只能為發揮固有的文化並容納嶄新的文化而有所盡力。因為沒有一個可容我們坐在裡面研究發掘古代文化的研究機關。

不過，我們雖因沒有一個可容我們研究發掘的研究機關，無法發掘古代的文化，但對於一些無待發掘而已流傳到我們手裡的文化，我們卻有可予以發揮的機會，對於正待容納的嶄新文化，我們亦能設法予以容納。我們仍將為發揮固有文化並容納現代嶄新文化而盡最大的力量。

方針決定之後，大家便又各為自己的事業而努力。我除報館的事要做外，還是為著濱海中學而焦頭爛額。

這時的濱海中學，是很破爛的，雖已搬到新閘路大夏大學的原址，但還是很狹仄。因此，我們就又在新閘路附近租了一所五樓五底的房屋，作為校舍的補充。

濱海校舍補充後，我決定回到校裡，做一個校長，仍兼任《晨報》的事，因《晨報》並不妨害我的工作。

這一年十一月三日，政府宣布實施法幣政策，給了上海交易所一個極大的刺激。所有和上海寧波幫有關的人物，差不多都捲到了裡面。首先是虞洽卿、王曉籟等掉進了金業交易所，然後杜月笙也被拖進。他們全是做的空頭。後來，他們又參加了紗布的交易，也一樣的做了空頭。他們最初極有把握，必從空頭取得利益，但十一月三日政府實施法幣的政策宣布後，他們便更相信：空頭儘管是在目前吃虧，然結果卻必得到最後的利益。但他們卻不曾想到，自己對面的敵人，是「三菱公司」，你有多少力量拋出，它就也有多少力量吸進，它們早已有了必勝的把握，決非寧波幫之所能轉移。

在十二月二十五日左右，聞人王曉籟在湖州會館做壽、唱戲，排場雖熱鬧，然主客內心卻都起了恐慌。他們為著交割日期迫近，都希望能夠出現奇蹟。最後，他們運動了潘公展先生，希望《晨報》替他們出一口毒氣。

他們指謫：「三菱公司」要毀滅上海私人資本家，現在是從交易所著手，第二步便要將我們打回老家去。他們憤慨達到了頂點。

在這情形下面，潘公展先生是決計援助他們的，潘公展說：「這件事太大了，我們應該說幾句公道話。」我問：「我們是不是要提到三菱公司的事？」潘公展說：「提是該提的，然卻不要過分露骨。我們的目的在於勸他們不要操縱得太厲害！」於是我便走出湖州會館，來寫一篇類似勸告「三菱公司」不為已甚的文章。

這篇文章，我算是很平心靜氣的寫，故在事實上並沒有太多可以刺激人的地方。但潘公展看了這文章，卻發現了它的嚴重性。潘公展費了一點半鐘的斟酌，才把應刪的地方刪去，然後發排。

當時上海南京之間，是有飛機聯絡的，這比飛快車更快得多。《晨報》這篇文章早晨發表，僅到十時左右，當時財政部長孔祥熙已得到《晨報》和上海中央銀行祕書處的簽呈，說《晨報》發表這種文章，是意在破壞法幣政策，應請中央，即予封禁。做這簽呈的人叫做劉宗懋，是當時中央銀行的祕書。他新娶的太太，是陳白虛先生抱養的女公子。

孔部長立刻稟明蔣委員長，請立即嚴辦此案。他報告蔣委員長：「《晨報》王新命，如果不是真正共產黨，那就一定是受了一百萬元的賄賂。」蔣委員長聽了很震怒，但還不曾有所決定。此時為朋友而奮不顧身的陳布雷先生和邵力子先生，就花了很長時間來解釋這疑問。他們都說：「王新命不是共產黨，也不會接受一百萬元的賄賂，他寫這篇文章，恐也只是摭拾謠言而已。」蔣委員長怒意稍霽之後，他們已伺候了四個小時。

封報的文章，是有錢難買的。《晨報》這次刊出報不平文章，結果受了封門的處分，當然也變成值錢的，到第二天，就有人用一元買一份，中間還有肯出超過一元代價的，這足可表示一般人心對於權門的深惡痛絕。

當時《晨報》是如日中天，已超過了實銷三萬分的紀錄，不僅壓倒了當時的《時報》、《時事新報》、《民報》等等，也已經成為緊緊追隨《申報》後的一個報。潘公展先生為《晨報》而籌集的三十萬元資金，不止不曾虧折，並且有了很順利的發展。

《晨報》關閉後，新夜報照常出版，《小晨報》亦照常出版，不曾停刊。這是宓秉方的主張。他說：「《晨報》自己關門也罷，為什麼要連累《新夜報》和《小晨報》，《新夜報》和《小晨報》是當然要出的！」

《晨報》的停刊，首先寄給深切同情的陳芷町先生，曾函詢我的狀況；楊永泰先生也替我寫一封長二千字的信，要我拿去給吳鐵城先生，請他對濱海中學予以助力。我雖因為楊先生原屬政學系，不曾用他的信，後來流徙到台，卻也在口頭上告訴了吳先生。楊先生除給我寫信外，還替我布置：（一）前往四川或在武漢辦報，或（二）到武昌省政府主持編譯處事宜，但我都沒有意思去做。因為當時的潘公展，是和陳果夫、立夫兩兄弟一致的，他們在政治上都很忌楊永泰，我如果走到楊永泰這一邊，他們也許會以為我是為楊永泰而寫使《晨報》關門的那篇文章。

楊先生要我到四川或在武漢辦報，是籌有款項的，他已在四川籌了二十萬元，在漢口也籌有款項，的的確確是想辦一張比較像樣的報。他之始終不曾著手去辦，是因為找不到適當的人，我如果肯去，那他之人的問題，也就跟著解決了。

我除卻在濱海做窮校長外，還在家裡做了窮爸爸。

恭兒是廿四年六月五日即乙亥年五月五日誕生。伊是第三個女孩，很美麗聰明，加上此時我等於賦閒，所以，我很常抱伊玩。我也會下象棋，雖然不甚高明，然陪同事下下棋也有贏有輸，我經常抱著恭兒進教員辦公室，陪各教員下棋，下到家裡人叫吃飯為止。祥貞反對我的摯愛。伊常常說：「縱令女兒會產明珠，你也不必如此的愛。」實則恭兒的接受父愛，不過是兩、三年間的事，自從我到香港以後，伊便不曾得到我的愛。

恭兒誕生第二年的六月五日，兩粵借抗日名義向湖南進兵。因國難嚴重，許多人都不贊成這一行動，到七月十八日，陳濟棠下野，廣東問題也就完全解決。

廣東問題解決後的另一驚險局面，那就要數十二月十二日的西安事變，西安事變中，蔣委員長被叛將楊虎城等劫持歷十四日，始於二十五日脫險返京。蔣氏脫險返京之日，舉國歡騰，京滬一帶商民，所放爆竹；比任何年節都多得多。由此足證：蔣委員長聲譽之隆，已非西安事變以前所可比擬。

但道高一尺，魔高一丈，蔣委員長聲譽雖日隆，當時財政部籌款的辦法，卻愈益下流。當時財政部居然是把辦理稅捐，作為籌款工具。他把全國菸酒及貨物統稅，分為若干區，由地方豪紳包辦。首先是要杜月笙包辦江北區。上海華格臬路的杜家，掛了一張地圖，由一位馬路政客張××，用一竹桿，指明何區，應付何等價格，款交××銀行，第一款應若干，第二款又應若干，供某項用途，均詳為指點。我看見這種情形，心裡非常難過，覺得這是不祥之兆。因為這是賣官鬻缺！

後來，我到重慶，曾三度進言於陳布雷先生，請為此事伺機勸領袖勿用孔氏為財長，布雷先生卻很懇切的說：「我可以保證，這種不正當的錢，孔氏自己是不用的，他要這種錢，是備領袖額外支付的用途。因當日國家收支，均有預算，領袖不能在預算外用錢，然要在預算外用錢的地方，卻多如牛毛，所以孔部長不能不設法伸手要錢。」布雷先生對領袖的忠誠，以及對於領袖當時用人的深切維護，實我生平之所僅見。

我既覺得這是不祥之兆，然在到達重慶前，又無處發洩這意見，真是痛苦到了極點。因為我相信：政治和賄賂，是不應經常混為一談的，偶一為之，猶或無礙，但若成為一種制度，那就非弄到亡國不可。

西安事變解決後，流言百出。有些人說：「宋家已向共匪提供合作抗日的保證。」也有人說：「蔣委員長什麼條件都沒有應允，僅應允不再剿共。」這還是比較好的，有的簡直是完全造謠。甚至有人說：「宋子文的合作抗日保證書，共產黨已經同意，全文即將發表。其中有一條，是國民黨永不剿共。」

但流言儘管百出，蔣委員長已得到了完全自由，和共產黨弄在一起的張學良，也已經跟著來京領罪，這總不能說是假的，因此，俄帝不許朱、毛加害蔣委員長的說法，就又跟著而來。他們說：「俄帝是要用蔣委員長抗日的，它們以為抗日是國民黨歷史的使命，此時歷史的重心是在蔣委員長身上，所以非由蔣委員長領導抗日不可。既非由蔣委員長領導抗日不可，莫斯科便也不許朱毛加害於蔣委員長。」

最後的流言，是直到今天還不曾完全消滅的。他們似乎深信：俄帝當時是為了抗日，不許加害蔣委員長。蔣委員長也在一個相當長的期間裡面，不下令剿共。因而造成了朱、毛得以坐大的局勢。

在蔣委員長西安脫險之前，誰都知道：中、日之間，必將開火，但將在何日何地，就還是問題。一般人都希望戰爭能在我們略有所準備之後爆發，也希望是在準備較佳的地方爆發，並且相信確有其可能，因過去情形，大抵都是日軍挑釁，我方忍讓，現在可能還是如此。如果還是如此，那我們便有選擇日期和地點的便利。但在西安事變解決。蔣委員長脫險返京之後，眾更堅信：中日戰爭，即將爆發。因為，一些謠言，使人相信朱、毛將為抗日戰爭而宣布合作，足使蔣委員長不再為日本與朱、毛的夾攻而憂慮，並將為民族的人格而戰。

一次考試，三月祕書

廿六年的三月底，我到武昌看陳芷町。這時，他全家住在武昌，封翁善吾先生和太夫人以及芷町先生的夫人兒女，幾乎全在一塊兒。我到他家，善吾老先生很喜歡，他說：「好！你來得正好！報上有個題目，可以考你一考。」我不知他要考的是什麼，只憑著一張不讓人的嘴答道：「老人家要考，就請出題，我一定應考。」他說：「題目在這裡！是龜、兔同籠格，只知籠裡有百頭百足，卻不知裡面裝的幾隻九頭鳥，幾隻兔，幾隻鵝，你知道麼？」這題目倒很新鮮，我主張由我和善吾先生的孫子同考，善吾先生同意了。

我一算就算出這數字，是九頭鳥八隻，兔、鵝各十四隻，寫出來，等時間到時公布。公布時間原定在下午二時，後因學校放學時間都在下午四時後，便又改為下午六時。

六時，善吾先生宣布：這次考試，只收到一卷，數目是對的。因為芷町的兒女原有三人參加，後來都放棄了只剩下一個我。

善吾老先生是早在上海就認識的，但在上海時，善吾先生很矜莊嚴肅，不大說話，這一次卻變成了一位少年的老成人。他除自己吃長素外，一切言行，都很和易近人。他對我有特別的好感。他說：「這次所以要考你，是測驗你的智慧。你的智慧，芷町是說過的，但我還沒有親自試過。現在我滿意了。我將請你寫傳記，你不能推諉。」接著，他就將他自己歷史，背了一遍，要我一一記住。

我到武昌是三月底，蛇山公園桃梅還正開花，大江流水很淺，上下都不甚便利。佛教會裡面有一位法師，正在漢陽籌開宏法大會，將連開八日，這就使善吾老先生不能不去聽講。老先生去聽講時，精神很好，並且很高興，然而不料老先生前往漢陽之後，卻因飲食失調，害了一場極重的病，延到四月半，溘然逝去。

老先生噩耗，我是在江西得到的，得到噩耗，我才知道老先生所以要我寫傳記的原因。不過，我並沒有寫。因為芷町先生已寫了一篇事略，中間包含事蹟，比我所知更多，我實無重寫的必要。

陳老先生的逝世，給我一個警覺外，楊永泰先生的被刺，亦成為我的歎惜資料。因我當日到武昌，雖在楊永泰先生被刺後若干日，但我意欲赴漢則在楊先生被刺之前。我覺得，楊先生對我，確是知己之一，我不能不去看他一次。然而不幸，當我要去看他的時候，他卻已死於刺客的手裡。

楊先生死於三月初，死前省主席衙門鬧狐。省署原是督署，署裡有狐廟，別人不理他，楊也不理。有一天，楊夫婦睡在床上，朦朧中覺有人吵鬧，說：「你要毀我的廟，我也毀你的人。」楊憶當日確有人簽請毀廟，已批准，因立即收回公文，不毀狐廟，並予祭祀，此後，狐更肆，索雞肉祭祀，直至楊遇刺始止。有人說：「這種狐祟，是在人倒楣時才有的，人若不倒楣，狐也不敢作祟了。」

我在武昌住了幾天，就乘輪去九江，再進南昌。茈町把我薦到江西省主席熊式輝那裡，去做一個短期的「祕書」。

當由武昌去九江時，我感到了到處都是戰時。因在武昌，已看到了防空演習，後來去九江進南昌，看到了沿途為空戰而設的防空展覽。很明顯的，各地都已準備了萬一。如果日軍向我進攻，則不論何時何地，都將遇到我的抵抗。

從武昌到南昌的我，首先是住進益群社，然後再去訪熊式輝。訪了熊式輝之後，才從益群社搬到南昌的省長公署。

在搬進省署前，我先住益群社。益群社的組織，是最科學的，它那裡的事業夠複雜，有旅社、有兒童園、有遊艇、還有公共飯廳，但管理員卻只有一位。他的辦事，是採包辦制，益群社僅僅是總其成。旅社約有房三十五、六間，它只用一位茶房，供旅客調遣，旅客定時付出要洗的衣，也定時收取買東西的錢，定時開飯，一切都有定時，開飯的地方有兩個，一在公共飯廳，一在各旅客自己房裡，是由廚房自己來管，兒童園由教師自己來管，有垃圾時隨時除去，恢復它的清潔，遊艇是用到遊東湖旁的小湖的，一小時一毛錢。飯廳裡面，有時還開舞會，或音樂會，供人跳舞或聽音樂。

益群社旁就是東湖，東湖旁邊就是有名的百花洲，百花洲當時已無一花一草，徒有其名而已。

搬進省署後，我有了一間面對西山的樓房，房前一顆幾百年的老故紙樹，晨夕都有烏鴉棲於枯枝，似乎就是它的棲宿處。

署中管事的人是祕書長，另一位幫忙做機要祕書的陳軒霞先生，卻是很出名的畫家。陳軒霞先生是故家子弟，滿腹都是故事，畫字詩文，都相當好，拳也有門徑，酒更好，因此，我和他便常常沽酒對酌。往往是晚上一點飲到一時有奇，彼此酩然，始罷飲就寢。

祕書長也姓陳，叫做陳×善先生。不喜飲酒，卻喜吃點心。他每日監督廚房，預備好菜。飯後不久又弄點心，差不多一天十二小時，至少要有四小時以上費在吃的方面。除吃外，所有時間就都付給公事。他常常為著公事，弄到十一時後才就寢。這位先生廿七年在任內中風逝世。因為他很講究吃，吃的東西特別多，我總覺得他的中風並不冤枉。

除卻上述兩位先生外，省主席熊式輝先生，也值得一提。這位熊先生，本身就是策士，然他卻還要策士。成為他策士之一的王壬秋先生，曾替他籌劃一些宣傳和組織，也替他出了以擁護蔣委員長為中心的主意，但他似乎還不十分滿意。他想多找一兩位有用的策士，能替他打開一個天下。他之所以要我做祕書，就是因為把我看做策士人才。但他的願望，卻無法滿足。因他曾要我寫宣傳計畫，我僅平平實實寫了最普通的宣傳計畫給他，我不曾在計畫外，添上一個字。他看了我的計畫，頗為灰心，曾和王壬秋先生說：「如此平淡的計畫，何必他來寫？」我聽到這句話，笑了，我笑他完全不懂別人的意思，卻只想滿足自己的願望。

我在省署裡坐了三個月，領了三個月薪水，只辦一件公事，倒飲了不少的酒。酒是和陳軒霞先生同飲的，每飲必酩然，實在快樂之至。過了三個月，上海催我回去的函電，像雪片似的飛來，要我回上海去，我也乘勢告辭，離開了這南昌省署。

上海函電中，還有潘公展先生已替我找到私立法政學院訓育長一職的函件，這等於告訴我：上海也還需要你，你應該立即回到上海。

好，我立刻到街上買了一些磁器，準備乘浙贛路回上海。我知道全校教職，是都盼望我回去的，他們都以為我這一次的出外，是畫好了如何擴展學校的藍圖，回到上海時候，必然是拿出這藍圖，付諸實施。

這次，我從浙贛路回上海，精神異常愉快。沿途所見，均似仙境，但惜杭州鐵橋，將告完成，不曾通車。

「八一三」上海之戰

我在南昌時，已經遇到了「七七」盧溝橋的抗戰，惟因最高統帥不曾決定即在盧溝橋全面應戰，所以最高統帥儘管在盧山宣布：「現在就是最後關頭！等最後關頭一到，便只有地不分南北，人無分老幼，拚全民族的生命，以求國家的生存，不容中途妥協，唯有犧牲到底，抗戰到底，以贏取最後的勝利。」但一些登山聽訓的全國名流，卻都不知道這時已是真正的戰時，直到「八一三」上海之戰發生，大家才憬然覺悟，最高統帥是選定了上海來作戰。

當上海戰事爆發時，整個上海人的情感，也隨著爆發，租界裡商店和居民，以及學校裡學生，幾乎完全願到前線和士兵共甘苦。他們把吃的用的東西一包包拿出來，送到紅十字會，幾乎生怕趕不上紅十字會的車輛。一些初中畢業生，每日清晨便整隊候車，前往勞軍服務，有的一去不返，誰也不知他們的下落，有的則隨軍轉進，直從上海跟著軍隊奔到浙江，然後才得到一個歸宿地，像戰地學生招待所之類。然他們雖如此辛苦，卻從不發半句怨言，他們似乎是已懂得：人生終有一死，死的輕重和死所有關，現在死在抗日前線，是死重於泰山，死決不足惜！

當「八一三」戰事爆發，閘北難民擁到天后宮的這一天，上海市黨部市政府人員都來到天后宮照料。潘公展先生的家是在戰區的，但潘自己卻幾乎竟日都在天后宮。此外，吳開先先生等亦均到場照料。

從難民口裡，我們也聽到一些中央決以上海為戰場的消息。難民說：早在五六日之前，軍隊就開來了。他們一來，就去挖戰壕，預備作戰。有的軍隊，和他們住在一家，好像自己人一樣。一些難民對於自己命運，雖然是在疑惑中，然卻極信賴政府的安排。他們相信：政府必將予以最起碼的安居樂業，縱令不能安居樂業，也必是因為顧此失彼，無法兩全；否則政府必不任令人民流離失所。有些難民還說：原駐津浦段宿遷的某師，在十日前就奉令南下的。這師隊伍如果不是因為參加戰鬥，又何必南下？

在戰事爆發的前夕，濱海又租了南陽路的校舍，作為濱海的第二部。這校舍原為海藏樓，是漢奸鄭孝胥的產業，後來賣給了商人，賣來賣去，不知經過多少主人，租借權才落到濱海中學的手裡，但租借權剛落到濱海手裡，戰事卻已爆發，有些吃洋行飯的人，就用第八傷兵病院名義，來租這房子，立刻掛出了傷兵病院的招牌，最初我相信，他們也是熱心分子，很放心的租給他們，後來才知道這些人，原是所謂「善棍」，是向紅十字會領錢來辦的，在中間，他們還偷拆了一大間的玻璃屋，另外，在交付房租時，並以勝利公債代付現金，說這是政府許可的制度。

當戰事正在進行的當兒，我從浙贛路搬到南陽路校中。每日登樓觀戰。我軍飛機每日傍晚出動轟炸，差不多炸到十一時才停下來。平日也有日間出動的，但有時受到襲擊，便連炸彈都帶回來，因而造成了上海大世界和永安公司門前被炸的事件。那次上海大世界和永安公司門前的落彈事件，據說是由駕駛員疏忽所致。因駕駛員攜彈出炸，僅過浦江，即遭襲擊，他因座機受傷，急欲提彈擲下，然時間相差少許，遂鑄成擲在大世界及永安公司門前的慘劇。

在這一慘劇中，濱海高中生某，因欲購船票回爪窪，路經永安公司門前，腹都受了重傷，雖送往工部局醫院醫治，但亦無效身死。

另一方，我為節約開支，退了新聞路的校舍。由紅十字會醫院租作院址。我自己也從新聞路搬到了南陽路。南陽路校舍有空地一塊合八畝有半，足建一藍球場，另外還有小空地，足供小學生早操之需，我把它充分利用了。

這一年，氣候最好，收穫最豐，上海白米一擔一百六十市斤，最高價僅七元。許多在上海的人，都回到了故鄉，上海也就顯得非常寬敞。到處都有空屋，房租相當便宜，我原住霞飛路房屋，田漢的母親也住在三樓，這年秋天，田家搬出，我便辭了租屋，搬到新聞路學校裡去住。

新聞路學校原不敷用，因已租得附近五開間的二層樓，便可勉強住下我的一家，當時我的祥姐已從福州來滬，也住在校裡。但祥姐是有癲癇症的，外甥海濤因伊癲癇症發作，伴伊回閩，伊回到福州，即溘然長逝。

這位患癲癇症的祥姐，是我七叔的愛女，比我大兩歲，逝世那一年才四十七歲。是我這一輩中間壽命最短的一位。伊的癲癇症從何而來，不得而知，但伊家卻已有四位死於癲癇症。第一位是姊夫的母親，第二位是姊夫的叔父，第三位是嬸母，第四位是姊夫，第五位是伊自己。有人說，是房屋的關係，也有人說，是受了狐祟。究竟是怎麼一回事？我至今還是茫然。因為我不懂何以癲癇症會傳染？我更不懂這種會傳染的癲癇症，何以是隔了五、六年才傳染起來？

祥姐長逝後，陳海濤便留在濱海中學讀書。這位陳海濤，後來曾隨國軍轉進到重慶，又由重慶經貴州、廣西，來到上海，折回福州。他已娶了一位甥媳，有了孩子，我在三十七年春天還看到他一面，那是他最後將往福州的時候。

政論委員會的成立

二十七年七月，上海《中央社》分社主任馮有真先生來找我，商量成立上海政論委員會的事。他告訴我：「他的計畫是找幾位做過新聞記者又做過國文教員的人來組織委員會，會長由徐樸庵先生擔任，他自己擔任總幹事，徐蔚南先生擔任副會長，此外，擬請朱應鵬、應成一、陶樾、程景德和我做委員。我們寫好評論送到各報館，讓他們去選登，登一篇，算一篇。我們不要報館的錢，錢我們只能向中央去要，每篇暫送五元。」這件事談過之後，他又和徐蔚南同來找我，商量開會地點和取稿等問題。對於開會，我主張暫在濱海中學，他們都同意，送稿則由馮負責覓人。

那時候，上海有《大美晚報》、《大英晚報》、《華美報》、《中美日報》、《中美晚報》、《時事新報》、《大晚報》、《神州日報》和《譯報》，除《中美晚報》和《譯報》外，評論都沒有重心，從政論委員會成立，供應評論以後，它們才卸了仔肩，不再為評論而煩惱，他們對於一些問題把握不住重心時，僅需一閱政論委員會的論調，便有了把握。

我們遇到最困難問題之一，便是長沙大火。長沙大火後上海輿論都集中到汪兆銘身上，說是由於它的慫恿與放任。最初我們沒有方法可以打開這宣傳上的死結，後來由於汪自己「艷」電的發表，我們才有了出路，才可以不再寫連自己看了都不滿意的文章。

這時候，儘管日軍是在製造傀儡，但我們卻並不理會這一套。我們很樂觀抗戰的前途，覺得愈戰就愈接近勝利，我們都知道：我們是向勝利前進，日本是向失敗前進，日本侵略軍愈深入，其泥腳陷於泥中亦愈深而不易拔。

我是廿七年才受任為上海私立法政學院國文教授兼訓導主任的，對於學生我總告訴他們：「中日戰事是小與大，少與多，組織與散漫之戰，從小與大，少與多兩點來看，則日本必敗，我們必勝，但若從組織與散漫的一點來看，我們便也有些地方要輸，然我們現在是有後盾，日本卻等於孤立，所以，最後勝利必屬於我。」

除對私立法政學院學生倡必勝論外，對濱海中學，對新中國大學學生，也同樣大倡必勝論。我告訴他們：「現在並不是抗戰最艱苦的日期，抗戰最艱苦的日期還在後面，但我們卻必需忍過那個最難苦的時期，才能夠到達最後的勝利。我們必須明白：這次抗戰，是從奴隸生活的最後關頭轉到主人生活的起點，歷時十年、二十年都說不定，我們不能作在最近將來可以結束戰爭，大家回去安居樂業的好夢。」

我覺得戰時的士氣民心，必須振奮，不能振奮，前線雖勝亦不足喜。今天我們所恃以抗戰者，就是士氣民心，所以，無論如何說法，士氣民心，都應予提高，使其成為最後勝利的基礎。

新中國大學的設立，是廿六年冬天的事情，因為廿六年秋天，上海所有大專學校，都關了大門，一些留在上海的青年，都感到徬徨失措，我深感應該設立一所大學來收容他們，所以便在濱海中學掛上這樣的一塊招牌。當時和我合作的人，有潘廷幹、許性初、湯增歔、徐則驤等，大家決定，我們應有錢出錢，有力出力，替青年們造成一個學府，讓他們遊息、歌哭，其他在所不計。我們決以盧錫麒為校長，請他來主持這件事。

我們最初的辦法，是所有職員以不領薪為原則，其不能不靠薪水為生者，則由有錢職員予以支持，總以不使它無法生活為止，至於教員，則仍按課授薪。

日軍發動侵略上海戰事後，曾發三個月必能結束戰事的狂言，以為中國人等於沙，雖硬然卻無團結力，日本人則不然，日本人能合群力以取勝，故此次中日之戰，最多為三個月云云。然日軍在三個月後所結束者，僅是上海之戰，而非中國之戰。上海之戰，由「八一三」起，至十一月十一日止，始宣告結束，但四行倉庫卻仍留下謝晉元部下的八百孤軍，被收容於租界。

八百孤軍，初欲戰至最後，尋以租界當局暨各團體，均認死拚無益，不如棄械投租界，謝晉元始勉為接受，放下軍械。

國軍的西撤；事在十一月十一日，但上海人知道國軍撤退之期，則在十二、三以後。十三日上海中等學校聯合會仍在天后宮開會，開至中途，租界巡捕前來勸告，勸勿開會，與會校長才知道國軍業經西撤。但國軍西撤前的上海，租界仍在國軍庇蔭中，到得國軍西撤，租界就成了一個孤島。孤島的一切，雖仍照常，然已逐漸成為無靈魂的活屍，不過暫時依然存在而已。

淪陷後的上海，對外交通最便利的一路，是由上海到香港，再由香港飛往重慶。經由他路內遷的人雖亦不少，但其費錢費力處，則頗難傾述。

當時，上海各中等以上學校，完全停頓，我以為不是好辦法，便又開始作重開的活動。首先是把新人小學恢復上課，然後再開初高中的課。我說：「我們這次是長期抗戰，不應隨便停課。我們應該繼續上課，上至最後的一課為止。」於是首先恢復了新人小學的課。

上海國軍即將西撤之際，由幹社主辦的上海文化協會，已採開放的方針，容許左翼作家們加入。於是胡愈之、韋慤等便次第加入了文化協會。文協本是一個任何人都可以利用的會，胡愈之們加入後，立即設法變一切公開的文協，為一切祕密的文協，他們先召開一、二次局部會議，不通知全體會員，僅通知部分他們認為需要的人員，然後進一步想利用文協，來做它左翼作家的工作。他們正在如此進行時，市黨部已經得到了消息，立以電話通知文協人員注意，並囑以後有會必到，不要讓胡愈之他們橫行無忌。這使我們完全明白：左翼作家和我們的合作，是完全虛偽的，如果我們不理會他們的詭計安排，那他們便會反客為主。

有一天，湯增敭通知我，要我多帶團體的圖章，去參加胡愈之召集的文藝大會。我是本已知道有這件事的，於是立即帶了一些文藝團體的圖章，前往參加。

當我到會時，徐則驤亦已到場。於是大家便把文藝團體圖章分了，分別報到。此時，會中由胡愈之擔任主席，田漢、郭沫若坐在胡背後，會是才開場的。然因為我們的人比它們多，說話的聲音也響，有幾個人起立提議改選主席，並立即選我做主席，胡愈之便被迫下去。

我做主席後，宣布將組文藝救亡協會，發表宣言。我們每一個人的筆，便都將是心理抗戰的槍，我們將長期抗戰，直到最後戰勝為止。

當日我們到華格臬路一家飯館裡吃飯，冤家路狹，胡愈之、田漢、郭沫若卻也在對面的館子裡吃飯。我看見了他們，他們也看見了我。

有人以為我們和左翼作家鬥爭，都是失敗的，實則左翼作家和我們鬥爭的失敗，也很平常，像這次為文藝救亡的鬥爭，便是他們慘敗的一例。

新中國大學成立時，唐惠民曾為丁默邨活動。他主張要楊虎城做校長，丁默邨做副校長，我完全反對，結果，部分發起人離開了我們，欲自設一校，然終於無成。

私立法政學校，本已遷到華界，抗戰軍興後，遷回法租界打浦橋。他的教授中，有一位授國際法的汪馥炎先生，原《中華新報》撰述員，是經常晤面的，後來這位先生落了水，被特務解決了。

特務是製造恐怖的，當日本買妥了汪兆銘之後，上海就成為特務世界。中央方面的，汪方的，無不在租界內外殺人。解決汪馥炎的，自然是中央特務，在上海殺害多數校長和記者的，則多屬汪方特務。汪方特務，多由滬西歹土七十六號派出，由日本做他的保鏢，當他們犯案被捕時，日軍即打電話向捕房索人，使他不受普通法律的限制。

當敵偽特務橫行時，我們也正以最英勇姿態，出而作戰。我們遇到有被敵偽吸收危險的人，總採取兩種辦法來應付：一種是深閉固拒，不予往來；另一種是予以包圍，勸其堅持抗戰必勝的信心。我和潘廷幹、宓季方，結了最密切的關係，互相通知敵偽動態，也互相通知朋輩情形。

首先，我們要和他鬥爭的，就是私立上海中學校長陳濟成。他是受上海私中聯合會的捧場而露出頭角的，當時他已走向汪兆銘的一邊，但仍偷偷摸摸來私中聯合會開會。我們決定先來打倒這個陰陽兩面的怪物。他是有四校聯合一氣的，即私立上海中學，私立幼稚師範學校，私立商業中學，私立上海小學。私立上海中學的訓育主任陳思，是潘廷幹先生的朋友，極富正義感，他和潘廷幹談到上中前途，非常憤慨，當即到我處商量如何反正的計畫。三面會談之下，決定了以下的方針：（一）陳氏本人及其同志，立即脫離私立上中。（二）移私立上中到濱海中學上課。（三）濱海中學借與私立上中教室，不收租費。方針決定後，我們只等陳思遷出私立上中，便在濱海中學掛出私立上中的招牌。

可是，陳思把他的計畫向同事宣布之後，便失去了行動的自由，並且挨了陳濟成所僱特務的打，這就使我們向陳濟成的鬥爭，受了一次小打擊。

接著，私立上中的教員王瑞，對於陳濟成的落水，也非常不滿，他想登一段小啟，宣布和陳濟成的私立上中脫離關係。潘廷幹和我一致贊助它，並代接洽《中美日報》刊登他的小啟，由我出錢送去，並分刊《申報》及《新聞報》。

廣告送到《中美日報》，收了，送到《新聞報》，《新聞報》經過半個多鐘頭後，表示拒絕刊登，《申報》同樣是不收。我們因為《中美日報》已允刊登，《申報》《新聞報》不登亦無問題，故亦不以《申報》《新聞報》的拒登為意。事實上，廣告很簡單，僅是說：「王瑞為爭取人格，已決定脫離私立上海中學教席，特此聲明。」然這廣告被《新聞報》廣告部人員通知陳濟成之後，陳濟成立刻派了保鏢到王家，向王瑞的哥哥糾纏，王瑞哥哥立即找到王瑞，要他撤回刊在《中美日報》的廣告。在晚上十一點鐘，王瑞自己來濱海中學，要我撤回送去的廣告。他告訴我：「車在門口，車上還有人。」那人就是陳濟成的保鏢。

好！我打電話給《中美日報》的人，要他停登王瑞的廣告。王瑞也去了。

王瑞走後約一週，又來兩位私立上中商科的學生，請求轉入濱海。我問他的原因，他說：「是因為我們的校長，已經落了水。」於是，我又從這兩位學生身上，發出了射擊陳濟成的一箭。

我要那兩個學生表示反對陳濟成的決心，他們很慷慨的答應。我們當即約定，過三天後由我們供應傳單，讓他們拿到私立上中去散放。

散傳單，這在我是第一次。我起了草稿，潘廷幹謄寫，宓季方印刷，再買兩隻藍球把它放開，把傳單裝進球裡，然後讓那兩位學生每人手裡擎著一隻球，闖進私立上中。私立上中已放暑假，當時正在吃午飯，兩生進去後，立即拆開籃球，散放題為「不願做奴隸的三千學生」的傳單。私立上中原是相當安靜的，這傳單發出後，立刻起了極大波瀾，於是陳濟成只好請王一亭出來維持，再也不敢自己到校。這就是戰時上海私立上中在廿八年成立所謂四校維持會的主要原因。

生平對人發傳單，只有這一次，可以說是最初也是最後的一次。但有一位文友，卻在台北報紙上，說我民初在上海賣文時，曾因與商務印書館惲鐵樵齟齬而發傳單。

舉行了一次假綁票

唐惠民是業遭槍斃的丁默邨的代表、也是丁的智多星，原為共產黨，一變而成國民黨，和丁默邨的轉變是相同的。他在上海，一方面是替丁默邨打天下，另一方面卻也替汪兆銘拉夫。當時成為潘公展先生觸角的顧繼武、凌憲文、周樂山等，都在他的掌中，他很巧妙地宣傳：「任何政治家都不能不走國際路線，現在中央大部分是走英美路線，汪家走的是日本路線。日本不亡，這條路線總是要走，走了總不會錯。至於目前成敗，倒是小問題。」他很輕鬆的解釋了他所以投偽的原因，還勸我也走同一路線。

對於惠民的勸告，我的答覆是一個「不」字。我說：「你所走的路，是正是反，我不批評，但我決不走這條路。」不過，我雖答他不走此路，他還存著相機爭取的心。他在此後，請客打牌時，還是有我的一分。

一次，他在一品香請客，座上有趙青來、顧繼武、凌憲文和文協的梅××等。他的意思，顯然是對趙青來，炫耀他有顧繼武、凌憲文這些嘍囉，同時，也對我表示他的交際力量並不弱。此外，那一天，除了普通客人外，還有好幾位短裝帶槍的客，並不上桌，只在另外的房裡吃飯，很懷疑是他的打手。

我因為估量他已僱有打手，似乎是有綁票的企圖，心裡有點緊張，酒便愈喝愈多，幾乎是醉了。但仍強為鎮靜，坐下打牌。這天打牌的人，是唐惠民、凌憲文、徐則驤和我，我酒喝得快醉，並且心理緊張得很，結果輸了不少。

打完牌，我睡在凌憲文的床上。第二天天尚未明，我醒了，起來穿好衣服，坐在床沿半天，才毅然決然走出房子。直到坐上一輛人力車回到濱海中學，一顆緊張的心，才放下來，才很僥倖自己這一次不曾被綁。

唐惠民的座客中，除卻顧繼武、凌憲文之外，還有徐則驤、湯增敭。徐、湯都是中央的地工，已經有了西上重慶的日期，然唐惠民卻還不知道。我就因為這一點，特別要結了徐、湯。我決定我和潘廷幹、宓季方，先用綁票方式，綁走徐則驤，然後再相機請湯增敭也走。我們決定後，即依約行事，先由宓季方、潘廷幹和我去找徐則驤，我們已買好船票，要他立即動程。他的兩位太太都呆了，但仍不能不讓徐則驤下船，結果，潘廷幹便送徐則驤下船，向香港出發。我和宓季方，則坐在徐家，安慰他的兩位太太。

我們做了這次假綁票案後，歹徒七十六號卻起了驚惶。他們說：「這傢伙真大膽，敢在上海綁票！我們查到後，應該給他們一槍。」他們當即進行調查，結果，知道這次綁票是我和宓季方、潘廷幹做的。他們說：「好！他們能綁徐則驤的票，我們就也能就地格殺他們。」他們原已派人跟踪宓季方、潘廷幹和我，但是保持相當距離，現在是加了跟踪人數，還有就地解決的命令。

七十六號的分布跟踪者，是對宓季方住宅放下兩人，對我和潘廷幹，是放下兩人在學校裡，另外再放下兩人在前後門。放在校裡的兩人，是以學生家長姿態出現，坐在商店裡吃茶點，終日不去。放在前後門的兩人，卻是伺我們出入的。那位跛腳又瞎一眼的刺客，在刺死朱惺公的前夕，就曾到濱海訪問潘廷幹，不遇而去，後來朱惺公被刺，報載刺客就是這位跛子，我們才知道跛子原來是刺客。

那時候，我每遇需要出外時，總先試探內外情形，在情形認為良好後，方肯外出。中間有幾天，躲在校裡，沒有出校門，也不曾下樓，坐在三樓上不動，祥貞笑我是做菩薩，但仍囑孩子謹慎說話，不要把生人引上樓。

在樓上過了幾天，出亡的計畫已經做好了。計畫中是大家分別出走，由我先行，潘廷幹、宓季方、湯增敭等隨後同來。

走的路線，第一站都是香港，以後則隨各人機緣而定。我們的第一件事是：避免被戕或被擄。我們身外無長物，所懼者僅是父母賦予的身體的毀滅；我們必須留此有用的身體，來替國家社會服務。

將走前幾天，慎甫替我買了一件大衣、一雙皮鞋和一隻皮箱，我也就帶著去香港。走的那一天，是十年廿一日的中午，祥貞給我一瓶啤酒，我僅飲半瓶。我廿四日到香港，卸裝在一個小旅館裡。

這時，祥貞是九個孩子的母親。因伊在一九三七年的二月二十一即丁丑年的一月十日，生了敬兒，又在一九三八年五月廿五日即戊寅年的四月廿一日，生了最小的誠兒。當我離家一剎那，我還看到這位生下不到六個月的誠兒，睜著兩顆大眼睛，似乎是在看我們的離別。

儘管我有十年八年後必能相逢的信心，然這信心，在當時卻幾乎被孩子的眼睛看軟了。呵！好厲害的眼睛。

還有比孩子眼睛更有力的一種力量，幾乎使我要替他們解決問題後才想走，因為一些曾經為中央奔走的若干青年團員，被解散之後，窮無所歸，只要有飯吃，什麼事情都肯做。那幾天他們正在搜集日軍情報，曾將日軍某部移駐蘇州情形，繕成報告，連同它用打字機打成的指示，送到我手裡，希望我能轉給上海負責人。我看了他們的報告和指示，半天說不出一句話，最後才告訴他們：「上海負責人是誰，連我都不知道，你們的報告便也無從轉送。」那幾位青年團員露出欲哭無淚的神情離開了。

我認這些青年團員，正是跳躍的生命，他們一身都是跳躍的血，是能夠替國家社會做一點事的，我如果還有一、二分力量，我就該援助他們。然而可惜我卻一點力量都沒有。

中間，我曾托馮友真打一個電報到重慶，我請潘公展先生決定我的行止。我說：「如果中央有錢有械，能把部分交給我，我就在上海。但假如沒有，那我就應該走。」回電說：「已囑胡亦同兄，月送三百元，乞辦雜誌」。得到這電報，我完全灰了心，這才決定走香港，入重慶。現在想起來，當時中央如果是肯撥一點軍械給我，那我便不會走香港，只能在上海做一隻甕中的鱉。不過，我在變成甕中鱉之前，總是要闖一場窮禍的，因為那時候的我，還是人龍人虎，決不會坐以待斃。

載我去香港的那艘船。叫芝加拉沙，是一艘荷蘭船。上船後兩小時才開行，在兩小時中間我很擔心日軍的騷擾，但日軍卻從未入船，不過是偶在船前擺擺他的「蘿蔔攤」而已。

船從大馬路外灘太古碼頭出發，很快便過崇明島。鷗鷺逐著波浪，正在舉行晚狩。此時，我心事重重，心頭不知是什麼滋味。我從艙裡走到甲板，茫茫大海，波浪正與煙霞織成一美妙無比的網，它似在網羅比這艘船更大的東西，又似在準備一網網盡人世間的悲歡離合。伊好像是說：「人生不百年，百年亦一瞬。自古英雄豪傑，豈復有長生不老者？你們在做一個如夢的成功或勝利者之後，也該回到大自然的懷裡了！」

對！人總是要回到大自然懷裡的，先我幾千年回去者，後我幾千年回去者，都不過做一個夢而已，如果你能做一個成功或勝利的夢，豈不就是幸福？豈不該回到大自然的懷抱？此際我有這些的感想，我還立即記這感想到日記簿裡。其實，這感想也並不新鮮，僅在「人生得意須盡歡」的一點上，有它的意義。

經過兩天兩夜，船到廈門，泊在金門、鼓浪嶼中間。救世醫院那塊招牌，赫然入目，我很懸念這院裡的醫生王××，不知他是否尚在院中。一些像貼了膏藥的日本船隻，多掠我船而過。我所最怕的日軍攔船捕人這件事，幸而是沒有，如果是有，那就不知是誰倒楣被捕。

廿四日早晨，我到了香港。

香港這地方是民國十七年離開的，現在舊遊重到，人口多了，新的建築物也到處都是了。只有碼頭情形沒有變，一樣的惡劣。

在紛擾中，我連一肩行李都送到小客棧裡，先去榮記報到。這時榮記主持人是吳鐵城先生，他在榮記做送往迎來的工作。凡是從上海到香港的人，可以到他那裡領飛機票或是車船錢。領了錢的人便要進重慶。徐則驤是早就領了飛機票進重慶的，他一到重慶教育部就委他做一個先修班主任。

榮記登記後，我馬上開始訪問朋友。我訪了擺花街《國民日報》的陶百川先生，也訪了九龍財政評論社的許性初先生和何西亞先生，大時代書局的孫寒冰先生。

陶百川先生告訴我：「你來香港正好，《國民日報》正缺總撰述，我請你來做總撰述。」我說：「你應該容我考慮一下，是進重慶還是留香港？因我此來，並不曾作在香港做事的打算。」他說：「這有什麼打算不打算。你進重慶還不是要做事！就在這裡做算了罷！」我算算進重慶，也是一樣做事，便決定先做香港《國民日報》。

我決定進香港《國民日報》後，宓季方、潘廷幹和湯增毅夫婦、周樂山夫婦都來了。宓季方、潘廷幹兩先生，在香港玩了三、四天，就由榮記送往重慶，湯增毅和周樂山夫婦，則由榮記月付一百二十元港幣，請其留港。

後來，湯增敭夫婦和男女公子，都在香港淪陷後，成為難民，流亡到重慶，周樂山夫婦則因汪記有在香港講條件的人，便又回到汪記的魔京，三十四年八月日軍投降，他自知已無生路，便吞金自殺。

這位終於自殺的周樂山，是多少有點流氓氣質的。他在香港時即曾在菜場口伸腳踢一些挑擔的小販，小販以為他是暗探，拿四角錢送他，他也收了。在他看起來，人和政治是非聯在一起不可的，連做挑擔小販，也非有政治的靠山不可。

香港《國民日報》的戰鬥

我以十一月一日入香港《國民日報》，並刊一則小啟，通知曾經認識的朋友們，但共產黨及其同路人對我的攻擊，卻已開始，它在十一月三日的立報上，刊載關於我的消息，說王新命已經做了南京什麼報的編輯委員。立報是成舍我辦的，我立用電話詢問舍我，何以刊登這種消息？然舍我卻不在社。等到舍我從重慶飛回香港，我再問他，他才說：「這是編輯從上海小報剪下來的，並將原報交給我。」我說：「儘管上海小報有這記載，香港認識我的人總不應刊登。因為我已在香港報上刊了來港消息。」他當時認為這種事情太微小，不值得認真。我告訴他：「這就是共產黨的一套，共產黨要用別人的本錢，做自己的生意，你非留心不可。」

胡文虎辦的《星島日報》，是由胡好主持的，它的總編輯是金仲華。金仲華對我的攻擊，是由三十年五、六月之交開始，而以七月結束的。他們攻擊我的理由是：我曾寫評論罵過一些黨棍，說他們除卻做紀念週，都不再記憶總理遺囑。他們問我：在這情形之下，要怎樣才能使他們記起三民主義和總理遺囑？他們斷言：要那些黨棍實行三民主義和總理遺囑，是沒有希望的，故非設法推翻政府不可。他們的意思是：既已不能寄望於今日執政的人們，自唯有革命改造的一法。

對於金仲華的攻擊，我又起而駁覆。我說：我對於除卻做紀念週便不復記憶總理遺囑和三民主義的人們，是痛惡的，但並不主張因有他們而改造政府，我主張從政府裡面抽出這種人，使政府歸於堅強有力。

在論戰中，金仲華指我是「摩擦專家」、「獅子派」，我都不管，我只問他們：你們是那一派？為什麼你們的論調，竟和共產黨完全相同。

結果，這一場論戰，是由胡好出來解決。胡好解除了金仲華的職務，另聘程滄波為總主筆，才結束了論戰，當論戰結束時，《星島日報》發行人竟變成了「周佛海」，因工友不滿胡好，故以「周佛海」代胡好。

孔令侃主辦的《香港星報》，是一張晚報，總編輯是王德馨，主筆是胡喬木。我也在撰寫評論之列。我和胡喬木，在《星報》唱正反兩角，胡喬木代表了共產黨論調，我卻代表了本黨論調。三十年的美國，顯然是羅斯福的天下，然胡喬木卻力詆羅斯福的新政為不成體統，並且力言羅斯福非下台不可。我立刻在《星報》加以辯難。我說：羅斯福的新政，不知救活了多少困窮的人，你如果說他是煦煦為仁的小惠，那就真是錯誤。這一次美國的選舉，無疑問的是羅斯福當選，你再看幾天的報，便會明白。

這一場的筆戰，終因羅斯福的當選，告了結束。

此外，還有一張由梁漱冥出面的《華商報》，是專門對《國民日報》來寫論評的。他們幾乎是為《國民日報》而存在。評論、副刊，不消說是專對《國民日報》，甚至新聞亦以《國民日報》為對象。好像是沒有《國民日報》也就不會有它的《華商報》。

《華商報》的作戰方式，是「散兵壕」。東一槍，西一砲，都放在敵人身上。然卻幾乎不曾有過「陣地戰」。和它作戰，是極吃力的，因為它不承認自己是紅蘿蔔，又不承認自己早和共產黨是同路人。

它在日本發動十二月八日太平洋大戰之前，總說美、日不至作戰，凡是希望美、日戰爭的人，都必然完全失望。就在日本飛機轟炸香港的那天早晨，它報上還是說，美、日絕對不至於作戰。

凡是曾對《國民日報》作戰的報紙，都屬於一類。它們對《國民日報》的稱呼，都是「官報」，對《國民日報》記者的稱呼，則是「官記者」。他們覺得，不如此不足以表現其平民的身分。所以拚命的罵「官報」、「官記者」。

此外，香港的記者公會有個新聞學院，也握在《星島日報》金仲華的手裡。因為在港記者，普通都不管閒事，金仲華卻偏要管，這就使公會成為他的公會，新聞學院也成為他所掌握的機關。這新聞學院，是半明半暗的。因學院方面雖一切公開，而一些成為共產黨訓練機構的什麼讀書會、研究會之類，則均附設其中，全部屬於祕密。

新聞學院院長，由郭步陶老先生擔任，這位先生卻是金仲華最理想的傀儡，是連在記者公會中的投票都要請教金仲華的。

我也曾在學院授課，所以，我知道這學院早就分成了明暗的兩面。

在新聞學院中受到金仲華這一派祕密訓練的學生中間，也有能寫短文的，這就成為金仲華們的助陣。他們普通是寫些短稿到處投遞，在金仲華要他們出面吶喊助陣時，便依照金仲華的意思，攻擊金仲華所指謫的敵人。他們的稿件，多半在星島副刊披露，有時亦刊於《華商報》，那種一犬吠影、群犬吠聲的情形，可以說是共產黨特有的一套。

對於共產黨這類吠影吠聲的做法，自由人士是不屑為亦不樂為的；自由人士總以為，這種兒戲的串演，很容易被人識破，實不值一錢，然結果，自由人士的宣傳，卻就輸在不串演吠影吠聲的做法上。他們不相信共產黨的吠影吠聲宣傳，能夠轉移大陸政權，並且竊笑一些黨老爺的膽小如鼠。他們認為當時依附他們討生活的共產黨，都只要經過相當時間，便會心悅誠服，成為有用分子。

當時，這種想收共產黨做幹部的人，相當多。從李宗仁、孫科、孔祥熙父子起，以至自己僅有芝麻綠豆大的小官僚止，都有這種思想。共產黨徒及同路人，對於李宗仁之流，是用兩種手段：一手是打擊，另一手是撫摩。李宗仁之流，挨打時雖覺得奇痛，但當受到撫摩時，便又感到非常舒服。結果，他們幾乎都成為共產黨的護符。

最喜歡那些共產黨同路人之孔令侃，是想用手段來控制文化界的，他請許性初先生做文化部門主持人，主持下面的文化機構：（一）財政評論社，（二）《星報》社，（三）大時代書局，（四）上海《時事新報》，（五）上海《大晚報》，（六）上海英文《大陸報》，（七）上海申時電訊社。這些文化事業機構便都有部分左翼分子參加。他們目的在於佔有這些機構，來實行自己的宣傳計畫。但他們儘管已附於這些文化機構生存，許性初先生卻坦然不以為意，他知道社會已經「向左轉」，用一些左派人士，實係一種生意經。

許性初先生外，樂於使用左派人士的人，應以成舍我先生佔第一。成舍我先生的立報，就用了一些紅蘿蔔，像薩空了之流，寫評論。我曾問他：「他們如果寫得完全違反你的意思，你將如何？他說：完全違反我的意思，我當然是把它丟開了，部分不合，我就丟開不合的部分，一字不合，我也掉換那個字。我不怕他們給我當上。」成舍我是一位精力充沛，意志堅強的人，說得出的話，也就做得到，所以，他始終不曾吃了那些紅蘿蔔的大虧。不過，那些紅蘿蔔。如果沒有成舍我的庇蔭，那就未必能堅持向左轉的決心，這倒也是事實。

在共產黨像水銀瀉地無孔不入聲中，我主持筆政的《國民日報》，也有了共產黨。他是一個翻譯員，是招考招來的。他英文程度相當好，也很勤奮，凡是交給它的譯件，它都能如約交卷。在廿九年底，他忽向報館請假，理由是廣西駐軍要他去工作。我因它尚須一週方能出發，便存了爭取的心。第一天，我陪他到茶室喝茶，和他辯論中國問題和世界大勢，辯到很晚，還無法解決。第二天，我們且行且談，談到了共產黨的分化離間和延安賣鴉片的事情，但也沒有得到正式的結論。於是，連續談了五天，他終於心回意轉決定不再替共產黨做工具。

這位翻譯姓歐，是廣東人，他最受感動的談話重點是：他老說國民黨是不和日軍作戰的，然而二十九年的長沙大捷，卻證明了他的錯誤。這使他非常的感動，承認有重新考慮政治立場的必要。最後，他決定了立場，是為三民主義的國民黨而奮鬥。

他走進了廣西，又轉貴州，曾連來兩信，說已經看到國軍艱苦作戰的情形，甚感本身過去所受共產黨宣傳蒙蔽的深切，現在則決為三民主義而作嶄新的努力，直到成功而後已。

孫寒冰、何西亞、許性初

在香港的兩年多中間，我至少有半年以上是和孫寒冰先生合作。孫先生是大時代書局總編輯，很替大時代出了幾本書，中間最大的一本是《亞洲內幕》，著者根室・約翰，乃名記者，是寫世界各國政情的能手。除著有《亞洲內幕》外，還著有《歐洲內幕》，後亦由大時代予以翻譯。譯《亞洲內幕》的人是蔣××，它是左翼文人。歐洲內幕則由寒冰和我翻譯。我除和寒冰合譯《歐洲內幕》外，還單獨譯了日文的《美日必戰論》。《亞洲內幕》中，寫孔、宋兩家的地方，雖極刺目，但孫寒冰已予刪除，然書到重慶，卻遭禁止出售。另一本同樣的《亞洲內幕》是另一人譯的，譯到說孔、宋的地方，雖亦予刪節，但仍留下根株，然審查委員會卻予以通過。此外，《歐洲內幕》和《美日必戰論》送到內地後，亦全遭禁售。我對於圖書審查委員會如此輕易禁售書籍，又如此片面歧視在港的文化人，不禁為之長歎。

寒冰還曾發願，翻譯法國名小說家兼音樂家某氏遺著，和我合作共譯，已於二十九年秋季開始，每日用下午四五時的兩小時翻譯，但重慶催他回去的電報，卻使他非放下工作不可。他回到重慶，在一次日機襲擊中為一石條擊斃，這石條是由飛機擲彈引起的，他正立在臨時搭成的一個看台上。當飛機來時，有人勸他離開，他不聽，他似乎深信：死生由天命。它就這樣離開了人世。

他生前除為大時代書局有所盡力外，還曾編了《文摘》。《文摘》雖是復旦大學刊物之一，但因他的編輯與經營，也就顯得活潑有力。在文摘上，有個時期，我也譯點日本反戰文字，大半都是從《文藝春秋》、《中央公論》和《改造》上面選譯的。當時日本左翼文壇，雖在軍閥壓力下面，但仍經常用各種方法和題目來寫反戰文章。

日本左翼作家所寫反戰文章，極為巧妙，一位作家寫炭寫得活龍活現，它分好幾段敘述炭的缺乏：第一段，描寫一個市議會為購炭而開會討論，推出代表，決定往北海道購買，送行的均高呼「萬歲」，祝其成功，代表亦發表演說，表示無炭不歸的決心。第二段，描寫北海道民眾，都已經變成實物主義者，看不起金錢，自己雖有炭，然卻要用以換米、布，金錢對他們並不發生興趣。第三段，描寫代表買不到一點炭，也只好回去，回去的那一天，向市議會報告沒有米、布不能換炭時，聲淚俱下。圍在會外等消息的民眾，才知道代表是空手而歸。

另一位左翼作家，以「無」字為韻，寫一首「無無詩」，約有百韻。大意是說：有水沒有米，有米沒有柴；有柴沒有菜，有菜沒有鹽，……終於一切都沒有。

我從日本左翼的文壇，已看到日本必敗的趨勢，因為它此時已走到了「哭窮」的末路，它倘不能克服困窮，那它便必然為困窮而失敗。

當我和孫寒冰合作譯書時，我住九龍漢口道一個菲律賓人的家裡，這個菲人，把樓下廂房租給我，月租四十元，並供家具及電燈。晚上八時半，我同何西亞同乘尖沙咀輪渡到香港報館辦公，到十二點再從輪渡回到九龍。

輪渡的費用，相當的省，因它發售月票，不管你一天來回多少次，總只取每月五元港幣的費用，它在晚上，十二時停航。停航後要再過海那就稍貴。因輪渡停航後，小駁壳雖仍行駛，但每次卻至少要取一元五角，並且小駁壳普通是停泊油麻地，從油麻地到漢口路，也要一元二角的汽車費。我們因為要節省這無謂的耗費，普通都是趕在十二時前登輪渡，只有在新聞發生小問題何西亞不能抽身時，才肯花駁壳和汽車的用費。

我和何西亞是同事，也是朋友，每日下午晚餐後，照例要圍兩局。西亞的棋比我稍高，十局中總要贏八局。但他也偶有幾乎全盤輸的時候。這也就是我們非吵到面紅耳赤不肯停的時候。因他每在不注意時，下了最壞的一手，但過了幾手，就又後悔，不承認曾經下過那一手，這就使我不能不和他作面紅耳赤的吵。同時，我是下得最快，後悔也最快的人，往往是沒有想好便下，下後覺得不妥，便要提起再下，他則一定不許我提起再下，我們也往往為此而作面紅耳赤的爭吵。然我們儘管吵，卻也天天下、邊吵邊下，和小孩子打架後又在一起玩的情形，幾乎完全相同。不過，我們雖每晚下棋，但從不超過八時半，總是要趕上八時半那班的輪渡。

尖沙嘴輪渡的夜景，特別美麗。燈光是淡藍的，天星輪渡碼頭上的人和汽車，疏疏落落好像都蒙著一重淡藍色的薄紗。輪渡來了，吐出一批人，又吸進另一批，再蹴著浪花，過海而去。在海上十幾分鐘中間，看岸上的疏燈高屋，聽遠處傳來的鏗鏘琴韻，倒是很好的欣賞資料。

海水鱗鱗，盪著淡月疏星，在九龍那一邊的天星輪渡木板旁，還泛著一群又一群的魚兒，它們也就利用那裡沒有東西能夠傷它們的生命。那裡沒有飛鳥，沒有捕魚的人，也沒有任何的羅網。那裡只有從清晨到晚上十二時為止的輪渡，來來往往。

輪渡分為上、下兩層，上層價比下層多一倍。上層一次一角，下層五分。有票的長期乘客，全部是坐上層。中間下午八至九時，從九龍開向香港的輪渡，多載舞女，舞女例多散居九龍，下午八、九時方從九龍前往香港。我和何西亞出發上班時，也就是舞女們成群結隊出發貨腰的鐘點。

這位何先生，性情的褊急，是少有的。他經常為著不如意事即拍案跳腳。然在拍案跳腳後，卻又是一位性格極溫良的人；他的拍案跳腳，是一時的；其溫良卻是永久的。他在《國民日報》是和陶百川同進退，當陶百川被調赴重慶時，他也丟了編《國民日報》的筆。直到勝利來臨，潘公展先生做了《申報》社長，他才出為潘公展的主任祕書。

那時的許性初，手裡握著孔祥熙公館的文化部，有財政評論社、大時代書局、《星報》社、上海《時事新報》、《大晚報》、《大陸報》、中時電訊社七機關。還幫孔令侃的忙，做了香港信託局的一個主管。孔家用錢，是很吝嗇的，他也學得那種吝嗇。他聘何西亞做財政評論社總編輯，月薪二百元，聘孫寒冰為新時代書局總編輯，便沒有薪水。原因很簡單，財政評論社是已經成功能夠賺錢，故給薪水，大時代書局開門不久，收入少、支出多，故不給薪水。

許性初也住在九龍，每日早晨都去香港信託局，信託局以外的時間，便全用在七個文化事業上面，是最忙的一個人。

他除最忙外，還是手裡握有大量金錢的一個人。他也曾為某種類似的賭博，輸去二萬元左右的港幣，到要交賬時，才手忙腳亂的籌款償還。

他對孔令侃，頗具信心，以為是有出息的一個人。他曾為我介紹去見孔令侃，先期告我：孔令侃是不送客的。我在中央信託局見了這位小孔先生，照我的看法，是一位新式的紈袴子弟。新式的紈袴子弟與舊式紈袴子弟的不同點，在於舊式紈袴子弟，懶惰奢侈，新式的紈袴子弟則勤奮吝嗇。至於恃勢怙寵，目中無人，則新舊幾皆一致。

這位許性初先生，是一個苦學成功的。他中學畢業後，即無資續學，但他卻用替《國民日報》寫稿的錢，就讀於復旦大學，還要帶著弟弟們讀書。復旦大學畢業後，因陶百川的介紹，進了《晨報》，編輯國際新聞。上海富人王伯元，因聞其英俊，決計予以一年留學費用，助其出國留學。許性初便薦沈宗琳代編《晨報》國際版，自己選了到義大利留學的一條路。

在許性初留義大利期間的二十四年九月，許夫人因風聞許性初外有女友，深恐移情奪愛，遂亦買舟赴義尋夫時腹中已有九個月胎兒，故船行半途，即生下小寶寶，船主義人，為出證書一紙，證明其出生船名和日期，說他天然是義大利人。

二十五年，許性初學成歸國，與夫人和幼子同來，朋友們都正為許夫人的萬里尋夫不勝羨慕，然許夫人卻一病不起，放下了年輕的丈夫，放下了二位兒子。許性初在經過四、五年後，也就只能再娶了。

許性初先生隨中信局遷重慶，曾為昆明私運案被捕入獄，然終獲釋放。勝利後，又隨孔令侃抵滬經營揚子公司，因囤積船舶及汽車等物品，由杜月里門人告發，要求訊辦孔令侃，孔令侃遂於入京後摒擋出國，許性初則即離滬赴港，做了教書營生的教書先生。有些人都以為：許性初一定有錢，但陶百川先生卻否認此說。陶先生曾貸與許性初美鈔百元。

食與住

不論是誰，都會覺得：香港這地方，不是單身旅客的天堂。單身旅客只好到平津滬漢居住，卻不應到香港居住，如果到香港，那就不能不住公司行號的宿舍。倘無宿舍可住，就必然感到一身沒有「著落」的悲哀。

廿八年，我到香港，先住旅館，後因宓季方、潘廷幹分途前往重慶，湯增敭、周樂山也搬到九龍侯王道去住，便由旅館搬到九龍漢口道一個菲律賓人的家裡，月付租金四十元，飯卻要設法另包。每日下午八時到八時半之間，要和何西亞同渡尖沙咀，前往香港。當時我正患嚴重胃病，財政評論社的包飯，吃了會發酸作痛，只能出外吃西菜，甚至要走到香港，才有飯吃。

廿九年的夏天，財政評論社的另一位編輯沈百英，家有餘屋待租，我租了一間來住，租金為每月三十元，另外麵包自備，菜每月十元。他家在九龍彌敦道旁，相當清靜，我也很喜歡，然結果僅住一個月便搬了家。

這一次的搬家，是搬到了香港。報館裡面的人告訴我：「報館裡有房間，為什麼不搬到報館？」我問：「房間在那裡？」、「在三樓。」、「好，我馬上就搬。」我第二天帶了部分臥具面盆，過海，想把它送到三樓。但裡面的人卻又說：「最好請你等兩天再搬，因為三樓還不曾收拾乾淨。」於是，我便只能再等兩、三天。然而再等兩、三天之後，三樓是搬空了，我的一部臥具，卻已不知被誰佔去使用。

因為是夏天，臥具簡單，僅僅一條毛氈、一條床單和一個枕頭，所以損失不大，我也不去管他，但以後我便必須稍加注意，因為我的行李並不太多，我不能隨便放棄。我托人替我找傭人，等有了傭人再搬家。

正在此時，曾在上海做市黨部幹事多年當時也在香港做《國民日報》編輯的顧××，也在看房屋，他和他夫人都要搬家，於是我又被邀合住到銅鑼灣的一層樓裡，那房屋相當好，一層樓租一百六十元，他夫婦佔了頭房，我住二房，三房租了房客，四房住傭人。在這裡，我住了兩個月，才正式搬到擺花街《國民日報》的三樓裡。

在搬進報社三樓之前，我的吃成了問題。我必須每餐到店裡吃一客西菜，或是隨意吃點雞、魚、豬排、牛排之類，偶也吃到龍蝦和鴿子。龍蝦一隻七八角，鴿子一只一元或八角，和雞、魚、豬肉的價值差不多。我普通都是吃一個菜，再來一個「大包」，一杯紅茶，便算一餐，所費普通是一元。一個月伙食費竟是六十元以上。再加房租每月分攤數目，少是四十五元，多六十元，平均亦為五十二元五角，結果每月所耗食與住的兩者，就要一百十元以上，真是駭人聽聞。因此，我在兩個月之後，便採取住進報館，自己煮飯吃的辦法，省下了房租，也省下約三分之一的飯錢。吃的東西和過去差不多，不過是用小蝦代龍蝦，用燒肉代豬排，炸魚還是一樣，「大包」也還是「大包」。

住進報館後，還是經常過海去九龍。九龍的侯王道湯家，是常去的，每去必打小馬將。帝街的胡家也常去，往往是吃一頓飯再走。湯家有三個孩子，二男一女，男孩叫明貴、明福，女孩叫明芳。當時，明貴要我講故事，我為著懶得連續講，便用要明貴數數字的辦法要他一直數下去。我說：過去有個王子，非常的美，也非常聰明，國王和王后都喜歡他，給他最好的衣穿，給他最好的東西吃，還預備娶一位最美麗的美人做王子的妃，但最美麗的美人卻住在四面都是石壁的一個山洞裡，誰也沒有法子把伊請出來。一天，洞外寫了十個字：「數得一萬回，換個美人歸。」另外還有五個數字：「三七二十一」。就是說：要念一萬次的三七二十一，洞門才會大開，美人才肯出來會王子。我的故事，大都如此，所以，明貴往往是數數數到睡去為止。

侯王道的湯家外，帝街的胡家，我也偶然去玩。帝街的末端就是海，還是宋王台的所在。我每到這地方，便不能不為歷史上的一代興亡而發無名的悵惘。我覺得：人生雖然像做夢，但我們卻應做較好的夢，不應該做惡夢。我們應為革命而盡最大最善的努力，促進革命的最後成功，永遠結束歷史上相斫的惡作劇。歷史上的盛衰興亡，都逃不出同時同地不容兩大的原則，所謂「天無二日，民無二王」，就是「物不能兩大」的結論，從這結論出發，便非做到「普天之下，莫非王土，率土之濱，莫非王臣」不可，歷史家也必須用血淋淋的筆來寫相斫歷史，供後人的憑吊。如果革命成功之後，政治上能以揖讓的選舉代替相斫，化干戈為玉帛，豈不是一件最可人意的快事？

戰爭發生後，我搬到荷李活道一個賣繡貨的人家去住，但只將行李搬去，人卻住在般含道的王啟煦家中。

王家左鄰為胡木蘭，右舍為毛邦初，當時都不在港，僅由傭人看門。王家後面就是礮台，能發礮擊敵，亦是受礮擊的一個目標。有一晚，大約是過了十二時，日軍向礮台發礮，但因技術惡劣，全部中了王家及其左鄰右舍，並且不曾爆發，僅越過王家廚房的一彈爆炸，毀了王家的廚房門。我們第二天開門一看，才看見一個又一個的礮彈，長約一尺二、三寸，平臥在門口。我們心裡想：我們真是僥倖之至！如果那些砲彈爆炸，那我們中間便有一些人將為這大礮而犧牲，變成真正的「無言凱旋者。」

在日軍佔領期間，病死餓死的死屍，被堆在卡車上，好像鹹魚，直挺挺地臥著，車出香港，落到小船上，似手是成了填海的泥土。有些人，是活活餓死的，他們沒有錢，沒有糧食，沒有守望相助的親友，只有睜著眼睛等死。

沒有錢的人，當然沒有糧食，就是有錢的人，一樣有幾天必須用罐頭代替糧食。因為日軍佔領初期，米和麵粉，都由日軍統制，港幣也貶去應有的價值，有錢幾乎等於沒有，不過可用較大的代價，買點能吃的東西代替糧食。

在這期內，皇后道兩旁，便是假麵粉的總匯。一些用石灰假麵粉的攤販，成為真正奇貨。他們用原有粉袋，裝進石灰，一袋賣幾十元，你非等到回家濕粉做餅做麵，不會發覺它是假貨。

陳訓念先生就曾經買過一袋假麵粉，我用酵素把它發了一夜，第二天一點都不發。我們決定用它做煎餅，才發現它是石灰，是一種已經失去黏性的石灰。

有些人，為著解決吃的問題，設法捕鳥、捕蝦蟆。在荷李活道就有人捕得長約六尺的花蛇一條，當下殺了，就煮就吃。

蛇在香港，並不多見，尤其是冬蟄期很難捕捉，不知何故，那條蛇卻走出了蛇洞，變成了飢餓者的食糧。我看見捕蛇，這是第二次。第一次是在擺花街；有一條七尺長的灰蛇，被人捕殺。時為三十年八月。據鄉里傳說：這蛇已吃了七、八隻小雞，還咬死了一隻母雞。

看到蛇，我就想到了寧兒，寧兒患左腿骨癆關節炎，在上海骨科醫院沒有治好，後來不知打了多少針，還是一樣，當他覓得一國醫教以用三蛇療治時，我卻離開了上海，等到他關節炎治好後，又因好作激烈運動，重新發作，這就成了更較過去為重的病症。所以，我看見了蛇，也就想起了寧兒。寧兒，幼時頗敏慧，如果不患骨癆，那我家問題也就更易解決。

蛇在福州，是有人吃的，但我卻不曾吃過。福州人的吃法有二：一是煮，二是炸，炸時必塗以紅糖和糟，然居多是單獨的煮或炸，並沒有什麼三蛇、五蛇同時下鍋的。

香港人對於蛇，有特別嗜好，跑馬地山光飯店，曾於三十年秋天，發售五蛇羹。合五種不同的蛇製成一羹，售三百元，足供十餘人一飽，《國民日報》曾訂購半碗，供社中高級人員飽啖。它的好吃處，在於比雞肉嫩得多不必費咀嚼的氣力。

除蛇外，其他飯店也有以澳洲牛排號召食客的，那時英軍在港人數一師以上，約佔三萬人，中以澳洲兵為最多，且澳洲牛排，肥嫩無渣滓，確極好吃。

有些飯店則連吃帶玩，它除以飲食號召顧客外，還以麻將牌、妓女、導女，供顧客取樂。當程滄波到香港主持《星島日報》筆政時，新聞界人士曾聚飲於海濱某飯店。那天，大家飯飽後，叫了一個導女。程滄波當問導女：「你的稿費千字多少錢？」導女當然不懂，程先生也不過感於香港稿費之簿，聊作此問，以表示賣稿遠不如賣笑所得之厚而已。程先生與其說是問導女，那就不如說是問幾位報館負責人。因當時香港導女每小時導遊費為一元，而文人稿費，則除極少例外，便只有千字一元，可說是菲薄無比。

在飯站中，張竹平所設的中華飯站，倒是純粹上海式再加上西化的。中華飯店設於華人行的六樓。下午售小籠包、餃，為一特色。記者會有時亦在中華飯店聚飲，並曾移至張竹平公館飲酒。張竹平家居香港，有廳，可供跳舞之用，他的女兒即與男友在此跳舞。廳中除有跳舞餘地外，還有可供飲酒的地方。他訓練店員，使其適應現代化的要求，也供以必不可少的衣服，還買了不少餐具，想擴充營業，然而太平洋戰事爆發之後，也成為難民之一，沿著西江走到廣西，他的計畫，就成為泡影。後來我在廣西的桂林，還遇到他，此後卻不知所之。

啼笑皆非的宣傳政策

吃黨報飯，並不是容易的事，做得好，是應該；做不好，便請另覓高就；並且，宣傳部中是經常為著一個目標而製似通非通的政策，這政策如果真的使用了，那就簡直是無報可辦。二十九年，宣傳部的政策，在於培養《大公報》，使其成為輿論權威，於是決定了黨報不爭新聞的宣傳方針，要各地黨報照辦。《國民日報》當時就為這黨報不爭新聞，吃了好幾次大虧。當陶希聖、高宗武拿汪兆銘和日本所訂「日支新聞係調整要綱」宣布的時候，中宣部決定先在《大公報》刊載，然後再由他報轉抄。接著中央決定召開中委全會。中宣部也要先讓《大公報》刊登，儘量造成《大公報》消息靈通的地位。

中宣部的政策，據說是由少數美國人不喜閱有宣傳性的黨報而起。他們說：「我們不能沒有一張權威的報紙，目前仍站中立地位能賣錢的報，是《大公報》，我們自應設法提高它的地位，使它能說比較響亮的話。」

但黨報不爭新聞的號召，在中宣部之外，實無一人感到興趣。大家都知道：辦報目的，就在於刊載大眾所關心的新聞，如果報紙可以不爭新聞，則等於競走可以不爭先，如果競走可不爭先，一切便都不必談，我們又何必辦什麼報。

主張黨報不爭新聞的人又說：「義大利的報紙是由蓋達代表，它在墨索里尼將有所作為之前，能在言論中，有所表示。故其言論遂成為代表法西斯的言論，受到國人的歡迎，我們也應該向著這條路走去，我們不應跌到爭新聞的圈裡。」事實上，他們不是新聞記者，所以只知其一，不知其二。蓋達言論成為法西斯黨的代表，是由於黨的授意，也由於那報紙的報導迅速確實，決不能單靠言論建立權威，亦不能丟開《新聞報》導而形成一有力的報紙。現在我們別的都不學，卻單獨學這以言論取勝的一點，這就真是東施效顰之類！

當黨報不爭新聞的宣傳方針，透過「日支新關係調整要綱」而實現，變成《國民日報》非等《大公報》發表不能刊登時，我幾因而辭職。我覺得：這政策，是不能忍耐亦不能接受的自殺政策。因為黨報不是專為少數美國人而辦，少數美國人縱不看，我們也不能故意使它的新聞落在《大公報》後面。我們應善自維護自己的黨報。使自己的報終於能夠出人頭地。我們不能採取這種所謂不爭新聞的落後政策。

黨報不爭新聞的政策，是中宣部製定的，製定這政策的人究竟是誰，雖至今尚不十分明瞭，但已支配了六年的時間，從三十年起到三十五年止，黨報不爭新聞，成了權威政策，除在香港外，在其他地方像廣西、重慶等處，就都要受這政策的支配，一直到三十六年，《大公報》顯已一面倒倒到共產黨方面，黨報不爭新聞政策，才正式宣告壽終正寢。

除卻不爭新聞外，還有避免磨擦政策。這避免磨擦政策，是為共產黨而設的虎頭牌，雖早已失去權威，但也依然絆手絆腳。香港《國民日報》，早與共產黨同路人，從事你死我活的決鬥，終於迫令胡好驅金仲華而延聘程滄波，但中央卻還要維持避免磨擦的表面。共產黨同路人的誣衊宣傳，是令人無法忍受的。他們不是說國軍和日軍是正合力剿共，就是說國軍不戰而棄某重要要點再不然也是極力宣傳重慶防空洞死傷的慘重，或各地學生反孔風潮的劇烈。他們要求釋放張學良，也要求釋放馬××。他們並且頂了這塊避免磨擦虎頭牌，禁人寫反駁的文章。有時候，我們如出而作戰，便是不避磨擦，我們如默爾而息，則又非良心的所許，真使我們因此而感到啼笑皆非。

中宣部的宣傳政策，固多如上述，令人感到啼笑皆非，而其宣傳指示的遲緩，則更令人不欲置信。它往往對一件大事，作三日後的指示，它幾乎不知道新聞究竟是什麼東西。因此，報社每次收到宣傳指示交到我手裡時，我總要把它放在案頭，等寫完當日評論再拆看。我知道它的內容，我還已先它三日就實行了，實無予以理會的必要。

宣傳指示遲到原因，在於發電遲、抄電慢、轉電要經好幾手，當日指示結果都要等三日後才到《國民日報》館。到了報館，便成明日黃花。

宣傳指示的遲到，已令人頭痛，而遲到的宣傳指示，又多含有偏見。譬如：美日的必戰，在野村吉三郎和來栖三郎赴美時，是決定了的，但中宣部卻力戒各報，不許言戰，直到十二月七日為止，我們所得中宣部宣傳指示，還是說：美國和日本，沒有非戰不可的理由，我們說話，務須謹慎，不應說他們必戰。我們應該說：他們是可在一些條件下妥協的。可惜宣傳指示雖如此，十二月八日，日本便襲擊了美國海軍根據地珍珠港。粉碎了許多美國人的親日夢。

在宣傳美日不戰期間，輿論界起了紊亂的現象。一些共產黨同路人的報紙，自然是力持美、日不戰之說，若干沒有背景報紙，亦多予以附和，甚至說，英、美已經分了作戰範圍，對日作戰是美國的事，英國可袖手旁觀，不必捲入漩渦中，故香港乃必無戰事的安全地帶。

宣傳紊亂到了這地步，顯然非有事實的解決不可。日軍十二月八日在太平洋的飛機和大礮的攻擊，就成了最有力的事實解決。在事實解決之後，左派同路人，戢然收聲，準備滲入桂林和重慶，他們所認為最有發展希望的地點是桂林，他們都認李宗仁故鄉的桂林，能容左派活動，是一個良好根據地。

李宗仁當時雖在重慶，但黃紹雄卻在桂林。黃氏對於左派人物，都予以安置。他對逃難到桂林的左派，花了很多工夫。他把綏靖署省署的參議，送給田漢、歐陽予倩等人，還答應他們而設藝術院，又把金仲華做《廣西日報》的撰述。其他人士，像長江、喬木等等，也都受到廣西特有的招待。

廣西給予他們特有的招待，結果更證實了李宗仁當時已有招亡納叛的意思。有些宣傳人員，對於這件事，感到相當尷尬。他們說：「這決不是李宗仁本人的意思，也許是廣西裡面有些人自作主張的自主做法，也許是中央委托廣西當局實行的任務，二者必居一，李宗仁是決不自立門戶的。」但這些宣傳員無論如何說法，都掩蓋不了廣西少數人夜郎自大的形跡，也消滅不了李宗仁領導左派來統治中國的居心。

一位中宣部的人說：廣西的特別招待左翼，是為了團結他們，這和文化運動委員會的招待，並無區別。文化運動委員會招待他們是更較廣西為優的。由此足證：中央對於左翼人士，已決定爭取，沒有把他們攆出國門，不與同中國的意思，我們應尊重中央決策，不再鬧黨派的意見。

當時左派人士要打倒的主要對象，是陳果夫、立夫，因為這就是黨的核心組織體，這組織體如果崩潰，黨也必然崩潰。次要對象是孔祥熙，他們以為孔祥熙的財政權，是最有力的統治工具，非把孔打倒不可。他們曾發動昆明聯大學生揭起反孔旗幟，從事倒孔運動。他們並將所有黨員全部叫做「CC分子」或「CC走狗」，使人恥於依附CC。我在桂林時，曾發行「萬象雜誌」，中央宣傳部發給我的通知，是由《廣西日報》轉送的，《廣西日報》的人便在上面批有「CC走狗」

四個大字，當陳立夫先生到桂林時，我曾將這情形通知他，請他注意。

我所以要他注意這件事，不是我恥為ＣＣ分子，要他替我洗刷，是因為他已成為被打倒的中心人物，應該注意這一傾向。我沒有政治興趣，我不必參加ＣＣ，也沒有否定非ＣＣ分子的必要。

十八日的香港戰事

十二月八日清晨，如泣如訴的警報聲音，把我驚醒了。哦！今天就是我們所希望的日子到來了，我們自非妥善應付不可。因為今天是中日戰爭擴大到了中、美、英對日作戰的日子，我們應為適應戰爭而盡最大的努力。

我和陳訓畬、王啟煦同訪陳策於榮記大樓，和陳策商談一些宣傳作戰的方針。我們決定把編輯部遷到中華樓的三層樓上，繼續編輯印刷，儘可能的一直出報，出到不能續出為止，擺花街適當日軍艦大砲之衝，砲彈時掠二、三樓樓沿而過，並有一彈，打掉排字房的樓角，彈片飛到我的寫字桌，我正寫評論，一片砲彈拍的一聲打穿桌面再轉到右邊抽屜。當時是好在鎮靜，如果稍慌張，便有被彈片打傷的可能。我曾親眼目擊，一位好事的人，爬在報館附近屋頂看砲彈，結果頭顱卻被大砲吸去，身體橫躺屋頂；所以報館不能不搬。

報館搬到華人行時，自來水道已經有了損壞，若干區已無水供應。華人行也沒有了水。一位剛生嬰兒不久的英國少婦也住裡面，伊已一日無水，始向我們求乞，時在下午六時左右，我們已停止辦公，但尚未分散，遂傾水瓶餘水予之，餘水不滿杯，且污濁，但伊則如獲異寶，再三稱謝。

當時《國民日報》，日出兩次，一次為下午編就、翌晨發行，另一次則為午報。我們每日上午八時前，便由般含道的王啟煦宅中出發，直往華人行，到下午六時編完第二日的報紙，才乘落日餘暉，回到半山去聽夜戰的砲聲。

戰事開始日期是八日，但到十日，九龍已先失守，山頂英軍為欲阻日軍的渡海，曾發砲射擊排列九龍尖沙嘴前的輪渡。

英人集了一些印度軍及英軍守香港，但若干印軍對戰事似已完全沒有興趣，銅鑼灣有個據點，便是由印軍據守而首先放棄的。

香港的正式投降，是耶誕節的那一天，但日軍的滲入香港跑馬地，卻在聖誕節五、六日之間。日軍滲入跑馬地後，香港即分而為二：一為跑馬地，二為跑馬地以外的地區。

戰爭爆發後，譯亞洲幕的蔣××，在由香港回到九龍時，中槍彈死於船中，這是熟人中首先遇難的一位。

本住在侯王道的湯增毅，當時在香港，是陪夫人蔣劍英女士養病的，因蔣女士患了嚴重的病，入院就醫，遂將兩男一女托女傭看管，女傭當戰爭爆發，「爛仔」到處橫行時，即帶湯氏男女公子，來到香港，雖事實上是等於放棄全部家產，然卻是最好的決斷，也是最有益的決斷。

另一件很動人的事，是胡春冰和立報的故事。當時成舍我已飛往重慶，立報本由胡氏任總編輯，戰事發生後，立報處於無米為炊的狀態，胡氏仍設法使之出版多日，直到真正無法維持，才宣告停刊。在戰爭期間，胡氏沒有回過九龍帝街的家，他太太帶了男女公子來香港，這才使他能闔家由港逃難到內地。他為著立報，幾乎是丟掉了夫人和男女公子。

當時，最流行的一件事，就是搬家。住中環的搬到了東西環，住半山的又搬到了海濱，人人都恐故居若被發覺即將遭拘囚，或殺害，故在日軍佔據香港前，便互易居處，求能避免將來的拘囚殺害。但在互易居處後，竟死於敵人手裡者，亦不乏人。王啟煦家中三樓房客，便是由半山搬到跑馬地而死的一家。

這家人計三口，兄嫂和弟弟。兄任交通部購料處長，因恐居住半山，被認為要人或富人之一，故在砲聲響後，立即全家由般含道搬到跑馬去住。但在香港淪陷前日軍登陸滲入足馬地時，他們竟毫無所知，結果日軍遂先殺其弟，姦其妻，然後再殺他本人。

在香港淪陷前兩日，我們還曾到西環陳訓念的家裡，聽了一夜的轟炸聲。我們在陳家吃過晚飯後，轟炸的爆炸聲和砲彈開花聲，洋洋入耳，為著自己的安全，便都躲進附近的防空洞。當時有一炸彈片，炸去了臨街障窗鐵條的一半，還轉而炸穿客廳的後門，又穿到了廚房上的晒臺，幸而沒有碰到人身，如果碰到人身，那就一定造成可觀的傷害。

那一晚，我們就在防空洞裡，沒有出來。一瓶五加皮，大家分飲，到得天亮，酒也罄了，我們便又到中華樓去工作。我們看到防空洞外一排房屋，還在燒燃，並無一人加以理會。這房屋是昨晚失火的，然卻燒了十幾個鐘頭，非等到大火自滅不止。

回到中華樓時我們心裡都已知道：香港戰爭已經快成過去，問題不過是如何結束。戰前一些美國軍事家，已討論過香港的戰鬥期間，估計戰期最長的是一個月，普通是三週，只有一位叫做狄克的上校，則估為十八日。香港情報處那一天發出的新聞，是打氣的。他說：香港經百年的經營，有百年的蓄積，有力量作長期的奮鬥，終必克服敵人而後已。他要我們作宣傳，還要我們宣傳國軍已附敵人之背，打到了最近九龍的所在，中、英軍隊馬上即可會師。我們雖當然明白，新聞處今日宣傳，實在全是撒謊，但也只好在註明來源之下，予以披露。

這撒謊宣傳發表的第二天，即三十年十二月二十五日的下午四時，香港英軍掛起了投降的白旗，並發表糧食槍械均已斷絕的消息，以證明其投降實出於不得已。計算香港作戰時間，恰為十八日。

在十八日中間，領導僑胞協助英軍作戰的，是陳策將軍。陳氏組織了義勇隊，協助作戰，並參加維持地方秩序。但因義勇隊多跣足，協助作戰者須著皮鞋，他們著皮鞋不慣，曾招致一次失敗，便專門做協助警察維持秩序的工作。義勇隊臂上披了一條寫著紅字的布條，由陳策將軍指揮調遣。當時我國本有三、四艘避難在港的小潛艇，此時便由陳策將軍予以控制；日軍佔領香港時，陳氏遂乘一艘小潛艇潛逃。在鄉潛逃時，還曾遇到跌落水中的驚險局面，但幸終於爬起遇救。

香港投降的那天下午，我們僅四時許就離開中華樓，先到擺花街領薪水，然後再回般含道的王家。在走到荷里活道時，回顧海中一艘油船正在失火燃燒，耳畔還是陸陸續續有步槍手槍的聲音，頭上也還有偵察的飛機，那種情景是永遠無法遺忘的。

我們的《國民日報》，編好了，印好了，因為恐怕再晚一點就發不出去，便囑發行人連夜趕發，不要等待明天。趕發是成功的，因為二十六日的拂曉，我們在半山還買到自己的報。

日軍一佔領香港，香港許多地方的街頭巷尾，都變成賭場。左一攤，右一攤，全是骨牌，幾十歲老太婆和十零歲的小孩，也都是牌攤的攤主。

許多怕事的人，都把鋼帽丟在街中，也把垃圾倒在街中，結果所有街道都先由青蠅佔領。繼之而來的，則是爛仔的搶劫。爛仔本是香港的贅瘤，此時宣告了潰爛，到處攔路搶劫，誰也無奈他何。我因尋覓胡春冰，路出荷里活道的坡上，就送掉了一枝水筆，一隻手錶和十零元港幣。

在日軍正式疏散難民前幾天，在港難民便已自行設法，偷渡出港，然後再循東西江入粵轉桂。首先花了三百元港幣逃往內地的人，是《大公報》的胡政之。他安全到達東江後，帶信給報館的人，要他們分別起程。大家因為他是胖子，行動並不十分方便，尚能安抵內地，便起了從香港逃出並不太難的信心，同時，掮客也就到處勸人逃走，甚至一人只要幾十元也肯包送出境，不過，真的包送難民出境者，固不乏人，專以包送誘人的騙子，亦復不少；誰遇到騙子，誰就倒了霉。我曾目睹三個商人，每人出八十元請人包送出澳門，結果行李剛到碼頭還不曾下船，便讓日軍發覺攔截，仍舊回到原來的住處。

正在這樣混亂，日軍卻正式宣布，允許難民出港，並備船免費遣送。日軍備船遣送的難民，是三十一年一月二十二、三日的事情，然我們卻在二十五日才踏上了難民船。難民船係由雞眼漁船三四艘再配上一艘有馬達動力的渡輪所組成，每艘漁船所載難民都在五百名以上，再加行李，早已超過應有載重量，但大家為著逃生也就不顧這個危險。我們什麼都不怕，只怕日軍不容我們逃出他的掌心——香港。

我們上難民船的那一天，胡春冰成了指揮官。他帶了報館同仁外，還帶了姓麥的一家，麥家就有三十個以上的皮箱。麥家皮箱如何下船，這是直到今天我還不十分明白的一件事。我猜：大概是早在晚上他們便已僱人抬到船上，不過，是否如此，卻還是問題。因為照日軍的規定，凡是下船出奔的難民，都必須自攜行李，我也就是自攜行李的一人，何以麥家能在晚上就僱人抬行李到船上安放？

船走了一天一夜才到中山。在未到前，沒有飯吃，沒有水飲，這都還可忍，只有並無排洩處這一點，卻苦了婦孺。婦孺在最後是在坐處排尿。那種狼狽情形，實非筆墨之所能形容。

船到中山，停了一個多個鐘頭才登陸。是因為中山方面物價在暴跳，深恐大批難民到達之後，糧食更貴，有些人就擬阻難民入境，以免物價發生突變。後來，一些原籍中山的人說：「我們今天是還鄉，不是做客，你們決不能阻止我們還鄉。」那些想阻止的人，無話可說，這才許船上的人上岸，但已稽延了一個小時以上。

這時的中山，已是淪陷區。我們這些假的還鄉客，住到一個唐家祠堂裡。胡春冰夫人和男女公子因有姊妹招待，住在姊妹那裡。住了三天，我們到公園裡玩了半天，並在一個唐姓家中吃過年糕，才再向前進，到達了石岐。這時，有人向日軍報告：胡春冰是抗日分子，應予逮捕；也有人向日軍報告：麥某所帶行李如此之多，必非普通難民。於是日軍在石岐扣留麥某，欲進而逮捕胡春冰，胡春冰目擊麥被拘，立即落荒潛逃，我們也立刻離去中山的石岐，進到順德的小欖。

小欖我們耽擱了兩、三天，才再走路。我們住報館同事某君家裡，本是一個新婚的家庭，現在變成了難民窖。在小欖，因帶路人難請，大家不敢走，陳訓念恐為日軍發覺追及，乃先行，他行後第二日，我們也就冒險前進，不管前途是否安全了。

從小欖向小沙坪，路並不甚遠，但須潛渡西江，西江日軍艦則不時發砲射擊，若干被發現的難民，曾連船帶人變成炮灰，因此潛渡的人都小心翼翼，要等山上有安全信號才過渡。在過渡中，大家為著爭取安全，總是儘力鼓楫，求能早登彼岸。彼岸有我們游擊隊，那時候正展開招待難民工作，他們用以招待難民的唯一食物是紅薯或白薯，每一難民渡江入境，他們即饗以蒸熟的紅薯或白薯。

這些游擊隊，事實上都是便依國軍，他們的紅薯白薯來源，多半是用米換的，他們穿了單烤綢短衫，面目烏黑，像是從煤礦裡爬出來的。在便衣隊之後，便是正規國軍，彼此據點的距離，約在二、三十里之間。我們從淪陷區到游擊區後，再轉到國軍防地，一切便都進到正常狀態。

游擊區的狀態，不穩定，敵人時來騷擾。當敵人來時，游擊隊皆暫避匿，等敵人去了，再出現於其間。樹幹上遍揭游擊隊標語：「歡迎參加游擊隊。」

在游擊區的小沙坪口，高懸著一幅青天白日滿地紅旗，我們船行抵此，都不期而高呼：「萬歲！」

小沙坪的孟嘗君

小沙坪，是一個鎮，人口頗繁，市區亦廣，我們船行到此，有一位李姓的富人，聽說我們是從香港逃難而來的文化人，立刻吩咐挑夫，代挑行李，挑到他的家裡。他家離碼頭不遠，但因尚待收拾整理，使請我們先到他的店裡稍坐，坐約半小時，他才請我們到他的家。

這位李先生，穿了一身舊署綢衫褲，年紀約在四十左右，在小沙坪算是最有錢的富人，開了米行、鹽行、香料行之類的行店七家，家裡有一座很寬敞的樓房，還有一口魚池，他借給我們住的地方，就是那座樓房的二樓全部。

當晚他還曾囑行中夥友，陪我們出遊、飲酒。一位香料行夥計陪我到一個小館去飲酒。吃到了炒得極好的芥藍菜。夥計告訴我：「李老闆雖然做生意，然國家觀念比任何人強烈，民醫意識比任何人明瞭，現在他已決定招待從香港逃難前往內地的難民，請你們一點都不要客氣，接受他的招待。」我問夥計：「那李老闆的財產之多，豈不可想而知？」夥計又陪我玩了八圈麻將，到十一點才去安眠。

我們在李家住了兩天，吃他三頓飯。他每飯每桌都供兩條鮮魚，一個蹄膀，再配上別的菜。魚都是從魚池裡撈起來的，不止新鮮，而且肥嫩。

第三天，我們將離去李家時，我們決定由我用代表名義向李先生道謝，並餽現鈔二百元，酬其優渥的招待，但李先生卻堅決璧還我們所餽現鈔。他說：你們如果有所缺，我家將效微力，現在你們已有錢，我就不贈川資了。我們不得已只收回這筆小款，並在一張紙上留下了自己的姓名，約在勝利之日再來共飲凱旋酒。

這位小沙坪的孟嘗君，的確是富而好禮，並且善用其富。當時小沙坪還是並不十分穩定的游擊區，然而他卻大膽的招待我們這批文化人，無所忌憚。他不要錢，也不要任何東西，僅僅是因為有人向他介紹，說我們都是中央在港的文化工作者，便把二層樓全部搬空，接我們去住，還供我們的膳食。這種令人驚異的慷慨，也只有在富裕的廣東西江，才會遇到。

從小沙坪向鶴山出發，我們也走路，也乘船。這一路沒有敵人，是國軍駐守的地方。我們在一個破廟住下後，會到縣黨部報到。縣黨部有救濟民的預備，有錢也有飯。但我們的目的卻不在乎一人兩塊錢一碗飯。我們是使他們知道，我們已平安到達鶴山，即將更向桂平前進。

從鶴山到桂平是一段水陸都不很方便的路。我們先從陸路走向楊梅鎮，再從楊梅華鎮乘公路車前往濛江附近的一個站，然後再乘船逕往桂平。

在上溯桂平的一般水程裡，我們幾乎成為江魚。我們所乘船在八百八十八灘中間，有動力的磨托船和所拖乘船的竹纜，突告中斷，船不僅不能前進，並門立刻後退兩、三丈，幸而船雖倒退，並未觸到西江江底的石頭，船上的人遂一面先使乘船不倒退，另一面則設法另換一纜牽船前進，我們才安然渡過這個八百八十八灘，到達了桂平。

事後回顧，這次我們就真是幸運。因為斷纜地點恰好是在將到達另一高灘的數尺，江左右全是峭立如刀的頑石，如果觸到頑石，便必然是船碎人亡，縱令不觸左右的頑石，若倒退四、五丈，回到來時的灘路，也必然是人船同時沉江，而今既不觸頑石，亦不退到來時的灘路，真是萬幸！

越過八百八十八灘後兩日，我們經過石龍，到了柳州。柳州的一切，都像是由廣東人經營，房屋的建築方法，完全是廣東的，一些店家的陳設，也和廣東人相同，所以。柳州雖屬廣西，柳州的文化卻是廣東文化。柳州居民，亦多屬廣東。市面繁榮程度，引於西廣西全省，桂林也要退讓三舍，其他地方，就更不必提。

在柳州，我們分住旅社裡。陳訓念和我們決乘火車、汽車經貴陽前往重慶，其願留桂林待命者，則前往桂林。《國民日報》的逃難隊伍，此時分而為二：（一）往桂林靜待後命。（二）從柳州前往重慶。往桂林待命的人，是王啟煦、鄭炳森、李賜福等十餘人。其餘的人多往重慶。

我們先乘一段火車，從柳州往金城江，然後再從金城江往重慶。沿途叨陳訓念先生的光，都有農民銀行人員出來招飲，使我們每日皆有醉意。

到金城江時，金城江的旅館主人很殷勤的招待我們，向我們索文字留紀念，請我們飲三花酒。

在貴陽，我們留了幾天，就飲幾天的酒。貴陽雖是禁酒領域，但有勢力的人們，卻向不受任何禁令的約束。貴陽《中央日報》社長王亞明，就是不受禁令約束的一個人。他曾請我們飲酒，直到飲醉為止。我們在他那裡，飲到最好茅台酒，是多年陳酒，不過也僅有一瓶。那天共飲三瓶，飲到末瓶時，我的酒都已經差不多了，因為特別香冽，又續飲，飲到剩一杯時，由我連瓶帶走，放在房角，留給不曾飲到的陳君，然陳君飲盡後兩、三日，空瓶還是發出奇香。這瓶酒，王亞明不曾拿出前，卜少夫幫著我指索，所以王亞明的拿出這瓶酒，卜少夫之功，實不可沒。

貴陽銅鑼巷，有賣純陽正氣雞的一個人家，每日殺雞三十隻，決不多殺半隻，要吃雞就要先定。我和沈秋雁等，也吃過這種雞。賣雞的人是一位五十歲左右的男人，住宅為一進，三十隻母雞總是先一天就養在天井裡。提到味道，我並不覺得特別高明，只是湯裡不會滲入醬油，如此而已。

從貴陽往重慶途中每站都有白木耳出售，但價並不賤。我們曾因汽車拋錨，有一個晚上曾到一個山家烤火，烤到半夜又起來推車前進。當時汽車拋錨是常事，我們還不會遇到最壞的時候。

沈秋雁是在貴陽遇到的，他要到重慶，遂與我們結伴同行。沈先生真是交游遍天下，所到的地方都有熟人。當時，他帶了兩個弟弟同行，現在一個小弟弟還在台省中製影片廠服務。

這一次，我們在途中送去了辛巳的蛇年，接到了壬午的馬年。十二月二十四日我們在肇慶，接著我們就到梧州。我們在梧州，也過了有酒可飲的一個除夕。直到我們到達重慶海棠溪為止，我們和酒總分不開。有酒的地方，總有我們，有我們的地方，也總有酒。這在兵荒馬亂的大後方，的確不是很容易的事情。

我們從三十一年一月二五日開始逃難，到二月二六日到達抗戰首都重慶，前後歷時三十三日。有三分之一的路，是由每一個人的兩隻腳走過的，其餘的路，則大半利用汽車、火車乃至高腳人力車。高腳人力車是廣東特產，散布在中山、順德一帶，助逃風者走已受毀壞的公路。我們路每日最多走六、七十里，兩隻腳都生了水泡，還是要再走。

當二十六日到重慶的中午，我們所乘公路汽車又拋錨一次。我們因為路已只剩幾公里，修車不知何時修竣，便決定步行前往海棠溪。但當我們決定步行時，路上卻發現了蜆子。我們花了半個小時以上時間，去捉蜆子，捉了一個小布袋，決定帶到重慶。

捉了蜆子，走到海棠溪，在江口等車，等了半小時，車和行李慢慢到達，我們才搭渡船過江，結束了這次三十三日的逃難旅程。

到了抗戰首都重慶

我們到重慶的時間，約在下午六時許，因中宣部有招待所設於兩路口附近，我們就也把行李搬到招待所。

重慶是一座臨江山城，市中心立在山城最高處，再由南北兩面分劈而成街道，好像是一條蜈蚣，我們所住兩路口附近中宣部招待所，就是市中心最高地的一部。我們來時所過的江，是長江，因位在上游，水淺流急，和中下游的道緩而深廣，迴不相同。

海棠溪是重慶吐納入物的港口，有渡船，從港口上岸到了較場口，便見精神堡壘矗立其中，好像告訴我們：二八年五月敵人的疲勞轟炸，沒有損害我們民族的精神。我自民族的威武不能屈，已在這人的大轟炸中，有了充分的表現。從較場口徐徐穿過建在地平線下的凱旋門，便到了為山城脊樑的市中心。凱旋門實是一個大橋的涵洞，它位於一個「人」字的道路中間，是因山而建的一個門。賣卜的、看相的、賣糖果的，多在門中，席地陳列，造成了門中的熱鬧。

招待所是一所二層樓房，裡面除幾張竹床外，一無所有。我們幾個人到招待所時，已是萬家燈光，但所裡還沒有燈、沒有開水、沒有一切。陳訓愈悆早已回到上清寺美專街一號他哥哥陳布雷先生的家，沈秋雁兄弟和顧××則與我同住招待所。

不過，我的出港回渝，立被朋友知悉。宓季方、潘廷幹、徐則驤等，都來看我，潘公展先生還請我搬到飛來寺他公館裡去住。中央黨部祕書長吳鐵城先生，發了二千元的獎勵金外，還為我和童行白、葉公超等備了一席盛筵。中宣部的王世杰先生，在茶會招待由香港及其他各地回國人員中，招待過我之外，又另行召見，問我：「你想做什麼事？」我告訴他：「如果福建《民國日報》由我辦，我定能把他辦好。」他說：「福建《民國日報》已交給一個姓林的去辦了，你如果願意，可以去做總編輯。」我沒有答應。他也發了千元的獎金。我一共領了中央黨部三千元的獎金。

中國廣播公司為我排了一小時的演說節目，讓我報告逃難經過，但我沒有去。我覺得我僅是新聞戰線上的個兵士，不是英雄，這次回到重慶雖非棄引曳兵而走，然也決不是凱旋，沒有可向國人報告的什麼戰蹟。

過了忙碌應酬期間，我搬到飛來寺潘公館去住。潘公展先生立即發表我做中央圖書雜誌審查委員的審查員。月薪二百八十元，再加食米，約合三百元。當時法幣還相當值錢，三百元足夠一家庭的費用。重慶社會服務處出賣的自助餐，每客僅取費二元，每人可吃一菜、一湯、一飯。

在搬到潘公館之後，蔣委員長賞吃一次會報的便飯。當日報告國際形勢的人，是陳博生先生，當時他是《中央日報》社長。蔣委員長因有一工友被擢升為少尉，曾發盛怒。他說：「唯名與器，不可隨便給人，工友不論有何功績，都不應拔為少尉。」當時辦公廳主任張治中，辦公廳第一室主任陳布雷先生，都在起立答辯後，泫然流涕。

我看到這種情形，頗為惶惑。我常對朋友說：辦公廳的人拔升委員長的工友為少尉，自是大錯。但委員長在大庭廣眾的會報中，窮究這件事，便不如等會報過後，再叫張治中，予以告誡。

這次委員長的邀我參加會報，是陳布雷先生的安排。布雷先生過去曾將我在香港所寫「建國如建屋」一文，剪呈委員長，這次又特別為安排一個可和委員長談話的機會，並將我的座位，放委員長面前，那意思是使我成為最先得月的近水樓台。

我和沈秋雁等還會往謁林森主席。在國府中談了一些做新聞記者的問題。他那一副光亮的眼，配在霽月光風的臉上，令人一望而知是藹可親的者。他愛古書畫，也愛古物，市井傳說，他曾為一偽硯受了巨騙。

到過國府後，我們還會訪俞鴻鈞於財政部，當時他是財部次長。這位先生，是因上海跑馬廳送他的例費，他卻繳到國庫而受特達之知的。上海每年跑馬季節前，跑馬的主持人，都要送一筆相當可觀的巨款給市長，但送給俞鴻鈞的鉅款竟被俞氏繳入國庫，因此，委員長深愛其廉潔。

俞鴻鈞和我們談話時，王繹齋也在場。王繹齋是在桂林認識的，後來他在黃金案中，成為幾兩黃金的犧牲者。被判處徒刑三年。當我們訪問俞鴻鈞時，他是財部的祕書。他才結婚，太太是一位廣東女性。

搬到飛來寺的潘公館之後，每日都有些時候，展開望遠的眼。潘公館是山上建築，高出飛來寺路約五、六丈。大門和下面的巴東中學大門，遙遙相對，走下七、八十層石階，穿過飛來寺，便到了巴東中學。再望遠處，則山光樹色，半在霧中，永遠看不清那是怎樣的地方。因重慶向有霧市之稱，市外的山又多終日有霧，故在重慶登高望遠，所看到的遠景，大抵都只有雲霧一團。

從飛來寺潘公館出來，右邊里許是中一路，左二邊二里許是上清寺。但其中不少使人發生錯覺和引人走圓環的小路，走路稍不留心，便可能從屋前繞到屋後，走了半天，還是等於不走。潘公館的左後面的是兩路口，那是江邊一條路，是挑夫聚集的地方。那些挑夫，往往把客人整擔行李挑到他們自己認為無人發覺的地出售。

兩路口除為挑夫聚集地外，也成為部分小飯館、茶店、紙煙攤集中地。在這裡吃飯並不太貴，僅僅是比自己買菜來煮稍高約二、三成左右。他們也就為了有這二、三成收入，開店做生意。

在潘公館住十幾天之後，圖書審查雜誌委員會總務處長趙××先生，請我搬到會裡去住。他自己早住會裡，所以要我也搬家。我欣然允諾，決定第二日搬進。

第二天是中宣部招待海外歸來文化人的日子，會從下午三時開到五時二十分才散，散後我便在兩路口叫了一個挑夫到潘公館。這位挑夫是四十歲以上人，他看見行李是四件，不肯挑，要再叫一挑夫幫挑，於是我便另叫一個年輕力強的前來，要他一人挑四件。

不久，一個三十歲左右又高又大的挑夫來了，我和他講好挑價後，便跟著他的背後走，我想走到審查。

我們走到中宣部招待所門口時，還遇到沈青儒談了幾句話，才再前進，但當進到下坡路時，挑夫卻很快的走離了我，只在一轉瞬之間，挑夫已不知去向。我的四件行李，也全被挑走了。在這全被被挑走的行中，除所有衣服、被褥外，還有一部已經譯成的《地方自治史》，首半本《香港十八日》。《香港十八日》是為劉伯閔寫的，我已收了劉伯閔的稿費。

當晚審查會總務趙先生，借我一件大衣當被蓋。還陪我走了半夜。從晚上八點多鐘走到第二天早晨的一時。

首先，我們到挑夫逃走的地方警所裡報案，填好失單，報好挑夫形狀，一位警員卻告訴我們：你們應該到上清寺警所報案才對，因兩路口是上清寺警所管的區域。我們覺得有理，便上清寺警所報案。我們填了失單，說了挑夫的年貌之後，警員告訴我們：你應該到失物的地方報案。我們說：我們已在失物的警所報過案，他們要我們來你這裡報案，如果我們報的地方都不對，那就請你告訴我們，究竟要到什麼地報案才對？那位警員想了半天才說：你們最好還是到偵緝總隊去報案，由偵緝總隊再發交各區來辦。在這種情形之下，我們當然不能不再去偵緝總隊走一躺。就這樣左右奔走，趙先生整整陪我走過了當日的午夜。

這天晚上，我就靠著一件趙先生借給我的大衣，當被褥，睡在審查會裡。會裡睡的地方，生滿了臭蟲，你一瞑目，蟲便爬出咬你，因此當晚我幾乎是無法成眠。

第二天，太陽光晒淡了遺失行李的記憶，加上朋友們已開始救濟的運動，這就使我又從若干朋友那裡得到了豐厚的補償。首先，我收到的贈品，是潘公展先生送來的一條棉被，每過兩天，便有送衣服的、送墊褥的，他們都知道我已是一個一無所有的災民。

從重慶回桂林

我行李被挑夫挑走的第二天，陳布雷先生曾寫信給偵緝總隊長唐縱，告以：「吾友王某行李遺失，尚望出力緝捕。」那位唐隊長，居然用充滿自信的口吻，答覆布雷先生。他說：「令友王先生行李，現已在偵緝中，日內必能使其珠還合浦。」

再過約半月，一位偵緝員到審查會告訴我：挑走你行李的挑夫，姓梁，名××，現不在渝，我們已捉到他的哥哥，加以追問。但也問不出什麼，所以又放了他。偵緝員還拿公文給我看，表示他們確已為此案動員，公文不看還好，看了就使人不敢相信自己的眼睛。公文就是半月前我和趙先生到隊報的案，上面的日期，是三月十六日，但在隊裡收發處、祕書處、隊長這三個地方，都經過了兩個整日的公文旅行，上去如此，下來亦復如此，所以近半個月之後，才交給那位偵緝員。偵緝員和我談了半個小時，只是推說：這個梁姓挑夫，不在幫會裡面，我們沒法捉到，如果是幫會裡面的人，那我們便能立刻捉到。

我曾出一千元的賞格，凡是能把我行李找到的人，我賞他一千元。偵緝員因此問我：能否增加賞項款額，使幫同緝捕的人更起勁的去偵緝。我問他：要增加多少才有用？他說：恐怕要再加一千。我說：我沒有這許多錢做賞格，如果我有二千元，那我也不必找回行李了。我們說來說去，都是這些不落實際的話，真是無味之至。

偵緝員去後，我完全放棄了偵緝隊能夠覓回行李的希望。我更為偵緝隊裡的公文旅行亦與其他機關無異而歎息。有些同事還為我的未向偵緝人員行賄而慶幸，因為有的失物人，是失了一些東西之後，再破費一筆等於賄賂偵緝員的費用。

放棄了覓回行李希望之後，又得到中宣部要我即回桂林待命的命令，中宣部表示：香港《國民日報》可在桂林出版，《國民日報》人員應在桂林集合籌備。於是我立刻準備回到桂林。

和我同往桂林的人是沈秋雁，搭乘的交通工具是公路汽車。這時公路汽車，雖一日比一日更壞，更容易半路拋錨，但因為除此之外，只有極不容易買到的飛機票，所以車雖日壞，乘客卻依然眾多。

這次我們是純粹乘公路車到桂林的：我們沒有乘火車，火車已經宣告不通。我們沿途沒有再去訪問故舊，免得跡涉「討招待」，但我們認為尚可再遊一次的地方，卻仍往遊。我們在貴陽曾遊覽全城，在柳州再訪立魚峰，在釣絲巖我們曾步向望台，看公路的蜿蜒曲折。

立魚峰是一座小山，像一條鯉魚直立地上。柳州駐軍司令部事實上已經佔據此山。他們把立魚峰作為防空洞，可以躲避敵機。這個防空洞，在西南大後方，也許就是最小的一個。洞裡容量極小，最多也僅能容納二、三十人。

釣絲巖是川黔公路上最險的地方，是七十二環的頂巔，人到此地，已是越過七十二環的探險者。路局為了遊客，特地利用山形，闢一平坦而大可三丈的望台，供遊客憑台遠眺。但有心臟病的人還是不登台的好，因望台下臨無地，險處實非言語所能形容，有心臟病的人，實不宜臨下眺。

但釣絲巖雖險，因人皆知其險，所以車輛到此，卻不失事，凡是車輛容易失事的地方，都是比較平坦無須多予注意的平地。這件事使我們可從交通的險處必無事，悟到政治的道理，就是：「無敵國外患者，國恆亡。」

我們旅途中．也遇到幾次很險的障礙：有一次，車停在一條水深且急的溪邊，溪上沒有橋，路局正派人搭建，建成之後，我們因恐人多車重不易通過，決定人先下車，步行過橋，車再隨人前進。但旅客全部過橋之後，司機開車前進，車輪觸到橋上，橋已坍了一半，司機立開快車衝進，車的後輪剛到地上，橋卻完全坍了。當時如果車稍慢一秒鐘通過，車便要墜入急流滾滾的深溪，旅客行李也不能不盡付東流。

另一次，車到七十二環的中間一環，前路忽發現一山上崩墜的石塊，重量至少三千斤，移既無法移，讓也不能讓，全車旅客都著急非常，深恐不能通過。半數以上旅客，已經下車，車上僅餘十餘人。司機忽靈機一動，取出寸許厚木板兩塊，靠在墜石旁邊，然後開車衝去，因一衝就衝動了石塊，車也跟著過去。到站時，始電請路局派人移石，以免阻礙行車。

沿途不問什麼旅店，都有臭蟲，被褥都有白虱。但勤於洗滌的旅店，白虱卻較少。我們除不得已而住小旅館之外，普通都是住在設備較佳的賓館或合作社經營的旅店。然臭蟲的騷擾，總在難免之列。

這次，我們從重慶來桂林，沿途住了七、八天的旅館，才到達所謂「山水甲天下」的桂林。

到桂林後的第一件事，是搬到公家所租的新橋宿舍去住。當時住在裡面的人中間，有李賜福、鄭炳森、王啟煦、唐××夫婦等，他們都在待命中。

我們到桂林，已是四月中旬。桂林氣候相當熱，每日溫度都在七十五度到八十五度之間。這對於失去全部行李的我，卻很便利。使我無須為天寒需要添換衣服而擔憂。

《國民日報》的宿舍，位於新橋，在桂林漓江的東南，從新橋向東行約十五里就是最有名的土山。土山所以有名，是因為桂林所有的山，多草木不生的頑石，只有土山，半山黃土，有草有木，春、夏之交有桃、李，這就成為桂林的珍異。新橋本身是木板舖成的橋，大約已有三年左右，是漓江最大支流上的橋樑，但三十二年春天，卻已被大水沖去，僅留殘址，惟仍有人在此支架木條木板，可以渡過。

過新橋，有七星巖，巖下石洞，可容兩萬人以上，是避空襲的好山洞。每次日機來時，城中男女多向七星巖洞避空襲。這種奔避空襲的隊伍，有時長達二、三里，可以說是我所見避難行列最長的隊伍。

和七星巖洞連在一起的，還有兩、三巖洞，但容量不大，前往避難的人亦不多。中間有一洞，記載明福王侍從的事頗詳，牌石所載姓名，筆劃無缺，不類已歷三百年的古蹟。大概是因為巖洞有蔭，風雨無法剝蝕。

七星巖前有一專售麻姑豆腐小店，有盛名，但據說主人實已數易。今日主人為以三百元買得招牌者。附近類似此店者三、四家，均自稱老店。凡是到過桂林的人，都曾吃過這種麻姑豆腐。豆腐味並不甚佳，麻姑亦不鮮美，這可以說是南北交通早已中斷的緣故。

七星巖洞口，有導遊人，導客遊覽，可穿越數洞，直達可看到潺潺流水的漓江支流為止。在洞裡時，除感覺洞由裡空氣比洞外稍涼約十度外，還覺得這七星巖只是一塊石頭造成的，其中所有巖洞，多出自天成，稍加人工，即可利用，可用作儲藏大量資源的倉庫，亦可用作開會會場，還可成為最大舞台。別的岩洞，總是頂上有水，牆邊有水，只有七星巖洞，頂上和石壁都沒有一滴水。

凡是曾經到過桂林的人，十、九都曾為逃避空襲而奔七星巖洞。他們不論住什麼地方，都喜歡來七星巖洞內外走走，因巖洞外有露天茶攤，可一面飲茶，一面聽情報，如果緊急警報來了，便可徐徐從茶攤步入洞中；假若緊急警報不發，則可在茶攤飲茶納涼，和朋友談天；比在別的防空洞自由得多。

日機來襲時間不一，有上午來的，有下午來的，也有是趁著月明之夜才來的，大抵上半年是每日都來一次，下半年便不一定日日都來。這時候我們的空軍和陳納德的飛虎隊已經攜手合作，來襲日機頗多顧忌，所以來襲次數，隨之逐漸減少，並且，投彈數也同樣減少，在三十一年上半年中間，桂林僅城郊機場受了幾顆炸彈，其他地點，則未中彈。

但日機投彈雖少，每來卻必越過桂林空中，再由此前往重慶或昆明。桂林人則照例每日為警報奔走一次。

三十一年五月底，中央決定不在國內發行《國民日報》，所有《國民日報》人員，悉予資遣，每人發薪水千餘元，但已領得中宣部或祕書處獎金者，應予扣回，招待所亦立即退租。

招待所房屋，是竹屋，共四間，臨街二間，去街約兩丈多地二間，另外還有廚房，月租三百二十元。平均一間八十元。在中央決定資遣《國民日報》人員後，住在這裡面的人便分別遷往他處，我就租下了臨街的兩間房屋，作為開小館的館址。

我想：一間房屋開小館、賣茶、賣點心，也賣菜，豈不很好？茶沒有問題，點心也沒有問題，問題在於菜，如果我單賣一兩件有特色的茶，豈不也減少了一個問題？

正在想，一位湖南人姓劉的，來和我談合作開小館子的問題，談得很好，於是我決定聘這位姓劉的做經理，館命名為雞黍館，另外再聘一位姓趙的做廚師，我們專賣雞和糯米粿。

這地方開小館原也很好，但鄰居也開小館，他們怕生意被我搶去，每日一睜開眼睛就大罵。剛好相隔一橋有個賣桂林粉條的小舖貼出紅紙招頂，我便頂下那間小舖。頂下之後，我才發現小舖之所以出頂，是因為背後就有一所公廁，到下午又熱又有風時，臭氣不免隨風而來。

小舖還有一座小樓，差堪容榻，我便睡在樓上，樓下用作雞黍館。雞黍館生意最初還好，慢慢地因為隨風而來的臭氣，就壞下去了。生意壞了怎麼辦？我不能坐在館裡乾賠，於是決定把雞黍館出頂給王文俊先生。這位王先生是湘桂鐵路職員，當時也想開個小店，就接受了我的雞黍館。

雞黍館先後開了六個月。蝕去將近二千元，還費了不知多少唇舌。因為放債容易討債難，雞黍館關閉後，所有欠債的鄰里顧客，均不肯還債，總計被賴的債，在一千八百元左右。

《萬象》與《辛報》

一個拿筆桿的人，放下筆桿，換了算盤，多少總有一點不慣的感覺，所以在有人找我辦雜誌或辦報時，我總加以考慮，然後才提出答覆。

在三十一年七、八月之間，黎蒙曾來找我，請我去做《廣西日報》總主筆，我答覆他：我不去，我將暫為雞黍館工作。我所以不去的原因，在於《廣西日報》的編輯，多半是紅蘿蔔，他們的反國民黨反二陳，幾乎成為天性，我如果進《廣西日報》，便要先行開刀，割去生在咽喉的癌，但為了開刀，一定會先和廣西當局發生直接的衝突，我實在犯不著，所以我決定不去。

不去《廣西日報》之後，潘公展先生曾來信問我：「去不去雲南？《昆明朝報》王公弢預備一千元月薪請你去做總編輯」，千元月薪是很豐厚的，在當時無第二處有此厚薪，因此我考慮了整整兩晝夜，才決定仍留桂林。

桂林也有圖書雜誌審查處，由楊智做處長，潘公展先生因我不去昆明，便派我做廣西審查處的專員。專員月薪二百，另外有一擔米，我就領了這一分專員的薪水和米。這叫做廣西公務員的待遇，它的特色，在於有一擔沒有發霉的白米。所謂白米，當然不會比台灣的「九三白米」更白，不過不是舊倉米而已。還有一點，它的一擔約合一百四十八市斤，不是一百斤。在三十一年下半年，一擔值一百六十五元。

這時候，有幾位朋友勸我辦一本雜誌玩玩，他們還拿了一張「新中國」的登記證給我，要我去聲請變更登記。最初，我不知道變更登記所需時間極長，便一口氣答應了。答應後的第一步驟便是徵集稿件。那時候寫稿人多，徵文函件一發，稿件便如雪片飛來，於是我一面和《廣西日報》交涉，要《廣西日報》代印代銷，另一面則聲請變更登記。我改雜誌名為《萬象》，取包羅萬象的意思。

《廣西日報》因黎蒙一言，允即代印代售，但先決條件卻在於雜誌要有登記證，然而重慶的登記證，則不知何日可發。幾經催促，始於兩個半月之後，來一次答覆說：「此間已有《萬象》週刊，該社應另行更名申請。」我說：「本人所請發行者，為月刊，與週刊無關，照申請條例，並無牴觸。」又辦了呈文頂上去，過了十幾天還沒有回批，我再度函催，請速批，總算是催到了，登記證一紙發到《廣西日報》，要我去領，《廣西日報》編輯部的紅蘿蔔，便在封面上橫豎各加一行，豎的一行是「CC走狗」橫的一行是「CC狗腿」，字跡不一致，顯然是兩個人的傑作。

登記證到後，《萬象》雖立即付印，並且出版，但和我想辦雜誌的時間，相隔已經是三個半月。我已完全沒有再辦下去的意思，也沒有再向朋友要稿的決心，結果，《萬象》就只出一個創刊號。

《萬象》停刊後，陳福愉的《辛報》已經出版。《辛報》是在胡好出資潘公展先生贊助下出版的。但《辛報》出版後不久，陳福愉和胡好卻鬧了彆扭。事為潘公展先生所知，即出為調停，決定通知陳福愉，放棄《辛報》，另覓替人。但潘公展出面調處之前，陳福愉也決定把《辛報》交還胡好，並請我做總編輯，沈秋雁做總經理。所以潘公展先生的調停簡直是等於替已同居男女做媒，一說即合。

事實上，《辛報》的移交，也就是《辛報》停刊的前奏。《辛報》銷路本來只有一千多，發出一千五、六百份，有三分之一是白送。是比較上輕鬆的刊物，以刊載運動消息為主，是一張小型報。但桂林這地方，卻不適於這種小型報的發展，所以它在移交之前，即已註定停刊的命運，移交之後，也僅僅再維持不到一個月，就正式宣告停刊。

當《辛報》才由陳福愉交給我時，我還相信自己的編報能力，敵得過一個青年記者，但在接手來編時，卻為了自己能力的無形衰退而吃驚。在以前，我一小時半能夠編一萬字面積的新聞，或是寫二千字的論文，並不感覺吃力，但在此際卻要再加一半時間即四十五分鐘，始能勉強完成。哦！我儘管不承認已經衰老，然衰老已逐漸爬到我生命裡面，它將不許我再吃新聞記者飯了。

受到衰老突襲的我，每夜都在編輯工作完了時，擲筆一笑。我覺得：一個肉身的人，活到七、八十歲，已很困難，何況百歲？縱是百歲，如果毫無成就，也是草枯木腐。當年我已五十二歲，早已超過荀子稱老的年齡，然卻一事無成，坐待衰老侵逼，在悠悠歲月中做一個坐以待斃的人，豈不可笑之至！

我很想把自己做不了的工作，推出一部分，讓同事去做，但還不曾想好，那位胡好老闆卻已決定停刊。

這就免去了我將工作重新分配的麻煩。事實上，我的工作也很難推卸，因為一個編輯部只有三個編輯，除總編輯要編兩版外，其餘兩位編輯，一人一版，工作已是繁重，無可再加。

《辛報》停刊是三十二年暮春的事情，在這稍前一點時間，程滄波先生還要我去重慶做《中央日報》總主筆。當時我因為《中央日報》正在陶百川先生手裡，情況不甚明朗，並且聘我去做總主筆的人，不是社長陶百川，卻是中宣部副部長程滄波，這中間也多少有曲折，於是我決定不去。

在下決定前，我曾和幾個在桂林的朋友磋商。一位在桂林辦中小學的危舟，和桂林的大時代書局經理伍×，就都以我的拒絕為得計。他們說：你雖是老記者，但《中央日報》的總主筆，卻未必做得好。最近聽說已有某總主筆，因為某件事，碰了一次硬釘，你難道沒有聽到？所以，你如果沒有能夠做得好的把握，那就還是不去為妙。某總主筆碰釘子的故事，是早就傳到桂林的，現在《中央日報》是由潘公展、程滄波兩先生寫社論，程滄波所以要我去做總主筆，和這件事似亦不無關係。我因此也就下了不去的決心。

不去做《中央日報》總主筆，卻做了《辛報》總編輯，是由於陳福愉的慫恿。陳福愉原為香港《國民日報》體育編輯，也是香港足球裁判員之一，曾替胡好建立足球隊，這次來桂林是替胡好編《辛報》。他在和胡好發生齟齬，要丟掉《辛報》時，曾極力慫恿我接手。他說：報館的事，只有兩部分，經理和編輯，現在經理已有沈秋雁，你就只管編輯了，然而編輯部分也是完全現成的，這裡已經有了兩位編輯，他們每人能管一版，你只再編兩版，就算功德圓滿。所以，你如果肯來，現成的總編輯，就做成功了。我雖明知事實上並沒有如此容易的事，但因為陳福愉的慫恿，重慶方面的函促，也就勉強做了《辛報》的短命總編輯。

好在《辛報》很快就停刊，我編新聞速率的減退，也不礙事。假如《辛報》再拖一個月，那我便只有請添一位編輯，從我的工作中分去一半的一法。在這以前，我從不服輸，編新聞和韓信將兵一樣，不怕多，只怕少，不要說編兩版不成問題，就是四版，也一樣編得清清楚楚，不會有半點的偷工減料。現在好像是已經換了一個人，編新聞不能超過一小版，也就是對開紙的半張，超過此數，便需要再加時間，時間是東流逝水，不是一根能夠把它拉長的橡皮帶，編新聞只能在有限度的時間繩子裡編，不能超出時間繩子的長度。

《辛報》停刊後，我感到閒得無聊，每日至少用半日時間訪問朋友，打聽新聞，最常訪的一位朋友是沈秋雁，其次，是大時代書局伍經理，又次，是辦中小學的危舟，和湘黔桂鐵道的王文俊。我和田漢不常相見，倒是田老太太和田漢女兒瑪利，卻經常見面。瑪利是林維中生的，是一個極聰明極知道如何用錢的孩子，那時伊才十一、二歲，然而看去卻像一個十四、五歲的大孩子。田老太太總是喊我做「大哥」，伊正患牙痛，說話聲音微帶顫抖，聽來非常凄涼。田漢的兒子海男，進了空軍學校，還要兩年才畢業，我遇到時，他對於戰鬥很有興趣，他恨不得立即駕機出戰。我最後遇到田漢，是他和歐陽予倩想在桂林開設藝術院的時候。歐陽予倩夫婦年齡都在五十四、五之間，但生活興趣，卻都和年輕小伙一樣的熾烈。當時歐陽予倩和田漢正在尋覓藝術院院址，預備找到院址，就開始招生。我們相遇之後，同走一條路才分途，此後我們雖同在重慶、上海等處，但我們已因政治的殊途，形成了形跡的疏隔，僅林維中還到過我上海家裡兩、三次而已。

傷寒胃潰瘍併發

除卻訪問朋友，打聽新聞之外，還為胃潰瘍送去不少時間。當時我的胃潰瘍，已到隨時可以崩潰的狀態，愛吃甜香食品。每餐吃一塊煎糊的麵餅，一碗糖粥，才吃下去時，非常舒服，然過了一刻，麵餅、糖粥，便在胃裡作怪，它好像是在裡面啃我的胃，一口又一口的啃。啃到痛徹每一根頭髮的尖端還不肯放。我在胃裡作痛時，總是用梳打片來中和胃酸，藉以止痛。但漫漫的梳打片也非增加數量不能止痛，然增加數量卻有不知要增加到幾何為止的危險。

桂林柰和柚都很好。柰完了柚就跟著來。我愛吃柰，也愛吃柚，在七、八月中間，柰和柚是每日的食物。餐後，我吃一個柰或是兩片柚，如果胃裡覺得不舒服，馬上就吃梳打片。梳打片雖然已經失去止痛的效能，但在我還是唯一的胃藥。因為這時候，我沒有錢再找別的胃藥，我只能買這並不十分有用的梳打片。

三十二年九月間危舟請我吃麵餅，我欣然前往。吃了一餐芋麵棗豆合揉而成的麵餅，味道美到無以復加，又香又甜，又潤又滑，舒服之至。吃完後半小時，道謝而歸。然而這一頓麵餅，卻幾乎送掉我的一條命。我回到家裡，胃就不舒服，吃下梳打片，依然無效，便只能任其作痛，痛了一陣，全身漸漸發熱，眼睛看不清東西，人也漸漸昏迷。

第二天，天還未大亮，我上吐下瀉，吐的半是血，瀉的全是血，胃潰瘍崩潰了。

僅僅胃潰瘍崩潰還不要緊，同時，還害了傷寒症。我的飲水，取自漓江支流，朋友早就警告過我了，這次我果然是由飲水而得傷寒症。

我害傷寒症是一位中醫發現的，他從我的發熱不退及其他種種，斷定我是先患傷寒症然後觸發胃潰瘍。他說：今天血如能止，尚有救；血如不止，應另請高明。我因希望西醫能打止血針，又去請一位掛牌的西醫。那位西醫來聽一聽脈搏，問過幾句話之後，立刻表示，這是不治之症。理由是：傷寒症最忌內部流血，凡是傷寒而流血的人總是不救。我要他打止血針，他說沒有帶來。他取了醫生的出診費，昂然走了。

這位西醫去後，我還在瀉血，但越瀉越少，最後只剩一點點，似乎快到無血可瀉的狀態。第三天那位中醫又來；看看我的病狀很高興的說：你血能止，你的生命就沒有危險了，現在我給你退熱的藥，但熱不退也無妨，因傷寒照例要發熱七天才能退。我也就在這位中醫的照顧下面，慢慢的退了熱，吃了一些流質、半流質的東西，重新恢復了病前的健康狀態。

在胃潰瘍處結痂時，熱完全退了，口饞情形，出於意表。每日要吃許多東西。豬肝湯、粥湯、藕粉、薯粥等，就都是常吃的東西。到了這些東西有點吃不飽時，就吃豬肝、雞鴨之類。當時送雞鴨給我的人，王文俊是其中之一，他送了兩隻雞，圖書雜誌審查處楊處長，送了一雞一鴨；沈秋雁送了二百元，危舟也送一百元。當公務員待遇幾乎不夠公務員吃紙煙的時候，他們送雞鴨和金錢給我的友情，實彌足珍貴。

傷寒病後的調養，需時大約七十到九十日，我們中國人相信需要百日。最重要的一點是：病後不吃煎炒和生硬的東西，免得阻滯生病。傷寒症如果病後阻滯生病，那就要去見閻王。

病中非常寂寞，想看書，然卻無書。朋友來了，極受歡迎，這些朋友，大半都是老朋友，都喜歡談傷寒症的病後調養，和一些因調養失慎而死亡的故事。大家對於戰局，都認為還要再過一些時間才能好轉，因為英美正傾全力於歐洲，在希特勒的德國未被擊敗之前，不會分攻擊的力量來亞洲作戰。而在美國輿論已受共產黨同路人操縱的今天，要美國充分裝備國軍，也不是沒有問題的事。看樣子，美國是用極有限的武器和物資接濟中國，使中國不至淪於崩潰的邊緣，另一方面則將用全力來摧毀德國，等擊潰德國再來收拾日本。

病後的療養期中，我對於時常掠過桂林天空的日機，並不注意，我知日機此時已無可以隨意轟炸的炸彈，也沒有可以隨意轟炸的時間，它只能用在配合戰爭上面，或是轟炸真正有價值的目標，我們已無須為它的入境而擔憂。

不過，我的觀念雖然如此，許多住在桂林的人卻依然常為日機的入境而逃難。他們還是每次結隊成群，奔向七星岩洞，坐在洞外飲茶，直到警報解除才廢然歸去。他們似乎已把避警報當做必修的重要功課。

我住所附近，除新橋外，另一條石橋叫做七星橋，也是跨漓江支流的一個橋，橋下流水徐徐流向七星巖，再繞七星巖流到漓江，當水流向七星巖時，必先經過我的後門，我後門就是小橋和流水。我喜歡這種格局，病中經常開著後門看小橋流水。

小橋年代似頗久遠，上有石刻牌位，然已不知所奉何神。現在橋上行人甚稀，只有部分走向七星巖月牙洞的人走這條橋。橋下水是夏秋澎湃奔騰，春冬逐漸淺枯，水源地在於土山，夏、秋之間，必鬧洪水一次，這一次使附近千百人家都浸入水中。水邊空地全是黃沙，流亡者建竹屋於其上，政府從不禁止，結果也自成住宅櫛比鱗次的一條街。我就住在這條街的第二座竹屋裡。我常開後門，看橋上行人，水上泛舟。水上泛舟者只有兩種人：一種賣青菜，一種捕魚。那地方賣菜小販常駕小舟，在岸邊叫賣，也有放在竹排上出賣。捕魚人則多帶鷺鷥，作為捕魚工具，但魚少而捕者多，故捕魚人所獲亦極菲薄。水邊流亡者住所，全為廣東人所建。他們也住家，也做買賣。有的賣紙，有的賣水果，有的賣雞鴨。紙都是從桂林《大公報》或《廣西日報》買的剔餘。水果和雞鴨則購自市場。賣雞鴨的人，大半都是四五點鐘就起身，先用小竹筒灌進泥沙和飯，然後用來餵雞鴨，一隻雞或是一隻鴨，至少要餵上半斤，多則餵十二兩乃至一斤。餵飽了，天也完全亮了，賣雞鴨的人就挑了雞鴨出街去賣。每天聽到雞鴨被餵泥沙的慘叫聲，心裡就難過。我覺得：這種公然作偽的用泥沙增加雞鴨重量，實徒然虐待雞鴨而於人無補。因用泥沙增加雞鴨重量，人人皆知，賣者知之，買者知之，彼此論價時，已經是除去了泥沙，故用餵泥沙增加雞鴨重量的辦法，實無補於人，徒然虐待了雞鴨。如果我有權管這件事，我就一定禁止。

流亡者住所，每年都有一次因洪水而發生的變動。因為基地是沙灘，沙灘每年都有一些地方被流失，另一些地方加寬加高。被流失的沙灘是連房屋流失的。房屋有的全部流失，有的僅流失半棟，這就使沙灘流亡者住所發生一種洪水後的變動。我的住所在三、四月洪水期內就被水沖去半棟，好在竹賤、工賤、一棟三、四間竹屋，工料合計不過五、六百元，水沖去了還好覓地重建，不過都暗祝明年今日不再遭遇洪水而已。

在床上過了一個半月，已經到了十月初，我病是好了，但還不能行動，也還需要靜養。靜養是需要金錢的，最少一天要四十元左右才能靜養下去，那時候的我，卻已沒有這筆錢。錢從何來？這問題就連一秒鐘都沒有離卻腦際。最後，我決定兜攬寫稿的生意，先借稿費來醫病。但談到借稿費，我已向劉伯閔借過一次，然一本《香港十八日之戰》，從那次行李被竊起，迄今不曾寫過一個字，那麼劉伯閔這地方就不能再開口了。劉伯閔是中國文化服務社主持人，不能向他開口，又將向誰開口？大時代書局此時並不想出版什麼書，我當然不能開口。重慶的勝利出版社，是潘公展主持的，能不能向勝利出版社預支稿費呢？我想了又想，終於決定向勝利出版社預支稿費，我想寫信給潘公展先生，告以臥病經過，請他幫我的忙。借支一千五百元到二千元的稿費。但我雖已作最後決定，然始終不曾拿筆寫信，在有點感覺窘困時，僅僅把吃的東西省去較好較貴的代以較壞較賤的，省得開口求人。

我正作節約療養之計，廣西圖書審查處的薪水和米都送到了，我就用二百元的薪水和米，實行儉約養病。我非等到連紅薯都買不起，決不再向朋友呼籲。

在才抱病時，熱心來看病的朋友倒有幾位，到得病愈進到療養時期，常來朋友就幾乎連一個都沒有了。一份士紙印刷的《廣西日報》，從天明看到晚上，看了又看，希望能從這裡面看到編輯人所未發現的側面新聞。靜養到十一月半，我已能行動了。我先試走附近的路，然後走到較遠的地方；最初感覺兩隻腳是圓的，走路時有點痛，慢慢地痛減了一些，只是稍欠氣力，雖能走，但走不遠，為了非學走遠路不可，每日下午都花差不多一個多鐘頭時間學走路，從我住的地方走到南門茶葉公司，再從茶葉公司回到住所。

正在學走，十一月十七日，重慶來了一封電報，是胡健中、陶希聖打來，要我去做《中央日報》的主筆。胡氏十五日接辦《中央日報》，陶希聖和陳訓悆兩先生，分任總主筆和總編輯，陳寶驊做了總經理。

接到電報的同時，又收到了胡春冰先生的來信。信很簡單，僅請我早作入重慶之計。這時我也非找事做不可了，便寫信托胡春冰先生，請他代告陳訓悆，替我找一張飛機票。我在說：有機可搭，我將立即飛渝。

從桂林飛重慶

桂林的中央航空公司和中國航空公司的辦事處是聯合的，我在十九日那一天，就到那裡去登記購買機票。我到辦事處時，很謙恭有禮的對窗口人員說：「我因必須早日到重慶，請你們賣我一張票。」我還想拿電報給他看，使他了解我確有乘機的必要。但我的電報還揑在手裡，那位窗口人員便板著面孔說：「要買票？先登記！隨手拿出一本登記簿，放在我面前。」我自然只有先在簿上登記自己的姓名的一法。登記後，我問：「大約幾時有飛機？」窗口的人說：「飛機是有的，但要挨著登記號數買票，現在登記已經到了千多號，飛機又少，三、四個月以後有飛機可乘就還是好的！」呵！「三、四個月以後有飛機可乘，還是好的」！這話裡的意思，我明白了。

我心裡有數之後，便去找沈秋雁。他交遊廣闊，曾經替一些朋友買過機票，我也請他替我買票。沈秋雁立刻寫一張名片，要我去找中央公司一位賣票員。但他說：「現在的票太難了，我的名片能否生效，就還是問題」。

這時候，人家晚餐已經都放在桌上，我也不能再去中央公司了，便拿了介紹名片，回到住所，我準備明天再去上買票的一課。

二十日的早晨，我又到了中央航空公司的辦事處，拿出沈秋雁名片找賣票人。賣票人很客氣的招呼我，答應儘可能讓我買票，但究竟何日何時，卻不肯說。他說：明天的票，賣完了，後天有沒有飛機，現在還等昆明的通知，不能賣票，所以不能指定何日何時賣票給你。

此後，我又連去三次，都僅取得不得要領的答覆。有一次，賣票人員很同情我，給我說：你要買票，應該讓行營的人來買，或是每天七、八點到機場去補缺，在機場補缺，最多三天，必能買到機位。我問他：「何以要由行營的人來買票？」他說：「你再想想，就會明白的。」後來，我到了重慶，才恍然大悟：行營就是軍事委員會的行營。

因為再三到中央航空公司辦事處都只得到似是而非的答覆，我就寫信給重慶的胡春冰先生，請他設法讓我買一張飛重慶的票。

寫信的第二天，我又到中央公司，賣票員說：「蔣專員來了，他們就要走，但人數幾何，還不知道，所以不能賣票。」這裡的蔣專員，就是蔣委員長長公子經國先生，曾經做過贛州專員。

可是，第二天看報，蔣專員還不曾來，飛機卻已飛去一架，公司人員對我所說的話，簡直都是謊話。

十一月二十七日，接到重慶胡春冰先生的信，他要我再去買票，暗示侍從室已經電告桂林中央航空公司，要他立刻給我一個機位。我接到來信，喜出望外，立即前往中央航空公司，坐待機票。

中央航空公司人員看見我，就說：位子恐怕是沒有了，因為蔣專員要了幾位，其餘則早已賣出。我不理他，只當沒有聽見，我知道這位先生總是沒看到侍從室來的電報，所以想拒我登機。我另外去找一位賣票員，問他：「你們接到重慶的電報沒有？我已接到，所以特地到此買票。」他問我：「重慶什麼機關的電報？」我說：「我也不十分知道是什麼機關，我僅知道那機關已為我發出電報」。他又去問坐在裡面的辦事員，一位辦事員給他一張電報，他明白了，他對我說「我今天賣你一張票，明早七點請到機場候機。」我立刻付出預備好的機票錢。換回一張難得的機票。

機票到手，喜不自勝，立刻回去準備飛渝。他們都說：由桂飛渝，需八、九小時，但事實上是六小時就能到達。

桂林機場，風景極佳，一列又一列的竹屋，建在叢山的隙地，極美觀，又稀疏有幽趣。那些竹屋，有的是機上人員休息所在，有的是出賣點心的點心店，還有旅客候機的候機室。和機場人員所需的宿舍。

我七點鐘就到機場，在候機室中還看到許性初先生，談了半小時。此外，則全部時間付與待機。機早就停在場中，但沒有開的時間。普通是八時、九時開行，然今天卻要等待，為什麼要等待？只有機場主持人明白，其餘的人都蒙在鼓中。

從七點等待到十一點二十分，蔣專員和他的隨員都來了，於是大家準備登機。十一時三十分，機上人員唱名讓旅客登機，約二十七、八人都一一隨著蔣專員攀上機梯，走到機室。座位上每位都有一個紙袋，也都有一條帶。紙袋備嘔吐時的用途，帶是安全帶，把帶結到身上，旅客和機上座位便聯成一體。有的旅客一上機便結上扣帶，有的棄帶如遺，有的上機不久，即嘔吐狼藉，頗類暈船。機外只有極少地方，看得清楚，大部分地方，則僅見浮雲，還有有霧的地方，連浮雲都難得看見。機上看浮雲，眼裡固極舒服，心裡也頗舒服。雲海就和棉山一樣，不止托住飛機，還托住了整個人心。

當日五點鐘，飛機到重慶，我就在黃昏的暮色中，跟著到機場接我的朋友，同出機場。重慶在冬天，多半是在霧中，但這一天沒有霧，天色非常明朗，雖在黃昏，也非常清明爽朗。

重慶有兩個機場，一個老機場、一個新機場，新機場就是我們飛機降落的地方，因地勢關係，沒有水患，終年可用，但略嫌太小一點機場的入口處，有個服務處，可以休息，可以問道，或是問飛機開行時間。另一個是李子壩機場，場址頗寬敞，是利用長江沙灘而成的，在每年江水淺時，飛機亦多在此降落。後來，美國一架B三六型巨機，就曾因機件受損，降落於李子壩機場附近的沙灘。

從機場走到《中央日報》社所在地的化龍橋，費時近半小時，在將到報社之前，我和迎接的人，在化龍橋的小店裡面，吃了牛肉麵，然後走到報社。

《中央日報》是一組泥肉竹骨的房屋，沿著一個水池而建，上面蓋瓦，下面是泥地，編輯經理兩部聯成一氣，另外一處二樓五開間房屋，卻是職員宿舍，我到宿舍之後，立刻成為樓下宿舍屋客之一。

先住宿舍裡的人員是鄭炳森，胡春冰和梁風兩先生則住樓上，但在吃飯時則在樓下同吃。因為公共飯桌上的菜，實在壞得不成話，我們總要買一點鹹菜下飯，我們也要把菜燒熱，然後趁熱吃下。我們四個人因為吃飯的關係，變成了一組，後來又有一位胡漢君，亦加入其中。

住的吃的問題解決之後，我馬上想到解決排洩的問題。《中央日報》雖建了一些泥糊竹屋，足夠辦公，也足夠住宿，然卻沒有顧到廁所的問題，大家只在池邊一個地方，隨便排洩。我很看不慣這種情形，立即建議於總務處，請其建築廁所。但總務處卻為了預算的關係，只買幾塊木板，釘成一所廁所。

廁所雖經木板釘成，還是位於原來大家排洩糞便的地方，不問從報社任何一部分出發，都要走一條泥滑滑的泥路，如果遇到下雨，那就必須淋雨入廁。因此，我每入廁一次，總要大罵一次。

上了《中央日報》第一課

我雖然是老記者，但對《中央日報》內幕，就還只有耳聞的部分。我不十分明瞭他的組織情形，也不知道主筆室行的是什麼制度，它究竟是獨裁制、委員制還是普通報館所採行的總主筆包辦制。我用入境問俗的心情，在二十八日晚上八時半，走進化龍橋的編輯部。

當我跨進編輯部時，編輯尚未開始辦公，但工作人員卻已齊集一處。社長胡健中，總主筆陶希聖，總編輯陳訓悆，都已到社。

胡健中是《中央日報》的社長，我和他在上海有過一面之緣。當時他是《東南日報》總編輯，他到上海參觀《晨報》。後來，他成為《東南日報》的社長，直到今天，他還是事實上的《東南日報》社長，《東南日報》的重要事務，還是向他請示，由他決定一切，當我以新主筆資格謁見他時，他似乎是一個考試場裡的考官。他首先問我：怎樣才能辦好一張報？我舉三點答覆他：第一、黨報不爭新聞，是笑話，新聞應該又多又好；無論何時都不能不爭新聞。第二、校對要精確，要做到沒有錯誤。第三、印刷要分明，不能模糊。他聽了之後，立即表示，這是作為一個報人的常識。看樣子他是不勝失望之至。

他接著發表意見：我在報館裡，要實行訓政。不論是誰寫的文章，只要有不對的地方，我都要改。別人也許講客氣，不改文章，但我卻不客氣，要改文章，就是陶希聖先生的文章，我也一樣要改。他又換上緩和的調口說：現在評論已不署名，是集體的評論，所以，在有不妥地方，要加以修改，倘是署名的個人文字，那就又當別論。

談到社裡人事，他很率直承認：是把總主筆、總編輯的責任，放在陳布雷先生的肩上。他說：我曾告總裁：我要兩個人：陶希聖和陳訓悆先生，如果他們不來，我就也不來。總裁答應了，布雷先生也答應了，我才來接辦《中央日報》。這時候，陶希聖和陳訓悆都住在美專校街一號陳布雷先生的官舍裡。

陶希聖這晚上初時默默地坐著，後來才逐漸打開話匣。他曾請胡春冰占易卦，占得「屯」卦，當晚就有了靈驗。那晚上他的房裡，老鼠造反，在電燈下面，一隻大老鼠，爬在桌上，睜著眼睛，見人不逃，久久才離去。陶先生說過這故事之後，接著就像教授似的分析時局。當晚他分析了中日戰爭的局勢，指出日本仍能作相當時間掙扎的理由，供我參考。他的分析，條理井然，如果有一部錄音機，把它照錄下來，便可成為一篇評論。

陳訓悆告訴我：胡社長雖說要改文章，事實上是很少的，這位先生就是俗語所說的「先小人，後君子。」你做一些時候，就知道他的做人。我說：我既來重慶，就當然要做一些時候再說，但我的文章，是向來不大受改正的，所以聽了他要改文章的話，心裡不免起了小疙疸。不過，現在評論是代表集體的社論，已不是個人的言論，故在違反集體利益時，修正亦有必要。我的希望，只有一點：就是文章不妨改，但要改得適當。

當晚十一點，我繳了一篇社論的卷。我先交給陶希聖，陶隨手付與胡健中看過之後，胡拿起筆來圈去一個字，然後發排。他告訴我：很好！我只圈去一個字。

上了《中央日報》的第一課，又坐片刻，才退到宿舍，宿舍裡因為鄭炳森已經前往編輯室，空洞洞的冷冷清清的，很像殯儀館的殯房，門外偶然還有兩、三聲蟲聲，似乎正在嘆息秋光的易逝。我正在沈思，一隻老鼠悠然從右壁擠進室中，旋即不見，又歷約十分鐘，突然出現在我的床上，我一揮手，老鼠又從床上跳到床下，再從床下鑽進右壁的洞裡。想起陶希聖的「屯」卦，不禁一笑。「屯」字正像一隻鼠。

攤開被褥、張起帳子之後，本是準備睡覺，但因門外還有朦朧月光，就又走出宿舍。繞宿舍一周之後，又走向復旦中學的操場。我慢慢的走，也慢慢的想。我想：這次走進《中央日報》，雖又多一經驗，但拘束如此之多，實在不太好受。因為事實擺在面前，主筆不是主持筆政的人員。一篇社論題目，是由總主筆決定，社論的構成輪廓，總主筆也予以規定；有了題目，也有了構成輪廓之後，主筆才能著手去寫。寫完了，先交總主筆審閱，總主筆閱過之後，再交給社長，由社長核定之後，才發交排字房。這拘束，實在不免太多！在拘束太多下面做主筆，是礙手礙腳的，礙手礙腳做主筆，不會有好文章，好文章必須在無拘無束下面，才會產生。想到這裡，就想到個人去就的時間，究竟是幾天，還是幾月。最初的斷案，是不會比三個月更長的，說不定還只能做一週或是半個月。然而不料一腳踏進《中央日報》

主筆室之後，卻一直做到今天，還沒有丟開這支主筆的筆。

我想了又想，抱著有點惶恐又有點不安的心情，回到宿舍去睡覺。一覺起來，已是紅日滿窗，大約已經過了十點，但同事還都在黑甜鄉裡，連一個起來的人都沒有。我知道他們都是編輯部人員，睡得最早的人是三點半鐘，睡得最遲的人要到六點鐘，六點鐘才看完大樣可以睡覺。那時候的《中央社》，是各報國外消息的唯一來源，但它的最後發稿時間，卻是早則四點三刻，遲則五點，因此，各報社除卻預料是有重要消息外，普通都是放棄《中央社》的最後稿件。《中央日報》還曾自行收報《譯報》，希望越過《中央社》這一關，然終因《中央社》和各外國通訊社的契約關係，交涉多時，始終僅能自收自譯一部分稿件，所能提早的截稿時間，不過一刻鐘而已。這情形，直到勝利凱旋，還沒有多大改善。

次日，直到十一點，我才起身。我發現屋前的池沼，有三、四百隻小鴨，有的在池內浮沈，有的卻在池邊休息。池邊草地中正有一大狼鼠，準備吃鴨，狼鼠草中潛行，到一小群鴨子之前，似有所覺，又狂奔沒入草中。我心裡為鴨群擔心，恐怕總有一兩隻不幸的小鴨，成為狼鼠食物。後來，我到前面小茶店吃牛肉麵當飯，回到宿舍時，那位趕鴨的販子，已在地上拾到四隻死鴨，每隻死鴨頭上都有一個洞，那就是狼鼠吸血的結果。

吃了麵，我又到機器房，機器房設在防空洞裡，是防轟炸。但這個防空洞，是鑿風化石而成，雖也安放枕木，然稍微一動，風化石便像下雨一樣掉下來。故名為防空洞，實則一旦遇到轟炸，便必然是完全坍塌。

在剛進《中央日報》的幾天，我每事都找胡春冰幫忙。他成為我的參謀顧問。我的一隻錶掉在廁坑裡，他把他的一隻錶送我。為著解決吃飯問題，他替我辦了包飯交涉，還要廚房送飯到宿舍。我們的飯，開在房裡，吃飯的人，共四位，除胡春冰、鄭炳森兩先生外，還有梁風先生和我。到後來，又加入胡漢君先生。我們買一點花生米和鹹菜送飯，把廚房送到的飯菜，略為煮熱，不管好壞，盛起就吃。我每看到廚房送到的菜，總覺得它是牛、馬吃的青草，不是菜，因為它是又老又硬的芹菜、大菜和韭菜之類，又不用油炒，裝在碗裡，簡直是供給牛、馬的青草。因此，我寧可少吃一點，決不吃那種又老又硬的菜。

飯在一百日中間，總有一兩天，是又白又香的米煮的，其餘日子，全是百寶飯。穀稗沙石，泮在一起，揀不勝揀，如果胃不特強，那就一定會因吃飯而生病。我在台灣曾因第二次胃潰瘍出血入台大醫院治療，就是由於第一次胃潰瘍出血之後，沒有好好的調養，卻跑到重慶《中央日報》去吃百寶飯的緣故。

到報社上過第一課之後，我分別訪了若干故人。我訪問了飛來寺的潘公展先生，上清寺的陳布雷先生，還到監察院向程滄波先生道謝。因為它曾聘我為《中央日報》總主筆。

《中央日報》二三事

俗語說：「七十二行，吃一行，怨一行。」意思是說，任何職業，都有難處，所以任何職業中人，對於自己的職業，總要怨恨詛咒。我在新聞圈裡，現在雖已做過四十六年，但我怨恨這職業的時候，至少要佔去四分之一，我常常想從新聞圈裡跳出來，走到教育圈裡，然而變動無常的時局，卻老是把我拖進新聞圈裡。尤其是從抗戰期間到今天的二十年日子，我的辦學時間，不過年餘，其餘則完全付與新聞圈，就中歷時最久的報社，便是《中央日報》。

《中央日報》社長換過好幾次：我入社的三十二年是胡健中，南京勝利復刊後的三十四年底是馬星野，四十二年下半年是蕭自誠和胡健中，四十三年上半期是陳訓悆，下半年是阮毅成，現在又是胡健中，他已是第三次做《中央日報》的社長。

在《中央日報》，我曾四次辭職，但每次受到慰留。第一次辭職，是在三十二年，第二次是三十三年，陳布雷先生陶希聖先生先後發短柬慰留。第三次是三十七年，向馬星野辭，辭職書由馬發還之後，我因決計回上海辦新中國學院，便不告而別。第四次是來台以後蕭自誠接長《中央日報》之際提出，尋以蕭氏挽留，遂復留社。

在《中央日報》，我最感興趣的工作，第一、是從三十三年秋季到勝利為止的促進青年從軍工作；第二、是三十五、六年中間的鼓吹節約工作；第三、是遷台後的鼓吹平均地權與土地國有工作。在這三工作裡，做得最好的是第一工作，做得虎頭蛇尾的是第三工作。第三工作所以會變成虎頭蛇尾，是因為當時曾經深切研究總理遺教的人，稀如鳳毛，一些年輕暴燥會說英語的小伙。遂欲越過平均地權階段而實行農地農有的所謂耕者有其田的辦法。國父的民生主義，簡單明瞭，是平均地權，節制資本。平均地權是處理土地問題總辦法，無市地農地之分，但那些年輕人，卻活生生的撕裂了民生主義，把平均地權，用在城市，再把耕者有其田辦法用在農村，硬說這就是民生主義；並在四方八面運用勢力，禁人批評其不倫不類的土地農有政策。甚至對於由台北寄往海外的文字，如果涉及平均地權的主張，亦由希風承旨的保安司令部人員予以扣留（現中央黨部第四組尚存有保安司令部所扣留的一篇關於土地問題的專論），這就使我有眾醉獨醒之感，也不能不放棄鼓吹的工作。

促進青年從軍工作，所以做得最好，是由於當時人同此心，心同此理，人豪人傑的青年，無不為日本軍力的積漸進逼而痛感剝膚及肉，有投袂而起之勢，故在當局決定組成十萬青年軍之前，原有若干青年，自投軍營，正式從軍，到得當局決定編練青年軍，《中央日報》編輯部的梁風、鄭炳森、陳成志三人，首先響應，接著又有同事楊倬雲等九人，毅然決然，投筆從戎，把我一顆救國第一的心，燒得沸騰，所以，觸手成文，無文不熱烈，博得社內外的讚美。

在促進青年從軍工作中，《中央日報》為了集中消息，用副刊地位刊載青年從軍新聞，和從軍青年作品，受到各地青年軍熱烈歡迎，成為青年軍營的時代寵物。

我曾為青年軍製一歌，由洪波先生代為製譜，在銅梁、壁山青年軍中，由梁風、鄭炳森、陳成志們合唱，因他們都在戰砲連，一連士兵也都會唱我所寫的歌。

從重慶到銅梁和壁山的短短路途中，交通情形是教人皺眉的。買公路汽車票，要在上午七時前去排隊，等個把鐘頭，才能按照次序上車，車上擠得動彈不得，但如果中途各站都已賣票，那就還要再擠，一直擠到無可擠為止。因此，我總是遇到勞軍的便利，才搭公車前往。在銅梁和壁山，我都看到青年軍的創造力量。他們把青年營經營好之後，還把附近民房，加以潤飾，使一些破爛房屋，面目一新，也使地方的環境衛生，大為改進。他們到了一個地方，便選定一個最突出的部分，寫上觸目驚心的標語，藉以提高人們的驚惕心理。

青年軍服裝比較的新，伙食則因係自己買菜煮飯也比較的好。他們每日領到的米大約每人都要剩三、四兩，鹽、油也有剩餘，這些剩餘的米、鹽、油，每月出賣一次，賣的錢買了雞鴨魚肉，辦兩次牙祭。並且當時從軍青年，多半都是棄職從軍，每月除享受軍營待遇外，還領到本來職務的薪水，故物質生活，亦頗優裕。但這些生龍活虎的青年軍，都是要到前線打仗的，青年軍當局卻沒有讓他們到前線作戰，並且也沒有拿較新槍砲給他們學習，一個月中間實彈練習的機會不滿一次，有時有一次，有時卻沒有。這使躍躍欲試的青年軍，都有無可奈何的感想，也都不很高興再關在營裡，有些家在軍營附近的，便潛回家裡，青年軍軍紀也就幾乎不易維持。後來部分青年軍營採取極端放任政策，凡是要回去的，儘管回去，決不追問，也不監視，然因不高興在營的分子，已經幾乎完全走光，營中再也無人出走，這才使青年軍恢復安定，也有了蓬勃的朝氣。

重慶本有許多看不順眼、聽不順耳的事，這些不順眼、不順耳的事，使我灰心，使我抑鬱，但青年軍入營前後，卻使我已灰的心復燃，抑鬱的意氣變得平平貼貼，並使我覺得自己年輕了許多。在報社做事，做得格外高興，格外盡力。所以，在這次的工作中，也表現得最圓滿。

其次，那是勝利還都後的事。勝利還都之後，遍地瘡痍，慘不忍睹，乞丐塞滿了大街小巷，嗷嗷待哺，狀極可憐，然接收新貴，卻正歌舞昇平，絕不顧卹民眾苦楚，因此，英國報紙遂極力抨擊，倫敦泰晤士報在一九四六年的春天，就用極大篇幅刊登題為「中國饑饉，上海跳舞」的新聞。馬星野先生看到這新聞，頗受諷刺，我也非常激動，加以此時重慶正在提倡節約，籌劃救濟，於是我便在報上倡導節約。

節約和跳舞不相容，因無論如何，跳舞不能沒有舞場，也不能沒有音樂，不能沒有舞女，也不能沒有清茶以外的飲食品，結果總是踵事增華，進到窮奢極侈的境界，故如果一定要節約，那就只能禁止都市的跳舞，是以禁止賣票舞廳為主，家庭跳舞則不在禁止之列，因此，我就主張禁止舞廳跳舞，藉以抑止奢侈頹風。

當時，南京市長是馬超俊先生，他對這件事，最初是一任市府科長去處理。中間一位科長是熱烈擁護跳舞的，因《中央日報》力主禁舞，就煽動舞女音樂隊出來請願，說舞場的收入，關係千萬人的生計，必須予以維持，藉作市府不禁舞的根據。我大為憤激，立在《中央日報》發表一篇短評，題為：「棱受市政府的挑戰」。文裡我說：少數舞女和音樂師的失業，雖應予同情，但千百倍於舞女音樂師的饑饉民眾則更值得同情，今天我們不能因為少數舞女和音樂師的失業，而忘卻千百倍於舞女音樂師的饑饉民眾。馬超俊先生看到了短評，乃決計禁舞，這就使南京成為禁舞的地區。

南京禁舞之後，舞女和音樂師，雖還紛擾一時，但因為沒有人敢再主張重開舞禁，這就使舞女和音樂師的紛擾，自然消滅於無形。

我這次為倡導節約所下的工夫，除見於南京的禁舞外，還在報上寫了一些愛惜物力的標語。那些標語後來都貼在許多公共場所的牆上，連台灣也有許多地方貼著若干張，我在三十六年來台灣台大醫院治黃疸病，就看到若干自己所製的標語。

和倡導節約同時發生的工作，是救濟。這時候的大陸，幾乎家家都是室如懸罄，人人都面有菜色。另外還有一些是被共匪從鄉村趕出的飢民，他們三、五成群，沿街求乞，到了晚上，便睡在商店的櫃頭，或是人家的屋簷下。他們已無家可歸，亦復無業可營。其需要救濟，實如涸鮒的待水。

倡導節約，《中央日報》人員出了極大的力。他們買了大批的布，做了幾百套棉褲，作救濟災民之用。有些同事，坐著卡車，裝了一車棉衣褲，到曾經訪問過的貧民家裡，分別贈送棉衣。他們真是人飢己飢，人寒己寒，推己及人，到了極點，這對於戰後瘡痍遍地的南京，雖然沒有多大補益，然至少也救濟了將近五百位以上無衣的窮人，使他們得到應有的溫暖。

我們除贈送棉衣褲外，還分別贈送白米。我們事先曾在車站附近一帶，進行調查，倘查到確係貧民，即予登記，然後再分別發給白米。我們自己首先捐薪購布購米，但另一面也公開募捐，使贈衣贈米的來源，能因而寬裕。

這時候的南京《中央日報》，事實上成為貧民之友，也成為一個龐大救濟站。馬星野先生在推動這工作中，是最熱心的一個人，每次救濟衣服及食米裝上卡車將出發贈送時，他都對執行贈送人員，作極周密的叮囑。他希望每一粒食米都成為窮人的食物，也希望每一件棉衣都成為窮人溫暖的源泉。

在這次節約救災工作中，一個陸軍被服廠曾自告奮勇，無條件替災民縫衣，它替《中央日報》縫了不下五百套的棉衣褲，不收工資，並且還貼了一些棉花。它的廠長說：我們現在是為災民服務，應該無條件貢獻有餘的勞力和金錢。

除卻抗戰期間的青年軍運動和勝利還都後的節約救濟運動，是做得相當成功外，其餘工作就都在礙手礙腳的宣傳政策下面，做一個機械人。連剿匪運動，也是直到中共全面叛變以後才敢正正堂堂的做，而在中共全面叛變之前，則只能遵照中宣部的指示，寫一些不痛不癢的勸告中共文章，如果超出了不痛不癢限界，馬上就受到中宣部的申斥。

倩鄭炳森代書遺囑

在南京新街口《中央日報》社的三樓，遠望紫金山，近覽北極閣，閒來無事，細數歸鴉，在做完白天工作，看過一些報紙後，啣著一枝紙煙，憑欄小立，真是平生樂事之一。我每日都在下午六時前，花一刻鐘陶醉在紫金山的煙霞和北極閣的鴉陣裡，直到晚餐上桌，這才去吃一碗麵，藉以代飯。

當時，我的胃潰瘍又在作祟，吃的東西稍微太硬、太多，則吃過之後，不到一刻鐘，便要在胃裡作怪。梳打片雖已不是最好解酸止痛劑，但除梳打片之外，還沒有更適當的成藥，所以，每當胃病復發之際，總是用開水送下梳打片，如果吃下無效，就只有忍痛的一法。

三十五年的冬天，我害了一次薰炭的病。那天下午，我在樓上望著紫金山和北極閣，身上覺得奇冷，立即關窗，坐待晚餐。吃過晚餐，休息了一點多鐘，又開始做事。看了五、六篇外面送到的文稿，決定了留用和退回的方針，然後寫當日的評論。評論寫好已是十二點，我叫茶房送給馬星野先生去看。我把評論送出後，照例要等小樣送來校對，順便再略加潤澤。那晚上小樣來了之後，我已覺得周身無力，心房怦怦躍動，然仍勉強校對完畢，發到字房。在排字房取去評論稿後，我立即準備睡去。但剛到床上，怦怦震動的心房，卻要我起來寫遺囑。我立即起身，想走到二樓編輯部去喊人，然剛出房門，走到樓邊，已無力下樓。於是便在欄杆，等候來往行人，我希望有一位編輯部人員登樓，就替我執筆寫遺囑。

我計算我自己的生命，還有一小時到三小時之間。我將以心臟陷落，了卻我的一生。卻不料這一次的病，並沒有要我的命，不過是使我癱瘓幾天，動彈不得。

在死亡線上待人代寫遺囑，一秒鐘比一整天更長得多，我等了至少五分鐘，還找不到一個人影，想努力發聲呼喊，然而卻發不出較大的聲音，並且剛發出沙啞的呼聲，全身已冷汗淋漓，好像立刻要離開人世。我想：完了，一切都完了，我連請人寫遺囑的時間都沒有了。於是暫時閉了眼簾，倚欄出汗，為著不使自己跌倒，緊緊抓住欄杆，讓欄杆支持身體。

再過十五分鐘光景，一個工友從四樓下來，我要他下樓去找鄭炳森。鄭炳森上樓後，我首先要他扶我進房倒臥床上，然後再請他為我寫遺囑。我的遺囑只有兩點：第一、是請親友為我舉行最簡單的火葬；第二、是用新聞記者的名義通知親友。

我告訴鄭炳森：我的心房怦怦躍動，已到最緊急的時候，說不定心臟會馬上陷落，也說不定是再過半小時，或是一小時，陷落總是必然。

鄭炳森立即通知編輯部，編輯部同事又通知馬社長，馬社長立延胡振華醫師為我診病，稍後又請到中醫張簡齋診斷開方。胡振華醫師診斷的結果，是血壓低落，不是什麼心臟病，我的血壓本比他人為高，這一次忽然低落，自是不祥之兆，但低落到什麼程度，誰也不肯告訴我，他們都只說：低落並不太多，不過比平常人稍微低落而已。

胡振華未到前，我已發現薰炭是引起疾病的原因，所以，在鄭炳森扶我回房時，我已開了房門和窗門讓空氣充滿室內，到得胡醫生來社，我的房間已無絲毫炭氣。我已意識到薰炭的危險，不想再燃木炭。我在半醒半睡中，接受醫生的診斷，醫生輕輕地附耳告我：多休息兩天就好了，病情並不要緊。我心裡雖否定醫生安慰的話，但因為流過一陣大汗，房裡也已沒半點的炭氣，卻覺得輕鬆得多，好像生命還可以再延長半天或是一天。

病情稍減的我，清醒裡又帶些模糊。我分明是住在新街口的《中央日報》社裡，然在朦朧中，卻又覺得這身體是在上海，恭和誠都在身邊，他們正拿棉衣替我穿到身上。我正告訴他們：你們祖父，逝世那一年，是五十五歲，我今年也是五十五歲。我死無遺憾，何況是在勝利還都之後！你們兄弟姊妹，此後應該努力讀書，去獵取專門智識，免受環境淘汰。然睜開眼睛，卻又看到自已的住所是在《中央日報》社，剛才所看到的恭兒、誠兒，都已不知所之。這種情景，便我恍然大悟：人生就和這倏忽的幻景，完全相同。我們現在正在執著的一切，都只是幻景，幻景都是鏡花水月，一瞬即逝，並不因為人們的執著而稍挽留，不過在執著中，總覺得溫暖親切而已。

溫暖親切，雖只是一瞬即逝的鏡花水月，然仍極其需要，大家都是靠著這一點的溫暖親切，結成一氣，造成各種型態的事業，和各種型態的結合。我們如果沒有這一點，那我們也就沒有共同的目標和共同的事業。

現在《中央日報》所以能逐日發展，就是因為《中央日報》的幹部，都能發揮其溫暖親切的精神，使大家樂於為報盡力的結果。這種使大家樂於為報盡力的溫暖親切，是馬星野先生的特別貢獻。他把政大優秀畢業生帶到報社，分任編輯、經理等職，這些出校不久的學生，都很溫恭有禮，沒有脫去學生習氣，和他們在一起做事。便會感覺溫暖親切環繞在自己的身邊。

我在病中，最不能忘懷的一件大事，就是環繞在我身邊溫暖親切的人情。馬星野先生外，李荊蓀、凌遇選、黎世芬、耿修業和鄭炳森們，所給我的安慰，都親如家人，足以使我忘卻疾病，忘卻病中的痛苦。

但身邊倍覺人的溫暖，心裡卻還藏著不知究將如何宣傳方合中央意旨的悲哀。共產黨儘管無案不翻，從沒有實際停戰的表示，然中央卻仍著黨報不作過分的宣傳，藉以避免刺激共黨。另一方，美國方面的援助，早在事實上宣告停止，但中央也嚴禁黨報發表責備美國的文章。中央的意思，大抵是陷到「寧人負我，毋我負人」的深坑中，如果黨報想爬出這種「寧人負我，毋我負人」的深坑，中央便將嚴予斥責。

共黨的無案不翻，美國的停止援助，不許用作宣傳資料也罷，另一方面，卻又禁輿論批評財政。財政是以發行造成貨幣的膨脹貶值，貶值速度，使人觸目驚心。商店所列貨物，不標價的，十佔八、九，如果標價，也是早晚不同，上午只賣十元錢的東西，下午便非十一、二元不可。市民除搶購政府出售的黃金，還在買賣銀元，到處都是叮叮噹噹的銀元響聲。

在這情形之下，我們宣傳什麼？豈不成為疑問？因為中央志在和平，這是無須宣傳的大計，現在阻止和平的力量，是共產黨，而造成共產黨阻止和平的力量者，卻是我們的盟邦美國。美國以為中國共產黨，是中國的土地改革派，和俄國的國際共產黨，沒有關係，故在送到任何物資時，總要撥出一部分，分給共產黨。我們為著恐怕得罪美國，對於這種情形，卻敢怒而不敢言，甚至連共產黨亦不能痛罵，我們新聞界中人，職司宣傳，究竟如何宣傳，方不違背中央的意旨，這就真是一個問題。

對於我們究竟宣傳什麼的問題，我幾乎每次都在談話中和會議中提出，但都無法覓得答案。最後還是由我自己，在最忍耐的情形下面，對共產黨，對財政政策，表示了不滿的意見。這時《中央日報》總主筆陶希聖在重慶，中央亦未還都，總主筆應該做的事，像決定社論方針等，我不得不以一主筆的地位，代為決定。我所決定的方針是：說不得不說的話，做不得不做的事，說了就做，做一天，算一天，如果做了挨罵，那就捲舖蓋走路。

這時，我不能不希望中央政府的從速凱旋南京。我想：如果中央政府凱旋南京，這種俯仰由人的外交局面，或能稍稍改變。外交局面能稍改變，對共產黨的局面，亦將隨而改變。這一來，我們新聞記者的筆，也就有了自由運用的餘地。

可是，冷酷的事實，終於證明：我的想法，完全錯誤。國府雖於三十五年五月五日正式還都，然外交政策，還是唯馬歇爾的馬首是瞻，一點都沒有改變。我所希望的運筆自由，完全化為泡影。

我們的外交政策，雖唯馬歇爾馬首是瞻，但馬歇爾對於我們，卻總說和談所以失敗，是由於雙方仇恨未消所致。美國的輿論，更推波助瀾，把中國看做神話的國家，加以無情的抨擊。他們指摘中國是獨裁的國家，是貪污官僚橫行無忌的所在。他們十人中，差不多有九人是中了共產黨及其同路人的宣傳毒，認為中國如果不是共產黨人加入政府，便無從洗去貪污官僚的惡習，也無從排除獨裁的政治。他們的厭惡國民黨，幾乎成為第二天性，巴不得目擊其崩潰。但我們的宣傳主持人，卻只知道遮遮掩掩，把美方的抨擊，作為「參考資料」，不予發表，對於如何方能消除美人對我的誤會，終止美人對我的抨擊，則從未加以考慮。我們宣傳主持人的竟見，似乎是說：止謗端在自修，美人對我的誤會和抨擊，不過是促我們的加緊反省而已。

從上海到台灣

三十七年這一年，是國軍失敗最慘的一年。這一年的徐州大會戰，國軍最有力的黃伯韜、邱清泉等部隊，都成為戰爭的犧牲者。共產黨縱深的工事，吃住了國軍之後，馬上又繞出國軍後方，加以包圍，這就使國軍腹背受敵，終於失敗。

在國軍著著失敗中，金元券的貶值，更為迅速。早晨手裡的金元券，到得黃昏，已經貶值一、二成。不論是誰，都不能不把許多時間放在金元券的保值上面。國軍生活也就江河日下。國軍士兵，每食僅得定量配給的白飯和一些食不下咽的青菜。在這情形之下，要國軍士兵拚命作戰，就當然不可能。所以，三十七年秋天國軍徐州之敗，敗於貨幣貶值的成分，實比敗於共產黨的成分更多幾分。

當徐州戰事正在進行時，馬星野先生從美國回到上海。他問我的看法如何？我說：我的看法並不樂觀，現狀最多只能維持一年，少只九個月，南京不出半年就要失守，南京丟了之後，上海也保不住。《中央日報》最好是遷台灣。他說：他也已經看到台灣可作退步，所以決定把《中央日報》新機器運往台灣。不過，他為了決定遷移《中央日報》，受了許多方面的責難，都以為在這人心惶惶的時候，不應有此動搖人心的舉動。

馬星野先生回到南京後，李荊蓀先生也來上海，問我對時局的看法。我說：論時局？我覺得半年以前還有救，現在是已成不治之症。現在問題是時間，多則一年或十個月，少則再拖半年，只是無希望的拖，並不會發生什麼奇蹟。我們還進一步討論何處可退的問題。我說：這一次我們的敵人是共產黨，共產黨不比日軍閥，日軍閥在中國人裡面不生根，好對付，所以抗戰八年，我們還能守西南，以重慶為根據地，共產黨本身就是中國人，我們現已無法對付，廣東固不能守，重慶亦不能守，現在唯一能守的據點只有台灣。李荊蓀也認我的意見很正確。他問我：你想到什麼地方？我說：你到過台灣，我也到過台灣，台灣情形都略知一、二，現在我想到台灣。

但時局形勢，我雖看得非常的清楚，然而交通情形的惡劣，卻出乎意料之外。我預算可以等到三十八年二、三月之間，離開上海，飛抵台灣，然從三十七年底到三十八年二、三月之間，交通情形，卻有了大變化。飛機票普通人買不到，就是輪船票，也成為大家搶奪的目標。飛機票所以不易購買，是因為票價奇廉，買票的人多，座位卻甚少。在飛機座位遠較購票人為少之下，機票便幾乎全部要在黑市裡交易。黑市機票，由一兩黃金買二張喊起，越喊越貴，最後喊二兩一張。這種喊價的黃牛，手裡都沒有機票，都是要拿進票錢之後，才再設法買票，因此，委托黃牛買票的人，幾乎都要企踵引領，等待信息，大約最多是百人中有一人買到機票，其餘的人，都是付了票錢，卻等不到機票，終則淪陷在上海，成為共產黨的俘虜。

我從三十八年二月起，就開始買票活動，同時還托潘廷幹、湯增敭兩先生代為購買，但直到四月二十左右，還是買不到票。潘廷幹正害風濕病，臥床不能起，幸而他有一個學生在海軍裡做一艘登陸艇的艇長，把他夫婦和兒子都接登艇上，這才脫離了虎口。我和湯增敭則仍在尋覓交通工具中。一直到了四月二十四日，才由於學生的殷勤，送我幾張船票，我才帶了兩個孩子允健、允康、和湯增敭父子，下了華興輪。

華興輪是去廣州的一艘船，也是行政院管理的交通工具之一，我因上海情形日惡，沿蘇州河已都佈好崗位，看情形，上海確已接近戰爭的邊緣，所以，決定先去廣州，再走台灣。

我在四月二十四日登船的前夕，曾開一次家庭分金會議。在這會議中，計算全家儲藏，是二百元美鈔，五百元港幣，還有十兩多的黃金。太太決定離去上海的人，應該多帶一點錢，省得臨時舉目無親，呼天不應。長女也說：這點家財，我們都不需要，不如爸爸一起帶在身邊。我說：現在我是先去廣州，所以需要帶點錢，如果去台灣，那就無須多帶，現在我帶美鈔和港幣，剩下的黃金，一人手裡帶一顆戒指也就算了。但爭執多時，太太還是給我美鈔、港幣和三兩黃金，給健、康兩人各二兩，把它縫在褲帶裡以免遺失。

在家庭會議中，我說：上次我單身到香港，心裡有幾年後必然能夠再見家人的把握，這一次卻沒有再見家人的把握。因我的年齡已瞬屆六十，能夠再活幾年，無法估計，如果大陸重光是十年後的事，那就未必能再和家人相見了。

這時候，在我是有最溫暖的家庭的人，太太和九個孩子都在一起，除卻新中國學院的事經常使我煩心之外，其餘幾乎無事可管。現在我不能不帶兩個小孩離開上海，好像是由最美麗最溫暖的春天，轉到最蕭瑟最枯燥的秋天，真是無比的難過。

這無比難過的日子，也就是我從虎口逃生的日子，心裡雖非常難過，卻還應該多謝一位叫做趙沛的學生。這位趙沛，是濱海中學學生之一，曾隨政府西遷，勝利後才回到上海。他有一位哥哥，在行政院擔任科長，專管交通工具，在三十八年四月二十四日之前，手裡有飛機、輪船和車票，到四月二十四日，才辦理結束。趙沛在他哥哥辦結束前一日，來到濱海中學看我，問我：「你作何打算？」我說：「我想走，卻買不到機票船票。」他馬上就說：「可惜太晚了一點，如果是昨天，那就可乘飛機到台灣。因昨日飛機乘客都不到，只載一個國大代表前往台灣。現在還有輪船，要開往廣州，你如果肯坐船到廣州，那我就去要票。」他立刻出去，馬上拿了華興輪統艙票五張給我說：「現在艙位沒有了，只剩這一些統艙，並且明天要上船。」我接過船票後，立即通知湯增敭，請他準備乘船去廣州。我自己也同樣準備明天下船。

二十四日上午，我帶健康和湯增敭及其長公子明貴，前往浦東下華興船。在下船前十幾分鐘，一位《新夜報》的外勤記者蘇連城也要走，我們要他自己到趙沛的哥哥那裡辦交涉，趙沛的哥哥也給他一張票，於是我們六個人，便同舟共濟，前往廣州。船本定於二十五日開行，但二十五日沒有開，二十六、七兩日也沒動靜，原來船上員工已經罷工，提出了改善待遇的要求。一直延到五月三日，船才從上海開出。在船開之前，我還回到濱海中學校舍一次，我看到的一切，都是別離的顏色，聽到的一切，也都是別離的聲音。最難過的一剎那，是在最後看到長子。這孩子的腳，已成殘廢，我沒有方法替他醫治，心裡有說不出的難過。我臨行沒有和他說話，僅僅在無言中離別，我希望他能痊癒，能殘而不廢。近得家書，他的腳已醫好了。

五月七日，船抵廣州，我們跟著在碼頭迎接的胡春冰先生，同往沙面胡春冰先生家中暫住。我們到達胡家那一天，正是陳芷町離粵赴港之日，相差不過幾小時，真是不湊巧之至。

在廣州，十幾天的小住中，我很想去看一看黃花崗七十二烈士墓，然卻沒有去。沒有去的原因，是因為車位太少，我想帶湯增毅父子和健康同去，但車位卻只許我個人前往。

我們在廣州唯一的清遊是荔枝灣。荔枝灣海上盪輕舟，吃艇仔粥，令人有但願終老是鄉之感。

在沙面胡家做了十幾天客之後，我們又上了景興輪。景興從廣州開台灣，是第一次也是最後一次，它來到台灣後，即行出賣，不再來台灣。在船上我們遇了若干故人，中間不少是從上海乘華興輪前往廣州，再由廣州轉乘景興前往台灣的旅客。他們和我完全相同，費了最多金錢，最多時間，然後再間接乘船，逃出了上海。他們都在四月二十四日登上華興輪，直到五月二十四日才由景興輪載往台灣。

景興輪從廣州拔錨出發之後，上海已在失守的邊緣，湯恩伯犧牲了一部警察和極少數守軍，帶了大隊人馬走到疏散輪船，一部開到舟山群島，另一部卻開到台灣。第二天，即五月二十五日，共產黨開始從上海南部滲入，到二十六日，正式宣布佔領，共黨佔領上海消息，是景興輪賬房收音播送的，聽到這消息的旅客，一方面是為留在上海及其附近的家屬而擔憂，另一方面卻為著自己的幸獲逃出而慶幸。旅客們的擔憂，是不知淪陷在共產黨手的家屬，今後將如何過活。究竟是要遭鬥爭清算，還是要被迫掃地出門？因為共產黨對待他們所謂敵人的手段，實在太過毒辣！

二十七日下午六時許，船到了台北外港，大家都預備入港上岸，其歡欣之情，實不能以言語形容。但港口司令因為時間已宴，難於檢查，卻令船主候到二十八日入港。

二十八日，我們早晨在船上吃了一碗向茶房買的粥以後，一直等候檢查。因船上已不開飯，大家都只能設法買東西來吃。茶房煮了大鍋粥，賣到上午十時，已經賣光，此後便只有小艇的西瓜、香蕉之類可買。結果，好些艘小艇的西瓜和香蕉，都賣得乾乾淨淨，時間也已超過正午十二時，檢查還未終了，僅僅是允許船再開向內港，以便繼續檢查。

我們等候到下午四時，才檢查完畢，被允下船。下船後，我們立刻僱一輛卡車，裝載人和行李，前往台北，把行李卸在漢口街的《中央日報》社，結束了一個月零五日的一次旅行。

《中央日報》的創業精神

我到台北後，就看到了《中央日報》突破難關的努力，實莫之能禦。它當時是幾乎無地自容的一個報館，寄住在漢口街和中正路現在社址的樓下。然而它卻充分利用了那點地方，從事編輯、印刷和發行。一部明精機，儘管不太有用，但在工務主任何錦章手裡，卻也發揮最大的能力。

編輯部和經理部，是早晚輪流在中正路現址樓下辦公，早班經理部，晚班編輯部，在廿四小時裡，幾乎沒有片刻的餘閒。經理編輯兩部之外，還有社長、主筆，都在漢口街辦公。經理部一些人員，晚上就在漢口街白天的辦公處睡覺。編輯部的工作，在於爭取他報所未能爭取的中外新聞，並儘可能的提早出報。經理部的工作，則在於設法爭取讀者，使看過《中央日報》的人，很高興變成訂閱《中央日報》的讀者。他們日以繼夜所經營的唯一事業，就是替《中央日報》植下深固的根基。馬星野先生因為我到台北，立即聘我做編撰會議主席，我也很高興的做了馮婦。這時《中央日報》已經在台出版三個月，雖還是很窮，但蓬蓬勃勃的氣象，卻令人極感興奮。當年十月二十日中正路的報館，因隔壁台灣旅社食堂的廚房失火，遭了延燒，二樓已燒去一半並下大雨，然下面的編輯部和二樓的排字房，仍在撐持洋傘，繼續辦公，總統府祕書沈昌煥，看到這種情形，深感《中央日報》人員戰鬥精神的強韌，實所罕觀，當即轉報總統，總統立撥美金二百五十元，作為《中央日報》員工獎勵金。

這次火災，燒去資料室不少的書。美國生活雜誌從出版起到當時止，完全化為灰燼，《中央日報》合訂本，也變成了劫灰。此外，一部四部叢刊，燒得七零八落，亦極可惜。

《中央日報》失火那一天，還曾在報社附近的同春樓館子裡開一次董事會，董事長陳立夫先生和陳誠先生都出席參加，然不料就在那晚上隔壁廚房卻起火焚燒。經過這次的火，《中央日報》不知費了多少力量換來的一些財物，又付諸一炬，真是不幸之至。

《中央日報》經過這次的火，失的固不少，得的亦甚多，失的是半座樓房和資料室的東西，得的卻是讀者的同情。因此，《中央日報》就又在讀者的深切同情下，逐漸恢復它的元氣。

《中央日報》在台出版之前，《台灣新生報》是唯一的大報，每日出版時間，多半在九、十點左右，讀者不免嘖有煩言，在《中央日報》出版之後，《新生報》稍稍跌落，《中央日報》則逐日推廣其發行範圍，《新生報》看到這種情形，逐亦從事整頓，逐日提高其發行時間，這才使台灣所有的報紙的發行時間，都提早了到早晨五時許。故戰後台灣之有早報可看，實應歸功於《中央日報》三十八年三月十二日的在台發行。

台灣報紙，全是上海《申報》、《新聞報》的形式，第一頁全登廣告，沒有隻字新聞，然《中央日報》則改為第一版和第四版，都一半或一大半刊新聞，一半或一半刊廣告，這種形式，在一年半之後，亦大見流行，現台灣已無一家報紙不是如此，故《中央日報》在這一點，也取得了領導的地位。

本來是副刊最多的《中央日報》，到台灣之後，為了適應環境需要，先改為附設〈家庭與婦女〉、〈兒童〉、〈青年〉三週刊，旋因青年週刊登我的那篇〈人到有錢萬事休〉的文章，幾乎闖出了大禍，就改為附設兩週刊：〈家庭與婦女〉和〈兒童〉，最近才加一種〈學人〉。目前台灣各報，多僅設婦女與兒童兩副刊，可以說就是由於《中央日報》的倡導。

《中央日報》除在出版時間、報型和副刊種類都處於領導地位外，在廣告方面，也創了新形式。創刊每行九個六號字、後又改為每行十一個字的小廣告，二行為刊登起點，每日刊登三百家以上，對於讀者，便利之至。現在這種小廣告，已成最普遍最流行的廣告種類之一。

《中央日報》擁有正式的職員約一百五十人，技工約一百零七、八名，工場二個，一在目前的撫順街，一在郊外天母，天母是疏散區，報社在這區裡，建了一批疏散房屋，安了一架由南京搬來的明精機，已經試行印報，準備撫順街工廠遭遇轟炸時，在此印報。撫順街則裝有由美國購到的高斯機，可套色印出，每小時的印報力量約十二萬份，在台灣是最好的機器，它的代價是十二萬美元。現在雖已有可套多色的印機，但機器本身，卻還不能超過這架高斯機。

房屋方面，現已有大、小房屋五十餘棟，漢口街房屋雖已交還省黨部，然撫順街房屋卻蓋了很多間，中正路房屋，也早已修葺一新，成為冠冕堂皇的辦公所在，在這五十餘棟房屋中，多半都是先頂後買，先由敵產頂過來，然後再由《中央日報》向政府繳納房屋產價，從政府手裡取得了產權。

在日積月累之下，《中央日報》的財產，逐日益加多，《中央日報》也成為各方面所注意的一個報館。結果，領導《中央日報》同人用生死鬥爭力量創辦過人成績的馬星野，終於民國四十二年離開《中央日報》，《中央日報》的進步，也一時隨而暫入幾近停止的狀態。

四十二年《中央日報》的馬星野時代，宣告結束以後，蕭自誠做了短期的社長，自然是毫無建樹。接著胡健中再度接辦，也因時間淺短，無多表現。繼胡健中做社長的陳訓悆，是戰戰兢兢，唯恐有失，然也在極短期內，換了阮毅成。阮毅成是一位能文能詩又懂得政治的一位政治家，他知道《中央日報》所以擾攘不安，全是因為「社論」的不夠水準，逐強化社論委員會組織，把寫社論的權力大半委諸名流學者，求能避免因社論而遭申斥。他因為全部力量放在社論上面，對於如何發展銷數、如何提高報譽，就都不深加注意。所以，他在職的兩年間，除卻舉辦獎學金外，也沒有什麼較大的貢獻。

去年六月十五日，胡健中三度做了《中央日報》社長，首先廢止社論委員會制度，另請董事長陶希聖和錢納水、黃雪邨三先生，管社論的事，不久，總主筆李士英到社就職，錢納水又在中和邨被腳踏車撞傷，就醫於台大醫院，於是改由陶希聖、黃雪邨和李士英，分寫社論，每週每人擔任兩篇，再湊上一篇星期時論，湊足七篇之數。

這三位一體的社論小組，已包辦了社論，但主筆室的主筆，仍須分工：第一、每日小評全部，暫由我擔任。我擔任半年後，小評又改由各主筆分寫。第二、曹蔭穉擔任社長室祕書。第三、梁又銘、梁中銘兩兄弟擔任漫畫。第四、徐澤予、邵德潤、吳俊才，擔任寫社論，如果李士英每週不寫兩篇，那徐、邵、吳三氏就每月有一兩篇可寫。第五、耿修業編中央副刊。第六、史元慶編撰「匪情」。第七、撰述趙廷俊，專編地圖週刊，王中柱專編社刊，並照常在編輯部工作。第八、主筆李荊蓀，撰述王洪鈞，時均留美求學，未派工作。

廢止社論委員會的結果，每月省了一筆五千元以上的支出，這對於《中央日報》不能說沒有節流的好處，但主筆室各主筆的分工，卻使主筆室陷於更閒散的狀態。

九月底，《中央日報》因為要打破多時沉寂的局面，發行了每週半版的「學人」，現才出版四十期，由錢納水先生編輯，每期字數萬餘字，這要算是有意義的建設。

另外一種建設，是擴大新聞的篇幅把原有紙張的空白邊緣地位，縮小約一半，用以刊登新聞和廣告，每日所增新聞廣告地位約在三萬字左右，這就解決了新聞廣告地位都嫌過狹的難題，也增加了報社的廣告收入。

《中央日報》銷數，雖始終在台灣各報中是佔第一位，但其銷售份數，卻僅僅突破六萬份。馬星野先生去職時，曾經達到五萬七、八千份，然未幾又跌到五萬三、四千。胡健中再度做社長後，曾訂定一種有增無減的代銷制度，因而一度突破六萬大關，然揠苗助長，終非良策，在陳訓悆接手時，又跌進了六萬關口。此後將近三年，總是五萬五、六千，七、八千，一上一下，跨不進六萬一關，最近由於錢震總編輯歸國，多刊一點帶軟性的社會新聞，銷數又逐漸升高，加以，新聞篇幅擴大，內容比較充實，這就使《中央日報》再度爬過了六萬關口，有蒸蒸日上之勢。

跨進了賣老關口

三十八年十二月九日上年五時半，我覺得胃脹欲嘔，立即起身，尋覓痰盂，然痰盂沒有找到，人已從床上跌到床下。驚醒了健、康、湯明貴，也驚醒了錢納水先生和他的三公子。湯明貴替我找到痰盂，我像噴泉似的吐了一痰盂的宿食和鮮血；接著還要下瀉，一轉瞬間，又瀉了一痰盂，幾乎完全是血塊。這分明又是胃潰瘍的出血。

在又吐又瀉之下，我陷於半昏迷的狀態。半昏迷約兩小時，健請到了胡振華醫師，胡醫師先給我打了強心針，然後囑咐速送醫院。

九時左右，湯明貴、錢家政、何錦章諸先生扶掖下，我被裝上了客車。上車後，我看到燦爛的陽光，精神一爽，覺得這一次的潰瘍出血，不會要我的命。

到醫院後，先到內科求診，並請醫生設法止血，醫生把我送到內科二等病室，我已進到了生死關頭，至少我已有七、八小時是陷於昏迷狀態，直到晚上六時後，才稍一清醒，知道自己是在病室中。

七、八小時的昏迷狀態，並不痛苦，倒是清醒時，卻有說不盡的麻煩。首先，一身好像癱瘓，每事都非求人不可；這比起昏迷狀態的不知不覺，無求於人，豈不痛苦萬倍？並且，我幸而有子女，並且有朋友的子女，為我服務，所以，沒有多大痛苦，如果沒有子女，也沒有朋友的子女在身邊，遇到有所要求，呼天不應，喚地不靈，那是多麼受罪！我想到這裡，我很希望能夠永遠陷於昏迷狀態。明儒說人生是：「雁過長空，影落寒水，雁不留跡，水不留影。」我願做不留跡的雁，不留影的水。

十日下午六時，我從台大醫院的內科病室被送到外科手術室中。這時我很清醒，我準備接受醫生的手術。當日下午六時半，我發現自己的血仍在陸續下瀉，血雖很少，然卻連續不停的瀉。昨天醫生已打過止血針，然止血針卻不發生絲毫效力。我叫允健、允康去告訴醫生。瀉血未停，請即來診，醫生問了病狀之後，說：「應該送到外科，外科才能施行手術。」但外科此時沒有醫生，必須設法去醫生住所去請醫生，於是又由健、康去找報社工務組主任何錦章先生，由何先生到台大外科主任醫師徐傍興醫師家裡，請醫師前來開刀。這時，徐醫師正在酒筵邊，滿堂都是等待飲酒的賓客，但他聽說院裡有病人等開刀，卻立即跟著何錦章來到醫院。他到台大醫院時，已近八時，清理手術室所需工具後，便在馬星野、李荊蓀、耿修業、黎世芬、何錦章、鄭炳森諸先生圍觀中，進行剖腹手續。

我還很清醒，我看醫師切開我的肚皮，因一滴血都沒有，不免驚愕。他說：必須輸血，愈早愈好，一面說，一面探手取胃，取出胃來捏了幾捏又說：胃底有個疤，但是舊疤，和這次胃潰瘍出血，沒有關係；然十二指腸有好幾個潰瘍洞，這些潰瘍出血，倒是應予割除。他馬上切開了十二指腸，切去了約一巴掌大胃和十二指腸相連的地方。這時候，醫生因為我身上沒有血，又嚷著要輸血，但醫院當時不備血，要輸血就要向市中購買，最少要有半小時以上時間。耿修業先生看到這情形，立即表示願供熱血。輸血必須血型相同，故在驗血前，須先經一次驗血手續。驗血後，耿修業的血型和我的血型完全相同，於是醫生便在耿修業身上抽出了二百CC熱血，注入我的血管裡。

在一面輸血，一面縫傷中，我安然睡去，親友們則正為我的住處和醫院辦交涉。我九日上午來到台大醫院，是看內科，內科醫生看過病狀，打過止血針之後，把我送到內科的二等病室。十日下午，我轉到外科之後，內科即把我的病床賣給另一病人，外科方面卻沒有替我準備病床，結果使我睡在外科走廊上的昇床中一點多鐘，靜候處置。

經過不知多少的曲折後，醫院才將一間頭等病房給我，我也才不再在走廊裡過夜。我搬進病房時，已經暈了，我不知道他們如何打針，也不知道有誰在身旁，醒後只知身在病房，健康都在身旁，那些同事已回到漢口街辦公，他們知道我已沒有危險，只是不能吃東西。

在院裡住了二十二日，病癒退出，紙煙和病同時向我告別，現在屈指算算，恰是七年半，如果把七年半的紙煙錢積起來，倒是一筆大財產。

這次割治十二指腸潰瘍，如此迅速痊癒，《中央日報》的馬星野、李荊蓀、黎世芬、何錦章和耿修業先生，都是有最大助力的人。耿修業先生的當場輸血給我，毫無吝色，尤其使我感激。李荊蓀先生送我一壺雞湯，何錦章先生除從筵席上把徐傍興教授拖到醫院替我開刀外，還每日派人為我送粥湯，直到我出院為止，也都令人不勝感激之至。

病後的我。一切都很好。僅僅腸胃消化不良，每月必瀉數次，一直瀉了將近六個月，瀉的次數才漸次減少，漸次就痊。

病中成為最得力護理人之一，是湯明貴，當時他每日都到醫院看我，所給我的護持，比醫院護士更多。出院之後，他繼續不斷地照顧我，每次出門，都扶我走，也扶我回宿舍，他是湯增敭的長公子，當時和我住在一個宿舍裡。現在他是成功大學的三年級學生，對於數學興趣極高，如果善為教導，他一定能夠成為數學名家。

從台大醫院出來以後的我，思想起了連自己都覺得有點奇特的突變。過去的我，是事事認真，一絲一毫都不肯讓人的，但病後的我，卻有無事不可退讓的雅量。陳立夫先生的觀點，有些地方是和我衝突的，我在進醫院的前幾天，還為著某問題，和他鬧得面紅耳赤，幾乎不歡而散，但在病後，我的態度卻有了一百八十度的轉變。有一天，陳先生到宿舍來看我，我和他談得很好。他說我的發癖氣，過去都是由於十二指腸潰傷。我完全承認他這一指摘，我決定從此儘可能的不發或少發癖氣。

當然，我雖決定不發或少發癖氣，但有時還是要發。在大體上，我已經盡了不發癖氣的能事。我能對陳立夫承認過去發癖氣是由於十二指腸潰瘍的作怪，可以說就是我的性格已有大轉變的象徵。因在病前，我是不肯在要人面前承認錯誤的一個人，陳立夫就是要人之一，也是我所不能在他面前認錯的一人，這次我居然承認我的發癖氣是病態所造成，便是性格大轉變的一個明證。

另外一種大轉變，是從此不吸紙煙。在入院之前，我每日要吸四十枝紙煙，平均一小時吸三枝，但從胃潰瘍出血後，我不再吸煙。醫生和許多朋友都勸我重吸，我沒有理會。工務組主任何錦章聽說我戒吸紙煙，便和我打賭，說如果你能夠戒過端陽節，他願罰兩桌酒請客。結果，過了端陽節，我還是不吸一枝，他只好認輸了。我的紙煙癮，已有四十年歷史，但我卻乘十二指腸出血的機緣，把煙丟開，迄今七年半，毫無異狀，這不能不說是一種大轉變。

除卻這些轉變之外，還有一種可悲的轉變，那就是一個人已由無須他人扶持轉到非人扶持不可的老境，我過去雖也用杖，然只是裝飾，事實上是無須扶杖走路的，經過這一次的剖腹手術，我非用杖不可。我的左腿支骨本已斷過，病後左腿更軟弱無力。從這時起，我每出門，便不能不用杖，杖已成為我的一肢。

老兵不會死

在越過十二指腸出血的一關後，我想拋棄新聞記者的職業。我覺得：我的年齡已跨進五十九歲，加上健康狀態如此惡劣，如何能夠再做一個生龍活虎的報人？如果勉強再做下去，那就等於賣老。賣老是要看市情的，必須報社賺錢，有餘錢足供養老，然後我才可以賣老，現在報社不滿百的人員，每一個人都非當作兩、三人用不可，每一個錢也非當作兩、三個錢用不行，如何可以讓我賣老？

不向報社賣老，又將如何生活？這是一個相當嚴重的問題。我曾和錢納水先生、李荊蓀先生、耿修業先生們，商量幾次，也和湯增敭先生談及，湯增敭先生當時力主我去舟山，做政治宣傳工作。但錢納水、李荊蓀、耿修業三先生，都表示反對，馬星野先生也認為冒險。馬星野先生說：如果是考察舟山情形去玩幾天，當然沒有問題，但若去舟山工作，那就萬萬不可。我說：我去舟山，是去幫陳寶泰、湯增敭的忙，他們都很歡迎我，我應該去和他們共一次的患難。

這時，我的確是決計整理行裝，去舟山做政治工作。我計畫寫幾套整套的歌曲，使前線到處都有嘹喨雄壯的歌聲。我認這件事的重要，實在一切問題之上。我們既沒有可以報國的文章，便應該為著前線士兵和民眾而貢獻其歌曲，萬一我們的歌曲，士兵唱得順口，早起唱、吃飯唱、行軍唱、晚上唱，那我們的歌曲，便一定會產生振弊起衰的力量，成為真正中興的鼓吹。

我們計畫用半個月工夫，來試製最少兩套的歌曲：一套獻給士兵，一套獻給民眾，使他們戰爭期內用歌曲來掩護恐怖和疲倦，使他們能在雄壯的歌聲中贏得最大的勝利和成功。

然而我正在計畫寫歌曲，霹靂一聲，國軍已從舟山撤退，我也無須再作前往舟山的準備了。

在國軍放棄舟山之前，我還把舟山當做一個崗位，想進到這崗位，做一點力所能及的工作，我還幻想這崗位是很適宜於我的戰鬥崗位，在那崗位上，我一定能夠為國家稍盡棉薄，變成一種有用的人。到得國軍撤出舟山，我的幻想隨著消滅。我個人的生活方法，就只有在《中央日報》社裡賣老，或自行創辦雜誌社的兩途。

後來，我發現，在台發行雜誌，並不是不可能的事，於是擬乘《中央日報》所發行的《中央雜誌》停刊之便，接辦《中央雜誌》。然個人發行雜誌，非經由朱虛白主持的台省新聞處核准不可，當時台省新聞處就始終不許我發行雜誌。他們表面的理由是為紙張所限，實則專憑交情說話。因此更前更後於我申請發行的雜誌，幾乎是有求必應，所始終不准者，只有我所申請發行的《中央雜誌》。

新聞處人員所以始終不准我辦雜誌，除卻我和他們絕無往來之外，還有一個原因，是他們以為我在論壇是暴徒，出版雜誌將使他們頭痛。

辦雜誌討生活的路，也被吳國楨、朱虛白們封鎖之後，我就只能暫在《中央日報》賣老為生。好在《中央日報》的發行和廣告，都在慢慢增加，人員也在慢慢增加，支出永遠比收入少得多，我的賣老，也就不是《中央日報》所認為嚴重的負擔。因《中央日報》主筆人數，原僅三、四人，後來逐漸增加，今已增至十四人，這就使賣老為生的我，也還負擔得起自己所擔任的工作。

在賣老為生的幾年間，對於一切問題，我都迎以最平靜的心情，採取與人無爭的態度，所以很少和人打筆墨官司，我所不能不力爭到底的，僅僅只有對於土地問題的意見。我認台灣現行的耕者有其田、公地放領，是違反了中山先生土地國有的主張。中山先生主張先實行平均全國地權，使土地成為國有，然後再用國有的耕地給農民耕種，使耕者有其田，也使一切有土地的人，不能再據地收稅。在這裡，耕者雖有其田，然僅是田的「耕作權」，不是田的「所有權」。必須耕者的權力，限於「耕作」，然後凡是有力能耕的耕者，才都有田可耕。如果，把耕者有其田的「有」字，作為「所有權」，則今日的耕者雖有田，明日的耕者又如何？趙家的耕者雖有田，錢家、孫家、李家的耕者又如何？若是我們只看到今日耕者的辛勞可念，卻不問明日耕者無田可耕的痛苦，那我們今天所解決的問題，豈不只是眼前的問題？我們解決了眼前問題之後，土地兼併的現象又將重演，而我們今日的改革，也就多此一舉了。

提起賣老，不勝感慨。因為假定人生有七十年壽命，二十歲以前算是幼年，六十歲以前算是壯年，七十歲以前就要算是老年。幼年是受教育時代，壯年是做事時代，老年便應在養老院中頤養餘年。所以，世界各先進文明國家，無不設定養老制度，並以六十或六十五歲為老。它一們不僅官吏可以養老，工人可以養老，就是普通國民也有養老金可領，有養老院可住，真的做到了「老有所終」。

我們中國古代，也有養老制度，六十歲以上老人都由官立學校奉養，直到周朝東遷以後，養老制才漸次崩壞。民國成立以來，連根本的土地問題都幾乎陷於無人過問的狀態，育幼養老，就更談不到。

日本的國民保險，是六十歲開始領取養老年金，但日本新聞界則採行五十五歲強迫退休的制度，在強迫退休時，付與三年的養老年金。若干被強迫離職的報人還口頭提出抗議：國民保險方面要六十歲才能領取養老的年金，新聞界雖發給退休金，然僅發三年，他們五十八歲以後六十歲以前的兩年時間，又將如何生活？

現在我已在新聞界做了四十幾年馬前卒，這直是已把一生最可寶貴的時間，都付給新聞事業，然假若我自動請求退休，報社能給我什麼？在這情形之下，我不賣老，又將如何？所以，賣老雖是笑話，要也不為無因。

當然，除卻報館之外，學校也還是一條出路，但我雖還能教書，然教書為生的那種苦況，卻也不願嘗試。我現在不能做教書為生的打算。我不再為學生編講義，編講義，也要嘔心血。我已為新聞事業嘔盡心血，此後已無心血可嘔，只能善自珍重，珍重六十歲以後的餘年。六十歲以後的餘年，應由國家負責奉養，如果國家無力奉養，那這個國家，就是沒有安全制度或是安全制度中還沒有養老制度的國家。

在短期休息之後，我又恢復寫社論的工作。這時候，三、四人輪流寫社論，每週一人不過一、二篇。這和養老並沒有什麼區別，我也就在這種類似養老制中，享受一點清閒的樂趣。

但我寫社論的工作雖宣告恢復，我的人生觀，卻已起劇烈的轉變。過去我的人生觀，是人生全在工作中，有工作才有人生。這時便不然。這時，我覺得：人生雖在工作中，要不能沒有娛樂。在無限時間裡，人的一生雖不過須臾，然無論如何，都不能不使每一個人佔有的須臾，變成更可喜的愉快時間。所以，人固應努力工作，但也應該得到工作的報酬，享受娛樂的權利。

儘管「古來萬事東流水」，幾乎沒有一種事蹟能永久如實留傳，也儘管東流逝水淘盡千古英雄，不論是堯舜或是桀紂，我們都不能在千載後想像他們的聲音笑貌。然在無窮的宇宙，無限的時間裡，人類千變萬化的活動：都是追求更比現在更好的生活。在追求更好的生活中，戰爭成為不可避免活動之一，而是非順逆，也就不能不紛擾一時。

經過若干時期的紛擾，爭執中的是非順逆，漸次入於涇渭分明的境界，不再有爭論之後，為著使人類能夠得到更佳的生存方法的大規模戰爭，又醞釀成熟，於是更慘烈的戰爭又起，更不易判斷的是非順逆，亦隨而發生，等到大多數人類在大體上認識戰爭原因及是非順逆的所在，歷史早已翻過了新頁，前此從事戰爭和爭論是非順逆的人物，已先後進了墳墓。

墳墓裡的人，再經過幾千年，連枯骨都已腐朽，變成經土地過濾的水份，或是向低處溢出，匯成江河，東流入海，或是化為雲霧，從地下噴出來，升到高空，釀為雨露霜雪。結果都要再與動植礦物結合化為一體。

在我們想來幾千年不知是多麼悠久，但就無窮大的宇宙和無限長的時間來說，幾千年不過是一瞬之間。人在這一瞬之間，雖未能完成任何最高的理想事業，然後人卻定能繼續不斷推進他的理想，使他的理想達到成功。

我們中國人的最高理想，是大同世界。國父已為實現大同世界的最高理想而作畢生的努力。現在我們應該接上第二棒，再向前努力邁進，但已經站在前線多年的老兵，卻應該退陣休息。我就是已經戰鬥四十幾年的老兵之一，所以我決計在賣老為生中，半卸我的戰鬥任務。老兵不會死，但他的影子會慢慢地模糊，慢慢地由模糊而消失。

《新聞圈裡四十年》付印記

王新命

《新聞圈裡四十年》始作於三十九年十月，正是著者踏進新聞圈裡四十週年，故即以此命題。

第一節至十九節，刊於《中央日報》出版的《中央雜誌》，《中央雜誌》發行十期，至三十九年底因中央限制新聞用紙，宣告停刊。四十年移刊台北市記者公會發行的《記者通訊》，《記者通訊》由第二十節登至二十九節，編輯易人之際，將著者原稿遺失一節，著者不免心灰意懶，因而擱筆亙三年。

四十四年舊友徐渠成先生接辦香港的《上海日報》，是年三月，在台推銷，囑著者寫成是書，著者遂復執筆續寫寫到一百二十二節，於四十五年年底停止。書儉於三十萬字，然歷時七年有半始成書付印，可謂奇數。

本來，去年七月間，湯增敭先生允由華清書局印行，我欣然應允，然在今年一月，我通知湯先生，最好在二月半付印時，湯先生因事忙未即答，我急不能待，因商於《中央日報》黃應彭先生，黃先生允代為印行，此書始得以問世。

我除應謝黃應彭先生外；我還應謝謝梁又銘先生，梁先生曾允為我全書繪圖，我因成書歷時甚久，故未請繪。

中華民國四十六年三月三日

Do人物73　PC0634

走過民國初年的新聞史：

老報人王新命回憶錄

原　　著／王新命
主　　編／蔡登山
責任編輯／洪仕翰
圖文排版／周妤靜
封面設計／葉力安

發 行 人／宋政坤
出　　版／獨立作家
地址：114 台北市內湖區瑞光路76巷65號1樓
電話：+886-2-2796-3638　傳真：+886-2-2796-1377
服務信箱：service@showwe.com.tw
http://www.bodbooks.com.tw
印　　製／秀威資訊科技股份有限公司
http://www.showwe.com.tw
展售門市／國家書店【松江門市】
地址：104 台北市中山區松江路209號1樓
電話：+886-2-2518-0207　傳真：+886-2-2518-0778
網路訂購／http://www.govbooks.com.tw
法律顧問／毛國樑　律師
總 經 銷／時報文化出版企業股份有限公司
地址：333桃園縣龜山鄉萬壽路2段351號
電話：+886-2-2306-6842

出版日期／2016年12月　BOD一版　定價／690元

|獨立|作家|
Independent Author

寫自己的故事，唱自己的歌

走過民國初年的新聞史：老報人王新命回憶錄 /
王新命原著；蔡登山主編. -- 一版. -- 臺北
市：獨立作家, 2016.12
面；　公分. -- (Do人物；73)
BOD版
ISBN 978-986-93886-2-7(平裝)

1. 王新命　2. 新聞從業人員　3. 回憶錄

783.3886　　105021109

國家圖書館出版品預行編目

讀者回函卡

請貼
郵票

11466
台北市內湖區瑞光路 76 巷 65 號 1 樓
獨立作家讀者服務部 收

（請沿線對折寄回，謝謝！）

姓　　名：＿＿＿＿＿＿＿＿　年齡：＿＿＿＿　性別：□女　□男

郵遞區號：□□□□□

地　　址：＿＿＿＿＿＿＿＿＿＿＿＿＿＿＿＿

聯絡電話：(日)＿＿＿＿＿＿＿＿(夜)＿＿＿＿＿＿＿＿

E-mail：＿＿＿＿＿＿＿＿＿＿＿＿＿＿＿＿